La chambre de Chéops

OUVRAGES DU MÊME AUTEUR

La Pyramide de Chéops : architecture des appartements funéraires, Lyon, 1996

Khéops, nouvelle enquête, propositions préliminaires, Paris, 1986, éditions Recherche sur les civilisations (avec J.-P. Goidin)

GILLES DORMION

La chambre de Chéops

Analyse architecturale

Préface de Nicolas Grimal,
professeur au Collège de France

Fayard

Cette étude a été réalisée en collaboration avec — et grâce à — Jean-Yves Verd'hurt : il y est associé de plein mérite et de plein droit.

G. D.

Préface

L'une des tâches les moins spectaculaires qui incombent à un égyptologue, pour peu qu'il jouisse de quelque notoriété ou occupe une position qui laisse supposer que son avis puisse avoir le moindre intérêt en la matière, est ce que l'on pourrait appeler une obligation d'expertise. Je ne veux pas parler de l'examen de documents ou d'objets dont l'authenticité semble douteuse. Les professionnels du commerce d'œuvres d'art s'y entendent suffisamment pour ne pas faire appel, ou très peu, aux égyptologues, qui connaissent souvent d'ailleurs moins bien qu'eux les pièces en circulation. Ce qui les conduit parfois à des prises de position qui doivent plus au mouvement de leurs émotions qu'à la logique scientifique.

La forme d'expertise à laquelle je pense est plus périlleuse et, par là même, plus intéressante. Elle se développe en réponse à l'engouement du public, de plus en plus marqué depuis la médiatisation spectaculaire du sauvetage des monuments de Nubie égyptienne dans les années soixante, puis indéfiniment accru ensuite au fil des grandes expositions, des voyages sur les rives du Nil, à la passion « égyptomaniaque » qui s'est emparée de la littérature et des médias. Jusqu'à créer une véritable industrie, qui cherche sans fin à attiser et accroître encore cette passion égyptienne qui envahit même notre quotidien.

Dans ce tintamarre assourdissant, en effet, les spécialistes se font peu entendre. Le public, naturellement plus attiré par les formes romancées de ce qu'il croit être l'égyptologie, se détourne d'un discours par vocation plus aride. Il ne porte guère non plus son intérêt vers l'archéologie « académique », qui, progrès technologique aidant, ajoute aujourd'hui à une austérité de tradition une approche de plus en plus technique. Si bien que l'on se détourne volontiers du propos scientifique pour privilégier l'aventure humaine, préférant le héros romantique à l'homme de cabinet. Indiana Jones détrône Gaston Maspero. Dans cette frange imprécise, qui se nourrit d'une littérature de seconde, voire de troisième main, sont apparus ces dernières années de prétendus égyptologues, parés de travaux de terrain imaginaires et de compétences pour le moins approximatives. Ils côtoient les divers courants ésotériques, qui ont, de tout temps, cousiné avec notre discipline, récupérant pour leur unique bénéfice l'aura de ceux qui cherchent en dehors des sentiers battus. Leur objectif ultime, au-delà du strict intérêt matériel qu'il y a à exploiter un marché en pleine expansion, finit toujours plus ou moins par rejoindre un besoin de reconnaissance : médiatique, puis scientifique. Car il faut bien sortir du marais de l'imprécision, se distinguer des « autres », généralement présentés comme des charlatans : les querelles entre « para-égyptologues » sont toujours vives, voire violentes. L'actualité de ces dernières années est suffisamment connue pour que l'on me pardonne de ne pas développer…

Le rôle donc de l'égyptologue « installé » est tout tracé : être le « passeur » qui valide une démarche mettant en jeu des connaissances scientifiques ou techniques réelles, mais en dehors de l'égyptologie. Ou qui, au contraire, balaye de la scène une théorie fumeuse ou farfelue. Curieusement, l'objet de ces recherches est rarement un site obscur ou une problématique historique secondaire. On s'intéresse quasi exclusivement aux grands sites, aux grandes questions historiques, aux grands trésors archéologiques. Alexandrie, les tombes royales, Moïse et l'Exode, etc.

Les pyramides viennent naturellement en première place. Depuis toujours, la « pyramidologie » fascine le public, autant qu'elle irrite les spécialistes. Probablement parce qu'elle procède du même fonds que la vocation de ces derniers — aller à la rencontre d'une civilisation à la richesse infinie —, tout en mettant en œuvre des moyens qui ne tiennent généralement aucun compte de la science accumulée, dont ils se sentent les gardiens. Ou, pire encore, qui la contredisent. Et le plus souvent sur des bases qui défient la raison. Certains archéologues ont même créé un néologisme pour désigner ces conquérants du fantastique : les « pyramidiots ».

Les plus extrêmes sont facilement identifiables, par la déraison même de leur propos. Aussi ne sera-t-il pas question ici d'extraterrestres, ni d'écluses ou de pierres moulées… Mais la frontière n'est pas toujours facile à dessiner : certaines argumentations, fondées sur une logique apparente, peuvent séduire un temps et conduire le lecteur à se demander si ce qui lui paraissait évident jusqu'à ce qu'il entre dans ce raisonnement ne recèle pas un mystère plus profond. Quel que soit le niveau de vraisemblance de ces études, elles ont toutes deux points communs.

Le premier est de vouloir démontrer une théorie. Plus exactement, de faire entrer la réalité archéologique dans une vérité théorique, insaisissable au premier regard, et qui pourtant se veut évidente à force d'être simple. Ce sont toujours des démonstrations qui sont administrées, jamais une enquête dénuée d'*a priori* qui est conduite. En d'autres termes, on ne se pose pas de questions ; on a dès le départ une réponse.

Second point de rencontre : aucune de ces théories ne combine de façon satisfaisante l'observation architecturale et les données de l'égyptologie. Bien au contraire, on a l'impression de deux camps qui, au lieu de s'associer, tentent chacun de décrédibiliser l'autre.

On pourrait appeler le premier celui des ingénieurs — auxquels j'associerai provisoirement, ils me le pardonneront, les architectes. Il procède par accumulation de données chiffrées : mesures, projections géométriques ou mathématiques, étude quantitatives de masses. Le plus souvent sans trop tenir compte de la réalité du terrain : si bien que l'on envisage généralement de se rendre en fin de parcours sur place afin de vérifier la théorie en procédant à des analyses, dont la logique eût voulu qu'elles fussent premières. Et lorsque l'évidence archéologique fait défaut, on n'hésite pas à y substituer des raisonnements aporétiques. Je me souviens des saintes colères que prenait encore dans les années quatre-vingt-dix le regretté Jean-Philippe Lauer, bien longtemps après que son « ennemi » de toujours, le mathématicien André

Pochan, eut rejoint le monde où reposent (relativement) en paix les pharaons, en évoquant les débats mémorables qui avaient opposé les deux hommes trente ans plus tôt. Il faut dire que ces théoriciens ne dominent absolument pas les sources historiques, qu'ils connaissent, au mieux, de seconde main. Ce qui anéantit par avance, naturellement, les discussions qu'ils poussent sur ce terrain, avec la maladresse et la naïveté du néophyte : la nature même de leur démarche et l'absence de ces outils de base les conduit rapidement à battre en retraite sur un terrain qui leur semble plus solide sous leurs pieds : la rigueur des chiffres. Cette absence de prise directe sur la recherche égyptologique les condamne à recourir à des sources vieillies, en tout cas très en retard sur les recherches actuelles.

Car ce dernier quart de siècle a vu les égyptologues revenir à l'étude des pyramides, après que tout eut semblé avoir été dit dans les années soixante, avec les travaux de Jean-Philippe Lauer, de V. Maragioglio et C.Rinaldi, ou des synthèses comme celle d'I.E.S. Edwards. Les raisons de ce regain d'intérêt tiennent à des causes diverses : la reprise et le développement des fouilles sur les grands sites royaux des environs du Caire à partir des années soixante-dix, les avancées décisives faites grâce à l'archéologie, mais aussi sur le fonds des études historiques dans la connaissance des premières dynasties et des débuts de l'histoire égyptienne. L'approfondissement également de la connaissance et de l'apport des grands corpus funéraires, au premier rang desquels figurent, naturellement, les textes des pyramides. Car, que ce soit en Abydos avec les premières tombes royales, à Gîza même avec la nécropole et la ville des artisans qui ont bâti les pyramides, à Saqqara où les travaux de Jean-Philippe Lauer et ceux dirigés par Jean Leclant n'ont cessé d'apporter du neuf — dégagement des complexes funéraires, qui apparaissent désormais sous un jour nouveau, études et publications architecturales d'Audran Labrousse, nouvelles pyramides à textes de la VIe dynastie —, à Abousir ou à Abou Rawach, où Michel Valloggia et Michel Baud jettent une lumière nouvelle sur la succession de Chéops, toute la problématique liée aux pyramides n'a cessé de s'accélérer. Mais les égyptologues ne sont pas plus exempts de reproches que les « amateurs » qu'ils considèrent avec condescendance. Autant ces derniers se cantonnent dans les chiffres, autant les premiers les ignorent superbement. D'autant plus que le mauvais habillage égyptologique qui pare le discours scientifique de leurs rivaux leur donne l'impression d'avoir le droit de les mépriser. D'approximations en affirmations péremptoires, les égyptologues érigent en dogme ce que leur apprennent les sources, ou tout au moins ce qu'ils en comprennent...

La démarche de Gilles Dormion tranche dans ce paysage quelque peu manichéen. D'abord parce que, contrairement aux autres, il ne cherche pas à vérifier une théorie. Il se contente d'observer, de relever et d'analyser. Et ce depuis plus de dix-sept ans. Par leur précision, leur qualité, leur détail, ses relevés de la pyramide de Chéops sont aujourd'hui les meilleurs que l'on puisse trouver. L'hypothèse architecturale qu'il présente est née de cette patiente et attentive observation, sans idée préconçue : une accumulation critique d'indices, si bien analysée qu'elle paraît lumineuse. Cette fameuse clarté de l'évidence évoquée un peu plus haut !

Mais aussi parce qu'il met ses idées à l'épreuve du dialogue : avec Jean-Yves Verd'hurt, compagnon de réflexion et de travail de terrain, si étroitement associé à cette recherche ; avec des égyptologues aussi, auxquels il soumet ses hypothèses et dont il reçoit bien volontiers la critique, tout en se défendant avec énergie d'avoir la moindre compétence autre que celle de l'architecte.

J'avoue avoir été très impressionné lorsque Gilles Dormion et Jean-Yves Verd'hurt présentèrent, au cours du dernier congrès international des égyptologues, qui s'est tenu au Caire en 2000, le résultat des travaux qu'ils conduisaient à Meïdoum, sous la direction du professeur Gaballah Ali Gaballah, alors secrétaire général du Conseil suprême des Antiquités de l'Égypte. En quelques mots, photographies et relevés à l'appui, ils démontrèrent devant un public d'égyptologues médusés l'existence de chambres de décharge jusque-là inconnues dans la pyramide de Meïdoum. Aucun des spécialistes des pyramides qui étaient dans la salle — les professeurs Jean Leclant, Rainer Stadelmann, Michel Valloggia, le Dr. Zahi Hawass, aujourd'hui secrétaire général du Conseil suprême des Antiquités, pour ne citer qu'eux — ne mit alors en doute, ni la méthode ni le résultat. Aussi, je fus surpris lorsque, un an plus tard, ce dernier refusa aux deux architectes l'accès aux appartements funéraires de Chéops, dans lesquels ils souhaitaient vérifier, tout comme ils l'avaient déjà fait à Meïdoum et Dahchour et avec le même accord du Conseil suprême des Antiquités, leurs observations.

À la demande de Jean-Pierre Corteggiani, qui suivait de longue date ce projet, je m'y suis alors moi-même intéressé de plus près. Suffisamment pour en comprendre toute l'importance, après en avoir examiné avec eux les éléments, sur plan et sur le terrain. J'entrepris, avec l'aide de quelques collègues égyptiens, de les aider à obtenir que l'accès au monument qui leur avait été accordé par la commission égyptienne des fouilles leur soit confirmé. En vain. Nous décidâmes de déposer, à l'automne 2003, une demande au nom du Collège de France. Celle-ci ayant été rejetée, le professeur Michel Valloggia, convaincu comme je l'étais moi-même de l'importance de cette recherche, reprit la même démarche, au nom de l'université de Genève. Avec le même succès…

Nous décidâmes alors de publier cette enquête. Si les conclusions auxquelles elle parvient, en effet, se révèlent exactes, il s'agit là, à n'en pas douter, de l'une des plus grandes découvertes de l'égyptologie. Il n'est pas nécessaire d'insister sur le caractère emblématique de la Grande Pyramide, ni sur l'extraordinaire apport à l'histoire que constituerait la découverte du tombeau, inviolé à ce jour, de son propriétaire. Si l'hypothèse ne se vérifie pas, il reste une remarquable analyse architecturale, certainement la plus fine réalisée à ce jour. Par sa précision même, par la justesse des observations, surtout par l'absence de parti pris de la démonstration, elle remet en cause les synthèses traditionnelles, dérangeant un confort intellectuel qui semblait bien acquis, mais dont on se rend compte qu'il repose sur plus d'approximations que de certitudes.

Gilles Dormion n'est pas égyptologue, mais architecte, et toute sa recherche s'est développée sans tenir compte des travaux égyptologiques. Nous avons choisi de laisser à sa démarche toute son originalité, sans rien y changer, même lorsque, sur certains points, les données de l'archéologie ou de l'histoire divergent des résultats auxquels il parvient. Non que notre choix ait été de négliger ces divergences. Bien au contraire, elles ont été l'objet d'échanges intenses entre l'auteur et notre équipe éditoriale, dans laquelle Michel Baud, parfait connaisseur et de l'époque et de la problématique des pyramides, a joué un rôle décisif : les quelques remarques qui suivent lui doivent beaucoup.

L'interrogation de Gilles Dormion sur la construction des pyramides n'est pas si isolée qu'on pourrait le penser. Les égyptologues eux aussi ont repris depuis quelques années le dossier, et il est intéressant de comparer à son enquête, les campagnes de mesures menées sur la pyramide Rouge de Dahchour par Josef Dorner, à la demande de Rainer Stadelmann, dans les années quatre-vingt-dix [1]. Les résultats mettent en lumière les antécédents immédiats de la précision atteinte dans la pyramide de Chéops, confirmant bien ainsi la validité de la démarche. De même, des observations comme celles qu'il présente sur les traces de poutres de la chambre du roi ne sont

1 Josef Dorner, « Neue Messungen an der Roten Pyramide », dans Heike Guksch et Daniel Polz (éd.), *Stationen. Beiträge zur Kulturgeschichte Ägyptens Rainer Stadelmann gewidmet*, Philipp von Zabern, Mayence, 1998, p. 23-34.

pas sans écho chez les spécialistes de l'Ancien Empire : ces traces ont été relevées par Mark Lehner, qui parvient à une interprétation à la fois proche et différente [2].

Si ces convergences heureuses et quelques autres, que nous aborderons plus loin, viennent étayer la démarche, il arrive aussi que le raisonnement de l'auteur s'inscrive en faux face aux données de l'archéologie. C'est le cas, par exemple, de la question de Dahchour et de la chronologie des pyramides de Houni et Snéfrou.

Successeur de Houni et fondateur de la IVe dynastie aux alentours de 2600 avant J.-C., Snéfrou est le souverain auquel on attribue le plus grand nombre de pyramides : trois au moins. Celle de Seila, en bordure de la dépression du Fayoum, et celles de Dahchour-Sud et Nord. Ces dernières sont connues comme la « pyramide Rhomboïdale » — en raison de sa double pente —, et la « pyramide Rouge » — en raison des reflets de son calcaire. Ces deux dernières pyramides sont séparées par moins de deux kilomètres, et leur nom est identique : « Puisse Snéfrou apparaître en gloire ». Les textes les citent le plus souvent comme une paire ; le qualificatif géographique « méridional », attesté pour l'une, laisse supposer l'existence de celui de « septentrional » pour l'autre, ce qui devait permettre de les distinguer.

Une quatrième pyramide, enfin, pourrait revenir à ce roi, située beaucoup plus au sud, à Meïdoum. Encore fréquemment à l'heure actuelle, on attribue ce monument à son prédécesseur Houni, le dernier roi de la IIIe dynastie. Il ne s'agit là que d'une pure hypothèse, puisque le nom de ce monarque n'a été retrouvé nulle part sur le site, y compris dans la nécropole voisine, qui n'est, en fait, associée à nul autre roi que Snéfrou. Selon cette

2 Mark Lehner, « Niches, Slots, Grooves and Stains : Internal Frameworks in the Khufu Pyramid ? », *ibid.*, p. 101-113.

hypothèse, Houni aurait été responsable de l'érection des deux premiers projets de la pyramide, initialement à degrés, avant que Snéfrou y ajoute une enveloppe à pente lisse.

On ignore tout d'une éventuelle relation de parenté entre Houni et Snéfrou. Mais, même si l'on suppose de la part de Snéfrou une piété filiale comparable à celle qui poussera plus tard Rêdjedef à terminer les travaux du complexe funéraire de son père Chéops à Gîza, à Meïdoum, rien ne justifiait une extension de la pyramide première, qui pouvait fonctionner telle quelle comme tombeau.

Cet « achèvement » *post mortem* est d'autant moins crédible qu'il aurait dû logiquement avoir été mené en tout début de règne du successeur. Or, les marques de chantier, tracées sur les blocs du dernier état, ne semblent pas antérieures au 13e compte, soit au milieu du règne de Snéfrou [3]. Par ailleurs, et comme Rainer Stadelmann l'a montré, la thèse de l'usurpation n'a pas plus de réalité, tout simplement parce qu'aucun roi de l'Ancien Empire n'a jamais achevé, pour se l'attribuer, le monument funéraire d'un prédécesseur [4].

3 La date la plus haute attestée est celle du 24e compte ; les comptes sont irrégulièrement biennaux à cette époque, ce qui rend incertaine la conversion en années de règne.
4 Rainer Stadelmann, *Die ägyptischen Pyramiden. Vom Ziegelbau zum Weltwunder, Philipp von Zabern, Kulturgeschichte der antiken Welt* 30, Mayence, 1985, p. 80 *sq.* C'est ce qui explique que les pyramides inachevées de Sekhemkhet et Khaba à la IIIe dynastie, la « grande excavation » de Zaouyet el-Aryan et la petite pyramide L50 à Dahchour à la IVe, ou celles de Shepseskarê et Rânéferef — mais un culte a fonctionné dans son cas — à la Ve, n'ont jamais connu de redémarrage de leur chantier. Un puissant tabou devait évidemment régner sur ce type de lieu consacré.

La chronologie acceptée des trois grandes pyramides de Snéfrou est la suivante : Meïdoum (projet E1-E2 dit de Houni), Dahchour-Sud, puis Dahchour-Nord, celle-ci étant construite en même temps que le dernier projet de Meïdoum (E3), qui devait transformer celle-ci, dit-on généralement, en pyramide à pente lisse.

Or Gilles Dormion renverse, par l'étude architecturale, l'ordre Dahchour-Sud/Dahchour-Nord, allant ainsi à contresens des données épigraphiques et archéologiques. Puisque l'on sait, grâce aux marques de chantier inscrites sur les blocs, que les deux chantiers de Meïdoum (projet E3) et Dahchour-Nord ont fonctionné en parallèle et dans la seconde moitié du règne. Les quelques dates découvertes, exprimées en compte biennal, s'échelonnent en effet du 13e (ou 12e) compte au 23e à Meïdoum et du 15e au 24e compte à Dahchour-Nord. Si l'hypothèse est exacte, il n'y aurait tout simplement plus de place pour caser une grande pyramide de plus, Dahchour-Sud.

Sur le terrain archéologique, le constat serait le même, à cause des structures du culte funéraire, si l'on considère que temple et pyramide forment un couple. Au pied d'une pyramide, en effet, se situe toujours un temple, de taille variable, dans lequel un culte était rendu au défunt, en principe journellement. Ni Meïdoum ni Dahchour-Sud ne comportent un véritable temple, mais une cour enclose dans laquelle se dresse une paire de stèles et un petit autel. À Dahchour-Nord, au contraire, c'est un temple plus conforme à la tradition, avec plusieurs pièces, un couloir transversal et une salle à fausse-porte, devant laquelle les offrandes étaient déposées et consacrées. Quoique le mur ouest de la salle en question, érigé devant la face de la pyramide, ait été détruit avec sa fausse-porte, la forme de la pièce et des débris de granit, compte tenu des parallèles, ne laissent guère de doute sur l'identification de ces éléments et leur usage. En outre, ce petit temple, commencé en pierre et revêtu d'une décoration, a été achevé, apparemment dans la hâte, en briques. C'est là un élément caractéristique d'un changement de règne, le nouveau roi achevant au plus vite le tombeau de son prédécesseur, afin de consacrer le plus de temps et d'efforts possibles au sien propre. Une pratique peu justifiée, donc, s'il ne s'agit pas d'un tombeau réel, qui signerait l'enterrement de Snéfrou dans la dernière des pyramides qu'il se serait fait construire.

Or, malgré tous ces indices concordants, l'affaire n'est pas aussi simple qu'il y paraît. Il existe un autre temple, entièrement construit en pierre et décoré, associé à Dahchour-Sud. Il n'est pas au pied de la pyramide, puisque devant celle-ci se trouve la cour à paire de stèles déjà évoquée, mais plus à l'est, sur le trajet de la chaussée qui reliait la pyramide à la Vallée. Non seulement ce temple a fonctionné à la IVe dynastie, mais il a été réactivé au Moyen Empire, lorsque, à l'occasion de l'implantation de pyramides royales sur le site de Dahchour, le grand ancêtre Snéfrou, sanctifié, fut l'objet d'un soin tout particulier. Ni Meïdoum ni Dahchour-Nord n'ont fait l'objet d'un tel regain d'intérêt.

On a par ailleurs l'impression, en somme, que tous ces temples ont fonctionné comme un tout, n'étant pas exclusifs les uns des autres, et, du même coup, ne donnant guère d'indice définitif sur la localisation de la tombe... Comme on le voit, l'hypothèse présentée par Gilles Dormion pour Dahchour heurte peut-être la documentation égyptologique, mais, comme par hasard, elle prend racine dans un terrain qui est loin d'être établi clairement, et ces « contre-arguments » sont loin d'être méprisables.

Sur un plan plus technique, celui de la construction proprement dite, les égyptologues sont dans un flou à peu près total pour des questions aussi fondamentales que le mode de construction des pyramides par couple « noyau » et « enveloppe », comme Gilles Dormion l'expose dans son premier chapitre. La question de l'existence, dans le noyau, d'un système de gradins superposés ou, au contraire, de tranches en « peau d'oignon » n'est pas non plus réglée. Loin de là. Les étapes de la construction enfin ne sont pas acquises : le revêtement était-il monté, ou non, en même temps que le massif ? La première solution a la préférence actuelle des spécialistes, mais l'argumentation reste fragile.

Un point qui paraît évident à première vue est également l'objet de multiples controverses : les rampes. Les égyptologues sont traditionnellement agacés par les machineries délirantes que ne cessent d'imaginer pour ces pauvres pyramides des ingénieurs en mal d'exotisme. Simplement parce que les rampes sont attestées dans les textes et par des vestiges archéologiques — que des millions de touristes peuvent contempler chaque année, par exemple dans le temple d'Amon-Rê de Karnak. Mais encore faudrait-il s'entendre sur ce que ces rampes représentent : voies d'acheminement des matériaux au pied du chantier ou véritables ascenseurs vers les hauteurs de la construction ?

Les représentations des tombeaux de particuliers montrent régulièrement des rangées de haleurs à la tâche, tantôt pour tracter des statues, tantôt des sarcophages, dont on sait qu'ils pouvaient peser plusieurs tonnes. Un relief, récemment découvert à Abousir, montre même le pyramidion — la pierre sommitale — de la pyramide du roi Sahourê [5] tracté de la même manière, dans le cadre de cérémonies de réjouissance marquant la fin du chantier. C'est aussi de la sorte que les grandes colonnes de granit du temple funéraire d'Ounas [6] étaient tirées de la carrière d'Assouan jusqu'au Nil, embarquées par bateau — un relief les montre ainsi, solidement arrimées à leur traîneau par des cadres de bois —, puis déchargées et tractées en haut du plateau de Saqqara.

Dans ces conditions, l'hypothèse de la construction des monuments par rampe, pyramides comprises, s'est largement imposée à l'égyptologie. Des vestiges de terrain en apportaient apparemment confirmation :

5 Début de la Ve dynastie : vers 2500 avant J.-C.
6 Fin de la Ve dynastie : vers 2350 avant J.-C.

courtes rampes de la petite pyramide de Sinki-Abydos, installées sur chacune des faces du monument, laissé inachevé; portion de rampe associée à la pyramide de Meïdoum, menant de la Vallée au plateau; rampes de la pyramide de Dahchour-Nord, conduisant de la proche carrière jusqu'au pied du monument; fragments de rampes de Gîza, découverts dans les nécropoles qui bordent la pyramide de Chéops et apparemment dirigées vers elle. À ce catalogue venaient s'ajouter quelques autres témoins, associés cette fois à des tombes de particuliers, comme le site de Dahchour en a récemment révélé, au mastaba de Netjerapéref [7].

Ces vestiges, souvent peu lisibles, sont-ils tous pour autant des éléments de rampes de construction ? Dans le cas des mastabas, comme Nicole Alexanian l'a montré [8], il s'agit d'un accès au toit de la tombe, emprunté par le cortège de la famille du défunt et des prêtres lors de la mise au tombeau : une rampe processionnelle, construite avec soin, sans rapport avec la construction du mastaba proprement dite. Les rampes royales de Dahchour-Nord représentent clairement de simples chemins de halage, c'est-à-dire des « rampes » qui facilitaient la traction des blocs jusqu'au pied de la pyramide en construction.

Le cas de la rampe récemment découverte au sud de la pyramide de Chéops est plus complexe, quoique son fouilleur, Zahi Hawass, y ait vu la grande rampe de construction du monument. Il faut préciser qu'il n'en reste qu'une maigre portion, longue de 7 m, et que ses deux murs parallèles en pierre, retenant une masse de gravats et de sable, ne dépassent pas 1 m de haut en leur état actuel. Ni la hauteur initiale de la rampe ni sa pente ne peuvent

7 Début IVe dynastie, vers 2630 avant J.-C.

8 Nicole Alexanian, « Ritualrelikte an Mastabagräbern des Alten Reiches », *Stationen. Beiträge zur Kulturgeschichte Ägyptens Rainer Stadelmann gewidmet*, *passim*, p. 3-22.

donc être estimées. Ces maigres restes sont néanmoins situés sur un axe qui relie l'angle sud-ouest de la pyramide à une grande carrière de calcaire située en contrebas, ce qui en fait à l'évidence un chemin de traction des blocs jusqu'au pied du monument. L'étroitesse relative de cette voie, large de 4,40 m à la base, est insuffisante pour la thèse de la rampe unique, censée s'élever à une bonne hauteur et présenter un empattement beaucoup plus important… Là encore, on doit donc en rester, malgré ces témoignages archéologiques, au stade des hypothèses pour l'érection proprement dite des pyramides.

On doit savoir également gré à Gilles Dormion de s'être limité à une utilisation raisonnablement discrète des sources classiques, tant égyptiennes que grecques. Encore que le recours quasi obligé à Hérodote — qui reste, après tout, la seule source explicite sur la construction des pyramides, quoique, à l'évidence, secondaire — requière quelques précautions.

Car on peut difficilement l'utiliser comme une source sûre. La date de ses *Histoires*, — après un séjour en Égypte, quelque part entre 450 et 430 avant J.-C. — soulève la question de la fiabilité de ses sources. Le « touriste » grec de l'époque n'était pas mieux loti que ses lointains successeurs : soumis à la qualité des connaissances de ses informateurs, il ne lui était pas possible d'avoir un regard vraiment critique. À supposer même qu'il ait eu affaire à une source correctement informée, restait à évaluer la qualité de cette information elle-même. Deux millénaires le séparent des événements relatés. C'est long. Et la tradition égyptienne montre que dès le milieu du deuxième millénaire av. J.-C., à l'époque où les visiteurs locaux laissaient des graffitis commémorant leur visite sur les grands monuments funéraires royaux de l'Ancien Empire — qui déjà devaient faire l'objet de restaurations — le souvenir de ces temps anciens était quelque peu confus.

À ce brouillard de la mémoire et au filtre de la légende dorée de l'historiographie égyptienne, il convient d'ajouter encore la transposition dans la culture et la langue grecques de données qui y étaient sans équivalents.

À commencer par les termes employés pour décrire la construction des pyramides. Tout un chacun sait que *pyramis* désigne un gâteau dont la forme rappelle ces monuments. Que dire du sens de *krossaï* et *bomides* dans la description du noyau de la pyramide ? D'autant que ces mots ne font pas partie du vocabulaire courant : « estrade », « socle », « plateforme », « blocs en saillie », « rempart en escalier » ?.... Sur un fond aussi difficile à interpréter, les hypothèses les plus extravagantes ont toujours foisonné.

La célèbre bande dessinée d'Edgar P. Jacobs relatant les aventures de Blake et Mortimer en Égypte a rendu populaire une interprétation du texte d'Hérodote, que l'égyptologue Pierre Gilbert, très savant conseiller de l'auteur, a malicieusement attribuée à Manéthon, inventant une feuille imaginaire d'un papyrus, lui, bien réel. Certains, en effet, avaient suggéré, au début de l'exploration scientifique du monument, que la distribution souterraine pouvait communiquer avec la fameuse chambre décrite par Hérodote, située à « un emplacement dont il [Chéops] fit une île en dérivant, par un canal, les eaux du Nil ».

On sait à présent, grâce à des travaux récents de Zahi Hawass, quel type de monument a pu faire naître une telle légende. Il s'agit d'un tombeau d'époque saïte (VIIe-VIe siècles avant J.-C.), situé en limite de la chaussée de Chéphren, et dont la substructure est constituée d'une série d'étages reliés par des puits verticaux. Son caveau principal, creusé au plus profond, se présente sous la forme d'une grande salle rupestre, au plafond soutenu par quatre piliers dégagés dans la masse. L'espace compris entre les piliers et les parois de la chambre forme un déambulatoire. À l'intérieur du quadrilatère délimité par les piliers, dont le sol est plus élevé que celui du déambulatoire, se trouvait le sarcophage du défunt, encastré dans la roche. Cette différence de niveau, lorsque le caveau est envahi par les eaux en raison de sa position inférieure au niveau de la nappe phréatique, peut remplir le déambulatoire, mais épargner le périmètre du sarcophage, qui apparaît ainsi comme une île.

C'est le phénomène que l'on constate actuellement, et qui devait aussi se produire dans l'Antiquité, lors des crues du Nil. La recherche de l'île en question, attribuée au tombeau de Chéops par Hérodote et sur la foi de son récit, a attiré les convoitises ou simplement suscité la curiosité. Blake et Mortimer y découvrent… un tombeau secret d'Akhenaton !

Plus sérieusement, et pour dire encore un mot des sources antiques, le papyrus Westcar ne saurait, lui non plus, constituer une source essentielle sur les mystères de la Grande Pyramide. Il est pourtant souvent mis à contribution pour garantir l'existence d'un profond mystère. On y montre, en effet, Chéops recherchant un système complexe de chambres pour sa tombe : « la Majesté du roi de Haute et Basse-Égypte Chéops, — qu'il repose en paix ! —, passait son temps à chercher pour Elle-même les chambres (secrètes) du sanctuaire de Thot, afin de faire la même chose pour Son horizon [9] ».

Mais, là encore, il faut maintenir un regard critique sur les sources. Et ne pas oublier qu'il s'agit d'un conte essentiellement fondé sur le merveilleux, tout historiques qu'en soient les protagonistes : par magie les oies auxquelles on coupe le cou y revivent, les bijoux perdus au fond de bassins se retrouvent, tandis que les maris infidèles sont retenus prisonniers par des crocodiles au fond de marigots… Indépendamment de cet aspect, la seule copie qui en est connue date de 1600 avant J.-C. environ, soit un millénaire après le règne de Chéops. Je ne reviens pas sur les approximations de la tradition historique de l'époque.

Le portrait qui y est fait du roi, enfin, est peu flatteur. Il s'inscrit dans une tradition littéraire postérieure à l'Ancien Empire qui encense le père, Snéfrou, et rabaisse le fils, Chéops, dépeint comme un potentat naïf, dont les aspects tyranniques relèvent plus d'une certaine balourdise que de la méchanceté. Dans ce contexte, lorsque le papyrus mentionne cette quête

9 C'est-à-dire sa pyramide, qui se nomme « Horizon de Chéops ».

des « chambres de Thot », il glose assurément moins sur la complexité des appartements funéraires royaux que sur l'obsession ridicule du pharaon de découvrir un secret bien gardé, et de se l'approprier. Que cette histoire ait été bâtie sur la relative complexité de ces appartements n'est pas impossible, mais en déduire que ceux-ci sont un dédale aux mille mystères relève de la pure fiction…

J'arrête ici ces quelques remarques, qui n'ont d'autre intention que de souligner l'intérêt de cette enquête, indépendamment de la vérification de l'hypothèse à laquelle elle conduit l'auteur. Mais, avant de laisser Gilles Dormion face à ses lecteurs et ces derniers découvrir ses analyses et se laisser captiver par leur rigueur, jusqu'au moment ultime ou tout se découvre, je voudrais encore insister sur l'apport de ce livre à l'égyptologie. Déjà par les nouvelles interrogations qu'il suscite.

Un ultime exemple. Les textes égyptiens, à commencer par ceux qui sont inscrits à l'intérieur même des pyramides à partir d'Ounas, expliquent à l'envi que, parmi les nombreux moyens d'ascension dont le mort dispose pour rejoindre le démiurge dans le ciel, il y a d'abord la pyramide elle-même, conçue comme un magnifique escalier de pierre. Or on s'empresse, dès Snéfrou, de transformer ces escaliers en structures lisses ! Les égyptologues se sortent de cette contradiction par une autre métaphore, celle de la pétrification des rayons du soleil, plus adaptée en fait au *benben* et à l'obélisque.

L'argumentation architecturale qui conduit Gilles Dormion à démontrer le maintien de cette structure première à l'intérieur des pyramides lisses rencontre l'idée très vraisemblable que celles-ci ont conservé toute la force de cette représentation symbolique d'un escalier « interne ». Il semble bien, en effet, que les Égyptiens aient réellement tenu à réaliser cette dualité de structure. Des fouilles récentes en Abydos, dans les tombes royales de la Ire dynastie, ont montré que les appartements souterrains, installés dans une cuve à ciel ouvert, avaient été recouverts d'un double tumulus — il ne s'agit encore, à cette époque, que de deux tertres de gravats, le plus élevé ayant peut-être été régularisé par un couronnement de pierres. Lorsque ce tumulus devient un massif en pierres maçonnées, pour le tombeau de Djoser, il est possible que ce concept perdure. Les deux premiers états de la (future) pyramide de ce roi, deux massifs carrés très semblables se recouvrant l'un l'autre, tous deux étant parementés avec le plus grand soin, pourraient en effet faire partie d'un seul et même projet, selon une hypothèse de J.-Ph. Lauer, qu'il émit bien des années après avoir publié le monument.

Ajoutons, en faveur de cette thèse, que les Égyptiens ont toujours été conservateurs dans la nouveauté, et qu'aux changements radicaux ils ont souvent préféré une subtile alliance de l'ancien et du neuf. Au-delà du procédé de construction et des habitudes techniques prises à cet effet, le maintien de la pyramide à degré sous la pyramide lisse permettait de ne pas renoncer totalement à la forme en vogue sous la IIIe dynastie…

Les pyramides feront encore couler beaucoup d'encre. Nul n'en doute. Mais cet ouvrage constitue une étape peut-être cruciale : par sa méthode, par la démarche elle-même et la rigueur de son auteur. Par les voies qu'il ouvre. Et puis…

Nicolas GRIMAL,
professeur au Collège de France,
correspondant de l'Institut,
directeur honoraire de l'Institut français d'archéologie orientale,
professeur honoraire à l'université de Paris-Sorbonne

La nécropole memphite

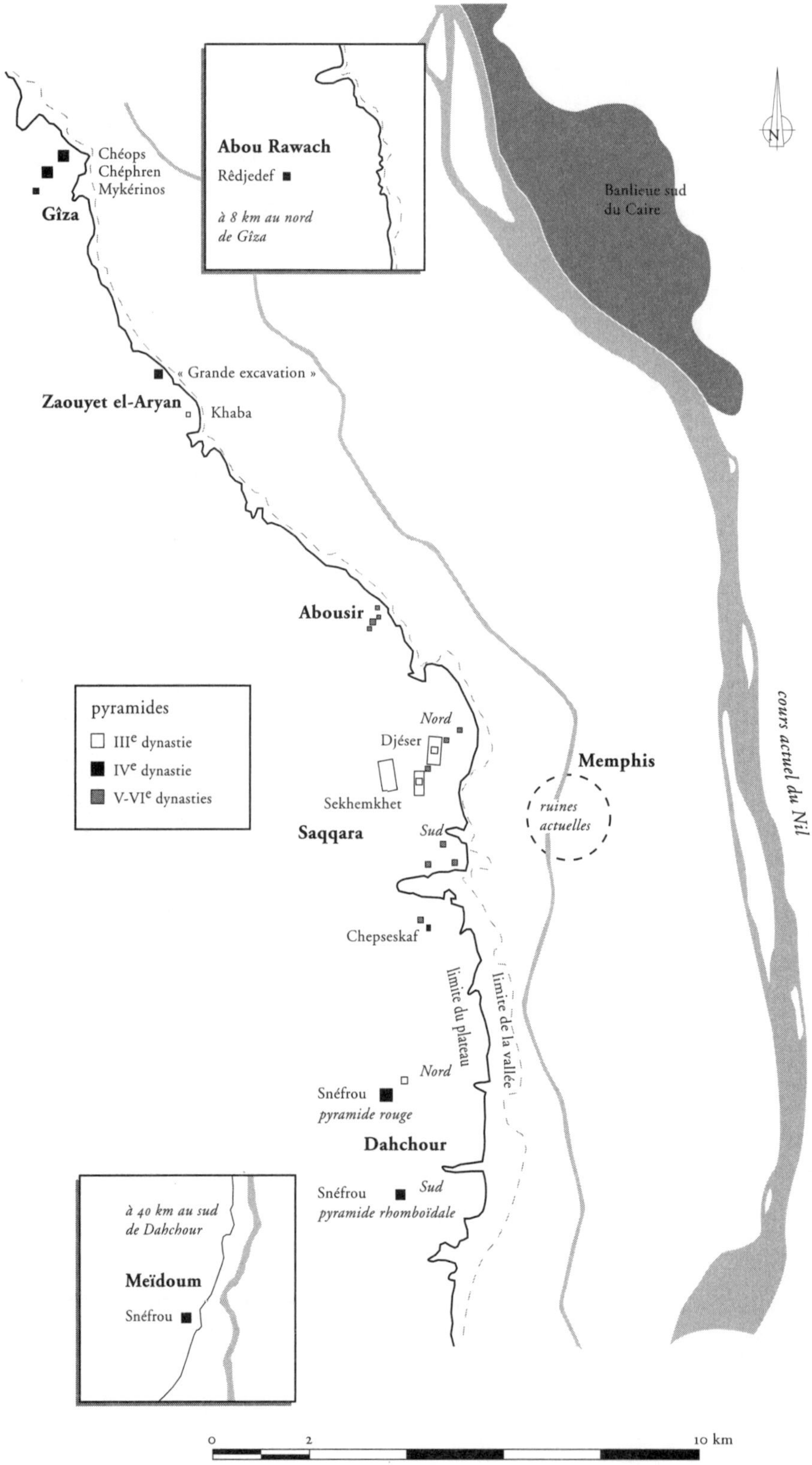

Le plateau de Gîza

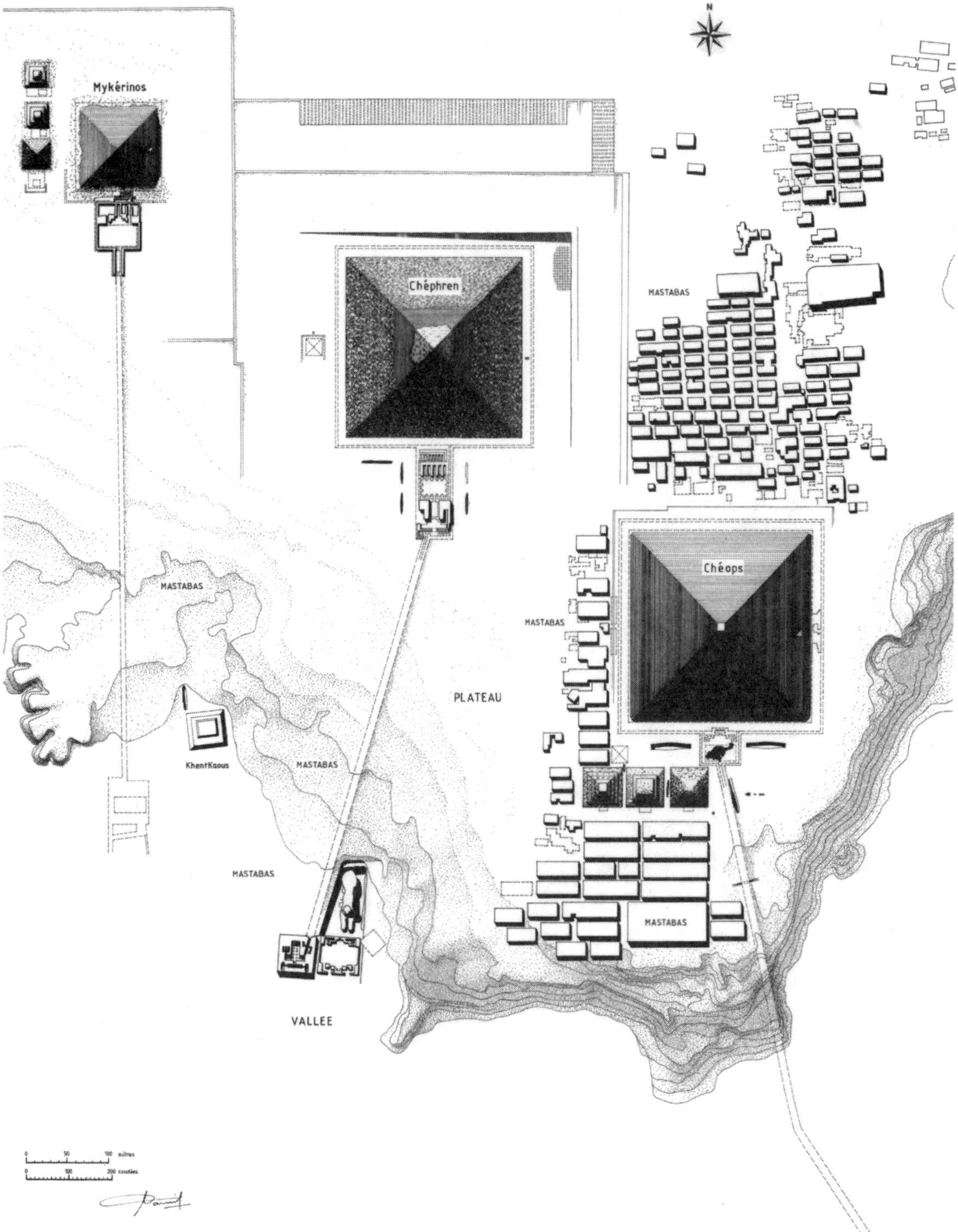

chapitre premier

La construction des pyramides

Faute de textes, d'iconographie ou de vestiges archéologiques probants, la façon dont furent érigées les pyramides demeure conjecturale. On s'en trouve réduit à échafauder des hypothèses qui sont presque toujours le fruit d'intuitions que l'on s'évertue à justifier comme on le peut. Les théories les plus extravagantes ont été imaginées.

Les hypothèses « raisonnables » généralement proposées s'efforcent de répondre à des questions du genre : « Comment aurais-je procédé à la place des anciens Égyptiens ? », ou bien : « Quelle serait la méthode la plus efficace, compte tenu des moyens dont ils disposaient ? » Cette façon de poser le problème ne tient pas compte du fait que nous sommes, en réalité, très loin d'être à « leur » place et que leurs méthodes, fruits d'une expérience ancestrale, rodées et parfaitement maîtrisées, ne sont pas forcément celles que nous jugerions les plus efficaces.

On s'évertue à démontrer la « faisabilité » de ces théories par des calculs savants : tel nombre de haleurs tractant une charge de tant de tonnes sur une pente de tant de pourcents, etc. Or rien ne prouve que les anciens Égyptiens n'ont pas eu recours à deux fois plus de haleurs sur une pente un peu plus forte, ou inversement ! Il faut donc considérer ces calculs avec prudence, car ils étayent les argumentations les plus variées en prétendant établir des évaluations relativement précises, alors que les données sont très hypothétiques. Les marges d'erreur sont trop importantes.

Certains ont essayé de tester leur théorie au moyen de maquettes ou d'expérimentations en situation réelle. Quelles que fussent les techniques employées par les Égyptiens, elles devaient cependant être parfaitement au point, au contraire des essais contemporains, qui offrent toujours le spectacle désastreux que produiraient des marins improvisés s'efforçant de manœuvrer une goélette.

Enfin, sous l'effet d'une obsession quasiment pathologique, ces théories ne font cas que de la Grande Pyramide de Chéops. Or cette dernière ne fournit pratiquement qu'une seule information — les données limites du problème —, alors que d'autres édifices du même type présentent beaucoup plus d'intérêt en offrant prise à l'analyse, ne serait-ce qu'en raison de leur état de dégradation qui permet d'en observer et étudier la structure.

En fin de compte, de la multitude des théories souvent pittoresques, n'émergent que deux hypothèses crédibles sur lesquelles débattent les spécialistes : l'utilisation par les Égyptiens de rampes ou bien de « machines ».

Les hypothèses sur la construction

L'utilisation des rampes

Le halage de lourdes charges arrimées sur des traîneaux à force de bras est certes attesté, mais sur terrain horizontal ou à faible pente. La représentation du transport du colosse de Djéhoutihétep (XIIe dynastie) tracté par de nombreux rangs de haleurs en est sans doute l'exemple le plus connu. Par ailleurs, quelques vestiges archéologiques (à Meïdoum, Gîza, Dahchour, etc.), réels ou sujets à interprétations, témoignent de l'utilisation de rampes par les anciens Égyptiens. Tout le problème consiste à établir la façon dont une traction, concevable sur un plan (quasi) horizontal, a pu s'effectuer sur une rampe, dont la pente, nécessairement faible, induit une très grande longueur. Deux hypothèses ont été proposées : la rampe frontale et la rampe enveloppante.

La rampe frontale

C'est l'hypothèse avancée par Jean-Philippe Lauer. Il s'agit d'une rampe droite en briques crues, perpendiculaire à la pyramide, rallongée et rehaussée au fur et à mesure des travaux.

Cette théorie présente des avantages — simplicité de conception, facilité d'acheminement des blocs sur un trajet rectiligne et dégagé, avec possibilité de débit important — et s'appuie sur un indice — les traces d'une sorte de voie montante de la vallée vers la pyramide de Meïdoum, considérées par Lauer comme les vestiges d'une rampe de construction. Mais, pour que l'argument soit convaincant, il faudrait admettre l'existence d'une rampe partant de la vallée limoneuse... pour acheminer des blocs de pierre. En outre, cette théorie comporte deux défauts majeurs, tenus pour rédhibitoires par nombre de spécialistes:

— une telle rampe associée à une grande pyramide représente en effet un travail énorme. Une rampe frontale pour la pyramide de Chéops représenterait ainsi 1 560 000 m^3 (chiffre donné par J.-Ph. Lauer), soit 60 % du volume de la pyramide elle-même, sans compter le démantèlement final de ladite rampe: doublement d'un travail déjà limite en soi;

— les allongements et exhaussements répétés de la rampe interrompraient fréquemment des chantiers dont les plannings semblent déjà extrêmement serrés.

La rampe enveloppante

C'est l'hypothèse proposée par Georges Goyon ; elle est en vogue actuellement. Il s'agit également d'une rampe en briques crues, mais s'élevant en colimaçon sur les flancs de la pyramide.

Ce type de rampe représente un volume beaucoup moins important que celui d'une rampe frontale, et son allongement progressif, sans nécessité d'exhaussement général, n'interrompt pratiquement pas les travaux.

Mais si cette théorie propose une rampe possible, elle induit en revanche des inconvénients majeurs pour la construction même de la pyramide: difficultés pour les trains de haleurs de négocier les nombreux virages à angle droit et surtout impossibilité pratique de déterminer et de contrôler à coup sûr la parfaite géométrie de la pyramide, masquée par la rampe, en cours de construction (les remèdes compliqués et peu fiables proposés par Georges Goyon ne sont guère convaincants).

Outre leurs faiblesses respectives, ces deux théories ont en commun trois graves défauts. Ce sont des vues de l'esprit : elles ne se fondent sur aucune iconographie, ni sur l'observation ou l'analyse de vestiges archéologiques probants. À ce titre, elles sont, au sens propre du terme, des théories, que des explications laborieuses tentent de valider *a posteriori*.

Leur champ d'investigation est lacunaire : elles se bornent à tenter de résoudre, sur un plan théorique, le problème de la seule Grande Pyramide, alors que d'autres pyramides, probablement érigées selon le même principe, seraient susceptibles de fournir davantage de données, ne serait-ce qu'en raison de leur inachèvement ou de leurs transformations. Ainsi, celles de Djoser à Saqqara, de Snéfrou à Meïdoum et Dahchour-Sud furent l'objet d'accroissements successifs, pour lesquels il est difficilement concevable que de telles rampes aient pu être construites, démolies puis reconstruites à plusieurs reprises.

Elles reposent sur un sophisme : la condition nécessaire pour qu'elles soient recevables est que les pyramides aient été construites en une seule phase, par exhaussement simultané de tous les composants de leur maçonnerie, du libage au revêtement extérieur compris. Or cette condition nécessaire, non démontrée et discutable, est imposée comme une vérité acquise : c'est en fait de la théorie même qu'est déduit le postulat sur lequel elle repose.

L'utilisation des machines

Les partisans de l'utilisation de machines se fondent sur le témoignage d'Hérodote, qui affirme que la Grande Pyramide fut édifiée « à l'aide de machines faites de morceaux de bois courts ». Faute de détails ou d'informations iconographiques, on en est réduit à imaginer ces machines, ou à tenter de les réinventer, donnant lieu à un véritable « concours Lépine ». Le problème n'est pas simple, car poulies et palans étaient inconnus dans l'Égypte du IIIe millénaire. Les seuls procédés envisageables pour manipuler des charges de plusieurs tonnes font appel au bras de levier, nécessairement fait de longues pièces de bois… en contradiction formelle avec la seule précision apportée par Hérodote.

Des solutions ne faisant pas appel au bras de levier ont donc été proposées. Mais les traîneaux halés sur les rampes, les rondins de bois de roulement ou de rappel sont alors des éléments passifs que l'on ne peut de bonne foi assimiler aux machines actives décrites par Hérodote. Quant à l'ascenseur oscillant imaginé par Choisy et Legrain, il est d'une utilisation infiniment trop lente. Enfin, on est incapable d'envisager quelle sorte de machine a pu déplacer des monolithes, linteaux ou éléments de voûte, d'une vingtaine de tonnes, tous éléments couramment mis en œuvre dans la construction, ce qui est aussi vrai, *a fortiori*, des poutres de granit d'une cinquantaine de tonnes, hissées à plus de cinquante mètres d'altitude dans les chambres de décharges de la Grande Pyramide : on doit donc admettre que, dans ce cas extrême, seul le recours à une rampe paraît convenable.

En tentant d'apporter une solution globalement satisfaisante, ces théories ne parviennent qu'à s'infirmer mutuellement. Sans d'ailleurs exclure que chacune d'entre elles renferme une part de vérité, ne serait-il pas plus judicieux de chercher à en faire la synthèse plutôt que de les opposer ?

L'analyse de la construction

On sait que la pyramide égyptienne est née sous la forme d'un monument à degrés, pyramide « en escalier » fruit de plusieurs projets successifs, sous le règne de Djoser, au début de la IIIe dynastie. Au début de la IVe dynastie, soit une cinquantaine d'années plus tard, les Égyptiens donnèrent forme à la pyramide véritable, à pente lisse, en ajoutant de la maçonnerie aux degrés de la pyramide de Meïdoum, premier grand monument construit par Houni selon certains, par Snéfrou pour d'autres.

Le fait que la pyramide de Meïdoum ait été érigée en plusieurs étapes (voir plus loin ch. III) a trois implications :

— les anciens Égyptiens connaissaient un procédé permettant la construction en plusieurs phases ;

— ce procédé devait être différent de ceux des rampes évoqués plus haut, car il aurait fallu les construire puis les démolir à chaque projet ;

— la pyramide véritable ne procède pas de l'abandon du monument à degré originel, mais de son recouvrement par une enveloppe maçonnée.

La structure bipartite des pyramides

Il est patent que le monument à degrés a perduré dans la pyramide véritable, puisque l'on constate que toutes celles dont l'inachèvement ou la ruine permettent l'observation de la structure possèdent un noyau en gradins. C'est un fait vérifié pour les pyramides des Ve-VIe dynasties, et assuré pour les trois pyramides de reines de Mykérinos et de Chéops sous la IVe (photo 1). Paradoxalement, en dépit de ce principe récurrent, les grandes pyramides royales de cette époque ont souvent été considérées comme construites selon un autre principe, celui des grands lits horizontaux de blocs, donnant une structure totalement homogène. La raison devrait néanmoins dicter une règle qui ne s'écarte pas à la fois des exemples antérieurs, les pyramides à degrés de la IIIe dynastie, et des exemples postérieurs. Comme l'écrivait I.E.S. Edwards, « il serait étrange que les grandes pyramides [de la IVe dynastie] aient été conçues d'une autre manière ».

En ce qui concerne la Grande Pyramide elle-même, qui présente « l'inconvénient » d'être intacte, des mesures de microgravimétrie réalisées en 1987 par EDF ont permis d'éclairer cette question en évaluant la densité du

fig. 1 Densités de la Grande Pyramide, mesures microgravimétriques

(Etude E.D.F. - C.P.G.F. - J. Lakshmanan - 1986 - 1987)

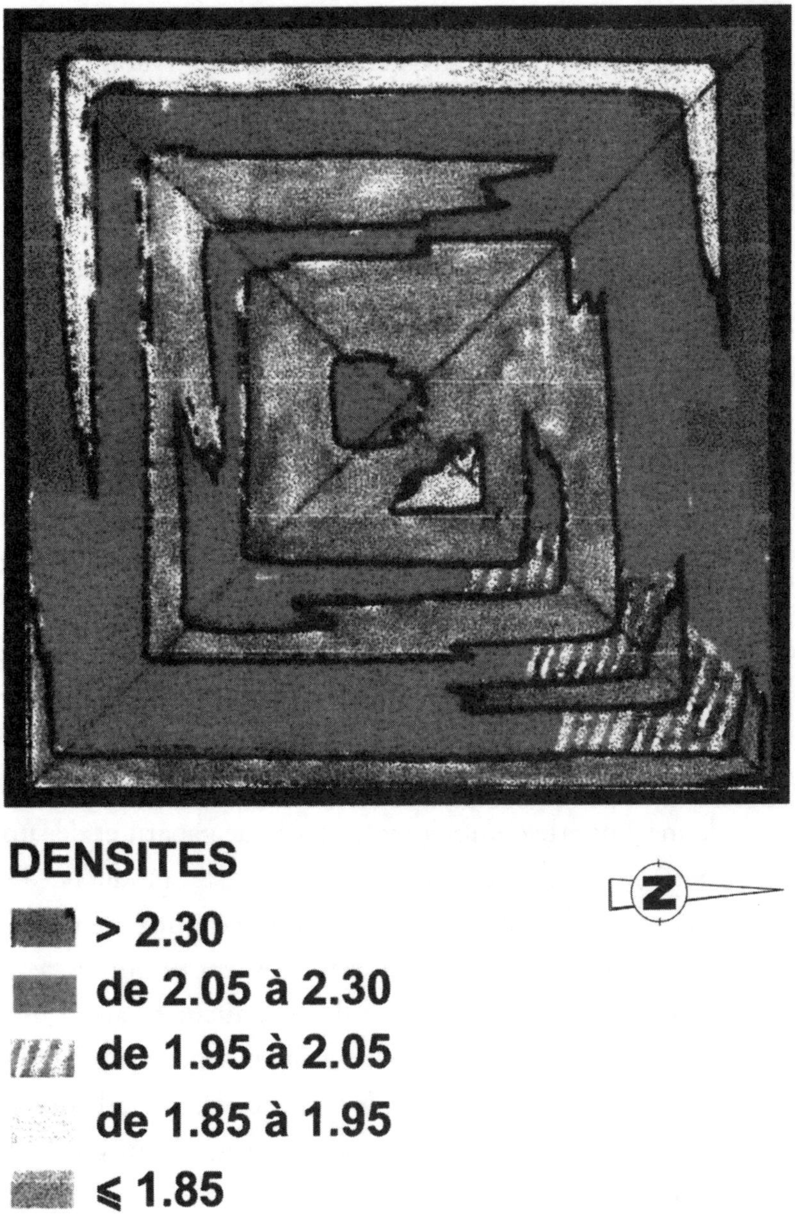

monument et ses variations. On a pu mettre en évidence des alternances de densité conformes à ce que produirait la présence d'une structure interne en gradins (fig. 1).

Pour la pyramide de Mykérinos, une observation directe de sa structure peut être effectuée sur la face nord, grâce à la grande saignée qui fut pratiquée au-dessus de l'entrée du monument. Par cette coupe franche dans la maçonnerie en place (fig. 2), on peut distinguer deux groupes de maçonnerie, du centre vers l'extérieur.

Un « noyau » central comprend les parements de la distribution interne en maçonnerie homogène, très soignée et ravalée ; un libage constitué de blocs de remplissage brut d'extraction, très grossiers et hétérogènes ; une maçonnerie compacte de gros blocs équarris, mais non ravalés, disposés en gradins présentant un léger fruit.

L' « enveloppe » comprend une maçonnerie de blocs équarris qui recouvre les gradins et confère à la pyramide sa silhouette définitive ; les lits des assises sont parfaitement réglés afin de recevoir le revêtement de finition ; le revêtement extérieur, de la meilleure qualité et parfaitement ravalé.

Nous distinguons aussi ces deux groupes parce qu'il y a une solution de continuité entre le « noyau » et son « enveloppe ». Les gradins forment la « carapace » d'un libage parfois très chaotique à l'intérieur du massif ; inversement, la maçonnerie complémentaire sert de gabarit et de support au revêtement extérieur. La césure se situe donc entre les gradins et la maçonnerie qui les recouvre. L'exemple de Mykérinos le montre bien (fig. 2). Les blocs des gradins sont plus massifs que ceux des assises qui les recouvrent ; les lits ne se correspondent donc pas, et il n'y a aucune liaison mécanique entre les deux types de maçonnerie : elles sont indépendantes et l'on peut considérer que « l'enveloppe » recouvre le « noyau » sans y adhérer. Ce n'est pas un exemple isolé : cette discontinuité a été constatée sur plusieurs autres monuments postérieurs.

fig. 2 Pyramide de Mykérinos, structure interne

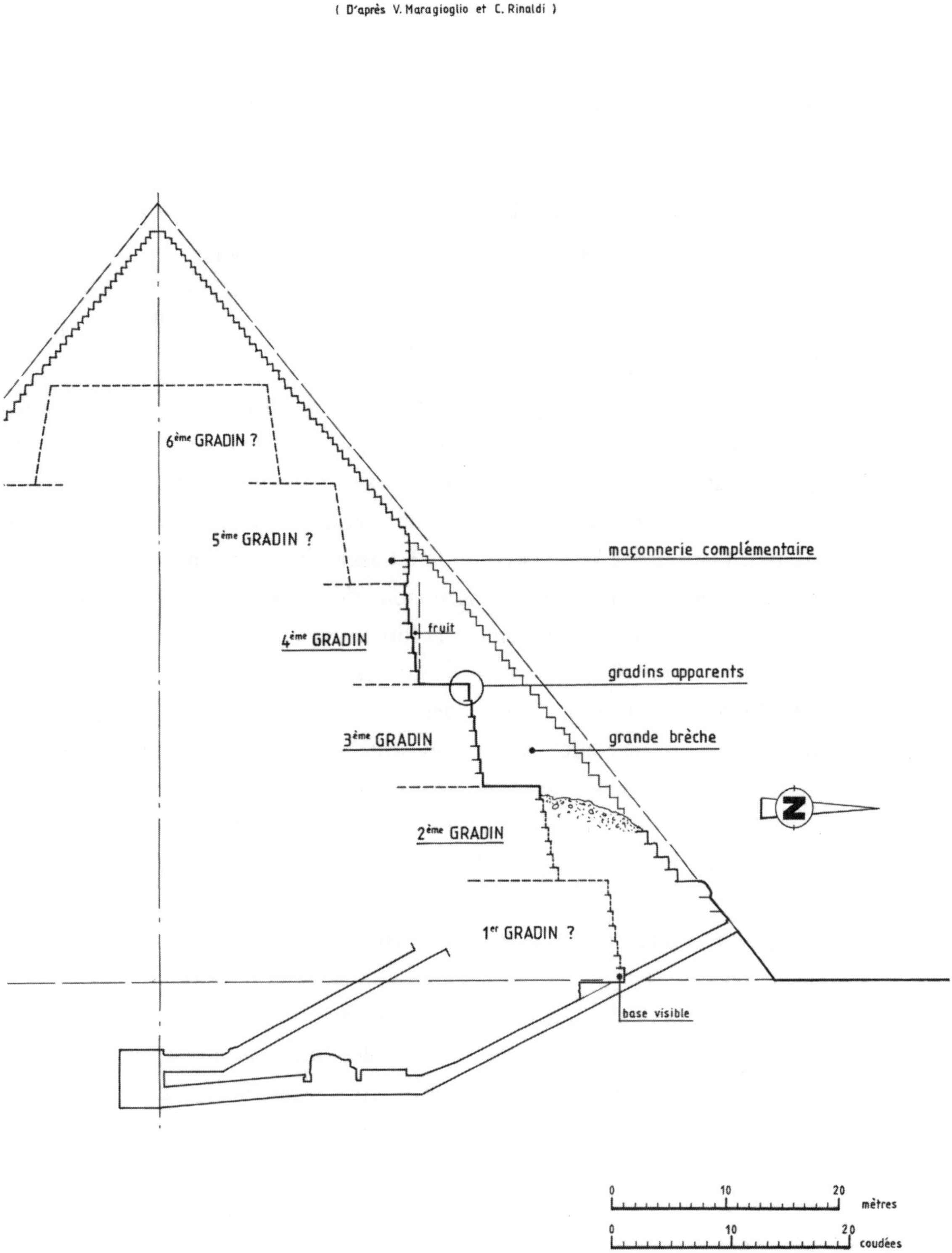

Une confirmation de cette dichotomie est livrée par Hérodote : « Voici comment fut construite cette pyramide [celle de Chéops]. D'abord une succession de degrés, que certains appellent *krossaï*, et d'autres *bomides* ; après que la pyramide eut été édifiée sous cette forme, on élève le reste des blocs à l'aide de machines faites de morceaux de bois courts. » La Grande Pyramide, puisqu'il s'agit d'elle, est donc clairement décrite comme une structure double — « degrés » d'une part, « forme » différente d'autre part — obtenue avec le « reste des blocs ».

Ce témoignage, corroborant les données de terrain, se trouve en parfaite adéquation avec les concepts religieux égyptiens. L'existence des gradins est clairement évoquée dans les textes des pyramides, livres funéraires gravés sur les parois du tombeau royal à partir du règne d'Ounas (fin Ve dynastie). Dans ces textes, la pyramide est assimilée à un escalier destiné à l'ascension céleste du pharaon ; le signe pour désigner le mot « pyramide » (*mer* en égyptien) adopte régulièrement la forme d'un monument à degrés, c'est-à-dire d'un double escalier, y compris sur des graffitis de chantier tracés à la va-vite. Les premiers monuments à degrés évoquent parfaitement cette image, mais, si l'on admet que les pyramides lisses ont conservé toute la force de cette représentation symbolique, peut-on considérer que cet « escalier » existe réellement, s'il n'a jamais été réalisé, englouti et annihilé au fur et à mesure de sa construction, selon les théories d'édification en une seule phase ?

Chronologie de la construction

Deux étapes

Si l'on prend acte de la dissociation de ces deux parties, « noyau » et « enveloppe », peut-on déterminer si elles furent montées simultanément ou bien l'une après l'autre ? Il paraît architecturalement aberrant que deux composants différents et indépendants aient été montés simultanément, avec toutes les complications inutiles que cela implique : approvisionnement en blocs volontairement différents et mise en œuvre d'assises délibérément décalées. Ensuite, tous les gradins que l'on peut observer à Gîza (Mykérinos et les six petites pyramides du plateau) présentent la même caractéristique. Chaque assise y est disposée légèrement en retrait de celle sur laquelle elle repose, de sorte que les parois des gradins ne sont pas verticales mais accusent un léger fruit. Le constat est le même pour les pyramides postérieures. Cette particularité est très révélatrice : donner du fruit à une paroi ne se justifie qu'en face externe, afin d'assurer la tenue d'un massif dégagé. Appliqué à une maçonnerie englobée, donc maintenue, le procédé n'aurait aucun sens. On doit en déduire que les anciens Égyptiens érigeaient d'abord un massif indépendant en gradins, avant de le recouvrir par la maçonnerie complémentaire et le revêtement. À nouveau, cette constatation est corroborée par le témoignage d'Hérodote : « D'abord une succession de degrés [...] ; après que la pyramide eut été édifiée sous cette forme, on éleva le reste des blocs. »

Tous ces éléments concordants nous amènent à conclure que les pyramides furent construites en deux phases successives. Mais qu'en est-il des moyens de la réalisation, rampes et « machines » ? Une remarque préliminaire s'impose. À l'exclusion des théories fantaisistes, on ne discerne généralement que deux possibilités, les rampes ou les machines, là où existent en fait trois solutions arithmétiques 1) les rampes, 2) les machines, 3) les rampes et les machines.

Puisque le texte d'Hérodote paraît jusqu'à présent conforme aux faits, continuons de lui accorder une attention favorable. Si nous en lisons bien les lignes, et non pas entre les lignes, sa description montre que :

1. « *D'abord* une succession de degrés [...] ; après que la pyramide eut été édifiée sous cette forme » définit une première phase, mais sans préciser, malheureusement, par quel procédé elle a été réalisée.

2. « [...] *après que* [...] on éleva le reste des blocs à l'aide de machines » décrit une seconde phase, mais en précisant bien que c'est à ce

moment-là que les machines ont été utilisées, ce qui revient à dire que la première phase a été réalisée par un autre procédé.

Il faut donc envisager l'utilisation de rampes, mais le problème n'est plus du tout le même dès lors que l'on admet que celles-ci ne furent employées qu'en première phase. Le recours successif aux deux procédés — rampes et machines — est logique :

— en première phase, les rampes sont indispensables, ne serait-ce que pour acheminer les grands monolithes (linteaux et éléments de voûte) incorporés dans le noyau ;

— en seconde phase, la maçonnerie complémentaire et le revêtement recouvriraient les rampes rendues inutilisables. Il n'est plus nécessaire alors que les machines employées aient à hisser de lourds monolithes, déjà posés en première phase.

L'approvisionnement et la mise en œuvre s'en trouvent plus cohérents :

— en première phase, construction de la distribution intérieure enveloppée du libage ;

— en seconde phase, pose de la maçonnerie complémentaire et du revêtement solidaire.

Au lieu d'être choquant, le hiatus entre le noyau et la maçonnerie complémentaire est donc logique.

Mais surtout, ériger une pyramide d'un seul jet implique que l'on soit capable de matérialiser avec précision quatre arêtes concourantes vers un point fictif. La mise en œuvre pratique de ce concept géométrique abstrait comporte une très forte probabilité d'erreur (arêtes non concourantes, sommet décentré), erreur dont la correction en cours de chantier ne ferait qu'induire des déformations des arêtes, imperfections qui n'apparaissent sur aucune pyramide. Cette difficulté majeure n'existe plus avec une construction en deux étapes.

En première phase, il n'y a plus d'impératif de contrôle rigoureux de la géométrie de la pyramide. Il suffit que le noyau en gradins soit à peu près correctement dressé : or superposer des parallélépipèdes dégressifs avec un retrait régulier de chaque gradin ne pose strictement aucun problème. Les petits écarts pourront facilement être corrigés en seconde phase ; il en résulte un gain de temps appréciable.

C'est en seconde phase que la plus grande précision est requise. Mais le noyau en gradins constitue alors un support matériel sur lequel il est non seulement possible, mais encore relativement aisé d'effectuer des visées, d'implanter des jalons et de tendre des cordeaux : les arêtes ne sont plus pointées vers un néant incertain, mais suivent des trajets matérialisés et assurés.

L'édification des pyramides en deux phases successives semble donc compatible avec la structure observable de certaines d'entre elles, la logique de leur mise en œuvre et la relation d'Hérodote. Ce principe étant admis, comment savoir quels furent les types de rampes et de machines utilisés ?

Degrés et rampes

Les rampes « frontales ». Pour les grandes pyramides, leur volume constitue un facteur pratiquement rédhibitoire. En revanche, elles pouvaient être utilisées pour des monuments de faible hauteur : mastabas ou pyramides mineures.

Les rampes « enveloppantes ». Dans le cadre d'une construction en une seule phase, elles avaient le grand inconvénient de faire obstacle au contrôle de la géométrie d'une pyramide qu'elles recouvraient. Cet inconvénient est inexistant dans un processus en deux phases :

— adossées aux flancs du massif en gradins, elles sont facilement réalisables ;

— elles constituent une solution très économique. Avantage considérable, elles peuvent même être composées en grande partie d'une maçonnerie laissée en place et recouverte en seconde phase ;

— leur conception est simple. Plus de « colimaçon » continu : chaque degré peut-être franchi par une rampe droite indépendante, assise sur le plat du gradin inférieur et débouchant sur le plateau supérieur (un modèle proposé par U. Hölscher);
— elles sont compatibles avec le débit requis. Le chantier peut en effet être desservi sur quatre faces (par exemple, trois pour la montée des blocs et une pour la descente des équipes), ce qui favorise non seulement la régularité et l'importance du débit mais aussi la répartition des blocs;
— pour les trains de halage, la difficulté consiste à passer d'une rampe à l'autre; une fois parvenu sur le plat supérieur d'un gradin, deux manœuvres sont envisageables. La première consiste à négocier un virage à angle droit. Cette manœuvre nécessite un très large débattement (bien insuffisant à l'angle des gradins) ou bien un pivotement du train de halage, avec les renvois de cordage (frottement en sus), ce qui implique complications et perte de temps. La seconde manœuvre consiste à inverser tout simplement le sens de traction, sans même faire pivoter la charge, et repartir vers une rampe montante en sens inverse. Il s'agirait alors de rampes non plus en « colimaçon » mais en « lacets » (selon le principe proposé par Hölscher), du moins pour les premiers gradins dont la longueur est compatible avec une rampe à faible pente.

En fin de compte, on peut supposer que les anciens Égyptiens ont varié les solutions : rampes frontales pour de petits édifices, en « lacets » pour les premiers gradins des grandes pyramides puis en « colimaçon » pour la partie supérieure, ou, pourquoi pas, des « machines », puisque la quantité, le poids et la dimension des blocs sont alors réduits.

Enveloppe et « machines »

Après l'achèvement du massif en gradins, « le reste des blocs » devant être « élevé à l'aide de machines » (Hérodote) ne représente plus que 25 % environ du volume total de la pyramide. Le poids des blocs à élever, hormis pour les toutes premières assises, reste inférieur à environ deux tonnes. La réalisation de l'enveloppe finale comporte deux aspects antinomiques. La rapidité de l'approvisionnement est favorisée. Celui-ci ne dépend plus en effet de la largeur des rampes ; il s'effectue sur tout le périmètre de la pyramide où peuvent opérer de nombreuses « machines », surtout dans la partie inférieure, qui représente la plus grande part du volume. Par ailleurs, les déplacements des blocs sont limités, car la répartition des « machines » permet de les hisser à proximité de leurs emplacements définitifs. En revanche, il ne s'agit plus d'entasser rapidement des blocs bruts d'extraction. Les opérations de définition et de contrôle de la géométrie de la pyramide doivent être exécutées avec rigueur et la mise en œuvre doit s'y conformer scrupuleusement. Les blocs étant équarris, chaque assise doit être parfaitement réglée et les lits d'attente dressés.

Tenter d'imaginer les « machines » sans le moindre indice serait purement spéculatif : même dans les limites de solutions très simples, les variations sont trop nombreuses. On peut néanmoins tenter de circonscrire un peu le problème. Si la précision apportée par Hérodote, « machines faites de morceaux de bois courts », doit être prise en compte, il faut éliminer les mécanismes de type « chèvre » ou « chadouf » (une haute perche sur pied manipulée par une longue corde) qui font appel au bras de levier et sont constitués, par définition, de bois longs.

Le revêtement de la pyramide de Mykérinos, qui offre l'avantage d'être inachevé, peut donner lieu à des observations instructives. C'est en l'étudiant que nous avons découvert, en 1994, des fragments de revêtement en calcaire portant des traces d'hématite rouge : le revêtement de Mykérinos, « la pyramide peinte », prévu entièrement en granit, aurait ainsi été achevé en fac-similé [1].

1 G. Dormion, *La Pyramide de Chéops. Architecture des appartements funéraires.*

La face inclinée des blocs de revêtement est brute, bombée et saillante, et forme à chaque assise une sorte de marche arrondie (photo 2). Nombre de ces blocs présentent en outre des excroissances (« tétons de manutention »). Tant que le ravalement final n'est pas entrepris, le revêtement ainsi mamelonné peut offrir deux avantages :

— les ouvriers, accoutumés et agiles, peuvent se déplacer et travailler à même le revêtement brut ;

— en s'opposant aux glissements, tous ces bossages peuvent contribuer au maintien des bois (échelles, traverses, piétement, etc.) destinés à hisser les blocs à même le flanc de la pyramide.

Conclusion

Les noyaux en gradins sont attestés dans nombre de pyramides et les mesures de microgravimétrie réalisées par EDF ont révélé l'existence probable d'une telle structure au sein de la Grande Pyramide. Ensuite, toutes nos observations et analyses nous conduisent à penser que les pyramides furent construites en deux étapes successives, massif et enveloppe.

Des éléments en corrélation avec ces préliminaires seront mis en évidence au cours de l'étude architecturale de la Grande Pyramide que nous allons développer. Cette étude aboutira à une conclusion inattendue, directement liée à ces données préalables.

chapitre II

Les demeures d'éternité

La vie post mortem du pharaon dépendait de la préservation de son enveloppe charnelle, celle-ci étant acquise par la momification, sommaire ou élaborée. Encore fallait-il assurer la durabilité et l'inviolabilité de la sépulture. *A priori*, rien ne pouvait satisfaire davantage à ces deux exigences que la masse des pyramides.

La durabilité

Pour assurer la pérennité de leurs tombeaux, les anciens Égyptiens ont disposé, à partir de Djoser, de deux atouts majeurs : un matériau « indestructible », la pierre, et les connaissances nécessaires et suffisantes pour en maîtriser l'emploi. Mais l'apparition des pyramides n'est pas uniquement le fait d'une génération spontanée née sous l'impulsion du génial Imhotep, architecte de la pyramide à degrés.

Les Égyptiens s'étaient initiés à la taille de la pierre depuis plusieurs siècles, sur des objets d'abord (vases ou statues), puis des dalles et socles destinés aux caveaux, avant de faire quelques essais de maçonnerie. Surtout, l'utilisation généralisée de la brique crue dans les grands bâtiments — tombeaux, maisons, palais et forteresses — les avait familiarisés depuis longtemps avec les deux techniques indispensables à l'essor de la maçonnerie en pierre de taille.

La première, issue du procédé de moulage des briques à l'aide d'un gabarit en bois, est l'emploi systématique du parallélépipède rectangle dont le façonnage et la mise en œuvre offrent de grandes facilités. Si les Égyptiens avaient dû façonner sur le tas des blocs polygonaux, à l'instar des bâtisseurs précolombiens, ils n'auraient sûrement pas eu le temps d'édifier les pyramides à raison d'une par règne.

La deuxième technique, inhérente à la précédente, est la connaissance et l'application scrupuleuse des règles essentielles de mise en œuvre de la maçonnerie en assises réglées : lits parfaitement horizontaux, décalage de tous les joints verticaux, harpage des angles, etc.

La maçonnerie en assises réglées est un facteur important de durabilité, car elle n'induit en principe que des forces verticales, donc gérables, tandis que les assemblages polygonaux de l'*opus incertum* génèrent des forces résultantes multidirectionnelles, dont les caprices ne sont pas toujours maîtrisables.

Ces techniques, adaptées avec succès au nouveau matériau, ont été mises au point avec des pierres de taille raisonnable, facilement manipulables. Derrière les parements, les assises de blocaille, qui laissaient de nombreux interstices, limitaient le poids de l'ensemble, d'autant que la hauteur des monuments n'était pas encore considérable — quoique les 60 m de la pyramide de Djoser soient une révolution pour l'époque.

Sous la IVe dynastie, l'évolution est multiple. La pierre est employée massivement sans recours à des solutions de facilité, comme les remplissages de blocaille qui caractériseront les pyramides des Ve et VIe dynasties. Les blocs se font plus massifs, tandis que les pyramides s'élèvent à des hauteurs considérables, culminant à 147 m pour Chéops.

Ces montagnes de pierre généraient évidemment, au sein même de leur masse, un très sérieux inconvénient. Il est certain que les bâtisseurs des pyramides étaient parfaitement conscients de l'énormité des poids qu'ils entassaient. À cet égard, les techniques élaborées mises en œuvre et les efforts déployés témoignent d'une préoccupation constante : garantir la robustesse des structures, afin que les appartements funéraires ne s'effondrent pas sous les charges supportées. C'est le paradoxe de ces structures : *la masse destinée à protéger le corps du pharaon constituait, de fait, la principale menace à laquelle il était exposé.*

Les lois de la physique étant immuables, il va de soi que toute construction requiert, indépendamment de sa fonction et de son contexte culturel, une prise en compte des contraintes mécaniques et le recours à des techniques appropriées. Tout manquement aux règles de l'art de bâtir ou toute erreur d'appréciation peuvent être sanctionnés par un sinistre, et c'est d'autant plus vrai pour les pyramides que les charges engagées sont colossales.

Les anciens Égyptiens n'étaient sans doute pas à même d'effectuer de réels calculs de descente de charge, mais ils surent faire preuve de sérieuses compétences empiriques, fruit d'évaluations intuitives prudentes — qui incitent au surdimensionnement — corrigées au gré des expériences heureuses ou malheureuses. Par ailleurs, au cours de la grande période d'évolution des pyramides, de Djoser à Chéops, les Égyptiens ont manifesté une grande créativité pour résoudre les difficultés techniques que leur imposait leur propre audace, et c'est sous la IVe dynastie que la réalisation des pyramides satisfait aux plus grandes ambitions, offrant une exigence qualitative maximale.

Est-il nécessaire de rappeler la quasi-perfection des revêtements et des parements ? Il ne faut pourtant pas croire que cette minutie ne visait qu'à l'aspect irréprochable de la finition, c'est-à-dire à l'apparence. Les parements assuraient en effet une cohésion et un renforcement de la structure aux endroits essentiels : ils étaient généralement très épais et la minutie des assemblages tendait à minimiser à l'extrême le mal nécessaire que constitue le joint.

Mais ce sont en particulier les efforts, souvent démesurés, accomplis pour le couvrement des vides qui témoignent d'une préoccupation constante de robustesse. Les couvrements plats ne sont généralement utilisés que pour des portées ne dépassant pas 1 m, soit 2 coudées dans le système de mesure égyptien. (La coudée égyptienne mesure en théorie 52,4 cm ; elle varie légèrement selon l'époque et d'un architecte à l'autre. Pour la pyramide de Chéops, elle a été estimée par J. Dorner à 52,35 cm, chiffre qui nous servira de base pour nos calculs.) Ces portées réduites concernent surtout les couloirs. Dans ce dernier cas, les linteaux de couverture sont des monolithes largement surdimensionnés, d'une hauteur égale à 2 ou 3 fois la portée et pesant de 10 à 20 tonnes. C'est ainsi que le linteau de granit surmontant l'entrée de la « chambre du roi » de Chéops pèse environ 35 tonnes. Comme nous l'avons récemment découvert à Meïdoum, ces linteaux peuvent être, de surcroît, coiffés par une voûte de décharge. Tout couvrement plat d'une portée supérieure à 2 coudées, comme c'est le cas des logettes de Meïdoum (4 coudées) et de la chambre du roi de Chéops (10 coudées), est surmonté d'une telle voûte.

Pour les portées supérieures à 2 coudées, le recours à la voûte est de règle. Le souci de robustesse se traduit alors par une recherche constante concrétisée par une évolution rapide des techniques. Dans les pyramides de Meïdoum et Dahchour-Nord, les voûtes sont en encorbellement sur deux faces : par une série de rentrants successifs à mesure que la hauteur s'élève, la portée du plafond rétrécit régulièrement. À Dahchour-Sud et chez Chéops, ce système de l'encorbellement est étendu aux quatre faces des pièces, et non plus aux murs parallèles les plus longs. À partir de Chéops enfin, on utilise des voûtes en chevrons formées à l'aide de paires de monolithes s'appuyant l'un contre l'autre sur un petit côté, de sorte que le plafond ait une forme de V renversé.

On peut noter, à cet égard, que les bâtisseurs égyptiens ont fait preuve d'une appréciation très juste, même si elle est empirique, des forces en jeu : les voûtes en encorbellement sont très aiguës, afin de limiter au minimum les porte-à-faux, tandis que les voûtes en chevrons sont, à juste raison, beaucoup plus obtuses.

L'extraordinaire robustesse des voûtes en chevrons est obtenue au prix de performances et d'efforts incroyables. Les éléments de voûtes sont généralement des mégalithes (néanmoins ajustés avec une précision millimétrique) pouvant excéder 50 tonnes et qui, dans le cas extrême de la Grande Pyramide, furent hissés à une soixantaine de mètres d'altitude. Surcroît de précaution, ces voûtes énormes étaient doublées, comme au-dessus de l'entrée de la Grande Pyramide, voire triplées, comme on peut le constater dans certaines pyramides ruinées postérieures, celle de Pépi Ier à Saqqara par exemple. Cet exemple n'est pas isolé, et on remarque que le triplement représente, chez les anciens Égyptiens, un véritable « coefficient de sécurité » : voûtes, bouchons et herses sont presque toujours triplés.

Enfin, l'ouvrage stupéfiant que constitue l'empilement des « chambres de décharge » dans la Grande Pyramide (2 000 tonnes de granit mises en œuvre à plus de 50 mètres d'altitude) démontre, si besoin est, combien la prévention de tout risque d'effondrement de la chambre funéraire fut un souci prépondérant.

C'est donc sous la condition impérative de ne pas être écrasés par leur propre tombeau que les pharaons pouvaient envisager leur vie éternelle.

L'inviolabilité

Quelle que soit la masse d'un tombeau ou la profondeur d'un hypogée, l'indispensable accès à la tombe pour y déposer le corps constitue un défaut de la cuirasse difficile à résoudre. Pour parer à toute intrusion, il fallait condamner irrémédiablement cet accès après l'inhumation. Or si la profanation d'une tombe, par vengeance ou par cupidité, était à redouter, les Égyptiens n'ont pas toujours manifesté la même crainte à cet égard : ils ont en effet abordé le problème de trois façons différentes, en nette corrélation avec les trois grandes périodes historiques.

L'Ancien Empire (vers 2700 à 2200 av. J.-C.)

Avec l'unification du pays, le développement progressif de l'État et de la puissance du monarque, l'Égypte s'impose comme une civilisation brillante. Le sentiment de sécurité qui régnait devait être d'autant plus fort et justifié que les perspectives historiques étaient sereines. Les Égyptiens de l'Ancien Empire considéraient sans doute qu'ils avaient atteint leur apogée et ne pouvaient envisager que cet état ne fût pas immuable. C'est probablement dans ce sentiment qu'ils puisèrent la foi et la force nécessaires à leurs entreprises.

Dans ce contexte, la profanation d'une grande tombe, celle d'un noble et à plus forte raison d'un pharaon, était pratiquement inconcevable : des prêtres étaient attachés en permanence au service de la nécropole, probablement gardée militairement. Vouloir forcer l'entrée d'une grande sépulture aurait impliqué qu'un groupe de profanateurs effectue un travail trop important et trop long pour pouvoir passer inaperçu.

Dans les pyramides de l'Ancien Empire, l'accès aux appartements funéraires était donc condamné, robustement certes, mais de façon jugée amplement suffisante, sans excès de précaution. Cette condamnation s'effectuait généralement de trois manières :

— abaissement de herses devant l'antichambre ou la chambre funéraire ;
— obturation de la descenderie par des bouchons ;
— fermeture et dissimulation de l'entrée par un bloc noyé dans l'appareillage du revêtement extérieur.

Ces lourdes fermetures ne pouvaient toutefois prétendre à une réelle efficacité face à une volonté opiniâtre d'intrusion. L'entrée était en effet généralement située vers le centre de la face nord, au vu et au su de tous. En outre, le bloc de fermeture, encastré postérieurement dans le revêtement, « mordait » souvent sur les pierres voisines et pouvait donc être discerné par un observateur attentif. C'est le cas à Meïdoum, à Dahchour-Sud (linteau de l'entrée nord), à Gîza pour Mykérinos (linteau de l'entrée) et pour une pyramide de reine de Chéops.

Les herses pouvaient être soulevées, brisées ou percées sans trop de difficulté; celles de la pyramide de Chéphren, par exemple, n'ont qu'une trentaine de centimètres d'épaisseur. Les bouchons de granit obturant des couloirs de calcaire ne constituaient pas non plus un obstacle infranchissable, puisqu'on pouvait les contourner en creusant les parois, plus tendres. On obture donc lourdement, mais sans chercher à dissimuler habilement ou à leurrer.

La Grande Pyramide en est le meilleur exemple. Ainsi, le départ du couloir ascendant aurait pu être très facilement caché : il suffisait de réaliser le couloir ascendant légèrement plus large que le couloir descendant et de mettre en place un premier bouchon de calcaire, qui ne se serait en rien différencié du plafond de ce dernier. Tout intrus serait descendu, sans rien soupçonner, jusqu'à la chambre souterraine, qui aurait pu jouer le rôle de leurre. Le couloir ascendant aurait pu lui-même être entièrement comblé, la grande galerie permettant de stocker suffisamment de bouchons de granit : or trois bouchons seulement furent jugés suffisants pour le bloquer. Enfin, les trois herses condamnant l'ultime accès à la chambre funéraire sont d'une efficacité toute relative, car les deux premières peuvent aisément être franchies en passant au-dessus du linteau qui les précède. Au total, cette série d'obstacles consacrés à l'inviolabilité de la pyramide — 3 bouchons et 3 herses — ne mobilise que 22 tonnes de granit, ce qui paraît bien dérisoire au regard des quelque 2 500 tonnes de granit (« chambre du roi » et « chambres de décharge ») dédiées à la solidité de la chambre funéraire.

Si la recherche de techniques visant à améliorer la tenue mécanique des structures est une des caractéristiques de l'architecture funéraire de la IVe dynastie, on constate en revanche que les systèmes de condamnation, sans doute jugés satisfaisants, n'évoluent pratiquement pas. Sous les Ve et

VIe dynasties, la conception simpliste et stéréotypée des pyramides les rendait encore plus vulnérables.

Il faut donc admettre que, sous l'Ancien Empire, l'inviolabilité requise était considérée comme assurée par des dispositifs jugés suffisants, sans démesure ni complications sophistiquées.

Le Moyen Empire (vers 2040 à 1750 av. J.-C.)

Pendant la Première période intermédiaire, avec la chute de la monarchie centralisée et les désordres sociaux consécutifs à l'installation d'une période de sécheresse, les nécropoles se trouvèrent à la merci de bandes qui purent sévir en toute impunité. Il est pratiquement certain que toutes les pyramides furent alors profanées, aux alentours de 2150 av. J.-C.

Au Moyen Empire, la centralisation ayant été restaurée, les Égyptiens avaient appris à leurs dépens que l'Histoire pouvait comporter des vicissitudes : ils comprirent ainsi qu'il convenait d'apporter beaucoup plus d'attention à la protection des sépultures, afin qu'elles demeurent inviolables quelles que soient les circonstances.

Les plans des distributions internes des pyramides furent alors conçus dans l'unique but d'empêcher d'éventuels pilleurs de parvenir au sarcophage. Tous les moyens furent utilisés et cumulés : les entrées des pyramides, implantées indifféremment sur n'importe quelle face et désaxées, menaient à de véritables labyrinthes, parsemés d'obstacles et de leurres, tandis que les caveaux étaient réalisés dans d'énormes monolithes de pierres dures. L'exemple le plus significatif est sans doute la pyramide d'Amenemhat III à Hawara.

C'est en constatant le degré d'application, d'inventivité et de sophistication avec lesquelles fut traitée l'inviolabilité au Moyen Empire que l'on mesure, par contraste, à quel point celle-ci ne constituait pas une préoccupation essentielle sous l'Ancien Empire, simplement parce qu'elle paraissait alors assurée.

Le Nouvel Empire (1550 à 1070 av. J.-C.)

En dépit de toutes les mesures imaginées pour dissuader, décourager, égarer ou tromper les pillards, les pyramides du Moyen Empire furent elles-mêmes profanées durant la Seconde période intermédiaire ; les Égyptiens durent finalement se résoudre à abandonner ces tombeaux ostentatoires pour dissimuler leurs sépultures au plus profond des hypogées de la Vallée des rois.

Conclusion

L'analyse architecturale de la Grande Pyramide ne peut être abordée sans tenir compte de ces observations préalables. En effet, l'inviolabilité constitue trop souvent le fil conducteur des investigations : elle est le prétexte à une sorte de jeu de « cache-cache » intellectuel très séduisant, voire stimulant. Nous savons d'autant mieux ce qu'il en est que nous n'avons pas résisté nous-mêmes, jadis, à cette tentation. Ne suspectons donc pas d'entrée de jeu et à la moindre occasion des dispositifs complexes, des camouflages savants ou des leurres machiavéliques destinés à d'hypothétiques profanateurs : il est inutile d'avoir, plus que les constructeurs eux-mêmes, l'obsession de l'inviolabilité.

Il semble en revanche beaucoup plus important d'analyser de quelle façon les bâtisseurs de la IVe dynastie ont tenté d'apporter des solutions à leur préoccupation essentielle : *éviter l'effondrement des appartements funéraires sous les charges accumulées.*

chapitre III

Les pyramides de Snéfrou

De l'avis général, les trois pyramides qui précèdent celle de Chéops — Meïdoum, Dahchour-Sud et Dahchour-Nord — ne sont l'œuvre que de deux pharaons, Houni (IIIe dynastie) et Snéfrou, père de Chéops. On explique le plus souvent cette « surproduction » de la façon suivante. Houni aurait construit et agrandi à deux reprises la pyramide à degré de Meïdoum. Son successeur, Snéfrou, aurait ensuite érigé la pyramide de Dahchour-Sud. À mi-hauteur de la construction, des mouvements de la maçonnerie, provoquant des fissurations et des désordres internes importants, auraient conduit le roi à alléger la partie supérieure du monument en diminuant l'angle de pente, lui conférant un profil « rhomboïdal » insolite. Échaudé par cet échec, Snéfrou aurait alors construit à Dahchour-Nord une pyramide plus « raisonnable » : diminution de l'angle de pente, simplification des agencements internes, réduction des portées, etc. À Meïdoum, il aurait de surcroît transformé — par adjonction de maçonnerie dans les gradins — le monument à degré de son prédécesseur en pyramide véritable. Snéfrou aurait donc mis en œuvre, pour ces trois pyramides, quelque 3 300 000 m^3, soit 700 000 m^3 de plus que les 2 600 000 m^3 de la Grande Pyramide. Ce volume « additionnel » de 700 000 m^3, à titre d'illustration, représente un peu plus que celui de la pyramide de Meïdoum. On demeure un peu perplexe devant une telle productivité.

Les documents relatifs à cette période sont rares ; ce sont donc essentiellement des particularités architecturales qui permettent de déterminer la chronologie de ces trois pyramides. La pyramide de Meïdoum, initialement monument à degrés, se situe dans la lignée des pyramides de la IIIe dynastie. Quant aux deux pyramides de Dahchour, un détail caractéristique de mise en œuvre les différencie. Le procédé dit des « lits déversés » (les assises sont montées inclinées vers l'intérieur du monument), héritage des pyramides à degrés de la IIIe dynastie, a en effet été employé à Dahchour-

Sud, tandis que Dahchour-Nord est bâtie en « assises réglées » comme toutes les pyramides de la IVe dynastie. Dahchour-Sud se trouve donc reliée aux pyramides antérieures et Dahchour-Nord aux pyramides postérieures. De ce point de vue, la chronologie paraît évidente. Or il ne s'agit que d'une évidence au premier degré, que réfute une analyse plus approfondie.

La technique dite des « lits déversés » résulte naturellement du procédé de construction, par tranches adossées très pentues, des pyramides à degrés. Il était alors logique que les constructeurs de ces monuments disposent les lits de maçonnerie normalement au fruit des tranches, ne serait-ce que pour s'affranchir des adaptations et coupes biaises qu'auraient nécessité des assises horizontales, et dans la mesure où cela n'impliquait qu'une faible inclinaison des lits. À ce propos, créditer les anciens Égyptiens de l'intention sophistiquée de créer, par ce procédé, des forces résultantes centripètes nous paraît une surestimation conjecturale. Il est donc naturel qu'avec l'abandon du procédé des tranches additionnelles et la faible pente des pyramides véritables, les « lits déversés », devenus inappropriés, aient été abandonnés au profit des assises réglées.

Ce que nous désirons souligner, c'est qu'il faut considérer les « lits déversés » comme un procédé logiquement appliqué à la construction par tranches additionnelles et non pas comme une technique archaïque. Intrinsèquement, les « lits déversés » ne sont donc pas inhérents à une *époque*, mais à une *méthode* de construction. Or la pyramide de Dahchour-Sud comporte à l'évidence une tranche additionnelle. Le recours au procédé habituellement employé, les « lits déversés », est donc parfaitement normal et justifié, nonobstant toute considération chronologique.

Le fait que la pyramide de Dahchour-Sud soit constituée d'une première pyramide enrobée d'une tranche additionnelle périphérique apparaît clairement dans les relevés de Maragioglio et Rinaldi et nous avons pu constater *in situ* la justesse de leurs observations.

En effet, les deux couloirs d'accès de la pyramide de Dahchour-Sud présentent chacun une discontinuité similaire caractéristique, à 12,60 de l'entrée pour le couloir nord (fig. 3) et à 10,63 m de l'entrée pour le couloir ouest (fig. 4). Dans l'un et l'autre cas, on constate un changement de pente, la présence d'un joint périphérique continu (au couloir nord, pente à environ 60°, face de joint nord ravalée), des trous en vis-à-vis (comme ceux de l'entrée définitive actuelle) et un déplacement de la maçonnerie (environ 5 cm au couloir ouest), voire un affaissement (plus de 20 cm au couloir nord), avec fissuration.

Ces particularités sont on ne peut plus révélatrices de l'existence d'entrées originelles situées bien en deçà du nu du revêtement final, impliquant en corollaire l'extension d'une pyramide initiale (fig. 5).

La position et l'inclinaison des « joints de rupture » permettent de reconstituer, par une projection géométrique très simple, cette pyramide initiale : elle devait posséder une base de 300 coudées (157,05 m) de large, une hauteur de 240 coudées (125,64 m), déterminant un angle de pente de tangente de 8/5, soit 58°. La pyramide définitive (188,60 m à la base, soit 360 coudées) a été obtenue en enrobant cette pyramide initiale d'une tranche de maçonnerie de 30 coudées (15,70 m) d'épaisseur à la base.

La pyramide initiale devait être achevée, revêtement ravalé compris. La tranche additionnelle (54° 31' 13") ne suivait pas la pente initiale (58°) : son épaisseur, de 30 coudées à la base, allait en décroissant vers le sommet de telle sorte que la pyramide initiale (240 coudées de haut, soit 125,64 m) n'aurait été surélevée que de 12 coudées (pyramide finale : 252 coudées de haut, 131,92 m).

fig. 3 Dahchour-Sud, couloir nord, détail des discontinuités, 1

(D'après V. Maragioglio et C. Rinaldi)

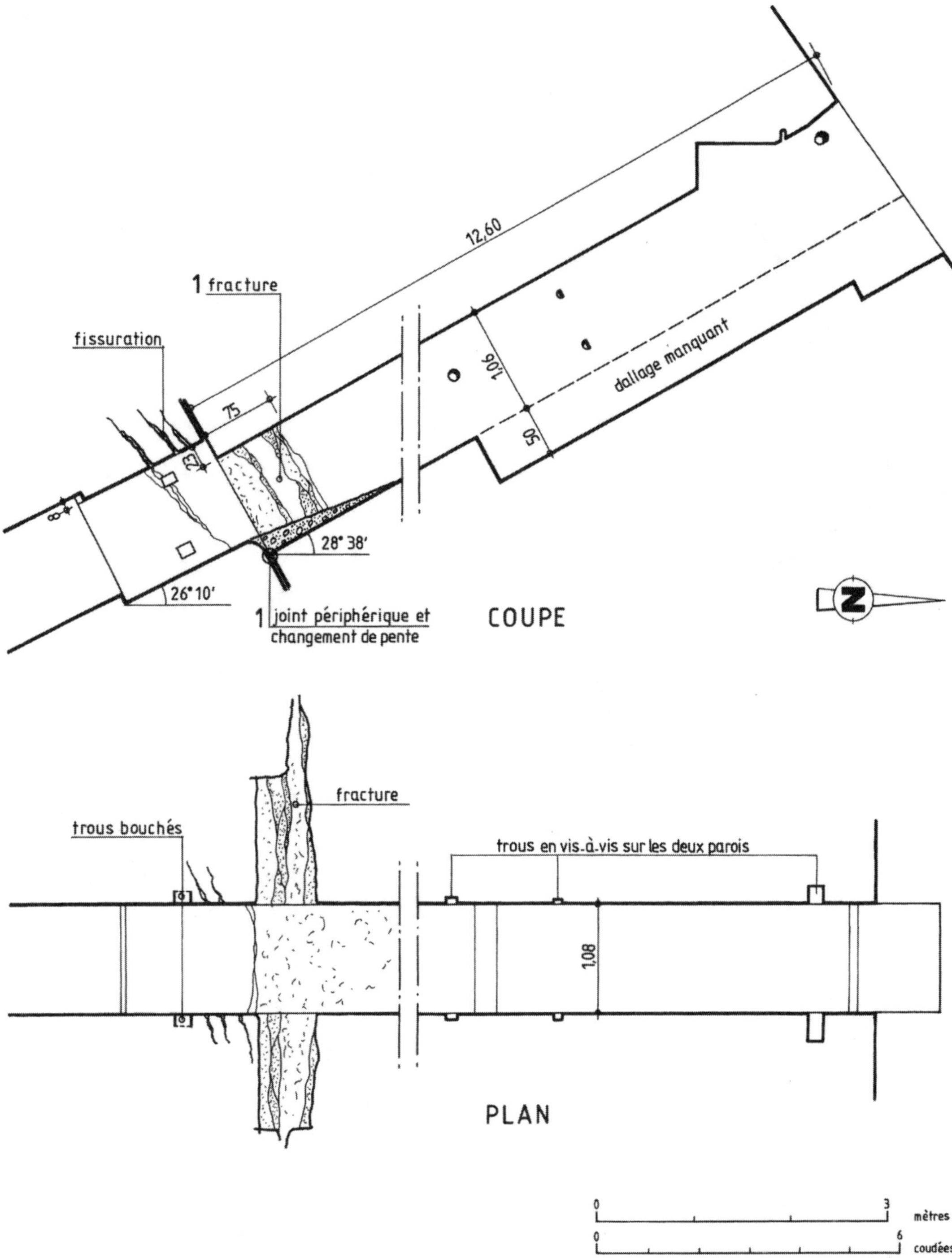

fig. 4 Dahchour-Sud, couloir ouest, détail des discontinuités, 2 et 3

(D'après V. Maragioglio et C. Rinaldi)

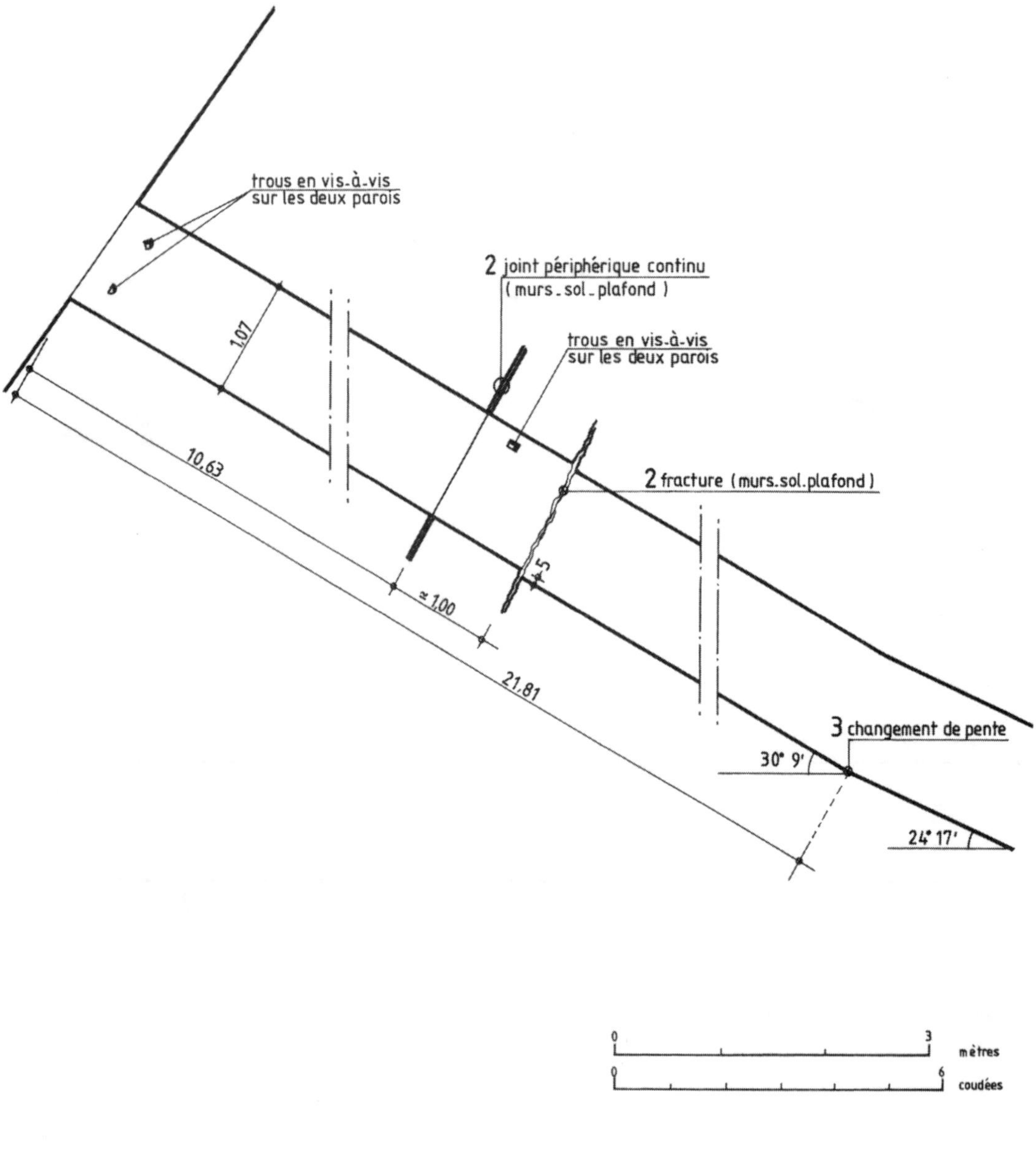

fig. 5 Dahchour-Sud, couloirs nord et ouest, projection des discontinuités

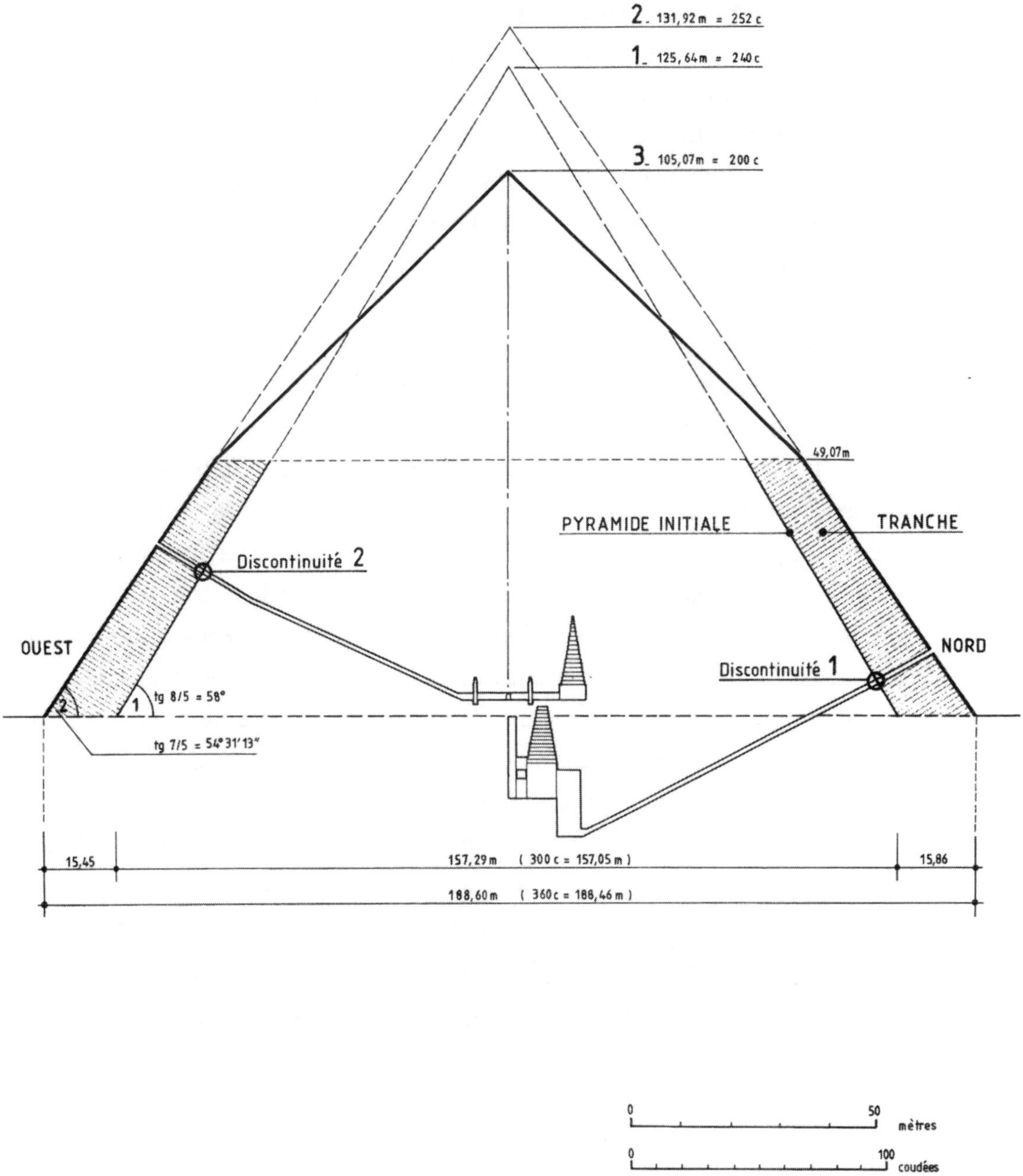

Si l'existence d'une telle extension rend compte des particularités observées, elle offre de surcroît l'avantage d'expliquer, de façon cohérente, tous les avatars subis par Dahchour-Sud :

— 1. Construction d'une pyramide achevée (base de 300 coudées, hauteur de 240).

— 2. Mise en chantier d'une extension : enrobage de la pyramide par une maçonnerie « à lits déversés » adossée au revêtement existant.

— 3. Les travaux ayant atteint une hauteur de 49 m, survient l'accident. La tranche, non liaisonnée à une face ravalée trop inclinée, ripe. La maçonnerie de la pyramide subit d'énormes contraintes qui engendrent des dégâts importants.

— 4. L'extension est interrompue. Les fissurations sont colmatées ou réparées. Les deux chambres endommagées sont comblées au moyen d'une maçonnerie compacte de petits blocs.

— 5. Il n'est plus question de continuer à surcharger la pyramide. Pour ce faire, les matériaux du sommet de la pyramide initiale sont réutilisés sur place, pour achever la partie supérieure en la raccordant à la tranche inachevée. C'est cette opération qui a conféré à la pyramide sa silhouette à double pente. L'interprétation habituelle, selon laquelle la partie supérieure de la « rhomboïdale » aurait été entièrement érigée sur le tronc inférieur inachevé de la pyramide, n'est guère satisfaisante : non seulement elle ne tient pas compte de l'existence d'une extension, mais elle implique une surcharge importante, totalement absurde, de la partie sinistrée.

— 6. Ce « scénario catastrophe » a peut-être eu des répercussions lointaines. Au pied du monument, les deux énormes stèles du temple haut sont brisées, non pas à la base, mais juste au-dessus du niveau d'ensablement. Il semble assez probable que le début de l'exploitation du revêtement ait été marqué par un tragique accident : le minage du revêtement déjà ébranlé et désolidarisé a dû provoquer une avalanche de blocs, décapitant les deux stèles et tuant certainement nombre d'ouvriers, avec pour conséquence immédiate l'abandon d'une exploitation jugée trop dangereuse. Ce serait la raison pour laquelle la pyramide de Dahchour-Sud est la seule dont la quasi-totalité du revêtement est encore en place.

L'emploi des « lits déversés » n'est donc pas en soi symptomatique d'une chronologie. Mais un autre argument a été employé pour consolider la succession Dahchour-Sud-Dahchour-Nord, la meilleure qualité de la maçonnerie pour le second site. Il est vrai que la différence est frappante et l'excellent état de conservation des appartements de Dahchour-Nord, impressionnant. Mais doit-on imputer cela à la mise en œuvre, ou plus simplement à une différence qualitative de la pierre utilisée, liée à l'approvisionnement de proximité des sites respectifs ? En outre, les appartements de Dahchour-Sud auraient sûrement un tout autre aspect s'ils n'avaient pas subi le sinistre évoqué précédemment.

Si l'on soustrait les deux arguments précédemment cités, les lits déversés et la qualité de la maçonnerie, la chronologie habituellement retenue devient très discutable pour trois raisons essentielles :

— 1. Il semble assez évident que la disposition des appartements est, toutes proportions gardées, pratiquement identique dans les pyramides de Meïdoum et de Dahchour-Nord — deux chambres disposées en quinconce menant à une troisième chambre surélevée — à tel point que la distribution de Dahchour-Nord semble être la réplique, beaucoup plus ambitieuse, de celle de Meïdoum (fig. 10). La seule différence notable concerne l'accès et l'orientation des chambres supérieures. Quant à la pyramide de Dahchour-Sud, sa double distribution est atypique. La filiation entre Meïdoum et Dahchour-Nord est également assez évidente sur le plan technique : elle s'inscrit dans une progression logique, tandis qu'une succession Meïdoum-Dahchour-Sud impliquerait un progrès fulgurant (doublement des portées, triplement des hauteurs des chambres, encorbellement sur quatre faces) ;

— 2. Selon la logique architecturale évolutive, la chronologie devrait être Meïdoum-Dahchour-Nord-Dahchour-Sud. On le constate dans l'augmentation des portées, qui suivrait une progression « normale » :

pyramide	pièce	portée
Meïdoum	logettes inférieures	portée 4 coudées (2,10 m)
	chambre supérieure	portée 5 coudées (2,60 m)
Dahchour-Nord	chambres inférieures	portée 7 coudées (3,65 m)
	chambre supérieure	portée 8 coudées (4,18 m)
Dahchour-Sud	chambre inférieure	portée 9,5 coudées (4,96 m)
	chambre supérieure	portée 10 coudées (5,235 m)
Chéops	chambre « de la reine »	portée 10 coudées (5,235 m)
	chambre « du roi »	portée 10 coudées (5,235 m)

Cette progression est parfaitement linéaire et logique dans cet ordre chronologique. Il en est de même pour les techniques de traitement des voûtes, qui suivraient également une progression « normale » :

Meïdoum	Voûtes en encorbellements sur 2 faces
Dahchour-Nord	Voûtes en encorbellements sur 2 faces
Dahchour-Sud	Voûtes en encorbellements sur 4 faces
Chéops	Voûtes en encorbellements sur 4 faces : grande galerie
	Voûtes en chevrons : chambres

La continuité de cette évolution est si flagrante que, dans la chronologie habituelle de la succession entre Dahchour-Sud et Dahchour-Nord, on doit justifier l'inversion qu'elle implique en supposant que le sinistre survenu à Dahchour-Sud a incité les constructeurs de Dahchour-Nord à une prudente régression. Mais si l'on admet cette hypothèse, on constate que les portées n'en furent pas moins augmentées au cours même de la construction de Dahchour-Nord, suivant l'évolution « naturelle », puisque les chambres inférieures ont une portée de 7 coudées et la chambre supérieure 8. Il y aurait eu, d'autre part, une régression technique, puisque les encorbellements sur quatre faces auraient été abandonnés, pour resurgir paradoxalement dans la grande galerie de Chéops.

Si l'on veut illustrer l'évolution de ces paramètres par des courbes (fig. 6), on constate :

courbe A, la chronologie habituelle, Meïdoum-Dahchour-Sud-Dahchour-Nord-Chéops comporte une discontinuité choquante ;

courbe B, dans l'hypothèse d'une régression prudente à Dahchour-Nord, on devrait obtenir une évolution impliquant moins d'audace et de sophistication dans la pyramide de Chéops ;

courbe C, en revanche, la chronologie Meïdoum-Dahchour-Nord-Dahchour-Sud- Chéops se traduit par une évolution architecturale linéaire logique.

fig. 6 Évolution des pyramides

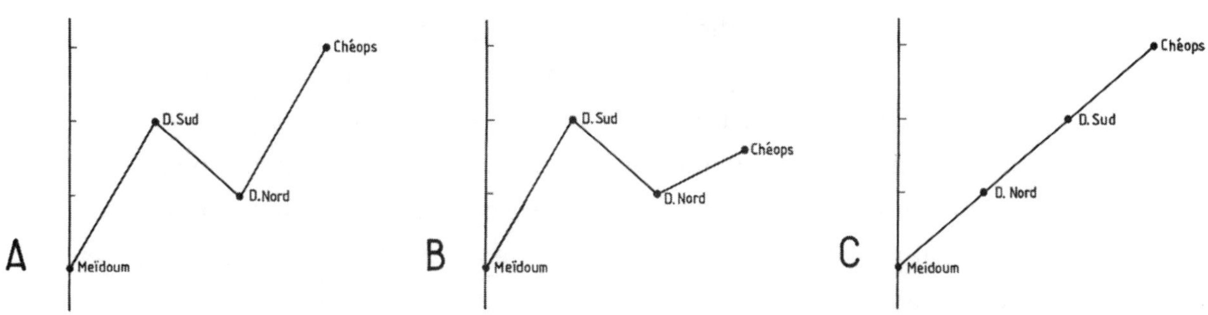

— 3. Autre argument avancé pour la chronologie, le volume des pyramides, qui suit la progression suivante :

Meïdoum (originelle)	460 000 m^3
Dahchour-Sud	1 440 000 m^3
Dahchour-Nord	1 680 000 m^3
Chéops	2 600 000 m^3

Cette progression est significative et constitue un bon argument en faveur de la chronologie habituellement admise. Mais, là encore, l'apparence peut être trompeuse, car nous ne prenons pas nécessairement en compte le bon critère. L'ambition d'un pharaon était-elle vraiment de construire un monument plus volumineux que celui de son prédécesseur, ou tout simplement plus grand ? Ce n'est pas exactement la même chose.

Nous avons en effet tendance à prendre en considération le volume des pyramides parce qu'il illustre, à nos yeux, le gigantisme de ces monuments en nombres démultipliés (puisque élevés au cube), représentant bien la réalité du travail effectué. Si le volume constitue donc notre critère d'appréciation, était-ce vraiment celui des anciens Égyptiens lorsqu'ils projetaient la construction d'une pyramide ?

Ce qui caractérise un monument, ce sont avant tout sa silhouette et ses dimensions. Ce sont des éléments visuels que l'on appréhende d'emblée, tandis que l'on n'est pas vraiment conscient de la réalité du volume englobé, qui devient une notion théorique : lorsque l'on double les dimensions d'un objet, on ne perçoit pas que l'on multiplie son volume par huit, si ce n'est par le truchement d'un calcul mental. Les pyramides étant caractérisées par un volume plein, on peut même considérer que, dans la mesure où ne lui était pas dévolue une utilité fonctionnelle, le volume induit par les dimensions constituait plutôt un facteur très pénalisant — si on veut augmenter un peu les dimensions, on est contraint d'augmenter beaucoup le volume.

Ce que nous voulons souligner, c'est que le volume ne constitue pas un but en soi, mais plutôt une conséquence des dimensions recherchées. En revanche, dans toute l'histoire de l'architecture et jusqu'à nos jours, l'objectif fortement stimulant a toujours été la course à la hauteur. Pourquoi en aurait-il été autrement à l'époque des pyramides ?

Si l'on prend donc en compte le critère de la hauteur et non celui du volume, on obtient la progression suivante :

Meïdoum (originelle)	155 coudées	(81 m)
Dahchour-Nord	200 coudées	(104,50 m)
Dahchour-Sud (originelle)	240 coudées	(125,64 m)
Dahchour-Sud (extension prévue)	252 coudées	(131,92 m)
Chéops	280 coudées	(146,58 m)

Le paradoxe des trois pyramides de Snéfrou peut se résumer de la sorte : l'égyptologie dispose de preuves flagrantes d'une chronologie, Meïdoum, Dahchour-Sud, Dahchour-Nord (*cf.* la préface de Nicolas Grimal), tandis que l'architecte constate une évidente évolution des structures dans un ordre différent: Meïdoum, Dahchour-Nord, Dahchour-Sud. Bien que ces deux points de vue paraissent incompatibles, il semble qu'il y ait pourtant une façon de les concilier.

L'analyse architecturale prend en effet en considération des critères essentiellement structuraux, tels que les portées et les couvrements, c'est-à-dire des éléments internes, réalisés en *phase 1* de la construction de la pyramide — celle de l'édification du noyau en gradins. De son côté, l'égyptologie recueille la majorité de ses indices à l'extérieur, que ce soit en étudiant les marques de chantier sur les blocs externes de la pyramide ou en étudiant les temples, c'est-à-dire tout ce qui concerne la *phase 2* de l'achèvement du monument.

Cela conduit inévitablement à envisager l'hypothèse suivante. Dans la chronologie des trois chantiers de Snéfrou, serait intervenu un paramètre qui aurait modifié la succession logique des événements, de telle sorte que *les phases de construction des pyramides s'en seraient trouvées désynchronisées.* C'est ainsi que l'on obtiendrait ce que les uns et les autres observent :
— phase 1 : Meïdoum, puis Dahchour-Nord, puis Dahchour-Sud ;
— phase 2 : Dahchour-Sud, puis Meïdoum, puis Dahchour-Nord.

Conclusion

L'étude de la Grande Pyramide que nous avons entreprise nécessitait de situer ce monument dans son contexte. Ce travail n'a la prétention que d'être architectural et ne prend pas en compte des critères qui échappent à notre compétence. Du strict point de vue de l'architecture, nous nous devons d'être cohérent et de considérer que c'est la pyramide de Dahchour-Sud, et non celle de Dahchour-Nord, qui a précédé, et peut-être même influencé, celle de Chéops ; car il faut souligner que certaines caractéristiques de la Grande Pyramide sont préfigurées dans les dernières réalisations de Snéfrou. Le revêtement final de la pyramide de Meïdoum a exactement la même pente que celle de Chéops, et le dispositif de fermeture amont de la pyramide satellite de Dahchour-Sud (fig. 7) correspond, dans le principe et en modèle réduit, à celui de la grande galerie.

fig. 7 Dahchour-Sud, la pyramide satellite

(D'après V. Maragioglio et C. Rinaldi)

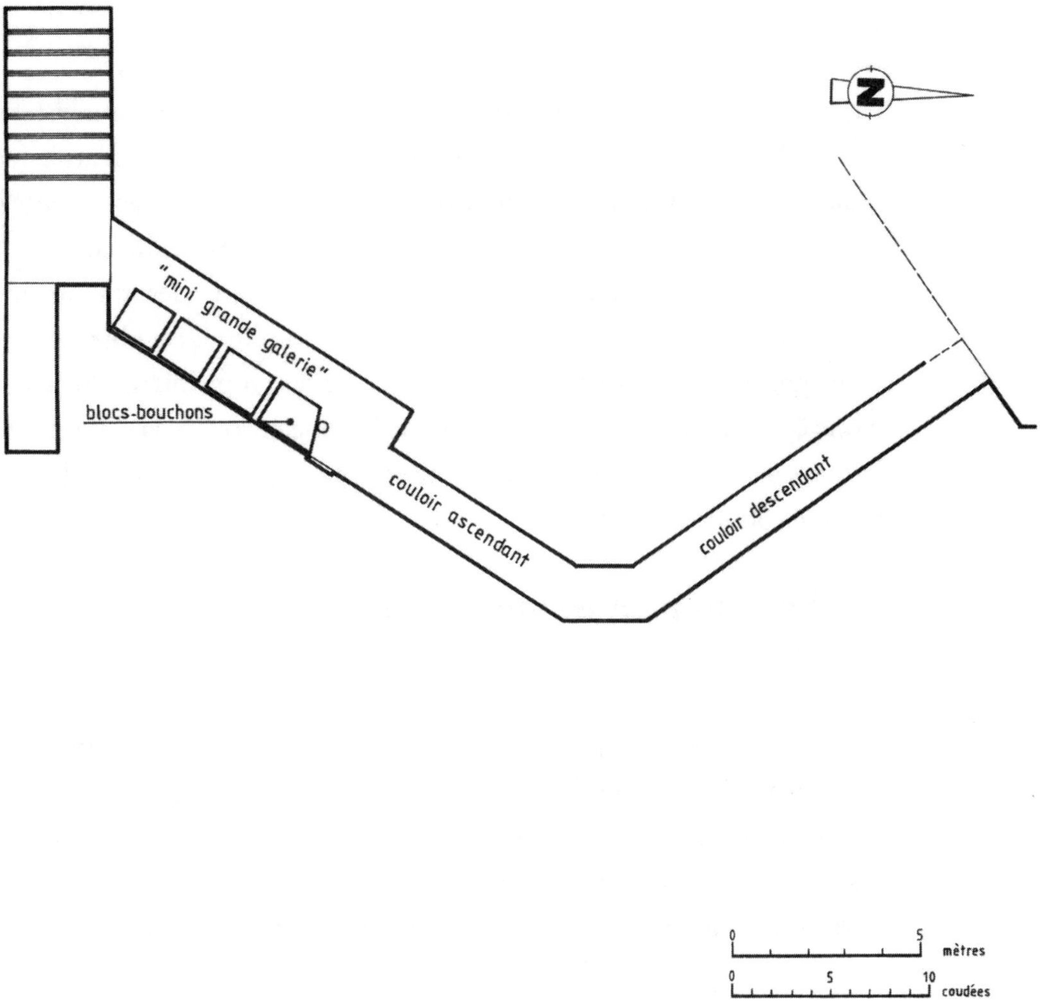

chapitre IV

Le problème de la Grande Pyramide

Lorsqu'on observe une coupe de la Grande Pyramide, plusieurs caractéristiques se dégagent aussitôt (fig. 8) :
— la diversité et l'importance des volumes internes ;
— l'étagement de ses volumes sur trois niveaux ;
— la ramification en patte-d'oie de la distribution ;
— la position élevée de la chambre funéraire et son fort désaxement vers le sud ;
— l'empilement structural au-dessus de la chambre funéraire.

L'interprétation de ces particularités divise les analystes en deux écoles. Selon les uns, la pyramide de Chéops aurait été réalisée selon un plan unique définitif ; selon les autres, l'étagement des appartements sur trois niveaux résulterait de modifications successives du plan initial.

Encore faudrait-il savoir si le mot « plan » désigne un simple projet ou un véritable dessin. Nous verrons plus loin qu'il est absolument impossible que certains éléments aient pu être réalisés empiriquement, sans recours à une épure préalable. Il est certain que la conception de la Grande Pyramide, comme celle d'autres monuments de ce type, a été établie sur la base de plans dessinés ou de maquettes.

La thèse du plan unique et définitif

C'est celle de l'égyptologue allemand Rainer Stadelmann, qui écrit : « J'avais exposé par ailleurs que la thèse positiviste des trois phases de construction de la pyramide de Chéops ne méconnaissait pas seulement la splendeur de cette construction, mais la transforme en manque d'imagination et en absence de méthode. Celui qui imagine un édifice d'une telle perfection dans les mesures, et le réalise, ne peut pas, en ce qui concerne

fig. 8 La pyramide de Chéops

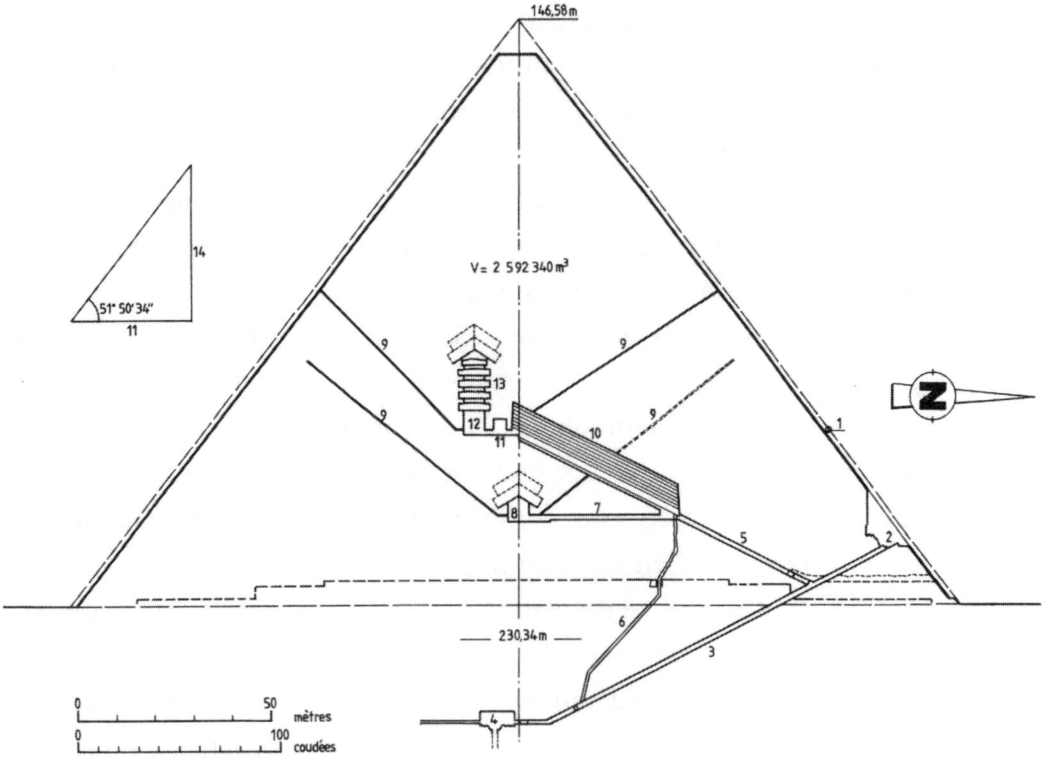

LEGENDE

1 _ Revêtement (disparu)
2 _ Entrée
3 _ Couloir descendant
4 _ Chambre souterraine
5 _ Couloir ascendant
6 _ Puits
7 _ Couloir horizontal
8 _ Chambre dite "de la Reine"
9 _ Conduits dits "de ventilation"
10 _ Grande galerie
11 _ Chambre des herses
12 _ Chambre dite "du Roi"
13 _ Chambres "de décharge"

l'élément essentiel du point de vue dogmatique et fonctionnel, c'est-à-dire les chambres funéraires et les corridors, avoir construit au hasard et de façon incohérente. »

Il est vrai que l'apparente cohérence des agencements internes de la Grande Pyramide semble avoir été dictée par un plan unique. Cela dit, nous venons de produire le seul argument en faveur de cette thèse. Bien que très plausible *a priori*, celle-ci n'a en effet jamais été fondée sur une analyse objective et sur des indices probants. Elle a toujours été induite par une admiration inconditionnelle — d'ailleurs focalisée sur la seule Grande Pyramide — qui refuse l'idée que la perfection d'un tel monument puisse être entachée d'aléatoire, comme si l'observation et l'analyse ne devaient pas s'appliquer à une œuvre dont le génie s'impose spontanément à l'esprit. Cette admiration inconditionnelle ne peut qu'altérer l'objectivité et aboutir dans certains cas aux pires divagations. Selon Georges Barbarin, spécialiste français des théories mystiques, « le système des couloirs est organisé suivant un plan géométrique et symbolique, où rien absolument n'est laissé au hasard ». Ainsi va-t-on jusqu'à penser qu'une telle perfection n'a pu être atteinte que grâce à des connaissances et des techniques extraordinaires, ou parce qu'elle a été inspirée par Dieu en personne !

Ce postulat du plan unique conduit Rainer Stadelmann à prôner la théorie du « système des trois chambres » (*Dreikammersystem*) du tombeau du roi, « qui est prouvé depuis la Ire dynastie et qui est, dans les pyramides de la IVe dynastie jusqu'à la fin de l'Ancien Empire, tellement évident et frappant que l'on est obligé de s'étonner que cela n'ait pas été vu plus tôt ».

Si cette thèse peut s'appliquer incontestablement aux pyramides des Ve et VIe dynasties, qui comportent effectivement trois chambres que l'on a coutume d'appeler actuellement « vestibule », « antichambre » et « chambre funéraire », on ne peut pas considérer que cela soit « tellement évident et frappant » pour les monuments de la IVe dynastie. En effet, on peut d'ores et déjà objecter que les pyramides de Dahchour-Sud et de Chéphren ne possèdent que deux chambres. Il faut recourir à des arguties discutables pour comptabiliser en chambre la « cage d'escalier » de Dahchour-Sud, et séparer la chambre funéraire de Chéphren en deux chambres « virtuelles ». De surcroît, l'argumentation est à double tranchant lorsqu'on l'applique à la pyramide de Mykérinos, dont l'antichambre comporte réellement deux parties, nettement délimitées par une différence de hauteur et un redan des parois. Ainsi, la pyramide de Mykérinos comporterait quatre chambres : celle décorée en façade de palais, la double antichambre et la chambre funéraire. Enfin, ce dogme devrait avoir, par définition, une signification religieuse telle que l'on n'y déroge pas. On imagine mal, par exemple, qu'un ersatz de chambre ou une chambre inachevée puisse répondre à cette conception, surtout dans le cadre d'une réalisation « parfaite ». Personne ne conteste que la chambre souterraine de la Grande Pyramide soit inachevée. Or si cette chambre avait une vocation dogmatiquement définie, elle aurait dû être opérationnelle, donc achevée. Il faut donc considérer que la pyramide de Chéops n'a que deux chambres « effectives » : la chambre « de la reine » et la chambre « du roi ».

La thèse des trois projets successifs

C'est la thèse de Ludwig Borchardt, défendue et popularisée en France par Jean-Philippe Lauer qui écrit : « Chacune des particularités de sa disposition intérieure [celle de la Grande Pyramide] s'explique aisément et tout simplement par des raisons d'ordre technique ou pratique. Des changements de plan décidés en cours de construction entraînèrent ainsi l'établissement de nouveaux couloirs différemment inclinés, qui furent branchés sur les premiers. »

L'hypothèse de modifications successives n'est pas incompatible avec le contexte historique. Sous la IVe dynastie, en effet, l'architecture des premières pyramides se cherche, évolue très rapidement au gré des tâtonnements et d'innovations techniques. Toutes les pyramides de la période sont ainsi dissemblables, la plupart d'entre elles ayant subi des modifications pendant ou après leur édification. Rappelons aussi que la pyramide de Dahchour-Sud qui, selon nous, précède immédiatement celle de Chéops, comporte deux niveaux d'appartements distincts (fig. 5, p. 59).

Par ailleurs, une réalisation en plusieurs phases n'implique pas nécessairement hasard, manque d'imagination ou incohérence. On peut y voir, bien au contraire, l'expression d'une réflexion constante, induite par un souci de perfectionnisme conduisant à des innovations et des adaptations admirablement maîtrisées, pour aboutir finalement à une réalisation cohérente. Il ne faut pas négliger la pulsion créative qui incite tout architecte à perfectionner son œuvre, surtout lorsque sa réflexion peut s'exercer au long d'une vingtaine d'années. Enfin, il ne faut pas oublier que la pyramide de Chéops n'est sans doute pas l'œuvre d'un seul architecte, Hémiounou, « maître-maçon et scribe du roi », qui n'en aurait ni commencé ni achevé la construction.

L'hypothèse des trois plans successifs n'est pas le simple fruit de considérations générales ou de spéculations théoriques : elle est déduite de l'analyse de certaines particularités de la construction. Pour Borchardt, qui étudia la Grande Pyramide sous ses aspects techniques, les constructeurs délaissèrent très rapidement la chambre souterraine au profit de la chambre « de la reine », située dans la maçonnerie, qu'ils abandonnèrent ensuite pour la chambre « du roi », chambre funéraire définitive située encore plus haut dans la pyramide (fig. 9). Pour lui, l'inachèvement des conduits dits de « ventilation » de la chambre « de la reine », par exemple, ou le percement du « puits » non prévu, sont des signes évidents de modifications du projet initial, survenues en cours de construction. Il est unanimement admis que la chambre souterraine est inachevée : il est donc d'ores et déjà pratiquement

fig. 9 Chéops : trois projets ?

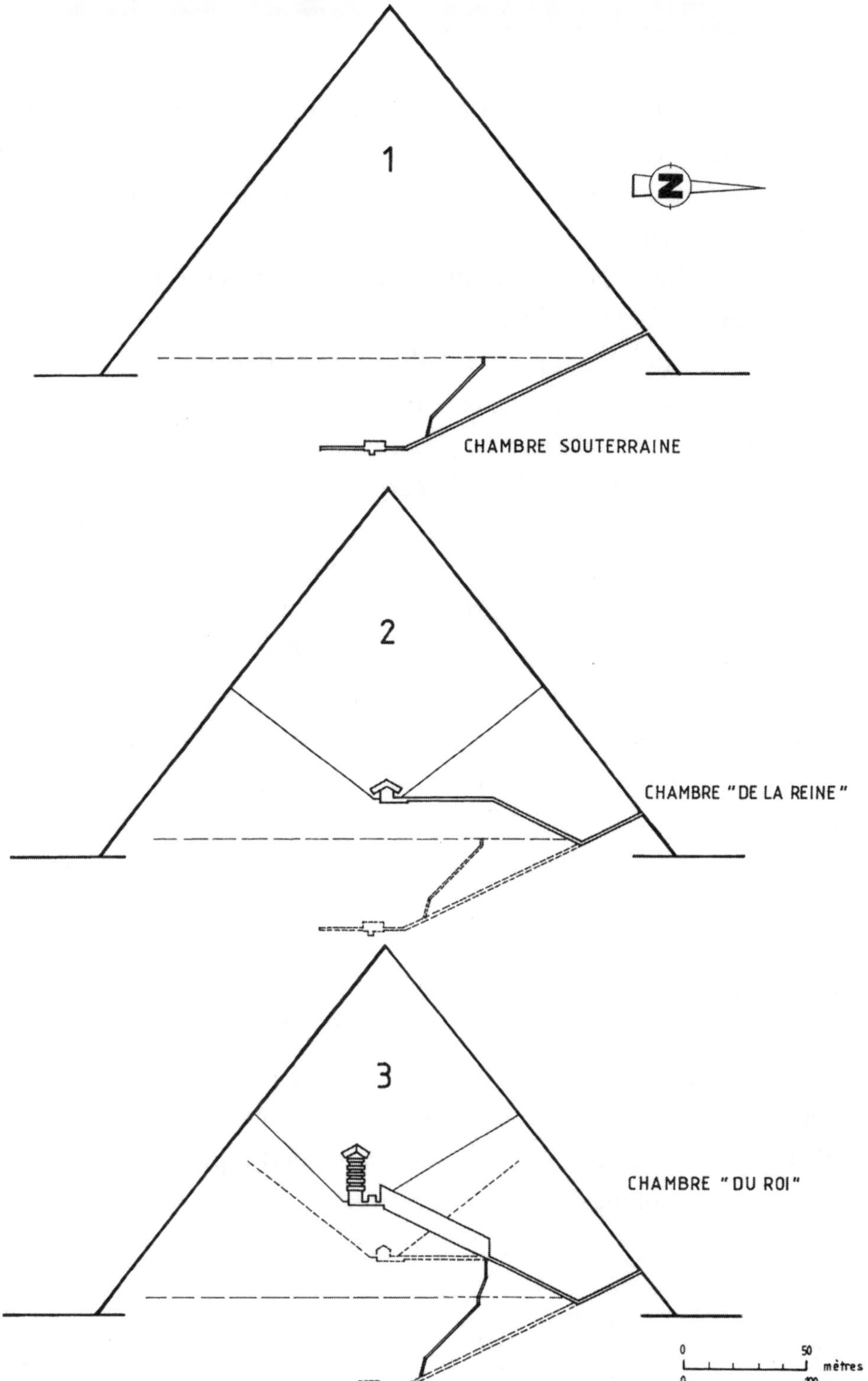

certain qu'il y a eu un premier projet abandonné. Il reste donc à déterminer si le niveau de la chambre « de la reine » et celui de la chambre « du roi » furent conçus simultanément ou successivement : c'est pour une bonne part l'objet de la présente étude.

Face à l'étude des pyramides de l'Ancien Empire, on se trouve assez démuni, faute de documents épigraphiques ou iconographiques. Les textes des pyramides, apparus à la fin de la Ve dynastie dans celle d'Ounas, sont d'ordre purement religieux et n'apportent guère d'informations concrètes. Sous les Ve et VIe dynasties, comme nous l'avons rappelé, les pyramides sont conçues suivant des plans stéréotypés très simples. Sous la dynastie précédente, en revanche, l'architecture pyramidale se trouve en pleine évolution, et toutes les pyramides sont à ce point dissemblables qu'il se révèle pratiquement impossible d'établir des comparaisons susceptibles de dégager des constantes et des règles (fig. 10). De surcroît, l'architecture des pyramides de la IVe dynastie est on ne peut plus austère, puisque les autres appartements funéraires ne comportent ni décors ni inscriptions. Ce dépouillement, qui ne semble régi que par la fonctionnalité (architecture de « bunker », pourrait-on dire) offre peu de prise à l'analyse ; il favorise toutes les interprétations et spéculations, et finit par nourrir un phantasme du mystère abondamment propagé et exploité.

Au terme de cette mise en perspective, il s'agit d'entreprendre l'étude de ces pyramides, et de celle de Chéops en particulier, sur la base des éléments objectifs dont on dispose effectivement. Or le seul domaine où les critères d'analyse abondent est celui de la mise en œuvre : structures, appareillages, stéréotomie, etc. L'observation minutieuse, l'élaboration de plans rigoureux et leur analyse détaillée permettra peut-être d'avancer dans la compréhension de ces géants de pierre.

fig. 10 Disparité des appartements funéraires

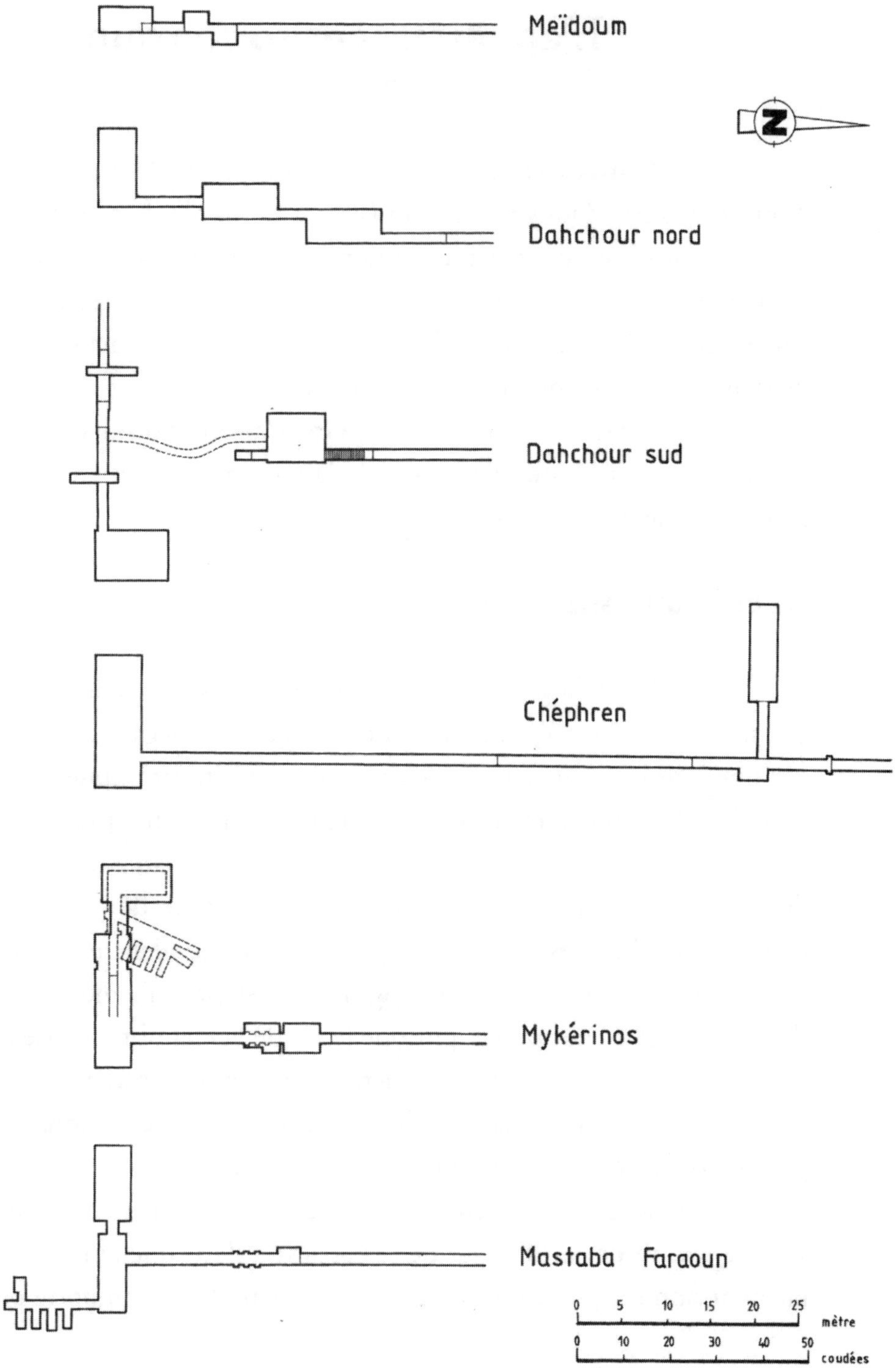

chapitre V

L'appartement souterrain

plan n° 3

Contrairement aux pyramides de Meïdoum, Dahchour-Sud, Abou Rawash et Zaouyet el-Aryan (voir la chronologie p. 302), dont les parties en sous-sol ont été maçonnées dans une tranchée à ciel ouvert, les appartements souterrains de la Grande Pyramide furent entièrement creusés en galerie (plan n° 3). C'est probablement la grande profondeur atteinte — près de trente mètres — qui a déterminé ce choix, car réaliser une tranchée aussi profonde eût conduit à pratiquer une excavation énorme et de surcroît eût interdit de poser la première assise de la pyramide avant l'achèvement complet des travaux en sous-sol.

La chambre souterraine

L'inachèvement de cette chambre est flagrant. Les parois et le ciel sont bruts de taille. Le tiers ouest de l'espace dégagé est encore occupé par une laisse rocheuse dont l'extraction a été interrompue. Le sol est très irrégulier. Comme la chambre est exceptionnellement vaste, avec 8,25 m du nord au sud et 14,05 m d'est en ouest, il est raisonnable de supposer que, à l'instar des pyramides mineures du site ou de celle de Mykérinos, il était prévu d'y réaliser des parements maçonnés qui auraient réduit le volume à des proportions plus courantes (fig. 11). Il est pratiquement certain qu'un dallage rapporté était prévu, puisque le sol de la chambre accuse un décaissement d'une quarantaine de centimètres par rapport à son accès.

Au-delà de la chambre, la distribution se prolonge vers le sud par un couloir ébauché, en impasse. Une chambre funéraire n'étant pas, en principe, destinée à être traversée, on peut raisonnablement supposer que le volume excavé devait dégager deux parties : à l'est, une antichambre, probablement non maçonnée puisque la paroi orientale ne comporte pas le retrait

fig. 11 Appartement souterrain, finitions hypothétiques

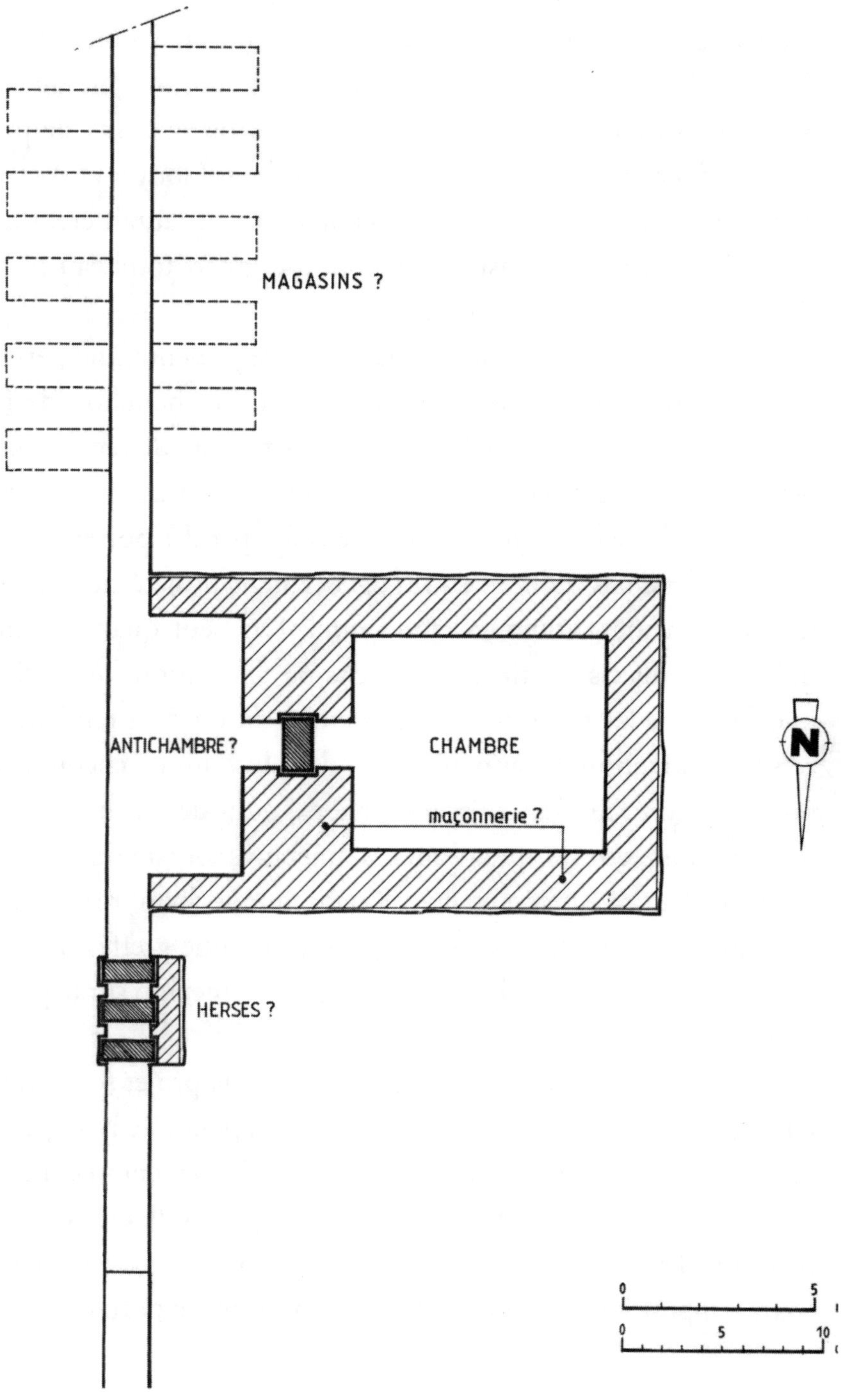

nécessaire, et à l'ouest une chambre funéraire maçonnée. La raison d'être de ce couloir en cul-de-sac est inconnue. Si l'on imagine qu'il était destiné, par exemple, à desservir des magasins (répartis en dents de peigne comme ceux de Sekhemkhet à Saqqara et de Khaba à Zaouyet el-Aryan, sous la IIIe dynastie), la disposition prévue des appartements aurait été, finalement, très semblable à celle du Mastaba Faraoun, le grand tombeau rectangulaire de Chepseskaf, dernier roi de la IVe dynastie.

Le couloir d'accès à la chambre présente une petite logette latérale qui a peut-être été prévue pour stocker un bouchon de fermeture. Sa réalisation n'étant pas impérative lors des travaux de creusement, il est plus probable que les carriers à l'ouvrage dans la chambre y déposaient les couffins remplis de déchets de taille, évacués ensuite par des porteurs.

Quoi qu'il en soit, l'agencement projeté de l'appartement souterrain demeurera toujours conjectural. On peut quand même remarquer qu'un tel projet s'inscrit à contresens de l'évolution de l'architecture pyramidale. Dans les réalisations précédentes, en effet, la tendance allait plutôt vers l'implantation des appartements dans le volume maçonné, au-dessus du socle rocheux. Ce n'est qu'après Chéops, pour des raisons que nous analyserons plus loin, que les appartements funéraires sont à nouveau réalisés dans le sol. (Il ne faut pas imaginer, pour autant, que la chambre souterraine soit une réalisation postérieure à Chéops, c'est-à-dire une greffe, car ce serait totalement incompatible avec le traitement de la connexion sur la partie maçonnée du couloir descendant et la réalisation du puits).

Si nous tentons donc de resituer le projet souterrain de Chéops dans son contexte historique, nous sommes amenés à envisager la supposition suivante : après la très sérieuse mésaventure de Dahchour-Sud, les Égyptiens, échaudés, auraient pensé qu'une chambre profonde creusée en hypogée les mettrait à l'abri d'aléas éventuels provoqués par les caprices de la maçonnerie. Cette supposition induit elle-même deux autres hypothèses.

La première fait de l'appartement souterrain le résultat d'un projet initial excluant tout autre aménagement dans le volume même de la pyramide. À l'appui de cette supposition, on constate en effet que la distribution supérieure a été connectée au couloir descendant au moyen d'un percement réalisé dans le plafond de ce dernier. Par ailleurs, il est possible de considérer que le premier architecte de la pyramide n'a pas été Hemiounou, mais que celui-ci aurait abandonné le projet de son prédécesseur pour imposer le sien, dans le volume maçonné, en faisant valoir de nouvelles techniques « sécurisantes », comme la voûte en chevrons.

La seconde hypothèse comprend l'appartement souterrain comme une étape dans un projet global. La chambre souterraine serait une précaution, ou plutôt une double précaution. Elle serait devenue une chambre suppléante, immédiatement disponible au cas où la chambre funéraire définitive, construite, elle, dans la maçonnerie, subirait des dommages comparables à ceux de Dahchour-Sud. Conscients de l'ampleur et de la durée du chantier entrepris, les constructeurs auraient prévu cet appartement dans l'éventualité où ils n'auraient pas le temps de réaliser la chambre funéraire définitive.

Le creusement de la chambre souterraine aurait été interrompu au moment où il représenta une gêne pour l'avancement du chantier de surface. Ce n'était ni très important ni irrémédiable, car les travaux se trouvaient suffisamment avancés pour être repris et achevés très rapidement, si cela se révélait nécessaire.

D'autres hypothèses encore ont été proposées. Selon Georges Goyon, la chambre souterraine n'est qu'un leurre destiné à d'éventuels profanateurs. Cela paraît peu crédible pour de nombreuses raisons :
— comme nous l'avons dit précédemment, le concept du leurre n'était pas de mise sous l'Ancien Empire : il n'est apparu qu'à la suite des profanations qui eurent lieu durant la Première période intermédiaire ;

— de toute manière, il n'était vraiment pas nécessaire, dans ce simple but, d'entreprendre un travail aussi considérable à une telle profondeur ;
— pour qu'un leurre soit efficace, il doit être crédible : il aurait donc au moins fallu achever la chambre souterraine ;
— pour qu'il fonctionne, il aurait fallu que la distribution supérieure soit totalement indécelable. Or le départ du couloir ascendant dans le plafond du couloir descendant était parfaitement visible ; nous verrons même que, contrairement à ce qu'affirme Georges Goyon, ce départ n'a jamais été camouflé ;
— cette thèse l'oblige à escamoter le problème du « puits » en l'attribuant, contre toute logique et toute évidence, à un cheminement de voleurs.

Pour la petite histoire, on a même suggéré, au début de l'exploration scientifique du monument, que la distribution souterraine pouvait communiquer avec la fameuse chambre décrite par Hérodote, située à « un emplacement dont [Chéops] fit une île en dérivant, par un canal, les eaux du Nil ». Le colonel Vyse, au XIXe siècle, voulut vérifier l'hypothèse de la présence d'une autre pièce sous la chambre actuelle. Il fit creuser un puits dans celle-ci, tentative qui se solda par un échec. Il semble évidemment impossible que, dans la roche nue, un accès à d'autres appartements puisse passer inaperçu. Cette éventualité improbable a, de toute manière, été vérifiée par les mesures de microgravimétrie réalisées en 1987 par EDF. Celles-ci n'ont décelé aucune anomalie de densité significative sous la chambre souterraine.

Le couloir descendant

Avant d'entreprendre l'excavation de la chambre même, il a évidemment fallu commencer par creuser un couloir d'accès. Celui-ci mesure 72 mètres de long, ce qui n'est pas négligeable. Il ne pouvait y être affecté qu'un seul travailleur à la fois, mineur qui devait creuser de façon assez grossière et sous une section réduite (environ 70 x 80 cm), représentant à peu près la moitié de la section définitive (105 x 120 cm). La progression devait donc être deux fois plus rapide qu'on ne l'imagine *a priori.* Derrière cet ouvrier travaillait certainement une équipe plus qualifiée, vérifiant l'orientation du creusement et équarrissant le couloir à sa section définitive. À ce stade, l'évacuation de la faible quantité de déchets de taille ne devait pas représenter de difficulté majeure. En revanche, le problème devenait beaucoup plus sérieux avec le creusement de la chambre souterraine : au fur et à mesure qu'augmentait le volume excavé, les grandes dimensions de celle-ci allaient mobiliser un bien plus grand nombre de carriers, tandis que la quantité de débris à évacuer s'accroissait. Chargeant les couffins déposés dans la logette, des porteurs auraient alors effectué d'incessantes allées et venues dans le long couloir descendant, où les équipes de finition étaient encore à l'ouvrage : la gêne et la confusion engendrées auraient été très préjudiciables au bon déroulement des travaux. Pour éviter ces perturbations, il importait donc que les débris de taille provenant de la chambre fussent évacués sans transiter par le couloir descendant ; c'est sans doute dans ce but que fut réalisée la partie inférieure du « puits de service ».

Le puits

Presque tous les spécialistes considèrent — à raison — que le puits a servi à l'évacuation des ouvriers chargés de la mise en place des blocs bouchons obturant le couloir ascendant : sans cette issue de secours, ces manœuvres seraient restés emprisonnés dans la pyramide. En reconnaissant cette utilité, indiscutable, on ne s'en heurte pas moins à un problème embarrassant. Étant donné que la partie supérieure du puits n'est pas construite, mais bel et bien creusée à travers la maçonnerie en place, on doit reconnaître que les constructeurs avaient omis ou négligé de réaliser ce puits pourtant indispensable. Une telle négligence serait tout de même assez surprenante dans le cadre d'un projet unique, planifié et organisé. Le problème est donc un peu plus compliqué qu'il n'y paraît. Aussi préférons-nous nous limiter pour l'instant à la partie du puits creusée dans le socle rocheux, excluant provisoirement son prolongement supérieur à travers la maçonnerie.

Le puits est brut de taille, mais sa section est équarrie. Le creusement est franc et propre, caractéristique du travail professionnel des carriers égyptiens. Il ne saurait être comparé aux très grossières et sinueuses sapes des pilleurs de tombes. Son tracé est rectiligne et sa pente régulière (environ 47°, tangente 1). Sa trajectoire est néanmoins brisée par deux changements de pente, dont les deux coudes ne forment pas un angle net, mais sont marqués d'un cran qui mord vers l'aval. Ce simple détail indique que le creusement a été réalisé de haut en bas (fig. 12).

Au centre du passage, il n'existe que de petites encoches, taillées dans les encoignures inférieures et disposées en quinconce. Une telle disposition, tout juste suffisante pour progresser, est incompatible avec la position statique requise pour un ouvrier creusant vers le haut (la faible profondeur des encoches ne permet que l'appui des orteils, et, en position statique, les mollets en tension encourent très rapidement une crampe). Il est clair que les déplacements dans le puits sont presque impossibles sans l'aide d'une corde. Il fallait évidemment que les ouvriers chargés du creusement puissent descendre et remonter, mais il ressort clairement que le minimum a été fait pour faciliter ces déplacements, le passage ayant été voulu le moins accidenté possible. Tout cela paraît assez révélateur de la fonction du puits : évacuer des déblais par couffins, la pente étant lisse pour faciliter ce travail (une certaine usure, bien que l'endroit soit très peu fréquenté, pourrait en être la cause !), et les encoches minimales étant disposées dans les encoignures de telle sorte que des paniers puissent être hissés en glissant sans accroc.

fig. 12 Le puits

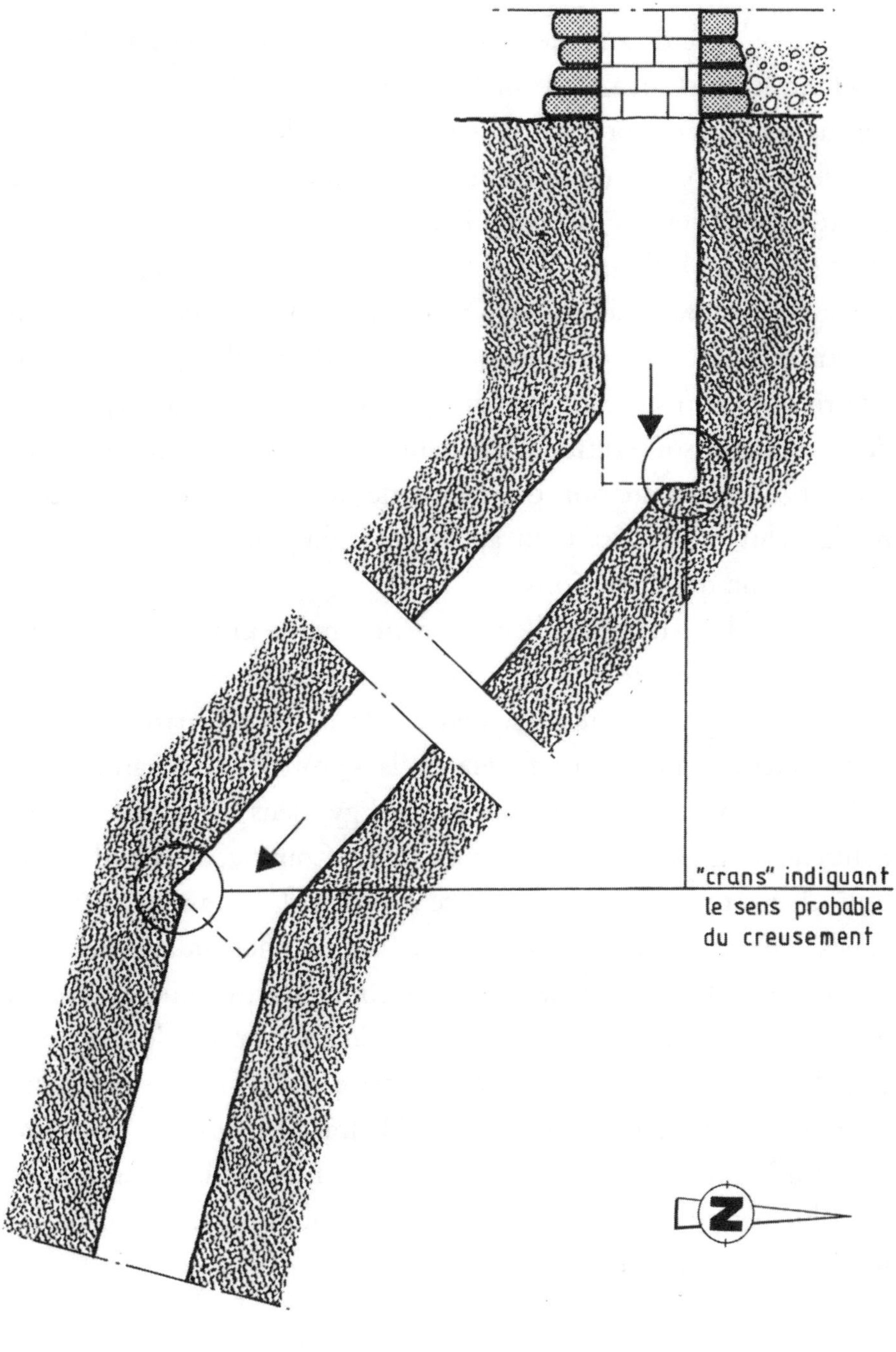

Une dizaine de mètres avant de déboucher dans le couloir descendant, le puits forme un coude et devient très abrupt. On peut s'interroger sur la raison de cette particularité puisque le tracé géométrique du puits est tel que, si cette modification de trajectoire n'existait pas, il aboutirait exactement à l'entrée du couloir horizontal d'accès à la chambre souterraine (fig. 13). Or il faut bien se rendre compte que si les anciens Égyptiens avaient une grande habitude du travail de mineur, le creusement du puits a dû être une tâche particulièrement ardue. Il semblerait donc que le travail ait pris du retard sur celui du couloir descendant, de sorte que l'excavation de la chambre souterraine allait débuter avant que le puits ne soit opérationnel pour l'évacuation des débris de taille. Prendre un « raccourci » se révélait alors nécessaire pour abréger le creusement du puits et rétablir la coordination des opérations.

La partie usuellement dénommée « grotte » correspond probablement à une zone de failles, comme la faille F4 que l'on traverse à deux reprises, dans le couloir descendant et le puits. Les parties rocheuses que l'on aperçoit à l'intérieur même de la « grotte » sont naturelles, non travaillées. On peut donc supposer que les Égyptiens ont profité de cette cavité naturelle pour amorcer le départ du puits. Comme, à cet endroit, le niveau du rocher est plus élevé que la base même de la pyramide (environ + 7 m), la pose des premières assises a pu se dérouler indépendamment des travaux en sous-sol. Mais lorsque les lits de maçonnerie atteignirent ce niveau, il fallut bien condamner le puits, sous peine de retarder tout le chantier. La zone de faille fut alors remblayée avec de la terre et des graviers compactés, avant d'être recouverte par la maçonnerie. Quant à la « grotte » proprement dite, il ne s'agit que du résultat d'une fouille tardive, réalisée par des chercheurs probablement intrigués par la seule partie maçonnée du puits — nous y reviendrons ultérieurement.

fig. 13 Le puits

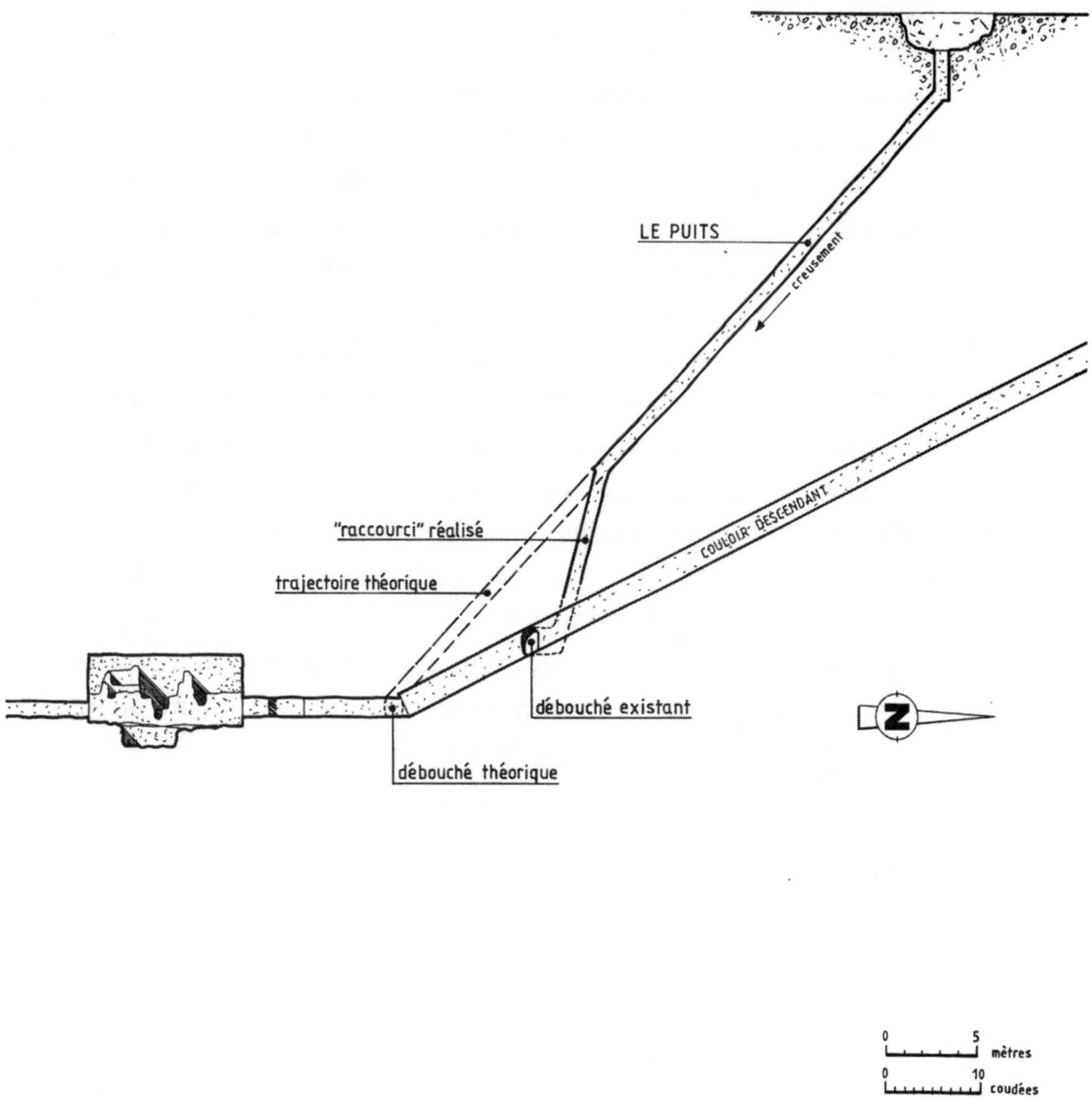

Conclusion

On ne saura sans doute jamais ce qui a poussé les constructeurs de la pyramide à prévoir un appartement souterrain aussi profond, ni pour quelle raison ils en ont interrompu la réalisation. Peut-on dire que la nécessaire neutralisation du puits explique l'interruption des travaux souterrains ? Probablement pas, car l'excavation était déjà très avancée et aurait pu, si cela s'était révélé absolument indispensable, être poursuivie en évacuant les débris de taille par le couloir descendant, en dépit des inconvénients suscités. Ce qui est certain, en revanche, c'est l'inachèvement de l'appartement : la chambre souterraine n'a donc jamais été opérationnelle, *et on ne peut l'inclure dans un ensemble cohérent impliquant la nécessaire coexistence de trois chambres.*

Si le puits a été réalisé pour évacuer les débris de taille, sa fonction a cessé avec l'abandon de l'appartement souterrain : la maçonnerie de la pyramide qui l'a recouvert le condamnait à tout jamais. Le prolongement du puits creusé à travers la maçonnerie vers la distribution supérieure est, lui, nécessairement postérieur aux assises qu'il perfore. Comme il paraît impensable que les constructeurs aient oublié ce tronçon, nous devons considérer que le raccordement du puits au palier nord de la grande galerie n'était pas prévu dans le plan initial. Il semble donc qu'il y ait eu là une adaptation, amélioration ou modification, en relation avec la distribution supérieure.

Ainsi, dès les premières observations, on constate qu'un appartement de la Grande Pyramide a été délaissé, et l'on discerne déjà des indices de modification survenues en cours de construction.

chapitre VI

Le couloir ascendant

plan n° 7

Cette partie de la pyramide est la plus dégradée. Tandis que partout ailleurs les parements sont pratiquement intacts, les nus d'origine ont ici presque totalement disparu, à tel point que la section du couloir présente, par endroits, une forme ovale. Il ne faudrait pas mettre cette altération sur le compte du flot des visiteurs, car elle est antérieure au tourisme de masse : cet état est dû à la médiocre qualité des pierres utilisées dans cette seule partie de la pyramide.

La qualité de la maçonnerie

Une étude qualitative des pierres composant le parement interne de la Grande Pyramide a, en effet, été réalisée par une équipe d'ingénieurs de l'université du Caire, sous la direction des professeurs Hassan Imam, Hany Helal et Taha Abdallah. Réalisées à l'aide du marteau de Schmidt, les mesures de dureté ont mis en évidence que les Égyptiens avaient employé un calcaire de haute qualité dans l'ensemble de la distribution, sauf dans le couloir ascendant, où la qualité des parements est non seulement médiocre mais très hétérogène. Outre ce résultat qualitatif, la réalisation du couloir comporte une erreur d'angle de pente qui, pour n'être pas très importante, est significative d'une moindre rigueur. Alors que la pente du couloir descendant, 26° 26' 46", flirte avec la tangente 0,5, soit 26° 33' 54", celle du couloir ascendant s'établit à 26° 6', accusant une erreur d'un demi-degré environ. Doit-on pour autant attribuer cette relative médiocrité au fait que ce couloir ne soit qu'un simple accès ? Sa construction, au début des travaux, n'aurait pas bénéficié des mêmes exigences qualitatives que les parties plus nobles qui lui font suite. Il n'en est rien, car la partie maçonnée du couloir descendant — qui est antérieure et n'a pas de fonction plus noble — a été réalisée, elle, avec un calcaire d'excellente qualité. Il faut donc simplement admettre que le couloir ascendant, et lui seul, a été l'objet d'une moindre exigence qualitative que l'ensemble de la distribution.

L'accès au couloir ascendant

La connexion du couloir ascendant sur le couloir descendant, matérialisée par une trouée dans le plafond de ce dernier, est une disposition inusitée, spécifique à la Grande Pyramide (fig. 14). Dans les autres pyramides, en effet, les couloirs inclinés débouchent toujours sur une partie horizontale. La connexion de deux couloirs inclinés rendait-elle cette disposition en patte-d'oie inévitable? Certainement pas, car une jonction horizontale intermédiaire, plus fonctionnelle, aurait pu être réalisée, à la manière des deux accès de la pyramide de Chéphren ou de celle des deux couloirs inclinés de la pyramide satellite de Dahchour-Sud.

Une telle disposition — en fait, une trappe dans le plafond — se révèle très peu fonctionnelle: à cet égard, les « marches » décrites par André Pochan (aujourd'hui comblées), de même que la retaille arrondie de l'angle supérieur, peuvent être considérées comme symptomatiques d'une adaptation dictée par la difficulté à engager du matériel encombrant dans l'ouverture du couloir ascendant.

Le seul avantage de cet accès dans le plafond du couloir descendant aurait été la possibilité de dissimuler celui-ci, de telle sorte que la distribution supérieure demeure insoupçonnable et que la distribution souterraine joue le rôle de leurre. Or nous avons précédemment souligné que, d'une part, ce genre de tromperie n'était pas de mise sous l'Ancien Empire, et que, d'autre part, l'appartement souterrain inachevé ne pouvait constituer un leurre crédible; quant au camouflage évoqué, il ne s'agit là que d'une vue de l'esprit. L'ouverture du couloir ascendant aurait été obturée et dissimulée par un bloc de calcaire — aujourd'hui disparu — se confondant avec les linteaux du couloir descendant. À force d'être ressassée, cette hypothèse s'est muée en quasi-certitude. Il faut non seulement reconnaître qu'elle n'est fondée sur aucun indice tangible, mais encore qu'un examen attentif conduit à l'infirmer catégoriquement, et ce pour deux raisons essentielles.

La conception

Il faut avoir à l'esprit que le départ du couloir ascendant est moins large (0,97 m) que le plafond du couloir descendant. Si les constructeurs avaient eu l'intention de dissimuler l'entrée du couloir ascendant, ils auraient été bien mieux inspirés en réalisant celle-ci un peu plus large que le plafond du couloir descendant : un bloc de fermeture et de camouflage en calcaire aurait ainsi reposé sur deux épaulements et, couvrant toute la largeur du plafond, aurait été indiscernable (fig. 14 D). Quant aux bouchons de granit, leur arrêt aurait été obtenu par un rétrécissement non pas latéral, mais vertical. Or telles que les choses ont été réalisées, un « linteau » ne couvrant pas la largeur du plafond — anomalie évidente — n'aurait pas manqué d'attirer l'attention (fig. 14 B et C).

La réalisation

Peu vraisemblable dans le principe, le camouflage présumé est de surcroît techniquement irréalisable. Pour prétendre masquer l'ouverture du couloir ascendant, il aurait en effet fallu satisfaire à deux conditions.

D'abord, que le bloc incorporé n'attire pas l'attention. Pour cela, il devait couvrir la largeur du plafond et être ajusté avec la même précision que les autres linteaux du couloir. Un tel ajustage, net, requiert des découpes équarries ; or les parois latérales de l'ouverture à obturer sont incompatibles avec le bon ajustage requis. D'autre part, l'arrondi de l'angle supérieur aurait nécessité l'adaptation d'un bloc présentant une arête nord extrêmement

fig. 14 Jonction des couloirs, hypothèse du bloc de « camouflage »

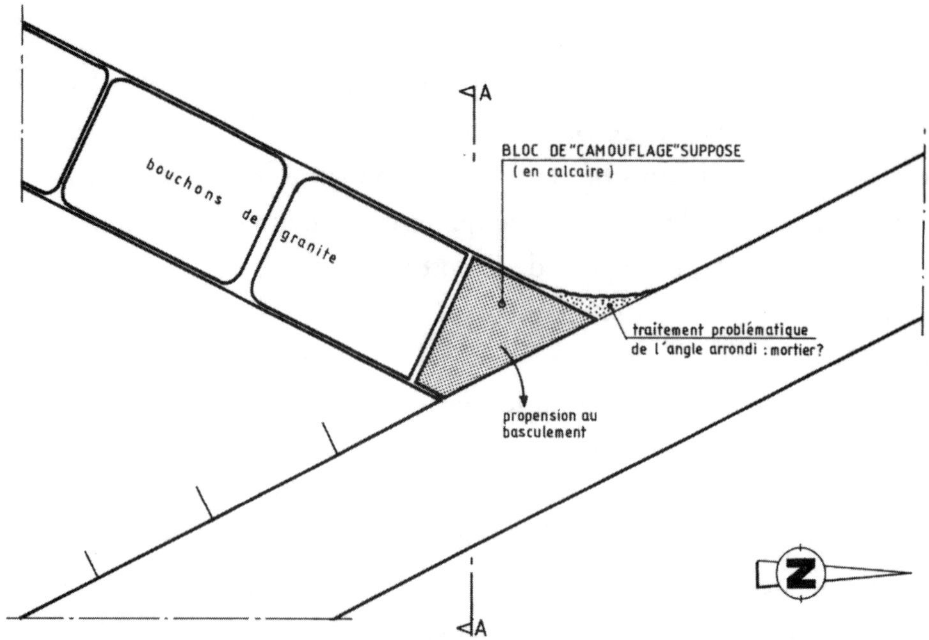

A_COUPE NORD-SUD

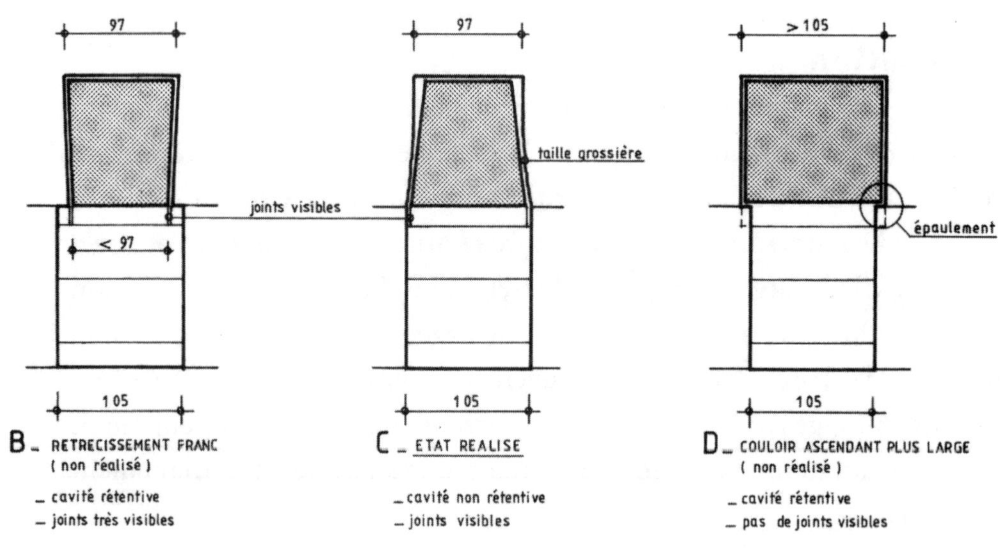

COUPES A-A _ 3 solutions

aiguë, et donc fragile (fig. 14 A). Telles que les choses ont été réalisées, l'incorporation d'un bloc dans une cavité aux formes aussi confuses n'aurait pas manqué d'engendrer de très larges joints, qu'il aurait ensuite fallu colmater tant bien que mal.

L'autre condition pour masquer convenablement l'entrée est le maintien du bloc incorporé dans le plafond. Comme nous l'avons déjà signalé, la solution technique la plus simple et la plus appropriée consistait à réaliser le départ du couloir ascendant légèrement plus large que le couloir descendant : le bloc de fermeture aurait ainsi reposé sur deux épaulements (fig. 14 D). Or non seulement rien de tel n'a été prévu, mais, au contraire, la cavité à obturer n'est pas rétentive car elle s'évase vers le bas : sa largeur est de 0,97 m en partie supérieure, mais de 1,06 m en partie inférieure. Il était donc absolument impossible d'y maintenir une pierre (fig. 14 C).

La partie inférieure du couloir

L'entrée du couloir ascendant n'est pas appareillée, mais *percée* à travers le plafond du couloir descendant. Trois linteaux du plafond de ce dernier ont été purement et simplement évidés, sans aucune précaution particulière, risquant l'affaiblissement structural. C'est d'autant plus surprenant que les anciens Égyptiens traitaient habituellement l'appareillage au droit des jonctions avec un certain soin.

Cette anomalie, en outre, ne concerne pas seulement le traitement de la jonction. Le tiers inférieur du couloir ascendant, soit environ 13 m, n'a pas été véritablement construit lui non plus, mais bel et bien *creusé à travers des assises* de maçonnerie horizontales, exactement comme si sa connexion avec le couloir descendant n'avait pas été originellement prévue (fig. 15).

fig. 15 Couloir ascendant, partie inférieure creusée

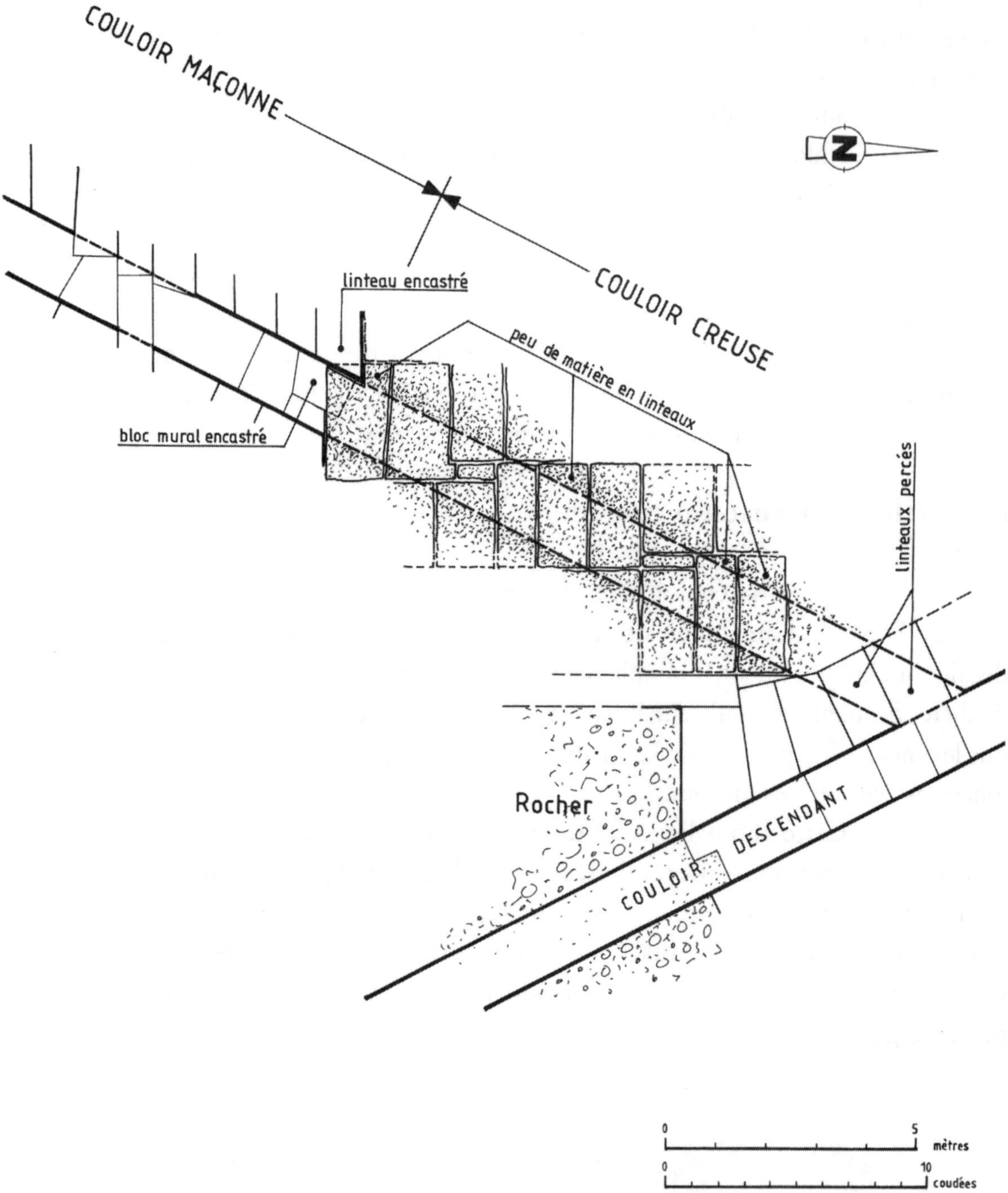

Il faut bien mesurer l'étrangeté de la situation : les deux seuls accès à la distribution supérieure — le couloir ascendant et le puits — ne sont devenus opérationnels qu'à la suite d'un creusement à travers la maçonnerie. *A priori*, cela laisserait envisager que, dans un premier temps, la distribution supérieure de la pyramide ait été voulue inaccessible, ou bien accessible d'une autre façon. Plusieurs hypothèses ont été émises pour tenter d'expliquer ce paradoxe.

Selon Bruchet, les appartements funéraires de la Grande Pyramide ont été conçus pour être inaccessibles : celle-ci serait donc un cénotaphe, c'est-à-dire un tombeau n'abritant pas le corps du roi, placé ailleurs. Cette façon commode de trancher le nœud gordien soulève des objections rédhibitoires. Si des cénotaphes existent bien en Égypte, tout démontre que ce n'est pas la fonction d'une grande pyramide. Comment expliquer, aussi, l'existence de dispositifs de condamnation — herses et bouchons — manœuvrables depuis un espace inaccessible afin d'obturer ce qui est déjà clos ? De toute façon, les appartements funéraires sont bien accessibles, en dépit de la façon dont en furent réalisés les accès.

Selon Borchardt, plus sérieusement, le percement de la partie inférieure du couloir démontre que toute la distribution supérieure n'était pas prévue à l'origine ; le projet initial n'aurait donc comporté que la chambre souterraine. L'instant où la décision de construire des appartements supérieurs a été prise est clairement matérialisé par le niveau où débute la partie construite du couloir, la connexion ayant dû être creusée postérieurement à travers la maçonnerie déjà en place. L'argument est solide, mais on peut lui opposer les objections suivantes, tant dans le principe que dans la réalisation.

Dans le principe, si le changement évoqué intervient tardivement, il y avait une façon beaucoup plus logique et simple de réaliser le nouvel accès : il suffisait de construire un couloir horizontal, posé sur les assises déjà en place, et d'effectuer une réelle connexion, maçonnée plus en amont dans le couloir descendant, vers l'entrée. L'accès à la distribution supérieure se serait alors effectué de la façon suivante : parcours d'une quinzaine de mètres dans le couloir descendant ; jonction maçonnée horizontale ; couloir horizontal d'environ 23 m ; couloir ascendant. De la sorte, on évitait un accès en « trappe » dans le plafond, en réalisant des bifurcations orthodoxes — couloir en pente sur couloir horizontal — ainsi qu'un parcours plus fonctionnel, sans improvisation, sans creusement et sans affaiblissement de la structure.

Les autres objections portent sur la réalisation du nouveau système. Si le couloir ascendant n'a pas été prévu, son raccordement devait être creusé à travers des lits de maçonnerie ordinaire. On pourrait le croire en considérant les assises horizontales, le manque de finesse de certains ajustages et la médiocrité du calcaire employé. Ce n'est pas là l'habituelle qualité accordée aux maçonneries de parements, mais on ne peut pas pour autant considérer que ce soit de la maçonnerie tout à fait ordinaire. Tel qu'on peut l'observer dans la percée d'Al-Mamoun, le libage est en effet constitué de blocs à peine équarris, espacés de joints très grossiers pouvant laisser des jours de plus de 10 cm. Or les blocs qui nous occupent sont assez bien équarris, et si les joints n'ont pas la finesse habituelle des joints de parement, ils ne sont pas pour autant grossiers et sont bien garnis de mortier. D'autre part, on ne peut pas considérer que la maçonnerie perforée soit ordinaire, car, si tel était le cas, un ou plusieurs joints longitudinaux nord-sud se présenteraient immanquablement au plafond, alors que les blocs traversés sont toujours d'un seul tenant. Pour autant que l'on puisse en juger depuis la percée d'Al-Mamoun, qui laisse voir les extrémités de certaines de ces pierres, il s'agirait en fait de longues barres (environ 5 m est-ouest) disposées transversalement au couloir, parfois nettement de guingois. En fin de compte, il semblerait que le creusement du couloir ait été improvisé… à travers une maçonnerie prévue à cet effet !

Selon Maragioglio et Rinaldi enfin, l'architecte de la pyramide aurait imaginé de creuser la partie inférieure du couloir ascendant à travers des lits horizontaux pour des raisons de statique. Il s'agissait d'éviter que la propension au glissement d'une maçonnerie en pente ne vienne exercer des contraintes trop fortes, avec risques de ruptures, sur le plafond du couloir descendant. Ce concept d'ingénieur, bien que très séduisant, prête lui aussi le flanc à bien des objections.

Tout d'abord, le concepteur de cette astuce technique serait tombé de Charybde en Scylla : pour éviter un problème virtuel, il en aurait engendré un autre, bien réel. Afin de contenir les poussées théoriques du couloir ascendant sur le couloir descendant, il aurait délibérément tronqué trois linteaux du second. Résultat : la jonction des couloirs, certes abritée des poussées induites par le couloir ascendant, aurait été fragilisée et rendue très vulnérable aux contraintes dues à la propension au glissement du plafond… du couloir descendant.

Autre objection, l'importance des couvrements, que les Égyptiens surdimensionnaient habituellement. Or la percée à travers les assises horizontales ne laisse, par endroits, que très peu de matière en linteau (fig. 15). Il semblerait donc que si cette percée avait été préconçue, des constructeurs avisés auraient probablement disposé les blocs de façon à ne pas en affaiblir autant la partie supérieure. Paradoxalement, c'est précisément à l'endroit où l'architecte aurait dû être le plus précautionneux sur le plan structural, qu'il a employé les matériaux les plus médiocres : cela paraît difficilement conciliable.

Enfin, dernier élément contraire à l'hypothèse des architectes italiens : le problème évoqué se posait-il vraiment ? Probablement pas. En effet, la propension au glissement de l'ensemble de la maçonnerie est assez théorique. En réalité, les blocs de parements n'ont pas nécessairement tous la même épaisseur : l'irrégularité des blocs forme donc des ancrages dans le massif enveloppant. En outre, tous les linteaux du couloir ascendant sont posés verticalement et non pas orthogonalement à la pente : le blocage du plafond est alors obtenu par harpage des linteaux dans la maçonnerie environnante.

La partie maçonnée du couloir

Au-delà de la partie creusée, le couloir ascendant se poursuit en maçonnerie appareillée jusqu'à la grande galerie. Le calcaire employé est toujours de qualité médiocre, mais les parements sont finement exécutés. Les blocs des parois sont posés normalement à la pente, tandis que les linteaux sont tous verticaux. Tout cela ne prêterait guère à commentaires si le couloir n'était recoupé, à trois reprises et à intervalles réguliers (10 coudées), par des tranches verticales usuellement dénommées « blocs ceinture » (fig. 16). Ces appareillages singuliers sont constitués de deux plaques verticales superposées, transversales au couloir, à travers lesquelles le passage a été percé. Comment expliquer ces trois recoupements de l'appareillage du couloir ?

Les hypothèses

Pour Borchardt, la structure interne de la Grande Pyramide serait constituée de tranches en gradins, exactement comme à Meïdoum, et la traversée de ces tranches serait marquée par les « blocs ceinture ». On peut d'ores et déjà se demander pourquoi la traversée de ces structures n'apparaît qu'à ce seul endroit. L'hypothèse suppose également que la structure interne de la Grande Pyramide soit réalisée selon le procédé des tranches en usage dans les pyramides à degrés. Or, sous la IVe dynastie, les structures connues présentent des gradins superposés, et non en tranches.

Par ailleurs, la comparaison avec Meïdoum ne semble guère justifiée, pour une série de raisons. D'abord, à Meïdoum, il n'y a pas de « blocs ceinture » proprement dits, mais uniquement des « joints ceinture »

fig. 16 Couloir ascendant, disposition des blocs « ceinture »

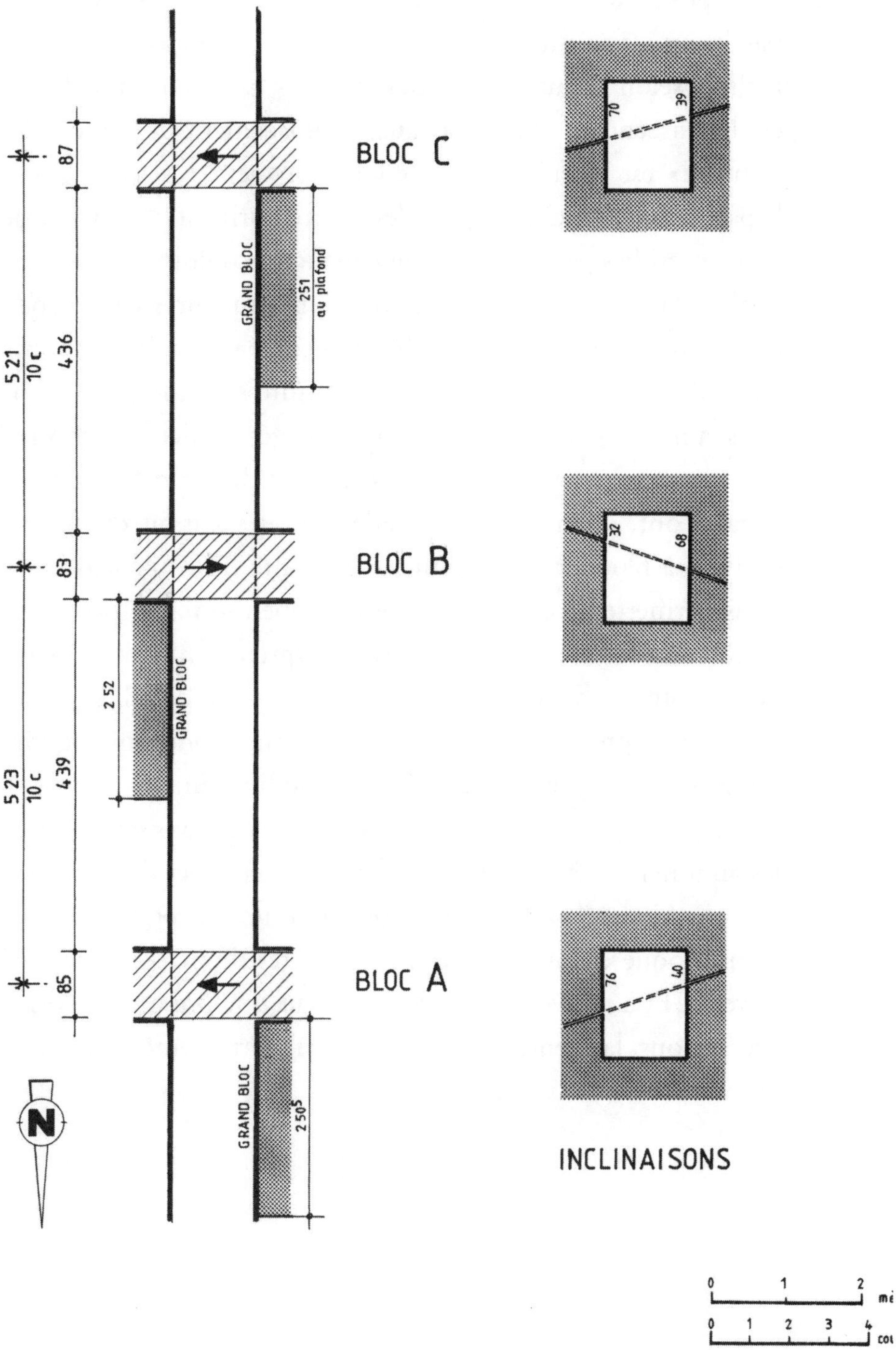

correspondant à des faces externes de tranches ; ces « joints ceinture » n'apparaissent qu'au droit de deux tranches, ajoutées, ce qui est normal ; ils sont inclinés selon le fruit externe des tranches, tandis que les « blocs ceinture » du couloir ascendant sont verticaux. L'espacement de dix coudées des « blocs ceinture » est mesuré dans le couloir en pente. Si celui-ci correspondait à l'épaisseur de tranches implantées selon l'horizontale, leurs espacements résultants, modifiés par le cosinus de l'angle du couloir, donneraient des mesures quelconques. Si les « blocs ceinture » sont implantés selon la pente du couloir ascendant, c'est donc vraisemblablement parce qu'ils font intrinsèquement partie du couloir. Enfin, les « blocs ceinture » ne sont pas de simples coupures dans la maçonnerie : il s'agit d'appareillages particuliers et sophistiqués.

Prenant en compte certaines de ces difficultés, Maragioglio et Rinaldi ont, quant à eux, considéré qu'il s'agissait de chaînages verticaux destinés à bloquer la maçonnerie en pente du couloir ascendant. Que l'on nous permette de considérer que la propension au glissement de ce couloir semble générer des obsessions ! Les Égyptiens ont réalisé maints couloirs en pente, souvent bien plus longs, sans recourir à de telles précautions et sans que cela ne provoque de sinistre. D'ailleurs, pourquoi craindre un éventuel ripage de la maçonnerie dans ce couloir anodin, et non pas dans l'énorme « toboggan » que constitue la grande galerie ? Il nous semble inutile de réitérer les arguments développés précédemment au sujet de la partie inférieure du couloir. Ajoutons-y, cependant, que le couloir ascendant devait être suffisamment bloqué en pied par les treize mètres de maçonnerie horizontale qu'il traverse. Et à nouveau, si ce couloir avait une importance justifiant de telles précautions, la première d'entre elles eût certainement consisté à y employer un calcaire de bonne qualité.

Analyse

Il faut, là encore, revenir à l'analyse de détail pour débrouiller cette question controversée. Il est clair que ces deux hypothèses pèchent par défaut, car elles ne prennent absolument pas en compte toutes les caractéristiques précises des trois dispositifs (fig. 17) : les « blocs ceinture » proprement dits (C1-C2), verticaux, transversaux au couloir et percés par ce dernier. Leur largeur est de 10 palmes (0,75 m), alors que des blocs structuraux, conformément aux habitudes constructives égyptiennes, présenteraient des dimensions quelconques ; le linteau amont (L1), encastré dans les parois ; le linteau aval (L2), dont le lit de pose biais est encastré dans les parois ; le grand bloc (B) de paroi aval, aux dimensions respectives précises (A : 2,50 m, B : 2,52, C : 2,51). Des blocs y sont sertis selon des dispositions similaires.

À cela il faut ajouter que (fig. 16) le joint horizontal (J) de séparation des blocs (C1-C2) est incliné dans le plan est-ouest ; cette inclinaison doit résulter de celle des blocs C1 et C2 ; que l'inclinaison de ces joints est alternée : amont en ouest, puis est, puis ouest ; enfin, les trois grands blocs (B), de la même manière, sont alternés ouest, est, ouest. Il s'agit donc de trois ensembles aux dimensions et agencements précis, identiques, mais répartis alternativement droite-gauche-droite dans le couloir. À quoi ces dispositifs peuvent-ils correspondre ?

Posons le problème en termes simples : dans les pyramides, quels éléments sont-ils toujours verticaux, toujours transversaux à une circulation et presque toujours triplés ? Une réponse vient à l'esprit, évidente quand on connaît les pratiques égyptiennes : des herses. On peut affiner la réponse en ajoutant les points suivants : quels éléments sont-ils inclinés transversalement à une circulation, et sont-ils déposés en alternance ? Des herses à coulissement latéral. Faut-il alors considérer que les trois « blocs ceinture » sont des herses perforées après leur abaissement ? Certainement pas, car elles sont en deux parties, et la finesse de leurs joints montants ne serait pas compatible

fig. 17 Couloir ascendant, les blocs « ceinture »

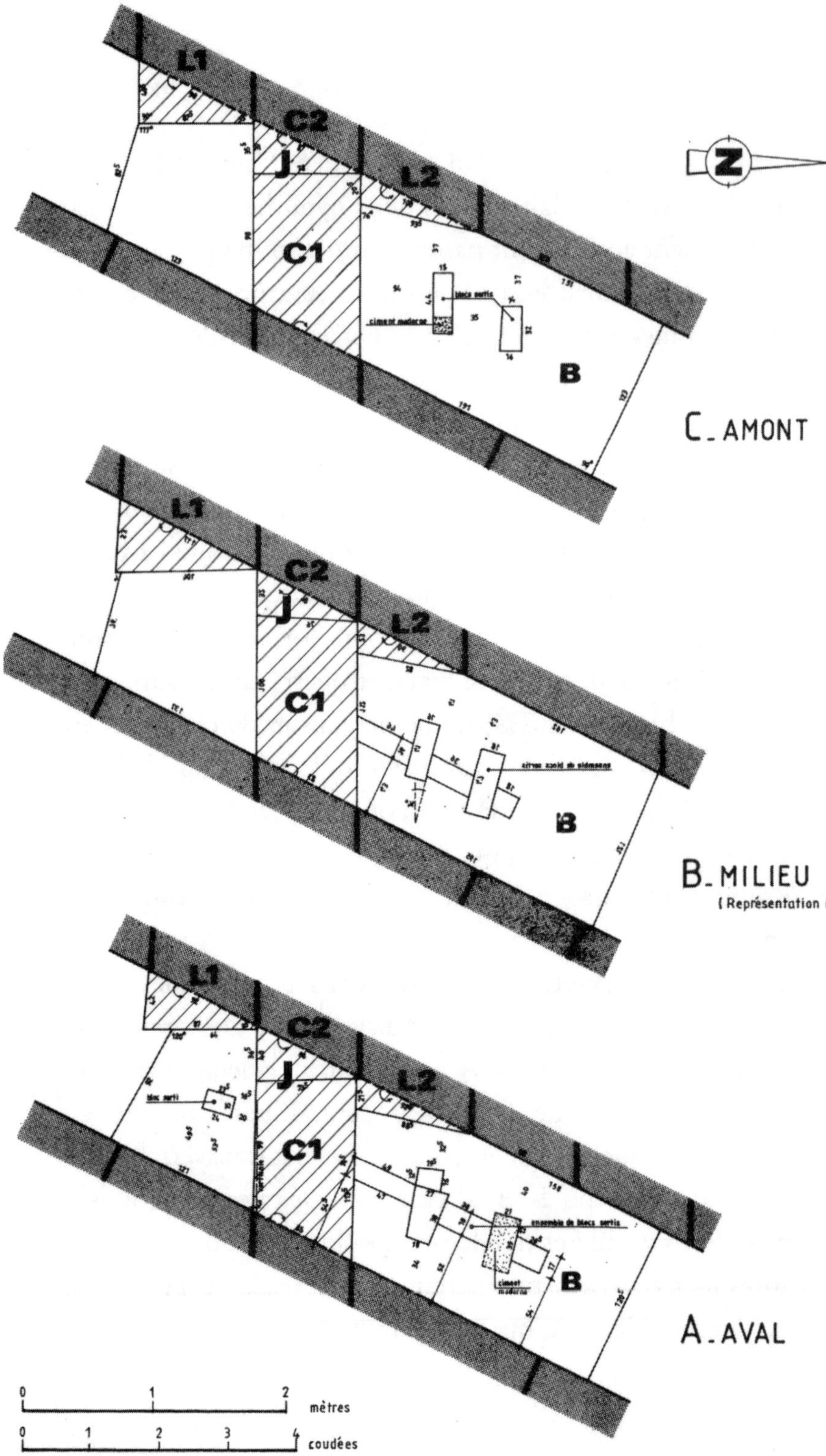

avec le jeu nécessaire au coulissement. Il ne peut donc s'agir que de *herses abandonnées et condamnées.*

Reconstitution

En analysant l'appareillage et en se référant aux deux herses à coulissement latéral de Dahchour-Sud, on peut tenter de reconstituer (fig.18) ces dispositifs.

Considérons un logement de herse d'une largeur de dix palmes (0,75 m), dont la rampe au sol (R) est inclinée selon une pente de 18°30' (tangente 1/3). Le logement se prolonge en saignée au sol et sur la paroi opposée, où la herse doit aller s'encastrer en fin de course. Le logement de herse est bien plus profond que la saignée de réception opposée. Il faut donc alterner les logements de herses pour ne pas évider, trois fois de suite, le même côté du couloir. Les trois évidements successifs, même alternés, constituent en effet des interruptions de la maçonnerie qui posent un vrai problème dans un couloir en pente : en amont de chaque évidement, la maçonnerie non maintenue pourrait avoir tendance à glisser, coinçant la herse en position d'attente. C'est là que le problème plusieurs fois évoqué précédemment se pose réellement. Il faut donc à tout prix maintenir la maçonnerie en amont des logements de herses. Au sol, celle-ci est maintenue sans problème par la rampe (R) insérée entre les parois du logement de herse. C'est donc au niveau du plafond que le problème doit être résolu.

Le linteau aval (L2) est partiellement encastré dans les parois en présentant curieusement une sous-face oblique. Contrairement au linteau (L1), qui devait être arasé au nu du plafond afin de ne pas saillir dans le passage, la sous-face du linteau (L2) a dû être laissée en saillie pour les raisons suivantes : ne pas trop diminuer la hauteur du passage (d'où la sous-face oblique) et masquer le haut de la herse (fonction de la saillie). Dans ce dernier cas, surtout, le linteau (L2) ne doit pas être un véritable linteau, mais

fig. 18 Couloir ascendant, les herses

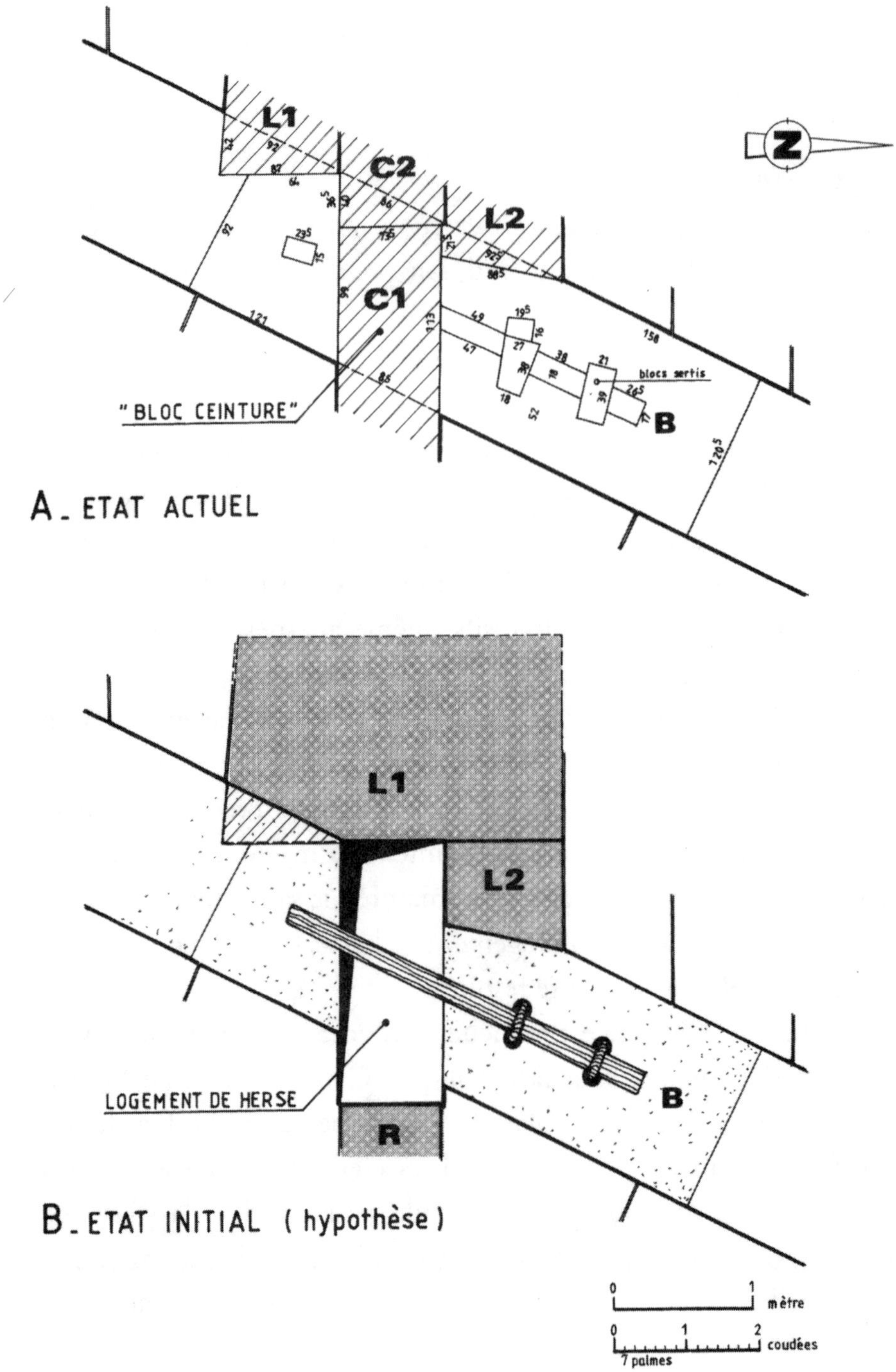

constituer le support aval du véritable linteau (L1) : celui-ci, partant de son encastrement amont, doit se prolonger horizontalement en couvrement du logement de herse et prendre appui en aval sur le linteau support (L2).

Le système paraît alors cohérent. Le linteau support (L2) aurait eu une faible hauteur s'il avait été limité au nu du plafond ; à bon escient, on lui a donc octroyé un peu plus de matière en partie inférieure. Le linteau (L1) assure alors le couvrement du logement de herse, mais aussi, bloqué par les linteaux aval et solidement encastré dans les parois en amont, il maintient l'écartement de la maçonnerie. La saillie au plafond du linteau support (L2) masquait de surcroît le haut de la herse, dont la hauteur était nécessairement limitée par le linteau (L1).

Ce sont donc les couvrements de herses qui ont conduit les constructeurs à disposer tous les linteaux du couloir, non pas normalement à la pente, selon leur habitude, mais verticalement : l'alternance de couvrements verticaux et de linteaux inclinés aurait en effet nécessité des raccords trapézoïdaux difficilement gérables.

Quant aux grands blocs de paroi (B) aux dimensions identiques (A : 2,50 m, B : 2,52, C : 2,51), leur vocation particulière se déduit d'abord de leur similitude, puisque des blocs de parement courants et anodins auraient eu des dimensions quelconques. On note dans leur disposition les caractéristiques suivantes :

— ils sont placés en aval des « blocs ceinture », c'est-à-dire du côté de la sortie et de la manœuvre d'abaissement des herses ;

— ils sont situés du côté amont de l'inclinaison des « blocs ceinture », c'est-à-dire du côté du logement de herse ;

— ils portent des petits blocs insérés selon une disposition particulière, dont la répétition exclut le hasard comme la réparation de dégâts accidentels. Ces inserts doivent donc être des bouchements d'encoches ou de trous préalablement réalisés à dessein, et, dans ce cas, ils révèlent l'existence d'un « dispositif » particulier.

Ces blocs (B) comportant les traces d'un dispositif et étant situés au bon endroit pour la manœuvre de herses, on peut penser qu'ils ont servi à un système de rétention et de libération des herses au moyen d'une sorte de verrou, maintenu par un jeu d'encoches et de percements. On peut même supposer qu'ils ont été « préfabriqués » avant d'être mis en place dans le couloir. Leurs dimensions sont identiques, et leur très grande taille — ce sont les plus grands blocs de tout le couloir — peut faire augurer d'une épaisseur réduite. De même, l'« usinage » d'encoches et surtout de percements traversants, s'il y avait des passages de cordes, pouvait être réalisé bien plus facilement hors du couloir.

Il apparaît donc assez clairement d'une part que les « blocs ceinture » ont des caractéristiques trop singulières pour n'être que de simples éléments structuraux et d'autre part que ces caractéristiques très précises sont révélatrices, dans les moindres détails, de la présence de herses à coulissement latéral. Ces dispositifs de herses ont été normalement réalisés et achevés, couvrement compris. Pour une raison qui nous échappe, ce système de condamnation aval a été abandonné au profit du système amont des « blocs bouchon ».

L'évidement des herses fut donc comblé par l'insertion des blocs C1 et C2 — les « blocs ceinture » actuels — tandis que les trous et encoches des blocs B furent rebouchés et le linteau L2 arasé au nu du plafond. Dans le nouveau système de fermeture adopté, il fallait en effet que les parements ne comportent aucune irrégularité susceptible de compromettre le passage des « blocs bouchon ».

À quel stade de la construction a-t-on décidé d'abandonner le système de condamnation par herses ? Puisque l'emplacement de la dernière herse amont a été achevé et couvert, le couloir ascendant devait être terminé. Ou, plus exactement, presque achevé, puisqu'il manque les inserts longitudinaux dans le bloc B de cette dernière herse, qui sont des détails de finition.

Conclusion

L'étude du puits a déjà laissé entrevoir que son raccordement tardif à la distribution supérieure impliquait probablement une modification du système de condamnation du couloir ascendant. Or il est bien évident que si le système initialement prévu était constitué de herses à manœuvre aval (soit un fonctionnement en sortant), il était inutile de prévoir une issue de secours. Ce n'est que lorsque les herses furent abandonnées au profit du système amont des « blocs bouchon », qu'il s'est révélé indispensable d'improviser cette issue. L'évacuation par le puits s'imposait comme la meilleure solution, puisque les trois quarts du parcours étaient déjà réalisés dans le rocher : il suffisait d'effectuer, à travers la maçonnerie, un raccordement d'une quinzaine de mètres.

Il apparaît donc que les problèmes du puits et des « blocs ceinture », *a priori* sans aucune relation, conduisent à une solution rationnelle commune : *une modification du système de condamnation du couloir ascendant.*

chapitre VII

Le prolongement du puits

plans n° 3 et 4

Dès que l'on sort du couloir ascendant, on aperçoit le débouché supérieur du « puits » dans la banquette ouest de la grande galerie. L'ouverture n'est pas appareillée, mais bel et bien taillée dans cette banquette ; au sud ne subsiste plus du bloc évidé qu'une laisse de 13 cm. De même toute la partie supérieure du puits qui relie le palier nord de la grande galerie à la « grotte » a été creusée à travers une maçonnerie déjà en place. L'accord est général sur ce point qui ne fait aucun doute.

La maçonnerie en question est en effet constituée de blocs de libage en calcaire local, brut d'extraction, avec des joints très larges, bourrés de cassons et de mortier. Les blocs n'étant pas appareillés au périmètre du puits, leur percement ultérieur est évident. Ils présentent en outre des faces taillées concaves, tandis que les mortiers n'ont pas d'aspects coulés, ni en débord ni en retrait, parce qu'ils ont été arasés, comme les cassons. Deux questions se posent alors : comment et pour quelles raisons ce raccordement postérieur a-t-il été réalisé ?

La réalisation du raccordement

La banquette ouest de la grande galerie étant déjà réalisée et la partie inférieure du puits creusée dans le socle rocheux, le problème consistait à les relier en creusant en aveugle. Comment les anciens Égyptiens ont-ils pu maîtriser la trajectoire de cette jonction, et dans quel sens ont-ils creusé ?

— en partant du puits inférieur, c'est-à-dire en creusant de bas en haut, ils risquaient d'aboutir en un point quelconque inadéquat ;

— en partant de la galerie, c'est-à-dire en excavant depuis le haut, la probabilité d'aboutir exactement dans le prolongement du puits inférieur était pratiquement nulle.

Il n'existe qu'une solution à ce problème purement géométrique et très simple : pour relier en aveugle et à coup sûr deux points précis il faut, en restant dans le même plan (condition *sine qua non*), partir de chacun de ces deux points dans des directions convergentes. Ainsi, les deux trajectoires se coupent et les deux points sont reliés par une ligne brisée. On peut justement constater que le raccordement du puits présente exactement cette configuration (fig. 19) :

— le départ du creusement supérieur a été déporté vers l'ouest d'une valeur équivalente à celle du puits inférieur (environ 2 m), pour situer les deux extrémités à joindre dans le même plan nord-sud ;

— simultanément, en partant de la « grotte », le creusement inférieur a été réalisé obliquement, avec l'azimut nord qui convenait pour rencontrer la trajectoire du creusement vertical.

C'est à l'endroit où le raccordement forme un coude que l'on se rend compte qu'il s'agit de l'intersection de deux creusements convergents. Ce raccord est en effet très chaotique et le cheminement n'y est pas parfaitement continu, comme si le creusement inférieur avait légèrement dévié du plan directeur nord-sud. La tâche de ceux qui ont effectué cette excavation a dû être très ardue, mais, à la différence de la partie du puits creusée dans la roche, les fortes et nombreuses irrégularités de la maçonnerie procurent ici des appuis bien plus confortables. Ce genre d'opération n'a rien d'extraordinaire. Dans la pyramide de Dahchour-Sud, en effet, le boyau qui relie la chambre inférieure à la distribution supérieure a, lui aussi, été pratiqué dans la maçonnerie selon le même procédé. En partant de chaque extrémité, les creusements ont été judicieusement amorcés sous un joint de lit, afin que chaque débouché soit surmonté d'un bloc formant linteau. La jonction des deux excavations, trop parallèles, est assez défectueuse, le sol du tronçon supérieur aboutissant à peu près au niveau du plafond du tronçon inférieur. Cet écart fut corrigé par une connexion plus pentue et deux marches d'une trentaine de centimètres.

fig. 19 Le raccordement du puits

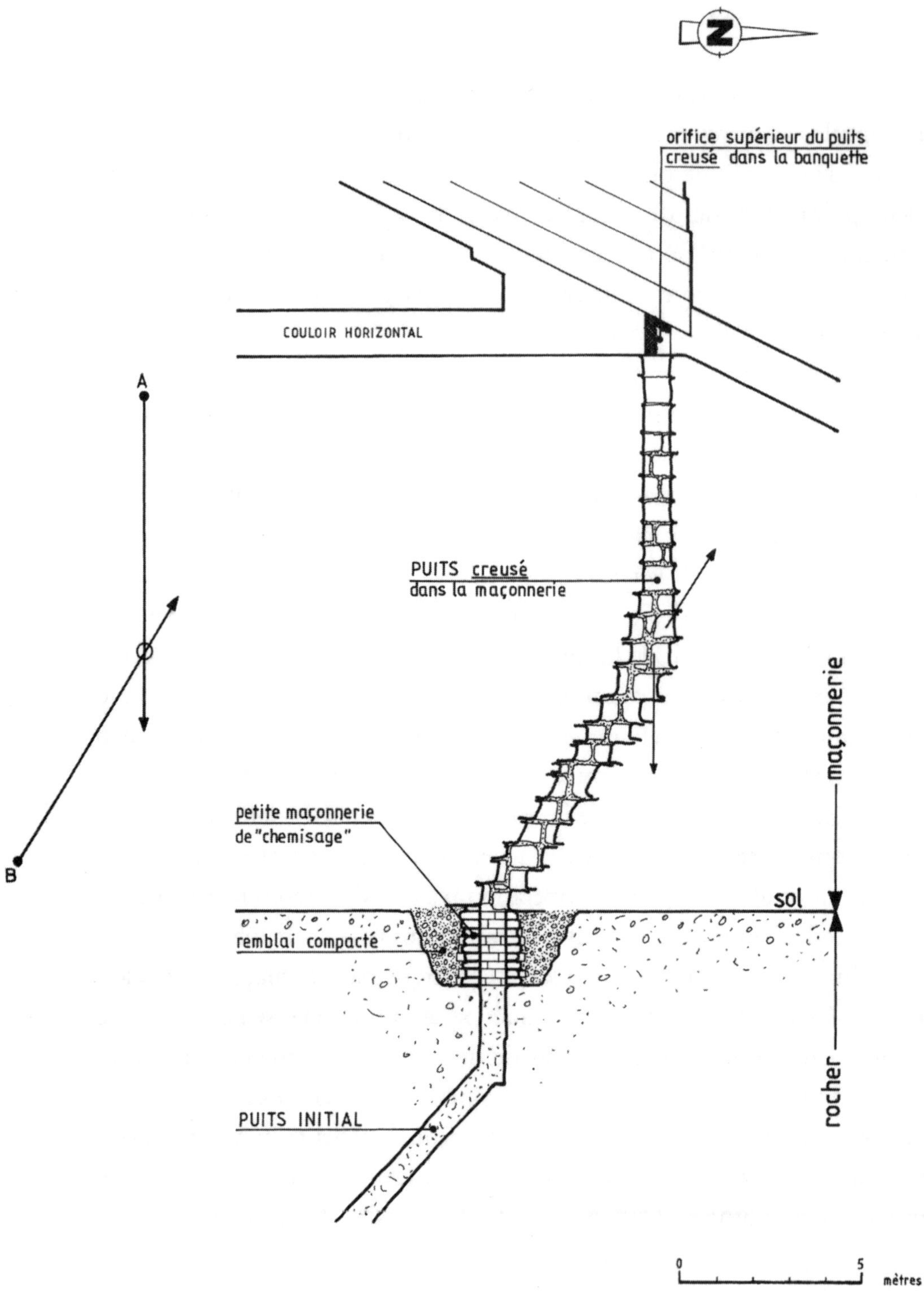

Il nous reste à aborder le problème du tronçon du puits maçonné qui traverse la « grotte » (photo 3). Faut-il, en effet, le rattacher au puits initial creusé dans la roche ou bien à son prolongement postérieur ? À première vue, il paraît évident que cette maçonnerie n'a pu être montée qu'à ciel ouvert, en première phase, afin de maintenir le remblai autour du puits. On peut néanmoins s'interroger sur l'intérêt qu'il y avait à surélever le puits par de la maçonnerie lors de l'évacuation des débris de taille. Par ailleurs, réaliser cette margelle pour maintenir le remblai, lors de la condamnation du puits, aurait été une absurdité : il suffisait en effet de poser une dalle sur l'ouverture et de remblayer directement au-dessus. Faut-il supposer que cette partie maçonnée a été faite en prévision d'un prolongement postérieur, et que le prolongement du puits a pu être délibérément non réalisé, bien que planifié ? Cela paraît excessivement paradoxal et alambiqué. Enfin, quelle que soit l'hypothèse envisagée, les anciens Égyptiens n'auraient-ils pas réalisé là un élément bien fragile sous la masse de la pyramide ?

Objectivement, on doit prendre en compte le fait que la réalisation de ce tronçon maçonné est assez particulière. Il s'agit en effet de petits blocs (20 x 30 x 30 cm environ) en calcaire de Tourah, bien équarris, montés en assises réglées et hourdés au plâtre de gypse pur. C'est le seul endroit de la pyramide où l'on trouve ce type de petite maçonnerie. Pourquoi donc, avant la pose du premier lit de maçonnerie de la pyramide, n'a-t-on pas employé là de gros blocs de calcaire local, hourdés au mortier ordinaire, comme partout ailleurs ?

Il ne faut pas s'obstiner à considérer que cette « margelle » n'a pu être réalisée qu'en première phase, à ciel ouvert. Tout, au contraire, semble indiquer qu'il s'agit là d'un travail exécuté en sous-œuvre. Premièrement, le petit format des blocs employés les rend transportables dans le puits et manipulables par un seul homme. Deuxièmement, le liant employé n'est pas un mortier ordinaire, mais un plâtre de gypse pur, c'est-à-dire un mortier à prise rapide. Troisièmement, dans le puits, la face interne de la maçonnerie est nette et bien jointoyée. Dans la « grotte », en revanche, la face externe dégagée de cette maçonnerie apparaît brute avec de grosses coulures d'excédent de plâtre ; elle offre l'aspect typique d'une face arrière inaccessible de maçonnerie (photo 4). Quatrièmement, les graviers du remblai, dans la « grotte », ont été moulés dans les excédents de plâtre. Or le gypse prenant rapidement, ces galets n'auraient pas laissé leurs empreintes dans un plâtre déjà durci, si le remblai avait été compacté autour de la maçonnerie en place.

Il faut donc se rendre à l'évidence : les Égyptiens n'ont pas remblayé autour de la maçonnerie, mais ils ont, au contraire, réalisé celle-ci à travers le remblai déjà existant. Il ne faut pas s'en étonner, car cette opération était inévitable. À partir du moment où le prolongement du puits a été décidé, il a en effet fallu en amorcer le creusement à partir des deux extrémités prédéterminées. Le départ du creusement inférieur ne pouvait donc être effectué qu'en traversant de bas en haut le remblai déjà en place. Celui-ci devait être fort compacté, à la pose tout d'abord et sous la charge ensuite, l'excavation de la « grotte » en témoigne. Il était alors possible de le creuser, mais, pour parer à tout risque d'éboulement, il était absolument indispensable de réaliser un chemisage. L'exécution de ce travail en sous-œuvre peut paraître acrobatique *a priori*, alors que la méthode requise est finalement assez simple :

— il suffit en effet de creuser une trentaine de centimètres vers le haut dans le remblai ;

— puis d'apporter des blocs de petit format, aisément manipulables individuellement et bien équarris pour faciliter leur mise en place ;

— il faut ensuite réaliser une assise au périmètre de l'excavation, en utilisant un mortier à prise rapide pour que la maçonnerie soit résistante au fur et à mesure de la progression ;

— répéter l'opération, une dizaine de fois, jusqu'à atteindre la sous-face de la maçonnerie de la pyramide.

Les ouvriers de l'ancienne Égypte, dont le savoir faire n'est plus à démontrer, ont dû exécuter ce travail en deux jours avec une relative facilité. Le creusement du puits à travers le libage de la pyramide était une autre affaire, beaucoup plus difficile, et l'on présume qu'il a fallu de bonnes raisons pour se lancer dans une tâche aussi ingrate.

Les raisons du prolongement du puits

Selon l'avis général et de toute évidence, le raccordement du puits avec le palier nord de la grande galerie a été réalisé pour que les ouvriers puissent ressortir de la pyramide après la mise en place des blocs bouchons qui obturent le couloir ascendant. On est donc en droit de penser que cette « issue de secours » n'a pas été réalisée d'emblée, soit parce qu'il n'avait pas été prévu de condamner le couloir ascendant, soit parce que le système initialement prévu devait fonctionner selon un principe qui ne la rendait pas nécessaire. Par exemple, on pourrait supposer que, dans un premier temps, la mise en place des blocs-bouchons dans le couloir ascendant avait été prévue à reculons, manœuvre aval ne nécessitant pas d'issue annexe. C'est l'explication que propose Georges Goyon (en attribuant contre toute vraisemblance le « puits » à un cheminement de voleurs) et c'est le système qui a effectivement été adopté dans la pyramide satellite de Dahchour-Sud.

Mais ce qui était envisageable dans cette modeste pyramide avec un parcours des bouchons long de 7,80 m, l'était beaucoup moins dans la Grande Pyramide, avec un trajet de 38 m ! La manœuvre à effectuer aurait en effet été très aléatoire ou très périlleuse. Très aléatoire car, si l'on ne favorise pas le glissement des blocs bouchons, ceux-ci peuvent, en totalité ou en partie, rester bloqués sur place (les blocs bouchons de la pyramide satellite de Dahchour-Sud sont demeurés en position d'attente). Très périlleuse car, si l'on en favorise au contraire le glissement, il devient alors suicidaire de tenter de maîtriser quinze tonnes de granit sur une pente rendue « savonneuse » pour les blocs… ainsi que pour les ouvriers.

En fait, l'explication se trouve dans le couloir ascendant, puisque nous avons conclu en l'étudiant qu'il semblait y avoir été originellement prévu trois herses, dispositif aval ne nécessitant pas d'« issue de secours ». Ainsi, deux analyses distinctes, celle du couloir et celle du « puits », nous conduisent exactement à la même déduction : la condamnation du couloir ascendant par trois herses a été abandonnée, sitôt réalisée, pour être remplacée par le système des blocs-bouchons, système qui implique leur stockage à l'intérieur de la pyramide et la réalisation improvisée d'une issue annexe.

Cette improvisation a été parfaitement gérée. Il était en effet envisageable de réaliser une issue au trajet bien plus court en reliant directement la partie inférieure du couloir ascendant au couloir descendant, évidemment juste en amont du point d'arrêt prévu des blocs bouchons. Avec un risque considérable : le blocage accidentel d'un bloc, en amont de cette issue, aurait emprisonné les ouvriers dans la pyramide. Il fallait donc nécessairement amorcer cette issue en amont du couloir ascendant, exactement là où elle est effectivement située. La meilleure solution consistait donc à la relier au puits déjà existant, la seule façon de procéder devenant celle que nous avons précédemment décrite. Aussi maîtrisée qu'ait été cette improvisation, elle est tout de même assez surprenante au sein d'un ouvrage aussi élaboré. Le plus étonnant est sans doute que les constructeurs aient en fin de compte adopté une solution assez médiocre. Les dispositifs de condamnation des pyramides sont en effet habituellement aval car un système amont est illogique, peu pratique et vulnérable.

Le système de Chéops est, d'abord, illogique : pourquoi fermer depuis l'intérieur quand le but recherché est de fermer en sortant ? Ferme-t-on sa porte de l'intérieur en ressortant par une fenêtre ? Ensuite, il est peu pratique. Cette complication inutile contraint à un stockage interne des blocs en position d'attente, nécessite qu'on les enjambe pour circuler et impose l'aménagement d'une issue annexe. Enfin, ce système est vulnérable. La nécessité de concevoir une « issue de secours » affaiblit considérablement l'efficacité du dispositif. Cela revient à barricader la porte d'entrée en laissant une fenêtre ouverte !

Certains objecteront sans doute que le système de condamnation devait probablement être complété par une obturation du couloir descendant, destinée à interdire l'accès au « puits ». Or, d'une part, il n'apparaît d'aucune façon que l'obturation du couloir descendant ait été réalisée ou même prévue. D'autre part, si cette disposition avait été prise (comme c'est le cas dans la majorité des pyramides), elle eût été à elle seule suffisante et efficace, et la condamnation du couloir ascendant n'eût point été nécessaire.

Conclusion

Quoi qu'il en soit, bien que le mécanisme ait ici fonctionné, ses inconvénients furent tellement patents que les Égyptiens abandonnèrent définitivement ce système dans les pyramides postérieures. On peut donc s'interroger sur le motif qui a poussé les constructeurs de la Grande Pyramide à recourir à une solution aussi exceptionnelle. On en arrive à envisager que ces derniers ont, en cours de construction, conçu une amélioration qu'ils jugèrent notable, mais qui impliquait une modification du système de condamnation initialement prévu ; les complications et les inconvénients consécutifs à ce changement durent alors paraître secondaires au regard de l'amélioration obtenue.

chapitre VIII

Le couloir horizontal

plan n° 8

Contrairement au couloir ascendant, le couloir horizontal (plan n° 8) est en calcaire d'excellente qualité, et les nus de ses parements sont pratiquement intacts. Il ne comporte aucun dispositif de condamnation, ni aucune trace d'effraction pouvant laisser supposer qu'il a été obturé. La vocation très simple de ce couloir — desservir la chambre «de la reine» — ne devrait normalement susciter aucun problème. Pourtant, son agencement n'est pas en adéquation avec sa fonction. Ce couloir peut en effet se diviser en quatre parties distinctes, du sud vers le nord, en partant de la chambre «de la reine» (fig. 20).

Un premier tronçon se développe sur une longueur de 5,50 m. Ses parois sont constituées de deux assises, en prolongement de celles de la chambre «de la reine». La hauteur de cette partie est de 1,70 m; on peut la considérer comme normale, par comparaison avec la hauteur des couloirs horizontaux des autres pyramides de l'époque (Meïdoum: 1,80 m, Dahchour-Sud: 1,63 m, Chéphren: 1,78 m, Mykérinos: 1,77 m). Il était donc possible de s'y tenir debout, ce qui n'est pas le cas dans les couloirs inclinés, qui n'ont généralement pas plus de deux coudées à deux coudées et demie de haut (1,05 à 1,20 m). Ici, il manque peut-être le dallage d'origine. La hauteur initiale aurait donc été de 1,18 m, comme pour le reste du couloir.

Un second tronçon s'étend sur environ 10 m. Le sol comporte une marche d'une coudée, formée par un dallage inséré entre les parois. La hauteur de passage se trouve donc réduite à 1,18 m. Le sol est composé de grandes dalles d'un seul tenant sur la largeur. En corrélation avec la réduction de hauteur, les parois ne sont plus constituées que d'une seule assise. L'appareillage est on ne peut plus normal.

Une troisième portion mesure 18 m de long environ. Cette partie, cette fois, cumule les anomalies. Pour la même hauteur réduite de 1,18 m, les

fig. 20 Le couloir horizontal, l'appareil des parois

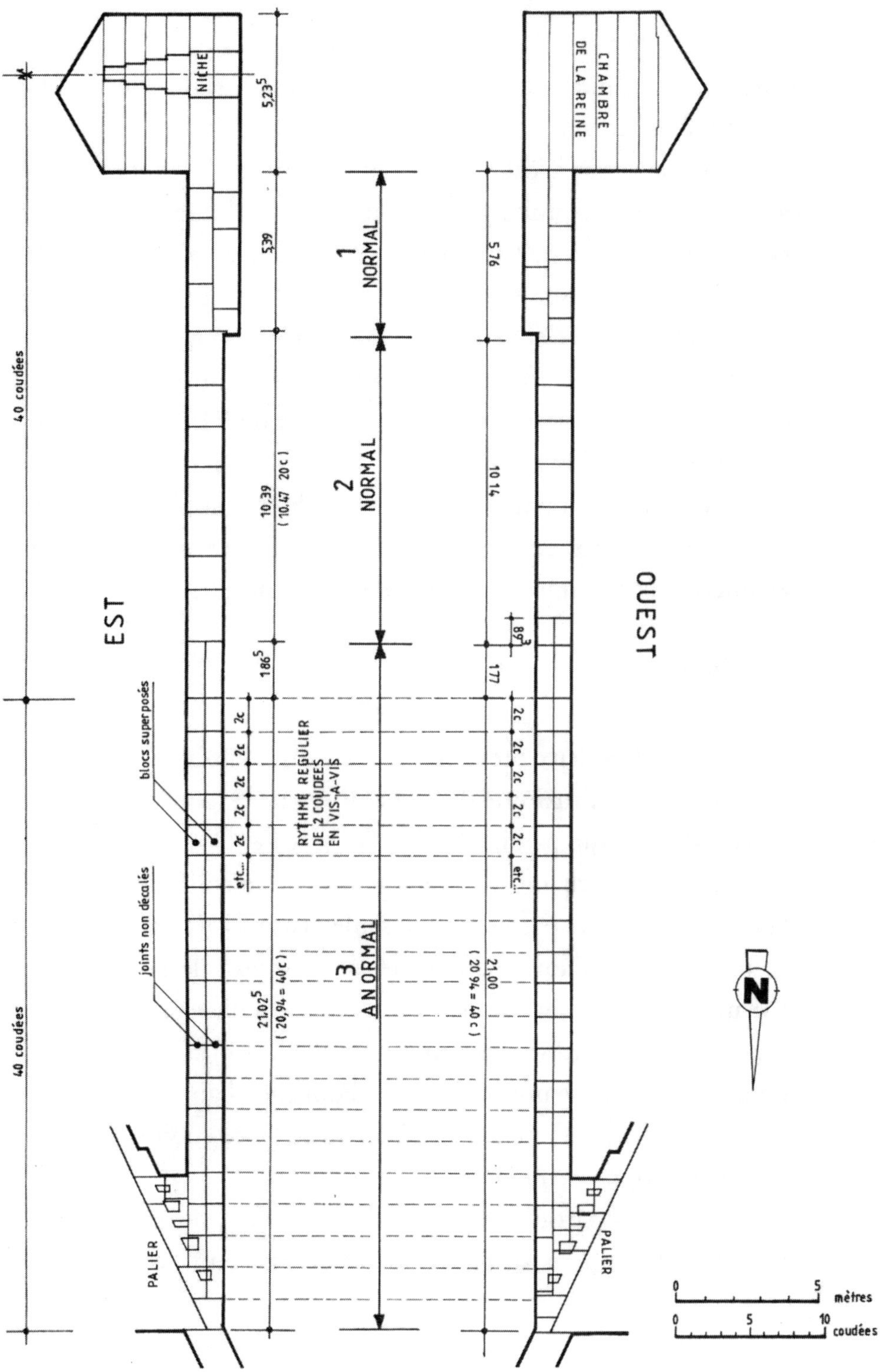

parois sont maintenant divisées en deux assises égales. Tous les blocs des parois ont la même largeur, 1,05 m, soit exactement deux coudées. Les blocs des deux assises ne sont pas décalés, mais superposés : leurs longueurs étant égales, les joints montants se prolongent rigoureusement d'une assise à l'autre, ce qui est contraire aux règles de l'art (photo 5). Le calepinage de deux coudées est exactement en vis-à-vis sur les deux parois. Le sol n'est plus constitué de dalles d'un seul tenant, mais d'éléments fractionnés disposés en quinconce.

Une quatrième et dernière partie, sur une longueur d'environ 5,10 m. Les particularités que nous venons de décrire se prolongent, ce qui suggère que le palier fait partie du couloir, dont il partage les caractéristiques. La seule différence tient au fait que le couloir n'est plus couvert ici, et que des blocs trapézoïdaux, encastrés dans les assises horizontales des parois, forment la jonction avec l'appareil incliné de la grande galerie.

Analyse

Les deux premières parties du couloir, au sud, semblent tout à fait normales. À proximité de la chambre « de la reine », les parois comportent deux assises, ce qui paraît doublement justifié. D'une part, il s'agit là des assises mêmes de la chambre, prolongées sur une courte distance. D'autre part, la construction des parois en une seule assise d'une hauteur de 1,70 m aurait requis des blocs énormes. Ensuite la réduction de la hauteur du couloir à 1,18 m a permis de réaliser les parois en une seule assise. Mais alors pourquoi toute la partie nord du couloir aurait-elle, à son tour, nécessité deux assises pour cette même hauteur réduite ? Pourquoi l'appareillage n'est-il pas uniformément banal d'une extrémité à l'autre de ce couloir, puisque sa fonction semble pourtant élémentaire et continue ?

La partie nord du couloir, en effet, est construite de façon surprenante. La superposition des blocs et des joints verticaux constitue une entorse flagrante à la règle la plus élémentaire et la plus impérieuse de la maçonnerie : le décalage des joints. Le joint est en effet un mal nécessaire contraire à l'homogénéité de la construction, et la cohérence de la maçonnerie n'est obtenue que par le décalage des éléments qui la composent. Les anciens Égyptiens, qui connaissaient depuis longtemps cette règle élémentaire avec l'emploi de la brique crue, l'ont toujours scrupuleusement appliquée.

D'aucuns objecteront peut-être qu'une maçonnerie de faible hauteur peut s'accommoder sans inconvénient d'une entorse à ce principe. C'est certain : la preuve en est que le couloir n'a pas souffert. Mais le décalage des blocs n'est pas dicté par un calcul de résistance ; c'est une « règle de l'art » dont le bien-fondé, admis et justifié par l'expérience, n'a pas à donner lieu à appréciations. D'ailleurs, les Égyptiens ont toujours respecté cette règle, même dans les cas où elle ne se révélait pas indispensable. Sans exception, tous les couloirs des pyramides comportant deux assises ont été appareillés avec des blocs décalés. On doit donc supposer que les constructeurs de la pyramide avaient, à cet endroit particulier, de bonnes raisons pour déroger volontairement à la règle ; il faut même envisager qu'ils n'aient pas pu agir autrement.

À cette anomalie d'appareillage s'ajoute le fait que tous les blocs superposés ont une largeur de deux coudées et sont rigoureusement disposés en vis-à-vis sur les deux parois. On peut donc considérer que cette partie du couloir est segmentée en vingt tranches de deux coudées. Il doit y avoir là un dessein particulier et l'appareillage, qui semble inapproprié pour un banal couloir, est sans doute cohérent dans ce cadre.

En 1987, nous avons évoqué ce point avec Jean-Philippe Lauer qui avait alors suggéré que les Égyptiens avaient sans doute simplement utilisé là un stock de blocs prétaillés à la dimension de deux coudées. Nous avions objecté que d'une part la préfabrication de blocs standardisés n'était pas un procédé habituel chez les anciens Égyptiens et que d'autre part cette standardisation supposée ne justifiait en rien la superposition anormale des blocs. Jean-Philippe Lauer, apparemment perplexe, avait admis que « c'était en effet curieux ». Bien plus que curieux, tout cela est très intrigant. On ne peut décréter, sans analyse approfondie, qu'il s'agit là d'un caprice sans importance, d'un hasard ou d'un simple décor : les bâtisseurs de pyramides, en principe, ne faisaient rien à la légère.

En fait, lorsqu'on analyse cet appareillage, il paraît inexplicable du point de vue où nous l'observons et selon lequel nous le prenons *a priori* en compte, c'est-à-dire dans le plan nord-sud. Or on se trouve évidemment dans un contexte tridimensionnel, et ce qui paraît n'avoir aucun sens dans le plan considéré doit, peut être, trouver sa justification en prenant en compte le plan est-ouest. Cela conduit logiquement à envisager la présence de structures orthogonales au couloir, dont on n'observerait, dans le plan nord-sud de ce dernier, que l'appareillage résultant. Mais de quelles structures peut-il bien s'agir ? Ce serait bien étonnant qu'il y ait encore, à cet endroit, des emplacements de herses condamnées, comme dans le couloir ascendant. Les vingt segments correspondraient aux emplacements de dix herses, ce qui semble très excessif. La largeur quelconque des éléments transversaux structuraux — linteaux, poutres, voûtes — joue aussi en défaveur de cette hypothèse. En revanche, ce sont les parties creuses de la pyramide, accessibles, qui sont toujours dimensionnées en multiples de coudées.

On en arrive donc à considérer que l'appareillage de la moitié nord du couloir horizontal correspondrait à *une succession de structures répétitives, accessibles, disposées perpendiculairement de part et d'autre d'une circulation.* Dans l'architecture de l'Égypte ancienne, cette définition est exactement celle de magasins, comme ces petits celliers, répartis en « dents de peigne », que l'on trouve dans certaines tombes royales, comme celles de Sekhemkhet, Khaba, Mykérinos, Khentkaous et Chepseskaf.

Hypothèses

Dès 1986, nous avions émis l'hypothèse de la présence de magasins. Avec l'accord de l'Organisation des Antiquités égyptiennes, des mesures de microgravimétrie avaient été réalisées par la Compagnie de prospection géophysique française (CPGF). Une anomalie de densité ayant été constatée vers le milieu du couloir, trois percements y furent effectués par EDF : contre toute attente, ces percements aboutirent… dans du sable. L'expérience en est restée là, mais elle a fait des émules.

L'année suivante, une équipe japonaise de l'université Waseda de Tokyo, dirigée par le professeur Yoshimura, a réalisé dans ce même couloir une prospection à l'aide d'un géoradar. Celui-ci aurait détecté un couloir parallèle au couloir horizontal, du côté ouest, ainsi qu'un vide notable, situé à proximité et au nord de la chambre « de la reine ». Ce résultat est très surprenant, car il implique que les constructeurs de la pyramide, pourtant très avisés, ont créé un vide à proximité de la zone des poussées des voûtes de la chambre « de la reine » — poussées considérables, est-il besoin de le préciser ! Par ailleurs, l'examen de la succession de clichés des échos radar, qui illustre le rapport fourni par les Japonais, réserve une surprise. Chaque cliché devrait être aussi distinct de son voisin que peuvent l'être deux empreintes digitales, car il est impossible d'obtenir, en deux endroits différents, deux échos identiques. Or, en les comparant très attentivement grâce à la superposition de copies sur transparents, on trouve étrangement, à plusieurs reprises, des clichés… absolument identiques.

Plus récemment (avril 2001), a été annoncée à grand renfort de presse, en France, « une découverte capitale pour l'archéologie mondiale ». Celle-ci, qui n'est pour l'heure qu'une hypothèse, proclame que les joints superposés du couloir horizontal ne seraient en réalité que de faux joints gravés, destinés à tromper les profanateurs. Dissimulé et noyé dans ce « trompe-l'œil», un passage secret mènerait à un appartement funéraire inconnu, destiné à Chéops même ou à sa mère Hétephéres. Cette hypothèse est très intéressante, car elle offre l'avantage de constituer un précis d'improbabilités et d'erreurs dont l'analyse et la réfutation peuvent éventuellement contribuer à circonscrire le probable.

Toute cette hypothèse repose en fait sur le concept du leurre. Or, comme nous l'avons déjà souligné, le recours à la ruse n'est apparu que sous le Moyen Empire, après que les Égyptiens eurent constaté la profanation des tombes royales au cours de la Première période intermédiaire. Certes, on peut alléguer qu'un conte du papyrus de Westcar, qui met en scène Chéops, indique sa propension aux chambres et passages secrets. Mais la distribution de la Grande Pyramide ne semble pas corroborer cette affirmation. En fait de complexité, d'ailleurs, la distribution reste relativement simple, hormis sa répartition singulière en patte-d'oie. Elle est circonscrite dans un seul plan vertical et, après l'embranchement du couloir ascendant — robustement condamné, mais que l'on ne s'est même pas donné la peine de dissimuler —, elle conduit tout droit à la chambre funéraire. Les Égyptiens n'ont même pas eu recours au leurre le plus évident, le plus simple et le plus efficace : dérouter d'éventuels pilleurs vers une fausse chambre funéraire souterraine, achevée et crédible.

Ayant donc négligé cette occasion de duper d'entrée de jeu des visiteurs indélicats, les constructeurs de la pyramide auraient usé d'un stratagème machiavélique : dissimuler une véritable porte dans une succession de fausses portes ! Là, nous cherchons à comprendre quel avantage il y aurait à transformer vingt et un mètres de couloir en fausses portes, afin d'en dissimuler une vraie — avec l'assurance d'attirer l'attention — au lieu de dissimuler ladite porte au moyen d'une pierre banale, noyée dans un appareillage banal. Selon cette hypothèse, certains joints de cette partie du couloir ne seraient que des faux, exécutés d'un trait de scie (fig. 21 A). Le recours au

fig. 21 Le couloir horizontal, les joints

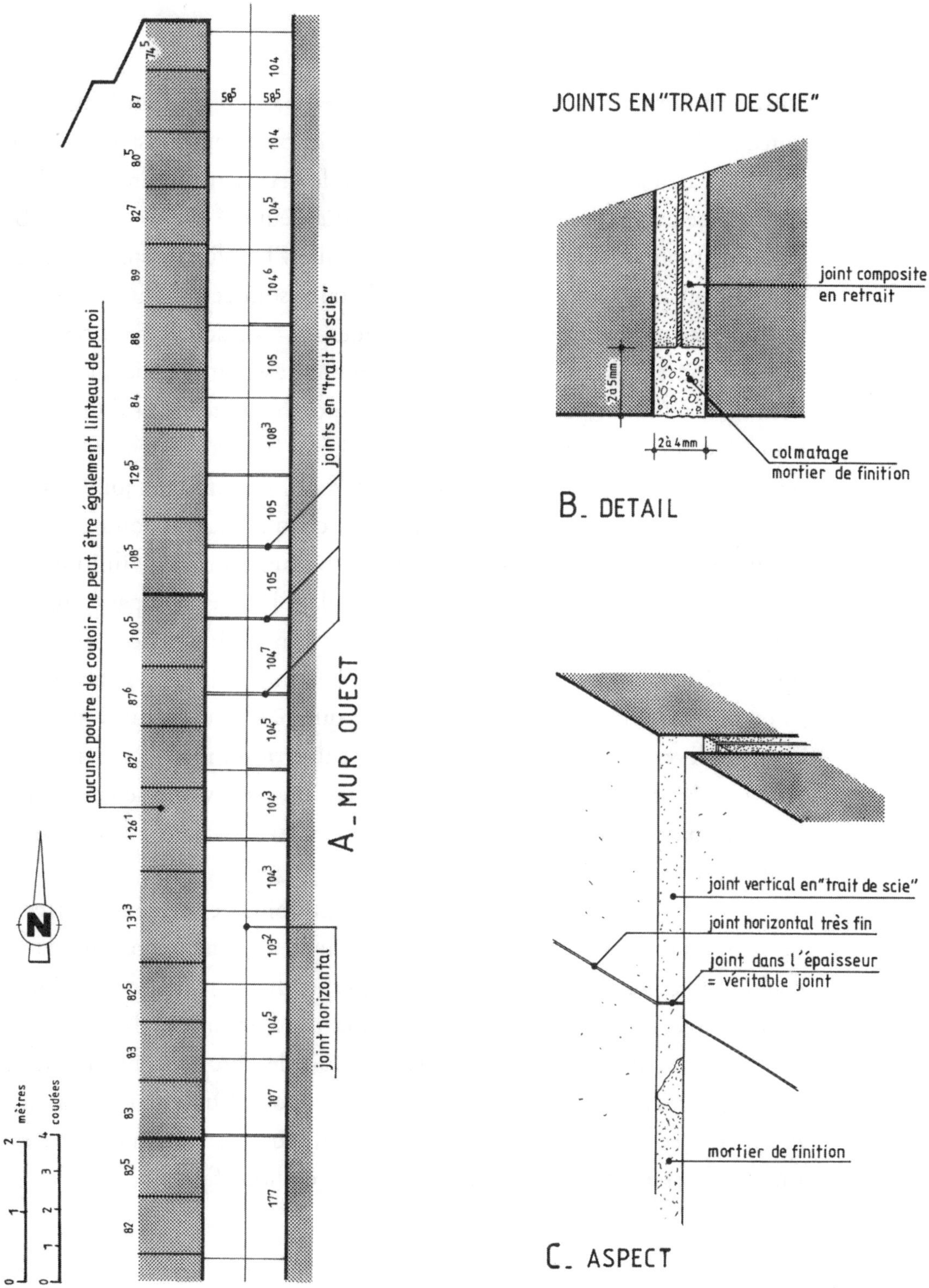

faux joint pourrait être une astuce subtile, en particulier pour banaliser des linteaux de porte, de taille importante, qui pourraient ainsi se confondre avec l'appareillage banal. Or les Égyptiens de l'Ancien Empire n'ont jamais employé ce genre de subterfuge, même là où il eût été le plus utile. D'abord, les joints montants ne sont pas tous identiques. La plupart sont aussi serrés que partout ailleurs dans la pyramide. Certains sont certes plus ouverts (de 2 à 4 mm), ce qui peut effectivement évoquer un trait de scie pour qui veut le voir absolument. Mais s'il s'agissait réellement de « traits de scie », l'ouverture desdits joints serait parfaitement constante de haut en bas et d'une assise à l'autre, ce qui n'est pas le cas. Ensuite, ces joints ouverts laissent voir en léger retrait non pas la pierre, comme ce serait le cas avec un faux joint, mais un jointoiement composite — un enduit sur chaque face de joint séparé par un fin mortier médian. Ce retrait a été garni d'un mortier de finition affleurant le parement : colmatage logique d'un vilain joint et non pas camouflage absurde d'un faux joint (fig. 21 B). Quant au joint de lit horizontal, il est partout extrêmement fin — à l'instar de tous les joints de lit dans la pyramide —, à tel point qu'il n'est parfois perceptible que par les épaufrures qui en ont altéré les lèvres. Ce type de joint comporte une très fine pellicule de mortier et, à l'intérieur des joints montants ouverts, on peut voir que ce dernier se prolonge bien dans l'épaisseur du parement : c'est donc la confirmation d'un véritable joint (fig. 21 C).

Il n'y a d'ailleurs, assurément, pas plus de véritables portes que de faux joints, car nul accès latéral n'est matériellement possible dans ce couloir. Pour que l'entrée d'un passage perpendiculaire à la circulation soit envisageable, il faudrait en effet pour le moins qu'un linteau du couloir, plus large que les autres, forme également linteau de paroi en prenant franchement appui de part et d'autre du passage supposé. Or cette condition *sine qua non* ne se présente nulle part : qu'un seul bloc mural manque, et c'est la rupture assurée d'un ou de deux linteaux du couloir (fig. 21 A).

Cette hypothèse n'est en fait qu'une mixture extrapolée de nos propres observations, dénaturées par la même occasion, et à partir des investigations japonaises par géoradar, prises pour argent comptant. Pour notre part, nous avions fait procéder, en novembre 2000, à une investigation par géoradar en certains points de la pyramide, dont les parois du couloir horizontal. Ces investigations ont été réalisées par un géophysicien confirmé, Jean-Pierre Baron, de la SAFÈGE, avec l'assistance d'Abem-France et de Geoméga. Le verdict est sans appel : aucune variation de structure n'a été mise en évidence par le signal radar.

Synthèse

Selon notre analyse, l'appareillage de la partie nord du couloir horizontal correspondrait, en tous points, à une structure de magasins, alternant celliers et refends d'une largeur de deux coudées chacun (fig. 22 A) ; les ouvertures des magasins, obturées, auraient même apparence que les abouts des refends. Cependant, les remarques que nous avons faites à l'encontre de l'hypothèse précédente s'appliquent également à la nôtre : l'absence de linteaux opérant sur les parois exclut les ouvertures des magasins et le géoradar n'a détecté la présence d'aucune cavité. Une conclusion s'impose donc : il n'existe pas davantage de magasins que de passage secret.

Cependant, si le couloir horizontal n'était qu'un passage ordinaire, son appareillage devrait en principe être banal d'une extrémité à l'autre : on ne peut donc se résigner à admettre qu'une ordonnance volontairement exceptionnelle ne signifie absolument rien. Il importe alors d'affiner l'analyse en y intégrant d'autres paramètres tels que les caractéristiques du dallage du couloir ou la structure particulière de la grande galerie, sans perdre de vue les présomptions acquises à propos des modifications du projet initial. En effet, comme nous avons vu, à maintes reprises, des signes tangibles de modifications réalisées en cours de construction, la Grande Pyramide présente

fig. 22 Le couloir horizontal, appareillage des « magasins »

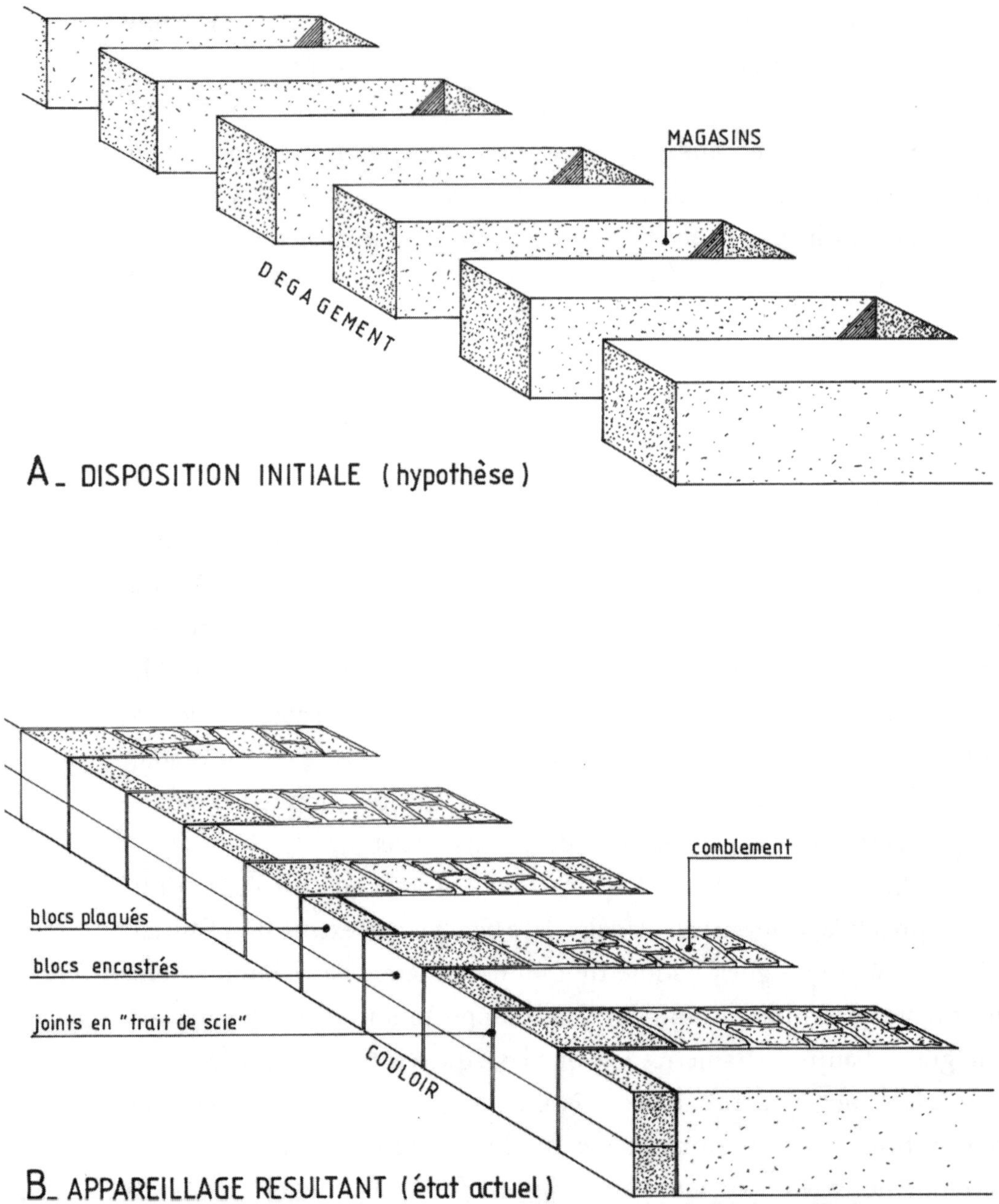

un aspect ambivalent : d'une part des éléments inhérents au projet initial, d'autre part des transformations surajoutées définitives. Dans ces conditions, si une disposition définitive paraît inexplicable en l'état, c'est qu'elle relève de ce qui avait été originellement prévu.

Le dallage

En corrélation avec les trois types d'appareillages muraux, le sol du couloir (photo 6) comporte trois zones distinctes :

— au sud, correspondant au premier tronçon de 5,50 m dont les parois sont « normalement » appareillées en deux assises, le dallage est absent, qu'il n'ait pas été posé ou ait été enlevé ;

— ensuite, sur 13,23 m (à peu près 25 coudées), le dallage correspondant aux parois « normalement » appareillées en une seule assise ; celui-ci est composé de sept dalles, d'une longueur d'environ 2 m chacune et d'un seul tenant en largeur. Tout semble parfaitement normal ;

— enfin, toute la moitié nord du dallage, au droit des parois « anormalement » appareillées, sur 19,94 m palier compris (soit 38 coudées), a été réalisée de façon différente. Les dalles sont ici environ deux fois moins longues et, dans la moitié des cas, sont composées, en largeur, de deux éléments inégaux disposés en alternance (fig. 23 A). Alors que dans la partie précédente 7 éléments avaient suffi pour réaliser les 13,23 m de dallage, il en a fallu ici quatre fois plus (28) pour couvrir une longueur une fois et demie supérieure (19,94 m). Par ailleurs, ce dallage est à plusieurs reprises en concordance avec le calepinage mural. On peut alors considérer que ce dallage est « anormal », dans la mesure où il est totalement différent du dallage précédent, normalement réalisé. La concordance entre les anomalies des parois et du sol ne peut que renforcer cette appréciation.

Il faut bien voir que, dans tous les cas, l'étroitesse des couloirs (1,05 m) conduit à la pose de dalles d'un seul tenant en largeur ; qu'elles soient ici moins oblongues et composites correspond, en fait, exactement à ce que serait le calepinage « normal » d'un passage plus large (fig. 23 B).

La structure de la grande galerie.

Cet indice d'un passage plus large conduit logiquement à envisager qu'il avait été originellement prévu que la chambre « de la reine » fût précédée d'une galerie horizontale, de la même façon que la chambre « du roi » est précédée d'une galerie inclinée. D'ailleurs, nous verrons par la suite que la disposition des premières assises du mur nord de la grande galerie n'était pas appropriée à la structure de cette dernière et devait correspondre à une maçonnerie déjà en place lorsque a été prise la décision de prolonger la distribution vers le haut. Cet appareillage inadéquat et préexistant à la grande galerie serait donc initialement celui du mur nord du couloir horizontal, ou plus exactement d'une galerie horizontale, puisque cette maçonnerie a une surface bien supérieure à celle qu'aurait nécessité l'extrémité d'un simple couloir.

À ce stade d'élévation de la partie inférieure du mur nord de la grande galerie, la construction du couloir horizontal devait être sinon achevée, du moins bien avancée. Dans ces conditions, il serait logique qu'une grande galerie ajoutée au projet initial ait été conçue en tenant compte de la structure existante, sur laquelle elle serait assise. On peut donc finalement se demander si la largeur de la grande galerie, dont la raison ne s'impose pas avec évidence, n'est pas tout simplement une conséquence inéluctable de la largeur de la structure préexistante, sur laquelle on l'aurait, pour ainsi dire, « greffée ». Si l'on envisage alors — comme beaucoup d'indices convergents nous y incitent — l'hypothèse d'une telle greffe, examinons la façon dont elle a pu être réalisée et ce que cela implique. Après avoir envisagé maintes hypothèses, nous ne discernons, pour notre part, qu'une seule explication qui tienne compte de tous les paramètres.

fig. 23 Le couloir horizontal, le dallage

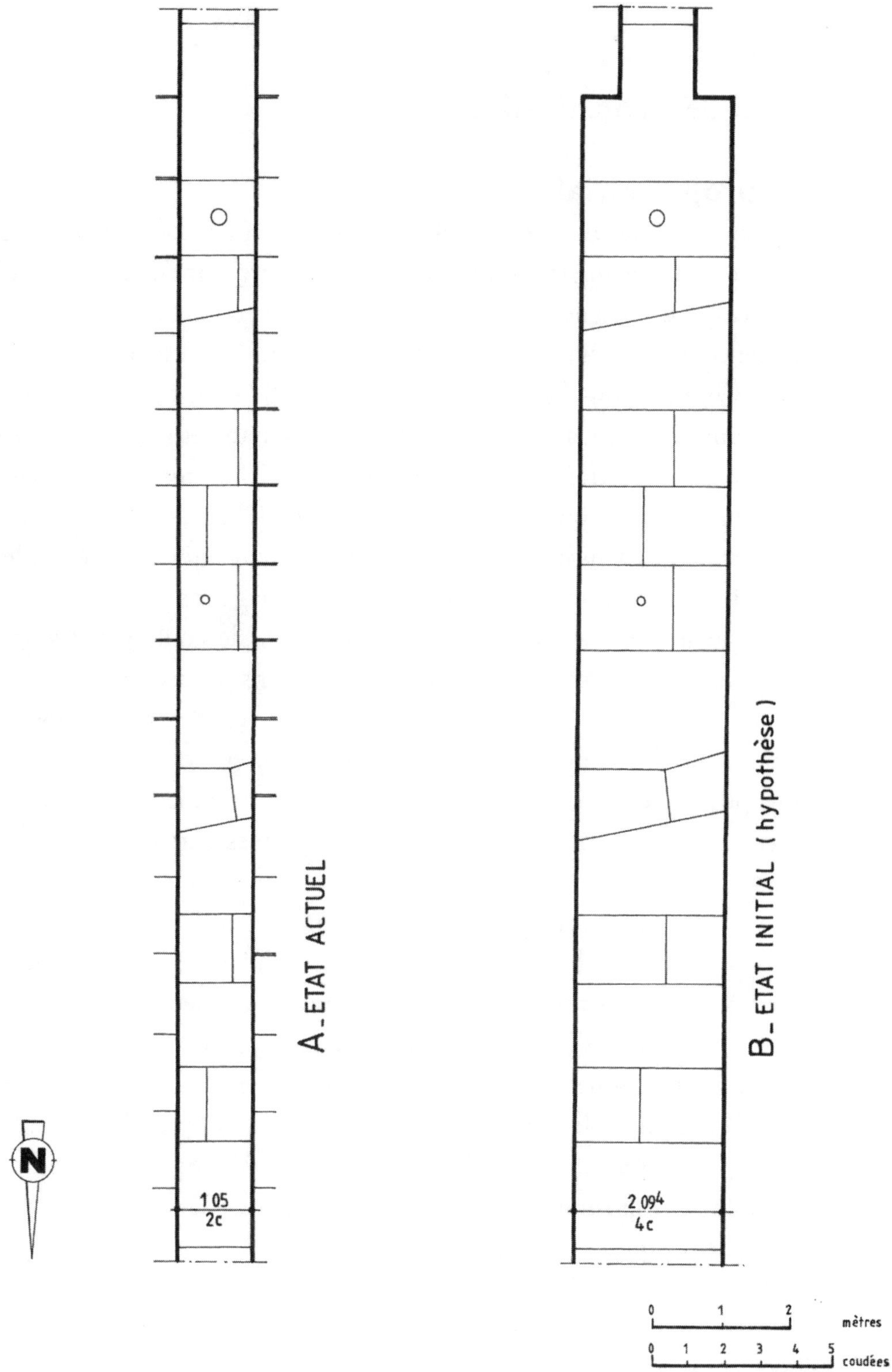

Essai de reconstitution

Le projet initial

Tout d'abord, la moitié nord du couloir horizontal présente un appareillage tellement symptomatique d'une structure de magasins disposés en « dents de peigne » qu'il est impossible de ne pas en tenir compte. La présence de magasins à l'intérieur d'une pyramide n'est pas une vue de l'esprit. Comme nous l'avons rappelé, sous la IIIe dynastie, les pyramides de Sekhemket et Khaba en comportent de nombreux, et l'on en trouve encore, sous la IVe dynastie, dans les pyramides de Mykérinos et de la reine-mère Khentkaous, ainsi qu'au Mastaba Faraoun de Chepseskaf. Il n'est d'ailleurs pas exclu que, dans le projet d'appartement souterrain de Chéops, le boyau en cul-de-sac soit une amorce de desserte de magasins : son implantation s'y prête au mieux. La présence de magasins dans le couloir horizontal serait aussi de nature à expliquer plusieurs dispositions particulières.

Ainsi, l'implantation de magasins vers l'extrémité nord du couloir résulte d'un impératif technique : il fallait, en effet, les éloigner autant que possible de la chambre « de la reine », pour que les voûtes de cette dernière n'exercent pas leurs poussées considérables sur une maçonnerie très évidée.

C'est cette nécessaire implantation qui explique également la présence des trois herses dans le couloir ascendant. Réaliser ces dispositifs verticaux dans un couloir incliné représente une gageure technique, compliquée et inutile en elle-même. Comme on n'en connaît aucun autre exemple, elle n'a donc pas lieu d'être sans raison. Si les herses ont exceptionnellement été réalisées dans le couloir ascendant, c'est parce que, devant obligatoirement précéder les appartements, l'espace horizontal nécessaire n'était pas disponible : la disposition magasins au nord et herses dans le couloir ascendant est donc logique.

En tenant compte des appareillages résiduels, on peut tenter de reconstituer ces magasins comme suit. Dans l'axe nord-sud de la distribution, un dégagement central d'une largeur que l'on peut estimer à quatre coudées (2,10 m). Il se signale par la disposition « anormale » du dallage actuel. Cette surlargeur constitue une commodité de desserte des magasins, comme le montrent d'autres exemples (desserte de Mykérinos : 3,5 coudées ; Khentkaous : 5 coudées). Les parois est et ouest de ce dégagement auraient comporté chacune dix celliers perpendiculaires, selon la disposition classique en « dents de peigne ». Les celliers auraient une largeur de deux coudées (1,05 m) et seraient séparés par des maçonneries de refend d'une épaisseur de deux coudées également (fig. 22 A). Ils n'étaient pas nécessairement très profonds si l'on se réfère aux exemples connus (Mykérinos : 5 coudées ; Khentkaous : 3 coudées ; Mastaba Faraoun : 4 coudées).

Au stade de la construction où le dallage était en place, le couvrement du couloir ascendant achevé et le mur nord de la grande galerie monté sur une hauteur d'environ quatre mètres (avant d'être adapté à la configuration de la galerie) la réalisation des magasins devait être déjà bien avancée. On peut supposer qu'ils étaient achevés au moins jusqu'à leur hauteur « utile », c'est-à-dire couvrement non compris. Mais il faut bien se rendre compte que ces magasins transformaient une partie de la pyramide en véritable gruyère ; un tel évidement de la maçonnerie n'était envisageable qu'à la condition impérative d'en assurer le couvrement de façon très robuste. Ce dernier pouvait être réalisé de deux façons : soit en coiffant le dégagement central (portée quatre coudées) d'une voûte encorbellée et les magasins (portée deux coudées) de linteaux, soit, dans la mesure où les celliers n'étaient pas trop profonds, en surmontant l'ensemble des dégagements et magasins d'une unique voûte en chevrons.

Ainsi, quelle que soit la solution envisagée, l'existence des magasins impliquait obligatoirement la réalisation d'une structure de couvrement d'une hauteur relativement importante (fig. 24).

fig. 24 Le couloir horizontal, les magasins incompatibles

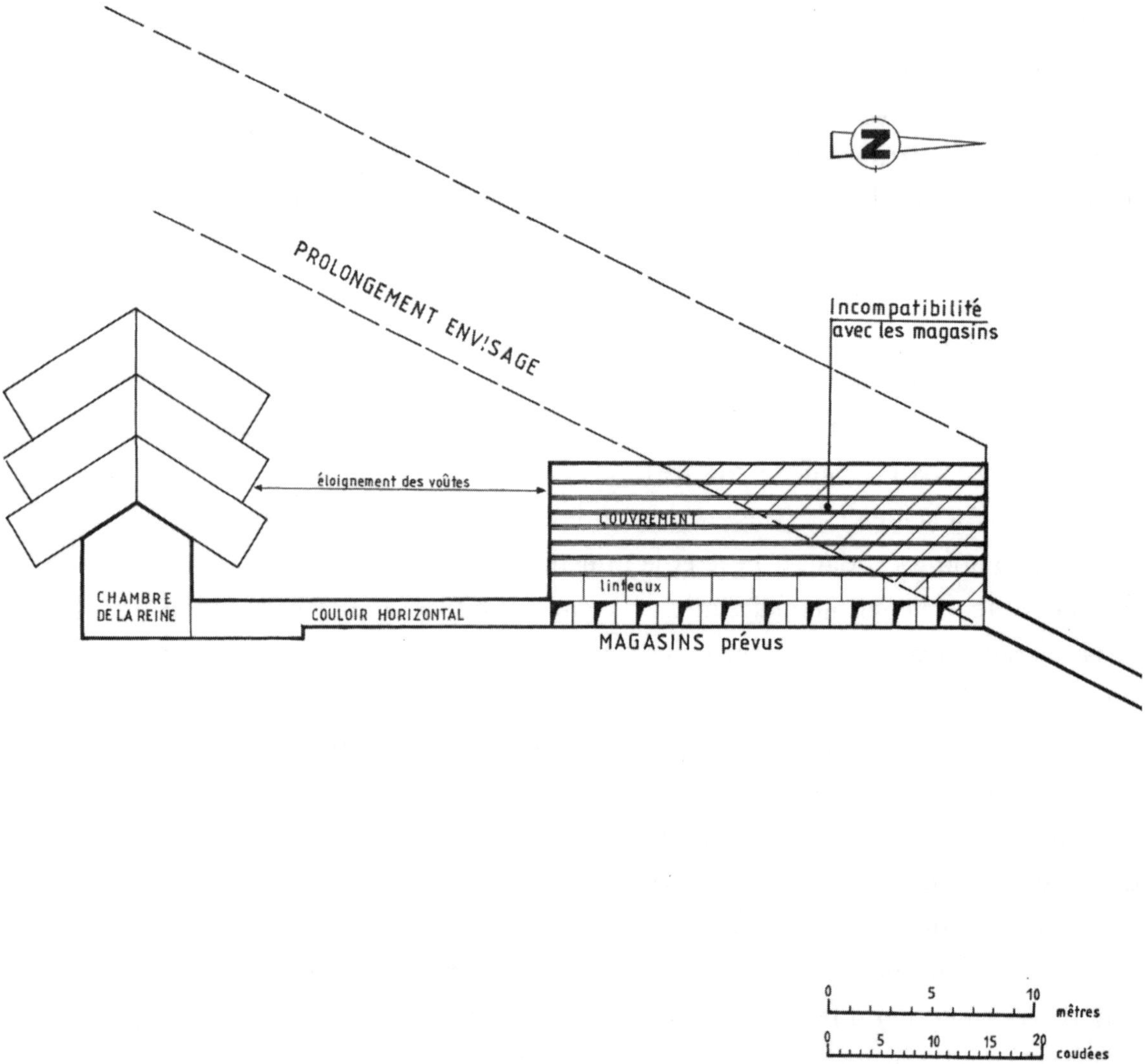

La modification

Lorsqu'il fut décidé de créer la grande galerie pour prolonger la distribution vers la future chambre « du roi », les constructeurs se trouvèrent confrontés à un problème technique insoluble : le prolongement souhaité devait traverser la structure de couvrement des magasins (fig. 24). Il aurait fallu soit bâtir presque directement sur une maçonnerie évidée à cinquante pour cent, soit « tronçonner » le couvrement : deux erreurs au pronostic pessimiste. Les magasins prévus et le prolongement souhaité étaient incompatibles : il fallait donc choisir. Ce choix n'était sans doute pas cornélien, dans la mesure où le prolongement de la distribution présentait un intérêt primordial — qui nous apparaîtra nettement par la suite — et où la chambre « de la reine », devenue obsolète, pouvait alors tenir lieu de magasin.

Cependant, il n'était pas envisageable de continuer à élever la pyramide sur des magasins inachevés, laissés en l'état : il fallait d'une façon ou d'une autre les supprimer. Démonter la maçonnerie en place afin de retrouver une base plane eût été très laborieux et eût stupidement fait perdre du temps. Ce qui était fait était fait. La seule solution consistait donc à combler les celliers et à ramener la portée du dégagement central — ingérable dans l'état sans couvrement haut — de quatre coudées à deux coudées, largeur « standard » de passage, aisément couverte par des linteaux ordinaires. Combler les celliers ne comportait aucune difficulté, mais exigeait un remplissage parfaitement compact et des manutentions sur une aire non dégagée. Le remplissage pouvait être réalisé au moyen de petits blocs équarris facilement manipulables, exactement à la façon dont fut opéré le comblement de deux chambres de Dahchour-Sud. Il pouvait aussi être réalisé plus hâtivement avec des moellons grossiers, en prenant bien soin de remplir tous les interstices de mortier.

La difficulté majeure résidait dans l'exécution des nouveaux parements destinés à rétrécir le passage central. Il ne pouvait évidemment être question d'ajouter simplement des contre-murs d'une épaisseur d'une coudée, désolidarisés de la maçonnerie existante. Si les constructeurs avaient agi ainsi, l'appareillage aurait été réalisé de façon « classique », avec des blocs décalés. Afin de créer une assise saine pour la suite des travaux, il était indispensable d'assurer la bonne cohésion de la maçonnerie du couloir horizontal : pour ce faire, il était nécessaire de harper les blocs des nouveaux parements dans la maçonnerie déjà en place (fig. 22 B). Compte tenu de l'alternance des vides et des pleins existants — disposition très favorable —, la façon la plus simple et la plus judicieuse de procéder consistait à insérer, aussi profondément que possible, de nouveaux blocs bien ajustés dans l'embrasure de chaque cellier, en les laissant saillir d'une coudée dans le dégagement central. Quant aux abouts des refends de séparation, désormais en retrait d'une coudée du nu des nouveaux parements, ils ne pouvaient recevoir que des blocs d'une coudée d'épaisseur et d'une largeur de deux coudées.

Effectuer ces manipulations dans un espace non dégagé ne devait pas être très facile. C'est probablement la raison pour laquelle l'opération a nécessité deux assises réduites (hauteur de 0,59 m), alors que la faible hauteur du couloir (1,18 m) n'aurait requis qu'une seule assise dans des circonstances normales.

C'est à l'insertion des blocs dans les embrasures des celliers, harpage nécessaire, que l'on doit l'exceptionnelle mais inévitable superposition des blocs de l'appareillage final. C'est également ce procédé inhabituel d'insertion des blocs, sorte de « tiroirs » requérant un minimum de jeu, qui a dû engendrer les fameux joints ouverts (les prétendus « faux joints ») que les constructeurs pointilleux ont ensuite colmatés. C'est finalement ainsi que le calepinage régulier des magasins, désormais inexistants, s'est trouvé automatiquement répercuté dans l'appareillage définitif du couloir horizontal (fig. 22 B). Quant à l'extrémité nord du couloir — l'actuel palier —, l'adaptation des blocs trapézoïdaux de liaison avec la grande galerie inclinée a certainement nécessité un démontage partiel de la maçonnerie en place.

Conclusion

Après cette annihilation pure et simple des magasins, la construction de la grande galerie pouvait être entreprise. Cependant, les premières assises du mur nord de cette dernière étaient déjà en place, mais sur la base d'une largeur utile prévue de quatre coudées. Par ailleurs, il était préférable d'assurer la décharge de la partie nord du couloir horizontal, dont les parements, bien que harpés, n'offraient pas toutes les garanties habituelles de robustesse (le rôle de décharge de la grande galerie est effectif : on constate en effet que les linteaux du couloir horizontal sont tous fissurés dans la partie sud, alors qu'ils ne présentent pratiquement aucune altération vers l'extrémité nord). Il était donc logique de lancer la construction de la future grande galerie sur la base pratiquement imposée d'une largeur de quatre coudées et, tirant le meilleur parti de ces contraintes, l'architecte de la pyramide n'a sûrement pas été mécontent de s'offrir l'occasion d'une réalisation aussi « royale ».

chapitre IX

La chambre dite « de la reine »

plan n° 9

Sans aucun dispositif de condamnation, le couloir horizontal débouche directement dans la chambre « de la reine ». Il y a là une certaine analogie avec l'accès à la chambre funéraire de Chéphren.

Dans les pyramides, les chambres se succèdent habituellement le long d'une distribution unique, des antichambres vers l'ultime chambre funéraire. Dans la Grande Pyramide, en revanche, la ramification en patte-d'oie de la distribution isole la chambre « de la reine » qui, indépendante, ne se trouve pas en position d'antichambre de la chambre « du roi ». La situation de la chambre « de la reine » au centre de la pyramide et en extrémité de distribution, ainsi que sa finition parfaite sont assurément caractéristiques d'une fonction plus qu'accessoire.

Le rôle de cette chambre demeure cependant mal défini. Dans le cadre de l'hypothèse du projet unique, c'est-à-dire de la conception dès l'origine d'une pyramide à trois chambres, la chambre « de la reine » serait, au gré des hypothèses :

— le serdab de la pyramide (cette hypothèse s'appuie sur la présence de la niche, qui aurait pu contenir une statue du « double » royal) ;
— la chambre du ka divin ;
— une chambre funéraire symbolique (réminiscence du tombeau sud du complexe funéraire de Djoser) ;
— une chambre des cérémonies de « l'ouverture de la bouche » (mais cette cérémonie s'accomplissait habituellement à l'extérieur de la pyramide) ;
— ou une chambre « du milieu », selon la théorie des trois chambres soutenue par Rainer Stadelmann.

Or Rainer Stadelmann a lui-même affirmé que « cette théorie des trois chambres funéraires aux différentes fonctions est ainsi un schéma architectural valable depuis la première dynastie [...] ; même si notre compréhension des fonctions respectives de chacune des chambres et de leur agencement n'est pas totale». On ne peut avouer plus clairement que, même dans le cadre d'un dogme prétendument défini, les connaissances sont en fait très lacunaires: hormis les chambres funéraires «certifiées» par la présence d'un sarcophage, on n'a, en réalité, aucune certitude sur le véritable rôle des chambres annexes.

Dans le cadre de l'hypothèse des trois projets successifs, la difficulté disparaît. Après l'abandon de l'appartement souterrain, laissé inachevé, la chambre «de la reine» serait la seconde chambre funéraire, «normalement» située au cœur de la pyramide. Elle aurait été finalement supplantée par une réalisation plus grandiose, la chambre «du roi». L'hypothèse peut déranger, mais on ne peut pas dire qu'elle soit gratuite. Il faut en effet mettre à son crédit d'une part le fait que les conduits dits «de ventilation» de la chambre «de la reine» sont *a priori* inachevés et non efficients et d'autre part toutes les traces de modifications que l'on relève çà et là. Cependant, la chambre «de la reine» semble bien achevée: le ravalement a été exécuté avec une grande finesse sur toutes les parois et la voûte.

La seule trace d'inachèvement est l'arête du débouché du couloir horizontal dans la chambre: l'angle, brut, forme en effet un bourrelet, car les ravalements du couloir et de la chambre, interrompus, ne se rejoignent pas jusqu'à former une arête vive (photo 7). On peut supposer que cet angle, pouvant être exposé à des heurts et encourir des épaufrures en cours de chantier, ne devait être achevé qu'au tout dernier instant. Dans ce cas, il faudrait admettre qu'il manque à la chambre la dernière touche de finition pour qu'elle soit effectivement parachevée. Hormis ce détail, trois éléments de la chambre retiennent l'attention: la niche, le sol et les conduits dits de ventilation.

La niche

Le renfoncement encorbellé dans le mur oriental de la chambre (fig. 25 et photo 8) est un élément unique dans les pyramides de la IVe dynastie. Il peut, tout au plus, évoquer l'accès à la « cheminée » dans la chambre inférieure de Dahchour-Sud, ou préfigurer les chambres à trois niches des pyramides des Ve et VIe dynasties. On pense généralement que cette niche était destinée à contenir une statue, c'est-à-dire qu'elle faisait fonction de *serdab*. C'est en effet l'explication la plus simple, la plus facile et la plus vraisemblable qui vienne à l'esprit : il faut cependant prendre acte qu'elle ne repose sur aucun élément tangible et n'est proposée que par défaut.

Au début du XXe siècle, Baraise et Barsanti entreprirent le nettoyage de la pyramide et évacuèrent les nombreux blocs qui encombraient la chambre « de la reine ». S'ils ont effectivement trouvé des fragments de pierre sombre, ils n'ont pas fait mention de débris de statue, qui sont pourtant suffisamment caractéristiques pour être facilement identifiables. Mais l'absence de tout fragment, évidemment, ne prouve pas qu'il n'y ait pas eu de statue. Quoi qu'il en soit, ce n'est pas l'aspect qu'ont retenu les profanateurs de la pyramide. La niche a dû être interprétée comme une sorte de porte, car une sape horizontale d'une quinzaine de mètres de longueur y a été creusée, sans aucun résultat. Au XIXe siècle, le colonel anglais Vyse fit, cette fois, creuser au pied de la niche, sur une profondeur d'environ 2,50 m, également en vain.

Le sol

Le dallage de la chambre (fig. 26 et photo 9) n'a pas un aspect fini, loin s'en faut. Sa surface n'est pas uniformément plane et lisse, et comporte des écarts de niveaux ainsi que de nombreuses marques et entailles. Est-ce le dallage définitif, inachevé, ou bien le sous-dallage ? *A priori*, il semblerait qu'il

fig. 25 Chambre « de la reine », la niche

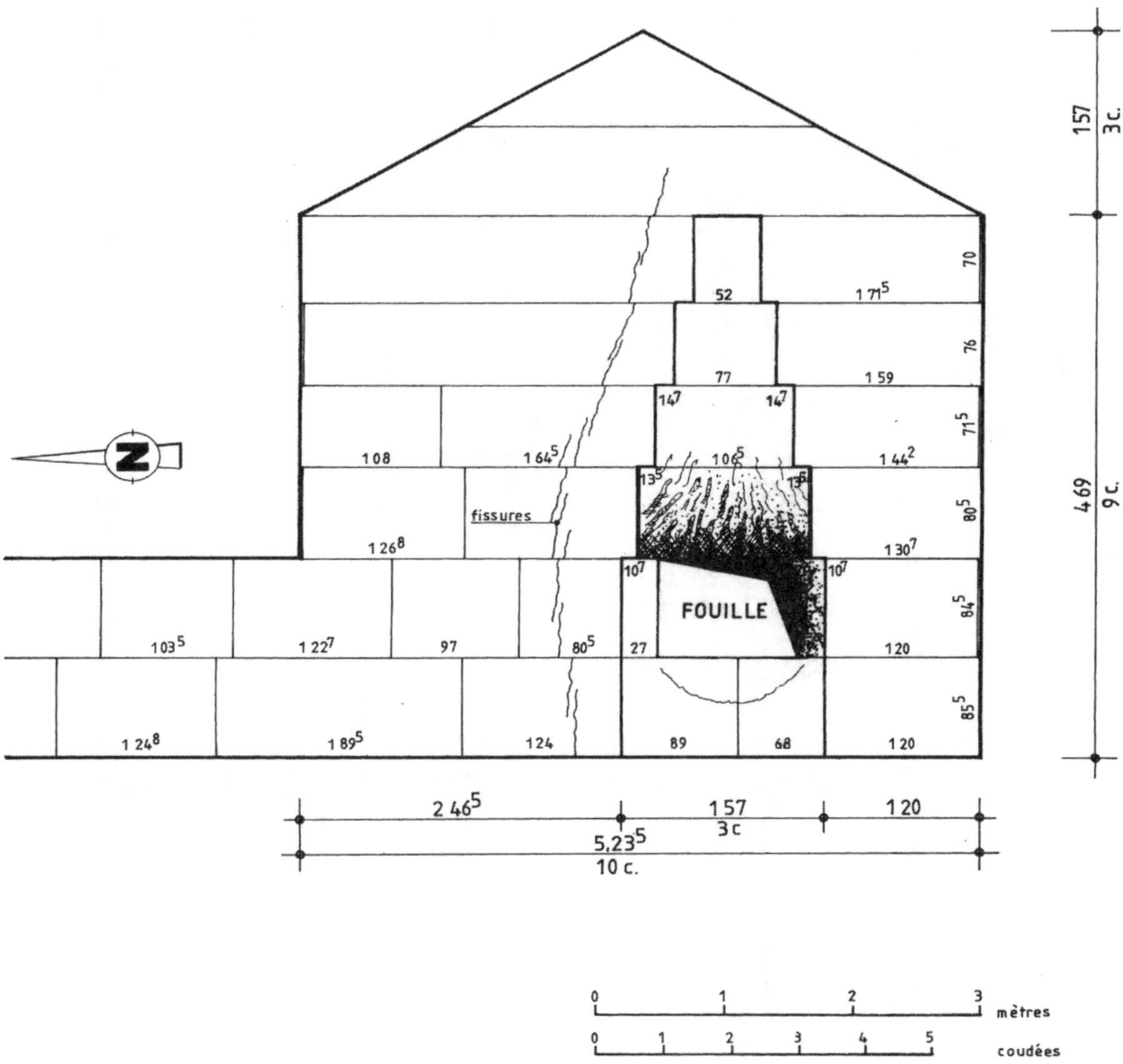

fig. 26 Chambre « de la reine », le dallage

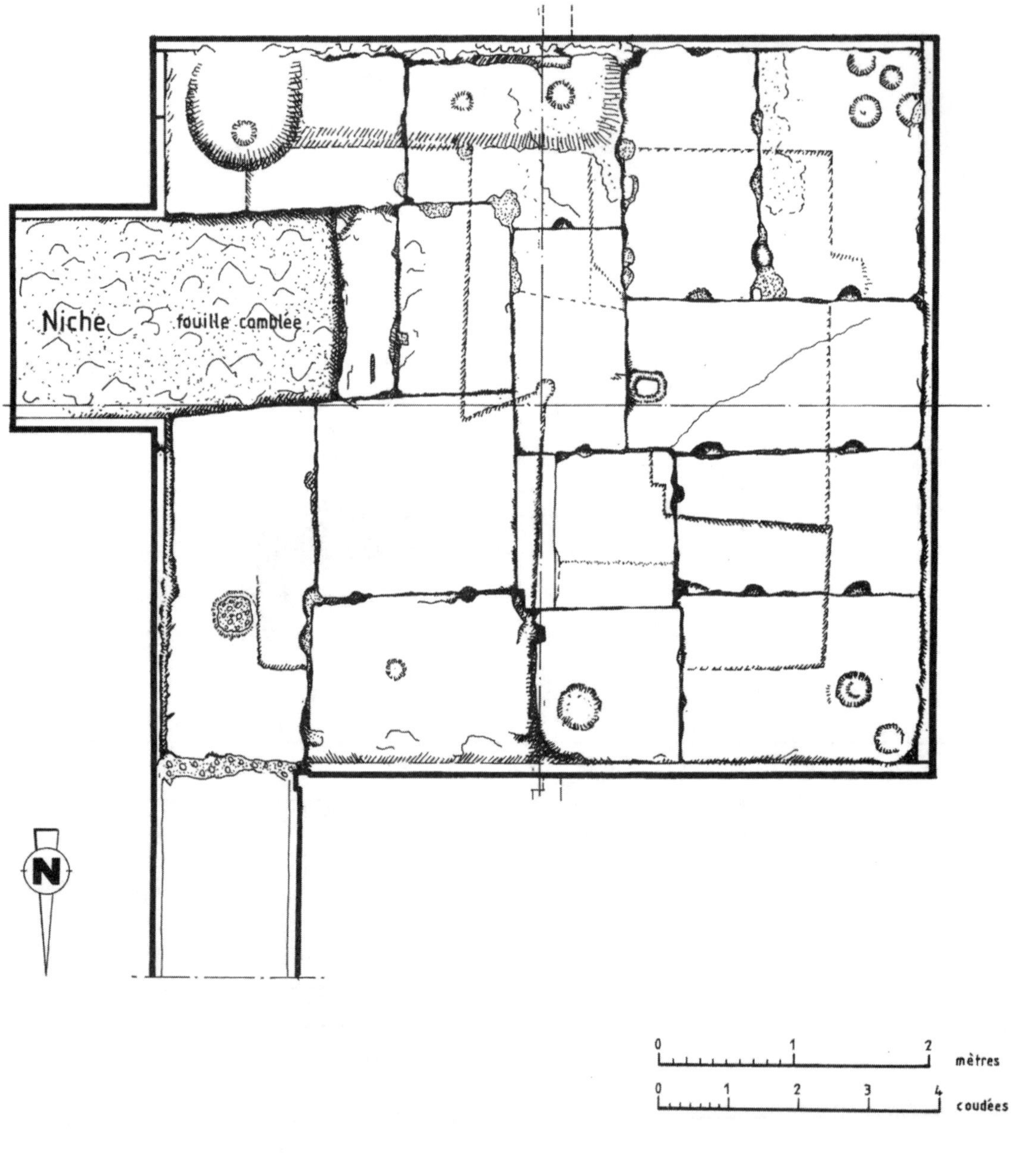

n'y ait aucune raison pour que le sol du couloir horizontal ne se prolonge pas, à niveau constant, jusque dans la chambre : la marche du couloir résulterait alors de l'enlèvement de dalles par quelque profanateur. Avant le nettoyage de la pyramide au début du XXe siècle, la chambre « de la reine » était « très encombrée de blocs », comme le note Jomard dans la *Description de l'Égypte*. Cependant, ni à l'extrémité sud du couloir ni dans la chambre même, on ne discerne, à la base des murs, la moindre trace d'un dallage disparu. Or les opérations de ravalement du sol et des parois auraient dû laisser des traces au droit de la jonction sol-mur. De surcroît, l'enlèvement laborieux et sans précaution de dalles aurait dû également laisser des cicatrices à la base des parois.

Nonobstant ces remarques, il est certain que des dalles, aujourd'hui disparues, ont été posées sur le sol de la chambre : il y a des traces indubitables. Précisons qu'à l'époque la méthode de pose d'un dallage ne consistait pas à disposer simplement des dalles sur un lit d'attente uniformément dressé et plan ; au fur et à mesure de la pose, le lit d'attente était entaillé et nivelé aux dimensions précises de chaque dalle à mettre en place. De ce fait, les empreintes des dalles se trouvaient marquées dans le lit d'attente (comme on peut le constater à l'extérieur de la pyramide). Le sol actuel de la chambre comporte justement des empreintes de ce type, significatives et flagrantes. On constate cependant que ces empreintes présentent des dispositions assez curieuses.

Ces marques sont toutes incluses dans un décaissé général (de – 1 à – 7 cm), dont le périmètre est délimité par une ligne parallèle aux parois, située à la distance de 75 cm (10 palmes) de celles-ci. Entre ce périmètre et les parois, il n'y a plus aucune trace d'encastrements de dalles. Autrement dit, il y a bien eu un dallage posé sur le sol actuel, mais, curieusement, il ne devait pas couvrir toute la surface de la pièce. Il semblerait qu'une bande de 75 cm non dallée ait été laissée autour de la pièce, fait qui s'accorderait avec nos précédentes observations concernant l'absence de trace de dalles à la base des parois. Peut-être en corrélation, il y a dans cette bande vierge plusieurs creux circulaires qui semblent correspondre à des maintiens de bois en pied. On ne distingue cependant aucune autre trace de ces éventuels bois, ni sur les parois ni sur les voûtes. Parmi ces empreintes au sol, il en est une très particulière : il s'agit d'une ligne de décaissé continue qui traverse la pièce selon l'axe nord-sud en formant un surprenant zigzag. Il faut admettre que cette empreinte ne correspond en rien à la pose conventionnelle et normalement ordonnée de dalles orthogonales.

Enfin, plusieurs dalles du sol actuel de la chambre comportent de flagrantes encoches semi-circulaires, grossièrement pratiquées dans les joints, qui pourraient être des encoches typiques de manutention. Le fait est troublant, car, à la pose, il n'est nul besoin de recourir à des encoches en partie supérieure des dalles : toute dalle libre peut être soulevée et manipulée à l'aide de leviers introduits en dessous. Ce type d'encoche n'a, en fait, lieu d'être que pour démonter un dallage déjà en place. Se peut-il que ces encoches aient été pratiquées lors de l'enlèvement du dallage manquant ? Certainement pas, car elles l'auraient été au périmètre des dalles enlevées, et non dans les joints du sous-dallage restant (d'ailleurs, trois encoches se trouvent dans la bande non dallée). Ces encoches concernent donc nécessairement les dalles dans les joints desquelles elles ont été creusées : le sous-dallage, c'est-à-dire le sol actuel de la chambre. Il est donc patent que le dallage actuel de la chambre a été remanié à un moment donné.

Les conduits dits « de ventilation »

À l'origine, les conduits « de ventilation » ne débouchaient pas dans la chambre : les constructeurs les avaient arrêtés en deçà du nu des parois, en laissant volontairement un tympan d'une douzaine de centimètres d'épaisseur. C'est en sondant des fissures que l'Anglais Waimann Dixon les découvrit, par hasard, en 1872. De même, jusqu'à preuve du contraire, les conduits ne débouchent pas à l'extérieur de la pyramide. Par rapport aux conduits de la chambre « du roi », qui débouchent à l'air libre à leurs extrémités, ceux de la chambre de « la reine » peuvent être considérés, *a priori*, comme inachevés et obsolètes.

Les hypothèses

Le rôle de ces conduits est inconnu. La fonction de « ventilation » semble évidemment incompatible avec le fait qu'ils soient, ici, fermés aux deux extrémités.

Les conduits « psychiques »

L'hypothèse la plus connue et la moins controversée est celle des conduits dits « psychiques » qui auraient permis le cheminement de l'âme du défunt vers les étoiles circumpolaires, ces étoiles impérissables qu'évoquent certains textes des pyramides. Bien que l'idée soit très séduisante, elle encourt nombre d'objections :

— les « étoiles impérissables » étant situées au nord, on ne peut justifier l'existence du conduit sud ;

— ensuite, rien ne nécessite la matérialisation de véritables conduits pour le cheminement d'une âme immatérielle. Il est acquis que, dans l'Égypte ancienne, tout simulacre pouvait être magiquement doté des mêmes vertus réelles que la chose représentée. Pour l'Égyptien de la IVe dynastie, une simple petite « fausse porte », sculptée sur les parois, aurait donc été jugée tout aussi efficace que de véritables conduits ;

— enfin, on peut s'étonner du fait que ces dispositifs n'ont été réalisés que dans la Grande Pyramide. S'il se révélait dogmatiquement souhaitable de favoriser le cheminement de l'âme, ne devrait-on pas trouver des « conduits psychiques » dans toutes les pyramides ? La croyance en des pérégrinations *post mortem* de l'âme n'est en effet pas spécifique au règne de Chéops : il s'agit d'une conviction fondamentale et permanente de l'ancienne Égypte. Admettons cependant que Chéops ait voulu, exceptionnellement et par souci de perfectionnisme, matérialiser ce cheminement par de réels conduits : cela n'expliquerait pas davantage l'absence de prémices chez ses prédécesseurs, et de la moindre rémanence chez ses successeurs, ne serait-ce que sous forme de simulacre.

Ce qui procède de dogmes fondamentaux d'une civilisation ne devrait pas, en principe, émerger puis disparaître ainsi du jour au lendemain. La relation, conjecturale, entre le concept immuable et sa manifestation éphémère reste à établir !

Les chambres « secrètes »

Plus récemment, une autre théorie a fait sensation : les conduits communiqueraient avec des chambres secrètes. L'hypothèse n'est cependant pas nouvelle. Au XIXe siècle, l'ingénieur anglais Perring et l'aventurier italien Caviglia ont vainement creusé le long des conduits de la chambre « du roi », pour s'assurer qu'ils n'aboutissaient pas à quelque chambre dissimulée. La vérification était pourtant simple à effectuer puisque ces conduits sont ouverts aux deux extrémités. Il a suffi à Georges Goyon d'introduire une orange dans l'embouchure supérieure d'un conduit pour constater qu'il aboutissait directement dans la chambre « du roi ».

Mais le problème est différent en ce qui concerne les conduits de la chambre « de la reine », qui n'ont de débouché ni en partie supérieure ni en partie inférieure. En 1993, l'ingénieur allemand Rudolf Gantenbrinck réalisa l'exploration du conduit sud de la chambre « de la reine » au moyen d'un petit robot muni d'une caméra. Il put constater que le conduit était obturé, au terme d'une soixantaine de mètres, par un bloc finement serti, muni de deux pièces métalliques. Celles-ci sont constituées de sortes de pointes, apparemment en cuivre, émergeant du bloc et rabattues vers le bas. La découverte inattendue de ces pièces insolites a attisé les imaginations et alimenté les spéculations les plus débridées. En septembre 2002, le docteur Zahi Hawass, secrétaire général du Conseil suprême des Antiquités de l'Égypte, sponsorisé par la chaîne américaine National Geographic, a repris cette exploration à l'aide d'un nouveau robot. Le bloc d'obturation du conduit sud a pu être percé et l'introduction d'une fibre optique n'a révélé, quelques décimètres au-delà, que la face d'une pierre brute de taille ; de la maçonnerie ordinaire.

Autres hypothèses

Des hypothèses très contestables ont été proposées : conduits acoustiques (Bruchet) et même conduits d'alimentation destinés aux personnes emmurées vivantes dans la pyramide (Benoît de Maillet, consul de France en Égypte de 1692 à 1708) ! Nous les mentionnons pour mémoire.

Analyse

La géométrie des conduits

Selon Maragioglio et Rinaldi, la pente est de 38° 28' pour le conduit sud et de 37° 28' pour le conduit nord. En admettant une marge d'imprécision (à la construction ou à la prise de mesure) d'un demi-degré, on peut considérer que la pente moyenne des conduits (fig. 27) est d'environ 38°. Or il se trouve que l'angle complémentaire de celui des faces de la pyramide, 51° 50' 34", est précisément de 38° 9' 26". Les conduits de « ventilation » de la chambre de la reine sont donc tout simplement perpendiculaires aux faces de la pyramide, ce qui constitue le trajet le plus court vers l'extérieur. Ce tracé géométrique on ne peut plus simple et évident semble contredire les spéculations compliquées, argumentées de calculs savants, notamment dans le domaine de l'astronomie.

fig. 27 Chambre «de la reine», géométrie des conduits

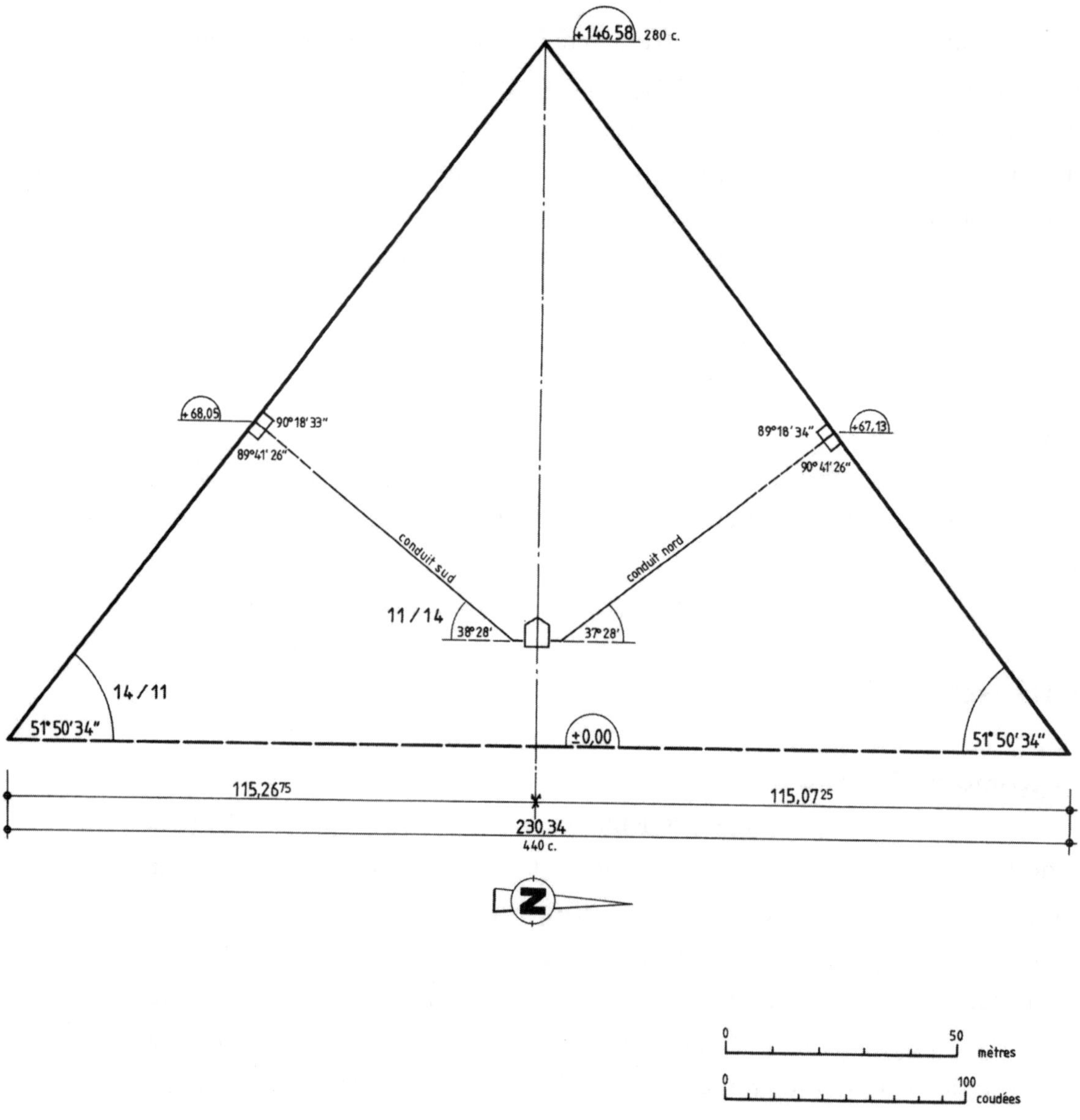

Chéops, chambre « de la reine », mesures géoradar réalisées au sol, *cf.* p. 258

R 1

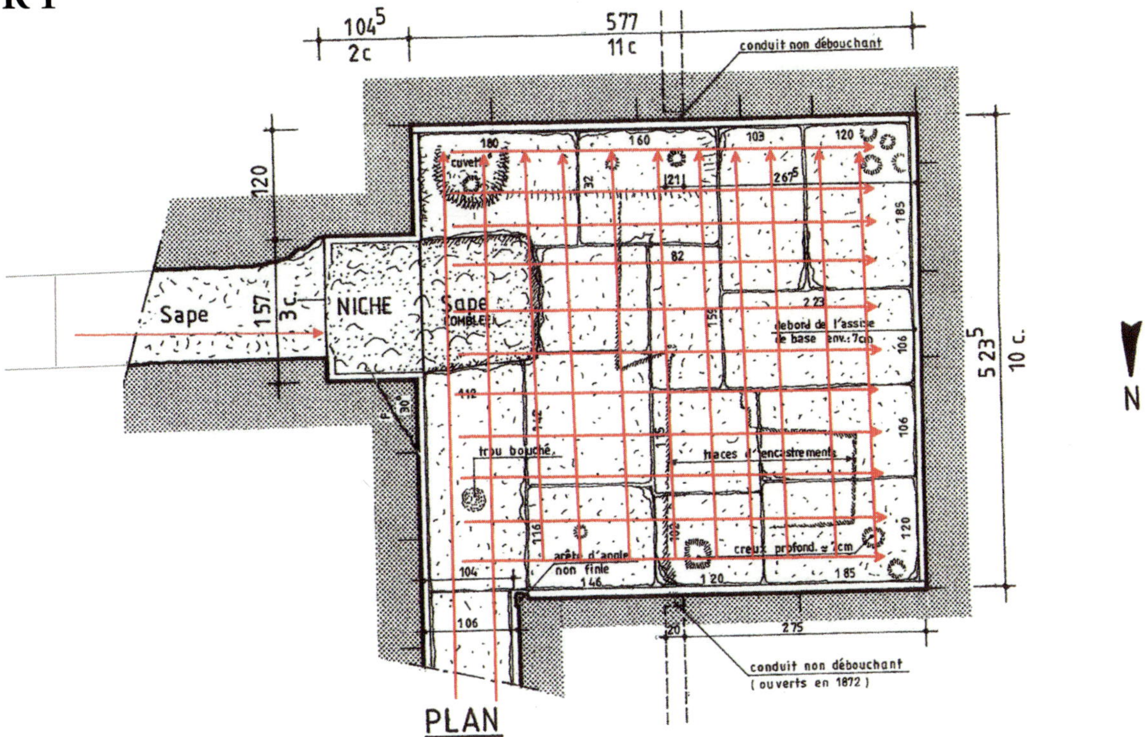

R 2

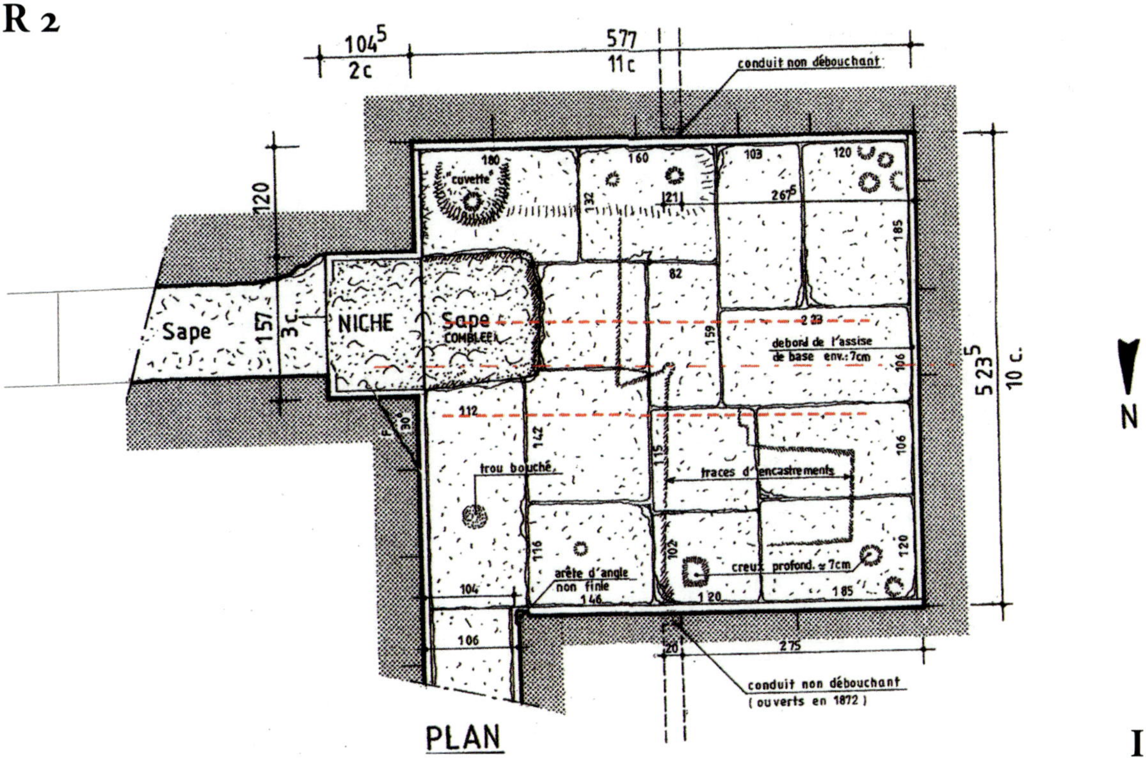

Chéops, chambre « de la reine », mesures géoradar réalisées au sol, *cf.* p. 258

R3 ground profile 3 N-S

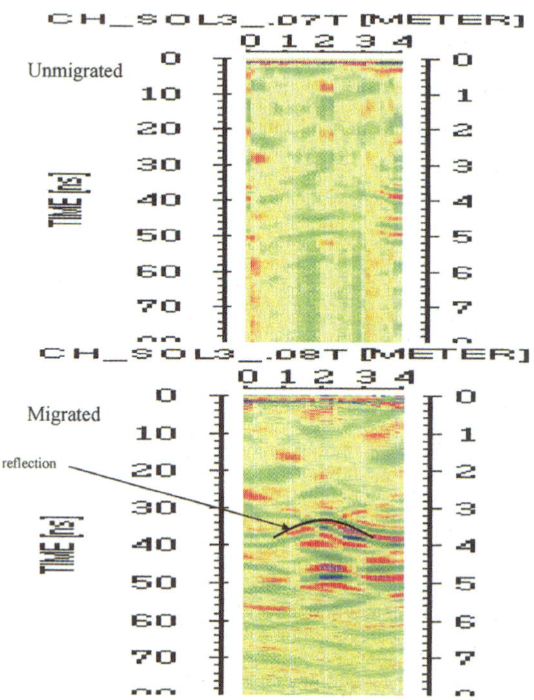

R4 ground profile 5

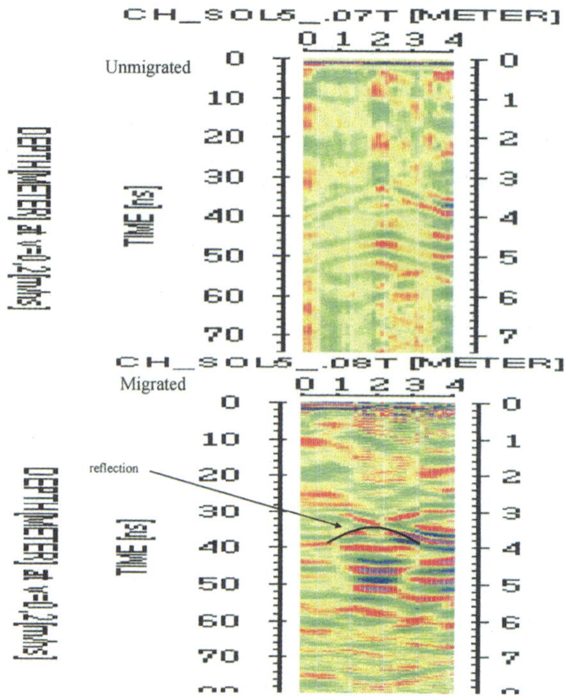

R5 ground profile 7 N-S

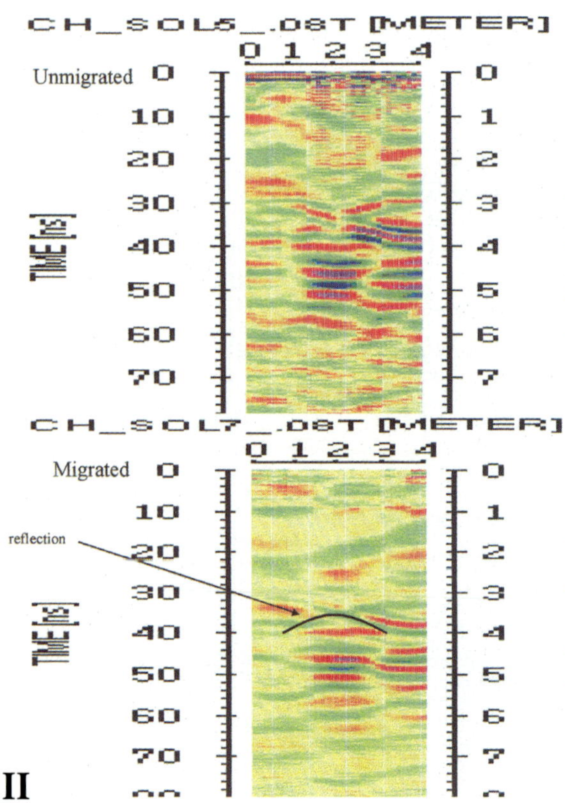

R6 ground profile 11 N-S

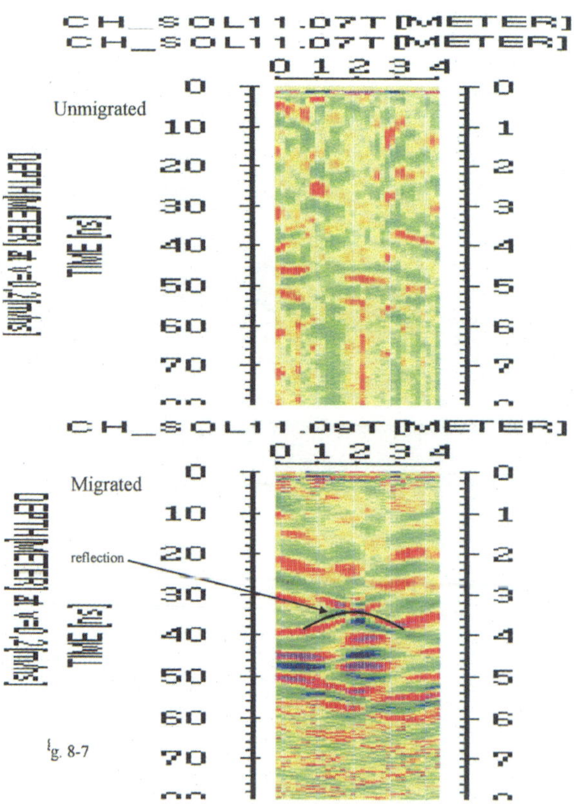

fig. 8-7

1 Les pyramides
de reine
de Mykérinos :
la structure
en gradins

2 La pyramide
de Mykérinos :
le revêtement
de granit
inachevé.

3 Le puits :
(Chéops)
le tronçon
maçonné
qui traverse
la « grotte ».

4 Le puits :
(Chéops)
la face externe
du même
tronçon maçonné,
vu depuis
la « grotte ».

5 Le couloir horizontal (Chéops) : l'appareillage « anormal », à joints superposés.

6 Le couloir horizontal (Chéops) : le dallage composite.

7 La chambre « de la reine » : l'arête d'entrée non finie.

8 La chambre « de la reine » : la niche.

9 La chambre « de la reine » : les marques et encoches dans le dallage.

10 La chambre « de la reine » : les objets découverts en 1872 dans le conduit sud, actuellement au British Museum.

11 La grande galerie : les mortaises et les cavités murales rebouchées.

12 La grande galerie : les mortaises et les cavités murales rebouchées.

13 Un fragment de herse avec ses percements nets.

14 La chambre « du roi » : au plafond, on distingue les traces brunes en extrémité des poutres.

15 Le plafond de la « chambre du roi », angle sud-ouest : fracture des poutres, reliquats de mortiers et traces brunes.

16 Le plafond de la « chambre du roi », angle sud-est : fracture des poutres, reliquats de mortiers et traces brunes.

17 Les chambres de décharge : les fractures des poutres au nord.

18 Le plafond de la chambre « du roi » : les marques d'« étais » en photographie contrastée.

19 La chambre « de la reine » : la niche.

20 Le mastaba de Mérérouka : la niche et la statue.

21 La niche (Chéops) : l'entrée de la fouille.

22 L'entrée de la fouille : calcaire blanc au droit du linteau creusé, mais calcaire ocre « patiné », au droit de la « fouille ».

23 Le boyau technique : la partie maçonnée au premier plan, le libage creusé au fond.

24 Le boyau technique : le trou rectangulaire dans le sol.

25 Le dallage de la chambre « de la reine ».

26 Le dallage de la chambre « de la reine » : les marques et encoches sous un éclairage rasant.

27 Le dallage de la chambre « de la reine » : le trou ouest (T) sur une photographie contrastée.

28 Le dallage de la chambre « de la reine » : le trou ouest (T) sous un éclairage rasant.

Les chambres inconnues

Lorsqu'on est partisan d'un projet unique, planifié et, surtout, achevé, on a toutes les raisons de se demander pourquoi les conduits de la chambre « de la reine » n'ont pas été prolongés jusqu'à l'extérieur, comme ceux de la chambre « du roi ». Il faut une réponse qui démente l'éventualité d'un non-achèvement inconcevable : les conduits ne desserviraient-ils pas quelques chambres inconnues ?

Nous percevons mal sur quel critère objectif, ou quel processus (si ce n'est celui que nous venons d'évoquer), peut reposer une telle conviction. Il n'existe en effet pas le moindre indice à mettre au crédit de cette hypothèse : aucun texte, aucune iconographie, aucun argument logique, religieux ou technique, ni aucun élément de comparaison. Au contraire, les seuls éléments de référence, indiscutables, sont les conduits de la chambre « du roi » qui, achevés, ne desservent aucune chambre inconnue.

Examinons toutefois cette hypothèse. L'extrémité supérieure des conduits étant située à une quinzaine de mètres des faces extérieures finies de la pyramide, une chambre pourrait-elle être incluse dans le volume disponible ? C'est théoriquement possible, si la chambre envisagée est relativement petite. Pratiquement, c'est beaucoup moins envisageable. À moins de n'être qu'une sorte de niche d'un ou deux mètres cubes (n'employons pas le mot chambre), le vide supposé devrait être normalement — c'est-à-dire robustement — structuré. Le problème ne consiste donc pas à savoir si un « vide » peut être inclus dans un volume disponible, mais bel et bien si ce vide, ainsi que sa carapace de maçonnerie (murs épais, voûtes et leurs culées), peuvent y avoir été construits sans que cela transparaisse. Inutile de chercher bien loin une réponse : on se trouverait là pratiquement dans la même configuration que celle de l'entrée de la pyramide. On peut se rendre compte que les voûtes de l'entrée affleuraient la maçonnerie sous le revêtement ; en l'absence de ce dernier, l'appareil de l'entrée, voûtes et blocs trapézoïdaux adjacents, était donc flagrant. Or, à l'emplacement des chambres présumées, la maçonnerie extérieure de la pyramide, banale, ne présente rien de comparable. Il serait également vain d'alléguer une dissimulation particulière à cet endroit. Le revêtement extérieur y aurait pourvu, de la même façon qu'à l'entrée.

Finalement, c'est le docteur Zahi Hawass lui-même qui, à son corps défendant, a fourni la confirmation la plus logique et la plus attendue : en effet, quelque quarante centimètres derrière le bouchon, il n'y a qu'une pierre brute de taille (les coups de ciseaux y sont grossièrement marqués), donc de la maçonnerie ordinaire.

Les bouchons

C'est la présence des fameuses pièces métalliques sur le bouchon qui a intrigué les observateurs. L'un pense qu'il s'agit probablement de simulacres de « poignées », un autre y voit des représentations de « serpents ». Il faut noter, tout d'abord, que, ces pièces métalliques n'évoquant rien de précis, chacun peut les interpréter à sa convenance : griffes, dents, poignards, cannes, etc. Si l'on suppose que les Égyptiens avaient voulu représenter là quelque chose, il faut alors convenir que non seulement ils ne l'ont pas fait selon leur code de représentation, non équivoque et bien connu, mais encore qu'ils ne l'ont pas fait de façon habituelle, en léger relief sculpté à même le bouchon. En fait, le recours à la ferronnerie implique plutôt un usage pratique, dans le domaine de l'outillage par exemple.

Si ces pièces métalliques sont fonctionnelles et non pas symboliques, il faut alors inverser le problème en contournant le bouchon. Si l'on estime en effet que le côté symbolique de ce dernier est dirigé vers l'intérieur de la pyramide, le côté visible et manipulable ne peut être, en revanche, que tourné vers l'extérieur. Il faut alors considérer le contexte de la construction des conduits de ventilation.

L'élévation progressive de ceux-ci, assujettie à la lente édification du monument, a requis plusieurs années. Tandis que la mise en place d'un tronçon de conduit pouvait être aisément réalisée dans une journée, la pose de l'assise correspondante nécessitait des semaines de labeur. Pendant ces années, les conduits débouchaient donc au beau milieu d'une fourmilière d'ouvriers manipulant blocs, mortiers et gravats ; la plus élémentaire précaution était d'obturer provisoirement l'orifice des conduits, afin que rien n'y tombe accidentellement et ne les bouche définitivement.

Dès qu'un tronçon de conduit venait d'être posé, il fallait en obturer l'ouverture à l'aide d'un bouchon hermétique ; celui-ci demeurait en place pendant des semaines, puis était retiré à la pose du tronçon suivant, et ainsi de suite, à de multiples reprises (fig. 28). Il semble donc très vraisemblable que ces fameux bouchons, munis intérieurement de griffes de cuivre, soient en réalité des opercules de chantier amovibles et pratiques. Peu épaisses et bien ajustées, les tiges métalliques qui les traversent, recourbées à l'intérieur, forment une poignée du côté extérieur. Lorsque l'on considère la régularité de la section des conduits, ainsi que la précision avec laquelle les opercules sont insérés, on peut supposer que ces parallélépipèdes, précis et manipulables, ont également servi de gabarit pour le façonnage de la section interne des conduits.

L'interruption des conduits

Pratiquement, tout se présente comme si les constructeurs avaient interrompu la réalisation des conduits et, laissant en place les opercules de chantier, les avaient purement et simplement recouvert de maçonnerie. S'agit-il d'une interruption programmée ou bien d'un projet non mené à son terme ? Si l'on se réfère aux conduits de « ventilation » de la chambre « du roi », ininterrompus, ceux de la chambre « de la reine », sont par opposition, effectivement inachevés.

fig. 28 Conduits « de ventilation », les opercules de chantier

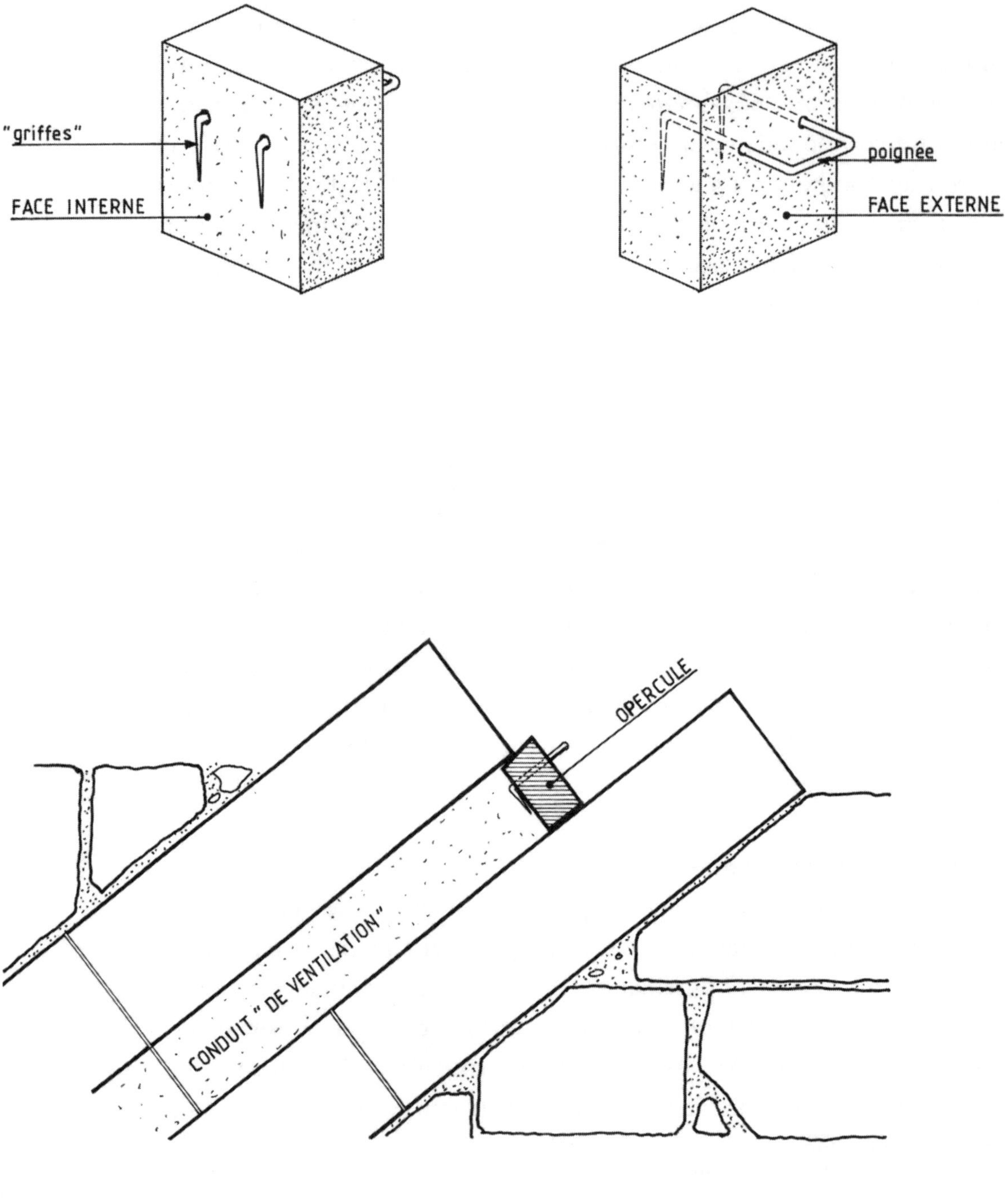

Selon Borchardt, cet inachèvement est symptomatique d'un changement de programme survenu en cours de chantier : la chambre « de la reine » aurait été supplantée par le projet, plus ambitieux, de la chambre « du roi », entraînant *ipso facto* l'abandon des conduits, désormais inutiles, puisque tributaires d'une chambre devenue obsolète. Cette explication est assez probante en soi ; partant d'un constat objectif substantiel, elle est logique et simple. Ce qui corrobore la thèse de Borchardt, c'est surtout le fait qu'elle coïncide exactement avec les indices de modifications que l'on relève de toute part. Lorsque tous les indices convergent, le plausible se révèle très probable.

Cependant, le problème n'est pas aussi simple qu'il y paraît. S'il y a eu un « changement de programme », celui-ci a probablement eu lieu au niveau de la réalisation du couloir horizontal, c'est-à-dire de celui de la chambre « de la reine ». Plusieurs indices le démontrent, et nous en relèverons d'autres. Mais, dans ce cas, pourquoi avoir prolongé si haut des conduits liés à une chambre obsolète ? Leur construction n'aurait-elle pas dû être abandonnée bien plus tôt ? D'ailleurs, la question se pose également à l'égard de la chambre même : si elle était devenue obsolète, pourquoi ne pas avoir purement et simplement annihilé sa construction, à l'instar des magasins ?

Il faut d'abord souligner que la chambre et les magasins ne sont pas comparables. Les magasins n'étaient pas un élément essentiel et n'étaient pas compatibles avec la modification décidée, contrairement à la chambre. Ensuite, les constructeurs de la pyramide étaient assurément avisés. Ils savaient parfaitement qu'il leur faudrait plusieurs années de labeur (six à sept ans, probablement) avant que la future chambre « du roi » soit achevée. Durant ces années, tout pouvait arriver : que le chantier soit interrompu à la suite d'un sinistre grave (le souvenir récent de celui de Dahchour-Sud devait être encore cuisant) ou en raison de la mort prématurée de Chéops, et la pyramide, en l'état, se serait trouvée dépourvue de chambre funéraire.

Dans ces conditions, il eût été de la plus grande inconséquence de ne pas terminer tout d'abord la chambre funéraire initialement prévue. Il fallait donc finir de construire la chambre « de la reine » ainsi que ses conduits afférents, même dans la perspective de ne pas l'utiliser en définitive. Mais, dès que la chambre « du roi » fut totalement achevée, la chambre « de la reine » devint *ipso facto* obsolète et il était alors inutile de poursuivre la réalisation de ses conduits de « ventilation ». Cependant, si les constructeurs s'étaient satisfaits de l'achèvement de la seule chambre « du roi », ils auraient arrêté la construction des conduits au niveau du plafond de celle-ci ; or les conduits ont été prolongés plus haut. Sans doute ont-ils voulu poursuivre leur construction jusqu'à ce que la tenue de l'ensemble de la structure de la chambre « du roi » soit achevée et la chambre funéraire définitivement abritée. Or c'est là que le bât blesse, car une structure presque achevée est en fait une structure inachevée ! Pour être absolument certain que la chambre funéraire soit définitivement opérationnelle, il était non seulement indispensable que les chambres « de décharge » fussent terminées et les voûtes mises en place, mais également que l'ensemble de la structure fût mis à l'épreuve de la charge. Il était donc prématuré d'arrêter la construction des conduits, et cela paraît d'autant plus absurde qu'il restait peu de travail à effectuer.

On aboutit à ce paradoxe lorsque l'on considère le problème dans le cadre d'une progression continue des travaux. Lorsque, au contraire, on tient compte d'une construction de la pyramide *en deux phases successives*, tout devient logique et limpide.

En première phase, celle de la construction du noyau en gradins, les aménagements internes de la pyramide sont réalisés, avec toutes les modifications et adaptations que nous avons notées. La chambre « de la reine » et ses conduits de « ventilation » sont construits, puis la grande galerie, puis encore la chambre « du roi » et ses conduits de ventilation, tandis que la réalisation des conduits de la chambre « de la reine » se poursuit. La structure de décharge de la chambre « du roi » s'élève : c'est alors que les conduits de la chambre « de la reine » s'arrêtent, non pas à un certain niveau, mais fatalement stoppés au droit de *la face externe du noyau en gradins.* La structure de décharge et le couvrement de la chambre « du roi » sont ensuite achevés, et la construction du noyau en gradin est poursuivie jusqu'à son terme. La chambre funéraire définitive est alors « opérationnelle », couverte, mise en charge, assurée.

En seconde phase, celle de la mise en place de la maçonnerie complémentaire et du revêtement, l'entrée de la pyramide est achevée et les conduits de la chambre « de la reine », désormais inutiles, sont recouverts par la maçonnerie complémentaire. Quant aux conduits de la chambre « du roi », assurément indispensables, leur construction est en revanche poursuivie dans la maçonnerie complémentaire. En fin de compte, les conduits « de ventilation » sont de véritables témoins dans la masse de la pyramide. Ils sont non seulement révélateurs d'une modification du plan, mais également du processus de construction en phases successives, en concordance avec toutes les observations faites par ailleurs. Un dernier détail concerne la façon dont les tronçons horizontaux des conduits furent réalisés dans les parois de la chambre. Ils ont été creusés en canal ouvert sur le côté d'un bloc (sur une face de joint pour le conduit sud et le long d'une arête pour le conduit nord), de telle sorte que c'est la face du joint du bloc adjacent qui ferme le périmètre du conduit. Ce procédé simple évite la difficulté d'un percement en plein bloc. Cette observation peut sembler anodine : elle se révélera cependant très importante par la suite (fig. 29).

Le couvrement de la chambre

La voûte en chevrons qui couvre la chambre « de la reine » est intacte. On n'y constate aucune fissuration ni aucun déplacement comparable à celui de la voûte qui couvre les chambres « de décharge ». Au XIXe siècle, Perring ayant commis l'imprudence de saper la maçonnerie sous la voûte,

fig. 29 Chambre «de la reine», réalisation des conduits

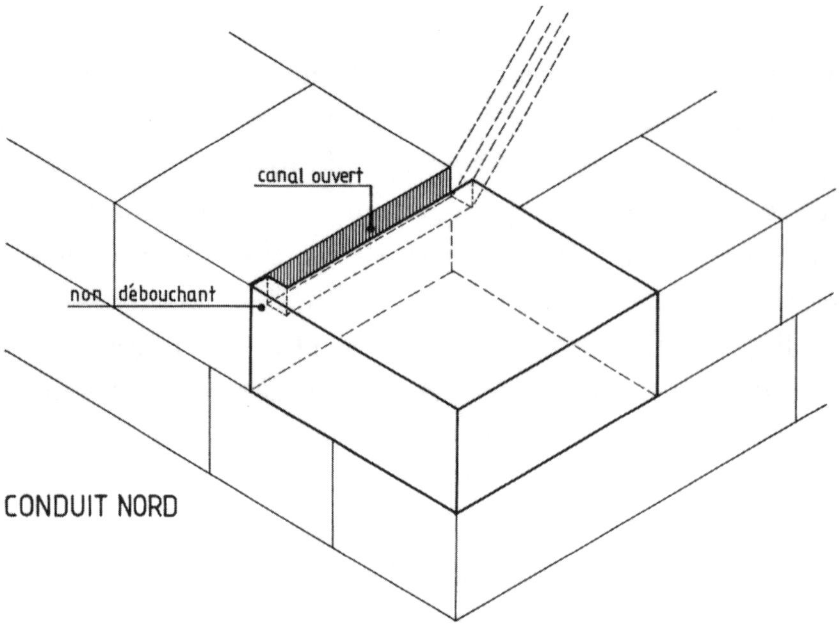

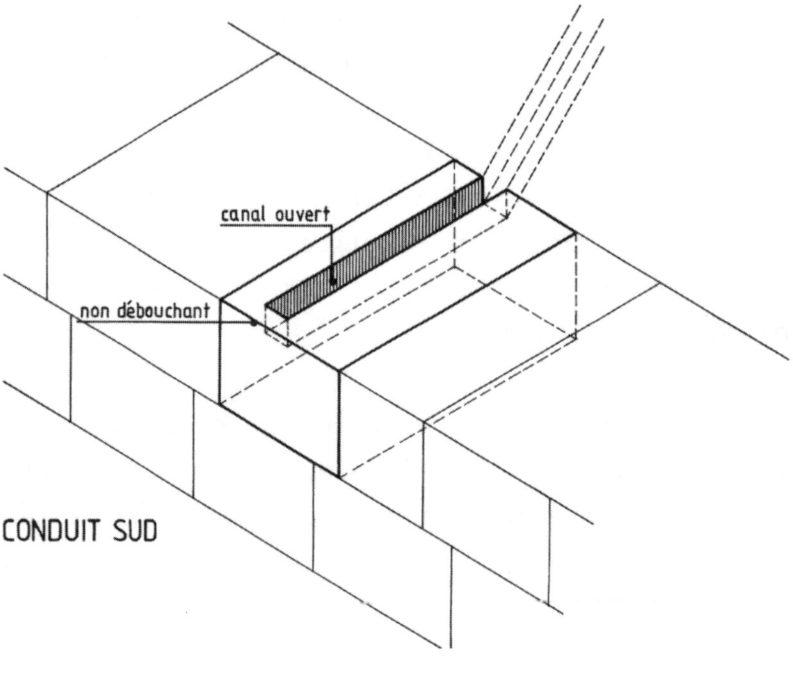

dans l'angle nord-ouest, on peut constater qu'elle pénètre assez profondément (2,60 m, soit 5 coudées) dans la maçonnerie. Ce n'est sûrement pas la meilleure idée qu'aient eue les constructeurs de la pyramide, car la portée effective s'en trouve pratiquement doublée. Des voûtes en chevrons « travaillent » en effet de culée à culée : la véritable portée ne doit donc pas être mesurée entre murs (soit 5,235 m, 10 coudées) mais bien entre les culées, soit environ 10 mètres. Certes, les parois « soulagent » les voûtes, mais, en cas d'affaissement de ces dernières, lesdites parois, biaisés en partie supérieure, seraient à coup sûr poussées vers l'intérieur de la chambre.

Si les constructeurs de la pyramide ont employé la voûte en chevrons au lieu des habituelles voûtes en encorbellement, c'est vraisemblablement parce que cette technique nouvelle présentait, à leurs yeux, un gage de plus grande robustesse. Or la robustesse devait être, pour eux, quelque chose d'assez considérable ! Les voûtes de la chambre doivent donc avoir une épaisseur importante, que, bien sûr, nous ignorons. On peut cependant tenter de l'évaluer, ne serait-ce que par analogie avec des éléments connus. Pour une portée inférieure à celle de la chambre « de la reine » (7 coudées au lieu de 10), et des charges bien moins importantes, les éléments de voûtes de l'entrée de la pyramide ont une épaisseur d'environ 4 coudées, et sont doublées : leur hauteur totale, du sommet de l'intrados à celui de l'extrados, est de 5,60 m. On ne peut pas présumer une robustesse moindre pour les voûtes de la chambre. Les éléments de voûtes en chevrons observables dans certaines pyramides ruinées de Saqqara (comme celle de Pépi Ier) sont encore plus massifs et sont toujours triplés. Comme nous l'avons déjà signalé, le triplement semble correspondre au « coefficient de sécurité » des anciens Égyptiens (trois herses, trois bouchons de granit, trois voûtes). On peut donc supposer que les voûtes de la chambre « de la reine » sont composées d'éléments un peu plus robustes que ceux de l'entrée — 5 coudées d'épaisseur au lieu de 4 par exemple — et que ces éléments sont également triplés.

fig. 30 **Chambre « de la reine », évaluation des voûtes**

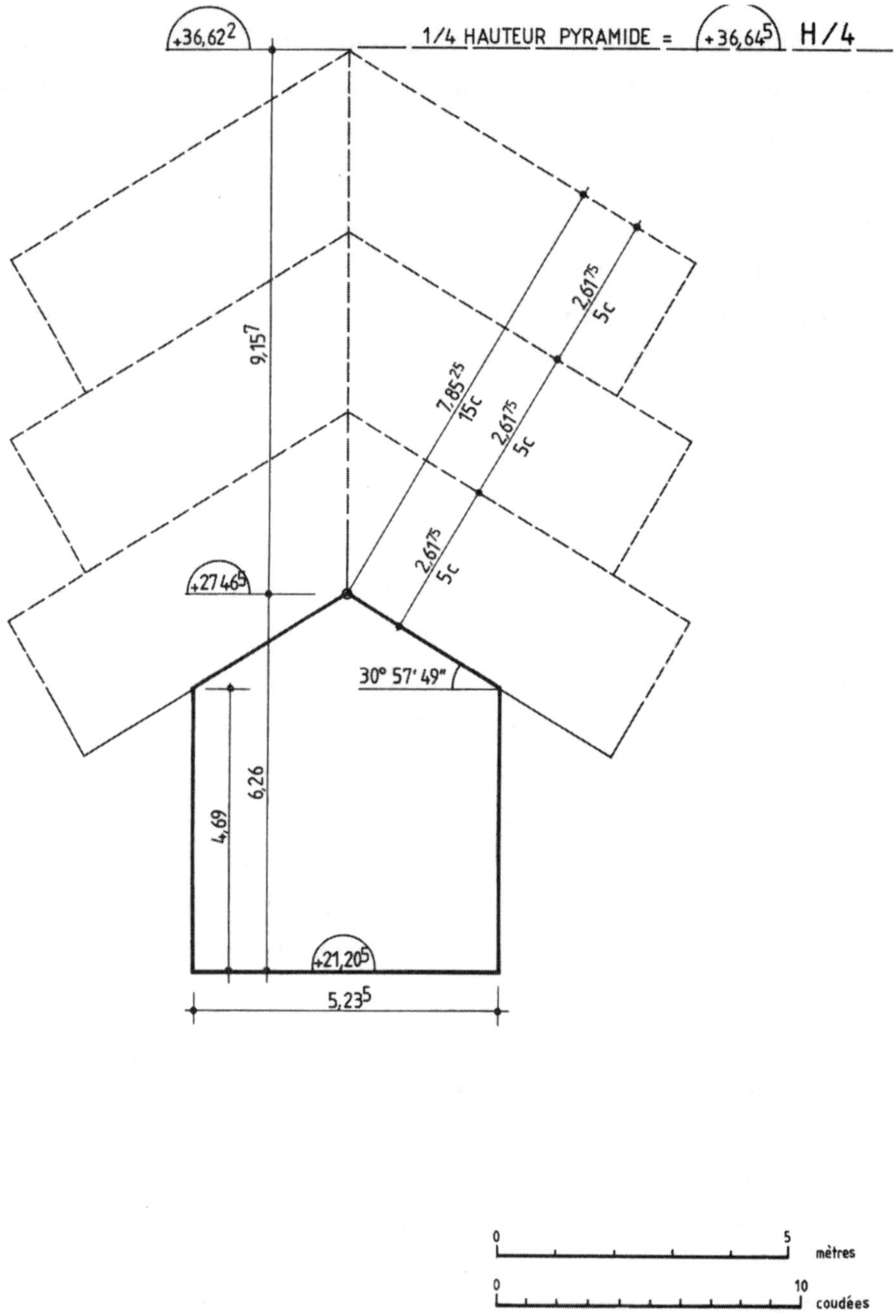

La superposition de ces trois couches de voûtes formerait alors, du sommet de l'intrados au sommet de l'extrados, un ensemble de 9,157 m de hauteur, culminant à l'altitude de + 36,63 m. Ce résultat est assez surprenant, car il correspond, à 15 millimètres près, au quart de la hauteur de la pyramide : 36,645 m, soit 70 coudées (fig. 30). On pourrait nous suspecter d'avoir choisi les paramètres — 3 couches de chevrons de 5 coudées d'épaisseur — afin de parvenir à ce résultat. Mais notre estimation n'a rien de suspect : elle est simple et vraisemblable. De toute façon, si cette coïncidence est volontaire, les paramètres que nous avons introduits ici ne pourront aboutir à un résultat comparable dans un contexte différent. De même, si cette coïncidence est fortuite, il est improbable qu'elle puisse se reproduire dans un contexte différent. Il sera donc intéressant de mettre notre estimation à l'épreuve d'un autre cas : celui des voûtes qui couvrent les chambres de décharge, au-dessus de la chambre « du roi ».

Conclusion

La véritable fonction de la chambre « de la reine » demeure énigmatique. Sa position, en extrémité de distribution et au centre de la pyramide, ainsi que la présence de la niche, font augurer d'un rôle important. On pense évidemment à une chambre funéraire, puisqu'elle est dotée, comme la chambre « du roi », de conduits de « ventilation ». Mais puisqu'on ignore la véritable fonction des conduits, on ne peut affirmer qu'ils sont obligatoirement liés à une chambre funéraire. Les dimensions réduites de la chambre et surtout l'absence de système permettant d'en condamner l'accès semblent peu compatibles avec la fonction de chambre funéraire. Enfin, les multiples traces qui marquent le sol témoignent qu'il a dû se passer « quelque chose » dans cette chambre.

chapitre X

La grande galerie

plan n° 10

La grande galerie est une réalisation extraordinaire, qui suscite non seulement l'admiration mais aussi l'étonnement, tant le traitement de ce qui ne constitue, semble-t-il, qu'un espace de transition, paraît démesuré. D'une part, elle serait concrètement l'indispensable aire de stockage des bouchons de granit destinés à obturer le couloir ascendant. Ce serait donc la pièce maîtresse du système de fermeture de la pyramide. Cette fonction paraît irrécusable, dans la mesure où les blocs de granit n'ont pas pu être entreposés ailleurs avant leur introduction dans le couloir ascendant (fig. 31 A). D'autre part, et d'une façon plus abstraite, la galerie serait une « voie royale » conduisant à la chambre funéraire du pharaon. Ce point de vue tend à justifier la magnificence de l'ouvrage, qui semble outrepasser amplement la vocation utilitaire évoquée ci-dessus (fig. 31 B).

Ce caractère ambivalent de la grande galerie suscite une interrogation. On peut en effet se demander si cette double vocation a bien été voulue d'emblée par l'architecte de la pyramide, ou si l'une des deux fonctions, préalable et prépondérante, n'a pas été pour lui l'occasion de concevoir opportunément l'autre. Autrement dit, l'ouvrage a-t-il été conçu initialement comme un « mécanisme » que l'on aurait ensuite hypertrophié en le prolongeant, ou bien comme une « voie royale » dont on aurait tiré parti pour établir un mécanisme ? La différence est très importante, car la première hypothèse (le « mécanisme » prolongé) implique que la chambre « du roi » n'était peut-être pas prévue, tandis que la seconde (la « voie royale ») implique au contraire qu'elle l'était.

fig. 31 Grande galerie, l'ambivalence

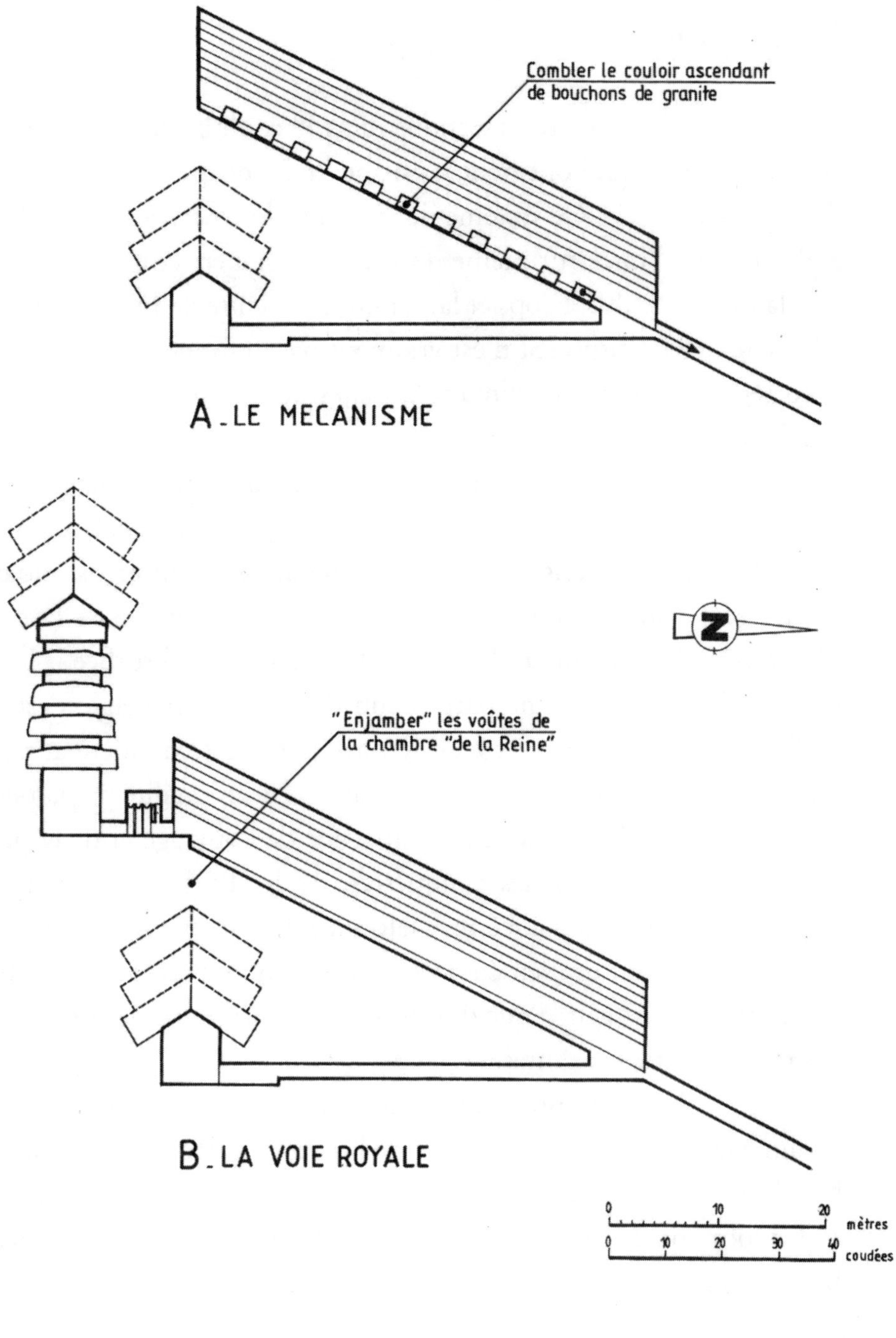

Le mécanisme

Avant d'être descendus dans le couloir ascendant, les trois bouchons de granit qui l'obturent n'ont pu être stockés qu'entre les banquettes de la grande galerie. Ce système de stockage de blocs, en amont d'un couloir à obturer et à l'intérieur même d'un édifice, n'a été employé que dans deux cas : la pyramide de Chéops et la pyramide satellite de Dahchour-Sud. Il faut admettre que ce dispositif n'est vraiment pas pratique, car il a bien fallu que le cortège funéraire, empruntant la majestueuse « voie royale », se livre à l'escalade de cet obstacle.

André Pochan élimine cette difficulté en affirmant que les blocs bouchons ne se trouvaient pas en attente dans la grande galerie, mais étaient en réalité stockés dans une logette latérale du couloir ascendant. Cette logette serait aujourd'hui indiscernable, car le débouché de la percée d'Al-Mamoun, à la base du couloir ascendant, l'aurait « absorbée ». L'hypothèse est ingénieuse, mais d'une part aucun détail d'appareillage n'est révélateur de l'existence de cette logette et, d'autre part, cette dernière aurait été trop longue (minimum 5,00 m) pour être annihilée en totalité par la percée. Pour rendre compte à la fois de la magnificence de l'ouvrage et de la présence de mortaises creusées dans les banquettes, André Pochan voit dans la grande galerie une « galerie des ancêtres » jalonnée de statues royales dont il propose une reconstitution un peu cocasse. Mais, comme pour l'improbable logette précédente, il ne s'agit là que d'une vue de l'esprit qui ne tient aucun compte des particularités existantes.

Ludwig Borchardt, au contraire, a proposé une explication satisfaisant à la fois aux caractéristiques de la grande galerie, au stockage des blocs bouchons et à leur franchissement par le cortège funéraire. D'après lui, les trois blocs bouchons n'ont pas été stockés au sol, mais sur un platelage de bois situé à mi-hauteur de la galerie ; ce platelage aurait été encastré dans les deux rainures longitudinales, taillées dans les troisièmes encorbellements, et soutenu par des poteaux de bois fichés dans les mortaises creusées dans les banquettes.

Cette hypothèse suscite cependant deux objections. Tout d'abord, si l'installation décrite semble parfaitement compatible avec l'existence des rainures et des mortaises, l'interprétation de son usage est-elle pour autant pertinente ? Rainures et mortaises ont en effet été réalisées d'une extrémité à l'autre de la galerie ; il faudrait donc admettre que les Égyptiens se sont donné la peine de monter une robuste charpente d'une cinquantaine de mètres de longueur, pour n'y entreposer que trois blocs de pierre. C'était dix fois plus que nécessaire, et cette disproportion est difficilement admissible.

Par ailleurs, le système préconisé par Borchardt implique que les trois blocs bouchons aient été descendus du platelage vers l'embouchure du couloir ascendant. Or si l'on considère les deux rainures longitudinales, ce platelage ininterrompu butait sur les parois nord et sud de la galerie. Nulle part on n'observe le moindre indice d'un quelconque dispositif destiné à redescendre les trois blocs : pas de traces de plan incliné, ni de rondins de bois transversaux permettant un transfert vertical à l'aide de cordages. En revanche, s'il existe un indice concret du passage des blocs bouchons, ce sont bien les cinq encastrements de bois de forte section (des traverses amovibles, puisque leurs dévêtissements ont été prévus), situés au-dessus de l'entrée du couloir horizontal : comme ils sont bel et bien disposés dans le prolongement des sols du couloir ascendant et de la galerie, il y a tout lieu de penser que les trois blocs étaient réellement entreposés sur le sol de la grande galerie.

Georges Goyon a proposé une autre théorie, qui est la plus couramment citée : le passage central entre les banquettes constituerait une glissière où les blocs bouchons auraient été retenus en position d'attente par des traverses de bois, maintenues à l'aide de cales fichées dans les mortaises. Dès lors, la structure de la grande galerie s'expliquerait par une sorte de logique en chaîne : c'est le système de retenue des blocs bouchons qui implique l'existence des banquettes, lesquelles expliquent la surlargeur, qui nécessite une voûte en encorbellement, d'où résulte la hauteur.

Il faut d'abord noter que le croquis explicatif proposé par Georges Goyon est faux. Il y a confusion entre les plans inclinés et les plans verticaux, puisqu'en réalité les mortaises sont verticales, tandis que les faces avant des blocs bouchons sont normales à la pente. Or si le système de retenue des blocs a une importance telle qu'il aurait déterminé l'architecture de la grande galerie, encore faudrait-il que la reconstitution du fonctionnement dudit système soit indiscutable. En outre, il semble que le système préconisé soit bien alambiqué et source de grandes complications architecturales, alors que le maintien des blocs pouvait être assuré de façon beaucoup plus simple, comme cela avait été fait auparavant dans la pyramide satellite de Dahchour-Sud : dans une « mini-galerie » d'une largeur normale de deux coudées, il suffisait de maintenir les blocs en attente par des traverses de bois amovibles engagées, avec le dévêtissement approprié, dans des cavités murales disposées en vis-à-vis. Ensuite, cette théorie encourt la même objection que celle de Borchardt. Comment admettre qu'ait été réalisée cette monumentale « machinerie » de 47,84 m de longueur, ne comportant pas moins de vingt-huit « mortaises de retenue », à seule fin de n'entreposer que trois blocs de granit ? La seule façon de justifier cette énorme disproportion serait de supposer que les constructeurs aient initialement prévu de stocker dans la galerie un bien plus grand nombre de blocs, afin de combler entièrement le couloir ascendant ; ils auraient finalement renoncé à ce projet, jugeant, qu'après tout, trois blocs suffisaient.

Mais cette explication palliative ne résiste pas à l'analyse. Il faudrait tout d'abord admettre que les Égyptiens aient abandonné un dispositif extrêmement efficace, et prêt à fonctionner, pour se contenter d'un dispositif nettement moins bon. En deuxième lieu, s'ils n'avaient utilisé que trois paires de mortaises sur les vingt-huit réalisées, il ne fait aucun doute que les vingt-cinq paires inutilisées eussent été soigneusement rebouchées, comme l'ont été toutes les cavités murales accouplées aux mortaises, ainsi que toutes celles du couloir ascendant. Si ces mortaises (ainsi que les rainures du troisième encorbellement) n'ont pas été rebouchées, c'est parce qu'elles sont toutes restées « opérationnelles » jusqu'à la fermeture de la pyramide. S'il a fallu que vingt-huit paires de mortaises soient opérationnelles, c'est sans aucun doute que leur fonction était autre que le simple maintien des trois blocs bouchons. Enfin, la position d'au moins quatre paires de mortaises, situées aux deux extrémités de la galerie, est absolument incompatible avec l'utilisation proposée par Georges Goyon. Ces mortaises ont donc une autre fonction, à l'instar de l'ensemble du système dont elles font partie.

Tout cela ne signifie pas pour autant que les trois blocs bouchons n'ont pas été entreposés dans la grande galerie d'une façon comparable à celle que propose Georges Goyon. Cela implique seulement que ce simple stockage ne peut constituer l'unique explication des caractéristiques de la grande galerie : d'autres impératifs ont certainement régi sa conception.

Analyse du mécanisme

Les entailles qui jalonnent la grande galerie, pléthoriques au regard de la fonction précédemment évoquée, sont de quatre types (fig. 32 et photos 11 et 12) :

— vingt-huit paires de mortaises creusées à intervalles réguliers sur les banquettes ;

— vingt-cinq paires de cavités murales, situées à l'aplomb des mortaises, soigneusement rebouchées par des blocs sertis ;

— des entailles grossières pratiquées transversalement aux cavités rebouchées ;

— deux rainures longitudinales taillées d'une extrémité à l'autre de la galerie au niveau du troisième encorbellement.

Il faut tout d'abord noter l'association des mortaises et des cavités murales. Puisqu'elles sont accouplées, elles doivent vraisemblablement avoir une relation d'utilité, mais probablement avec une dissociation chronologique. En effet, si les cavités murales ont été soigneusement rebouchées, c'est qu'elles n'avaient plus d'utilité, soit parce qu'elles avaient rempli leur rôle, soit parce qu'elles avaient été remplacées par les mortaises, jugées plus appropriées. Quant à celles-ci, il est probable qu'elles ont servi jusqu'à la fermeture définitive de la pyramide, car, si tel n'avait pas été le cas, nul doute qu'elles eussent été rebouchées à l'instar des cavités murales. Les mortaises sont donc postérieures à ces dernières. Cette postériorité est d'ailleurs certifiée par les rainures grossières, parallèles aux mortaises, qui ont été réalisées sur les rebouchages muraux. Enfin, en ce qui concerne les deux rainures longitudinales du troisième encorbellement, les ravages qu'elles ont subi dans la partie supérieure de la galerie représentent un traumatisme trop violent et bien trop grossier pour être imputable aux constructeurs eux-mêmes. Il faut plutôt y voir l'œuvre bien postérieure de profanateurs ayant récupéré sans ménagement ce qui était sans doute inséré dans ces rainures — le bois, particulièrement le cèdre, devait représenter un butin appréciable.

Les mortaises

Les mortaises (fig. 32) semblent parfaitement adaptées pour qu'y soient fichés des bois, fermement maintenus en pied sur les banquettes inclinées. Un constat très révélateur est la relation géométrique simple qui associe les mortaises aux rainures longitudinales : l'espacement des mortaises est tel que les bois qui y seraient fichés — doublés en pied, l'un vertical et l'autre perpendiculaire à la pente — se rejoindraient en tête, exactement au niveau des rainures, formant ainsi un assemblage continu de poteaux et d'écharpes (fig. 33 A). Cette triangulation est la meilleure façon de réaliser, sur une pente, une ossature bien contreventée. Par ailleurs, l'assemblage en pied, au moyen

fig. 32 Grande galerie, cavités et mortaises

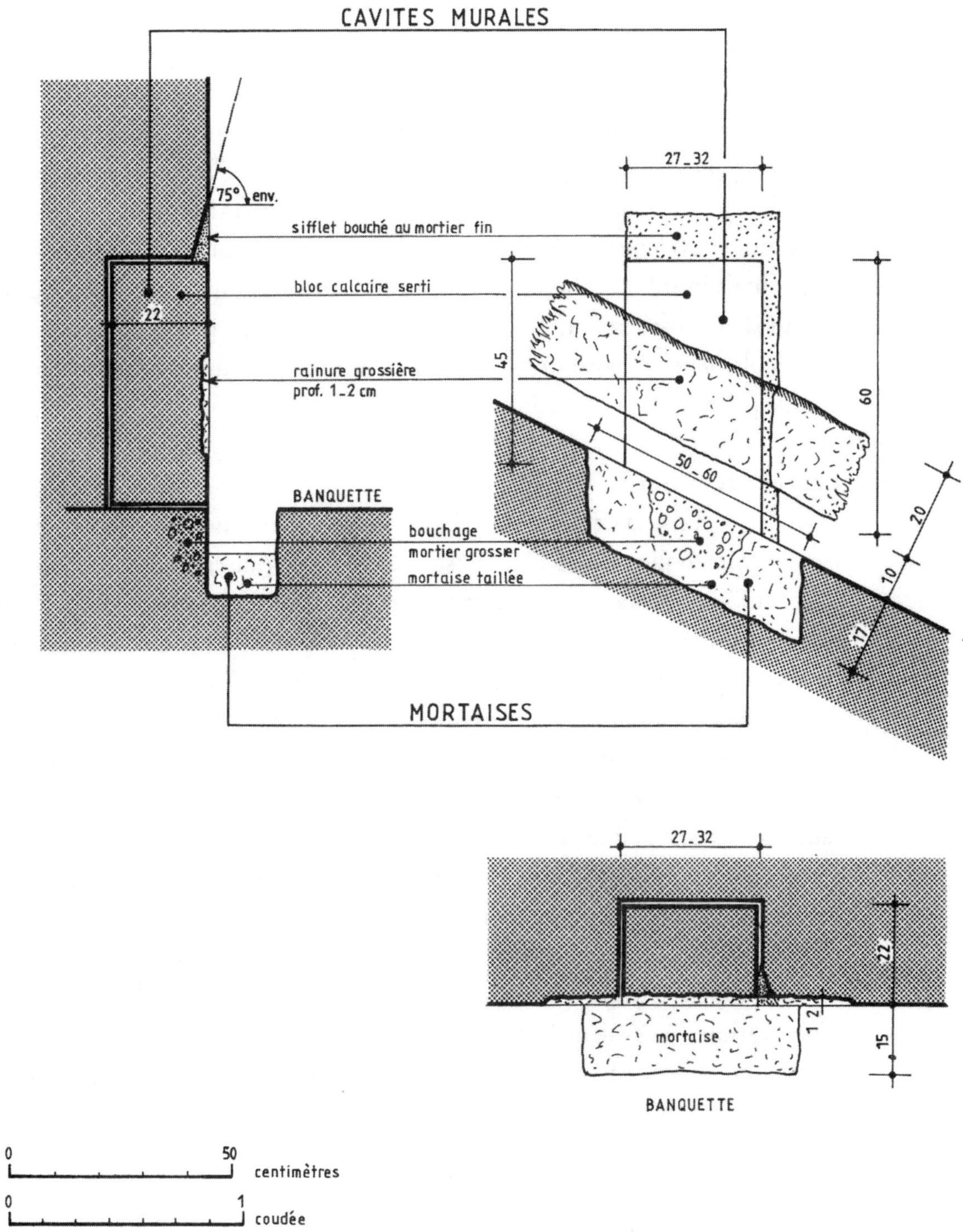

d'un brélage, des deux bois — l'un, vertical, fiché dans la mortaise et l'autre, perpendiculaire à la pente, maintenu par le premier — nécessite un passage de corde entre les bois et le mur. Il se trouve que les rainures grossières, effectivement taillées dans la paroi à l'aplomb des mortaises, l'ont été exactement de la façon et à l'emplacement qui convenait pour cela (fig. 33 B). Le passage de corde se révèle indispensable en pied, où les bois sont appliqués contre la paroi, mais inutile en tête où les bois sont écartés du mur de la valeur d'un ressaut d'encorbellement. Tous ces détails conduisent à penser que, très vraisemblablement, une ossature en bois a été installée et laissée en place dans la grande galerie.

Les cavités murales

Les cavités murales (fig. 32) ont été rebouchées par des blocs parallélépipédiques soigneusement sertis. Or, pour réaliser un sertissage précis, il est toujours avantageux d'équarrir la cavité à obturer : les coupes franches et nettes facilitent un assemblage précis. Ce principe implique que le bouchage ne corresponde pas forcément à la forme de la cavité d'origine. On constate d'ailleurs que les bords supérieurs des cavités forment un sifflet minutieusement ragréé au mortier fin, lissé, de même teinte que celle des parois. On s'est donc employé avec beaucoup d'application à « effacer » les cavités. Il ne faudrait pas voir là une volonté de camoufler quelque dispositif secret (selon certains, des goulottes à sable en relation avec le fameux « passage secret » du couloir horizontal), car une paire de cavités désobstruées montre qu'il n'en est rien. Il faut plutôt y voir le souci d'une finition irréprochable. Le sifflet du bord supérieur semble indiquer que les cavités d'origine — équarries à fin d'obturation — devaient être biaisées selon un angle d'environ 75°. Cela correspondrait à l'encastrement de bois disposés en A, comme les charpentes de nos toitures en bâtière, et non pas de bois appliqués contre les parois, comme dans le cas des mortaises.

fig. 33 Grande galerie

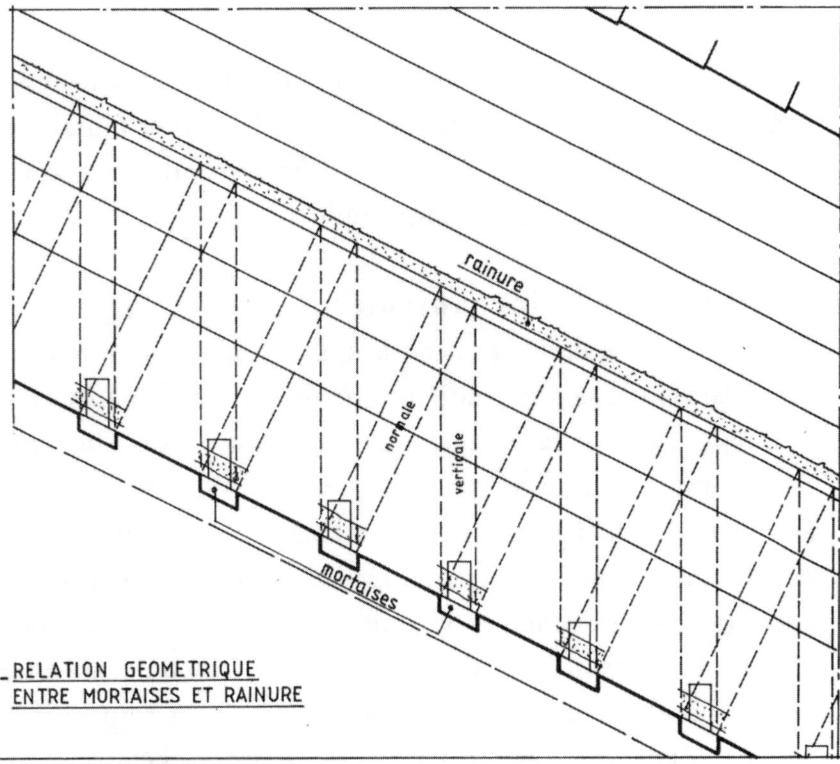

A_RELATION GEOMETRIQUE ENTRE MORTAISES ET RAINURE

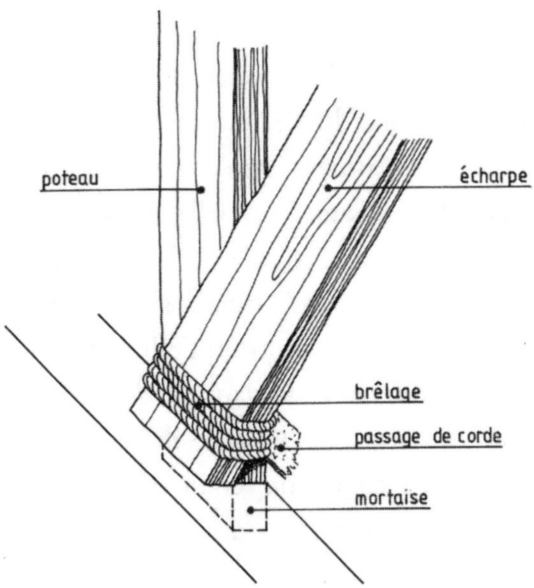

B_DISPOSITIF COMPATIBLE

Tout semble donc indiquer que les constructeurs avaient initialement prévu une ossature maintenue dans les cavités murales, puis qu'ils ont abandonné ce dispositif pour adopter, finalement, le procédé des mortaises. Ce n'est toutefois pas aussi simple qu'il y paraît.

Synthèse sur le mécanisme

La construction de la grande galerie a certainement nécessité l'installation d'une charpente interne permettant les opérations d'implantation (ajustage de la face vue des blocs et contrôle des alignements ainsi que des aplombs) et enfin de ravalement. On imagine mal que les constructeurs aient réussi à maîtriser toutes ces opérations de l'extérieur, sans possibilité d'accès aux parements internes. De même, la construction des chambres à encorbellements des autres pyramides a dû nécessiter des échafaudages internes. Mais maintenir une ossature dans une galerie en pente est une tout autre affaire que dans une chambre horizontale : il est impératif d'empêcher le ripage des bois sur la pente, en les encastrant, et d'étrésillonner la structure pour qu'elle ne déverse pas.

Étant donné la différence de niveaux entre ses deux extrémités, la construction de la grande galerie a dû s'échelonner sur plusieurs années. L'échafaudage interne devait évidemment être monté et prolongé au fur et à mesure de l'avancement des travaux. Là où le bât blesse, c'est que la grande galerie porte des traces de deux interventions successives. Or la première installation (fixations dans les cavités murales) a été réalisée jusqu'à l'extrémité supérieure de la galerie, c'est-à-dire qu'elle a été opérationnelle et satisfaisante pendant toute la durée des travaux jusqu'à leur terme. Comment se fait-il donc qu'une fois la galerie achevée il ait fallu réinstaller un échafaudage à la même place que celui qui venait d'être démonté ? Nous proposons une explication qui résout ce paradoxe, en prenant en compte tous les paramètres.

Phase 1, les cavités murales

Pour construire la grande galerie, une charpente interne se révélait indispensable. Les constructeurs ont donc monté un échafaudage en bois au fur et à mesure de la progression des travaux. Cet échafaudage était constitué d'une succession de A verticaux dont les pieds étaient encastrés dans les cavités murales biaises (fig. 34 A). D'une part, la forme en A assurait la rigidité de la structure, et d'autre part il était indispensable que l'échafaudage ne fût pas accolé aux parois afin que tous les travaux puissent s'effectuer sur des parements dégagés (dans le cas d'un échafaudage vertical maintenu dans les mortaises, les bois accolés aux parois auraient constitué une gêne, principalement pour les opérations de ravalement). Des plates-formes de travail pouvaient être aménagées sur des entraits. L'échafaudage a été prolongé au fur et à mesure de l'exhaussement de la galerie, jusqu'à son extrémité supérieure. Lorsque la grande galerie fut totalement achevée — ultime ravalement compris —, l'échafaudage fut démonté et les stigmates fonctionnels de son installation furent soigneusement effacés. Les cavités murales biaises, dont la découpe était peut-être un peu rustique, furent équarries pour y sertir avec précision des blocs parallélépipédiques. Les sifflets, reliquats des biais, furent ragréés au mortier fin, teinté et lissé. Après avoir effacé toutes ces cicatrices, la finition des parements était irréprochable. La grande galerie était totalement achevée et, en principe, plus aucune intervention n'était nécessaire.

Phase 2, les mortaises

Quelques finitions, réparations ou problèmes de second ordre auraient sans doute pu être résolus par des moyens légers tels que des échelles. En revanche, installer un nouvel échafaudage dans de nouveaux encastrements (fig. 34 B) est une intervention importante qui ne peut être justifiée que par une impérieuse nécessité. Nous devons ici anticiper un peu sur la suite de cette étude.

fig. 34 Grande galerie, montage des bois (principe)

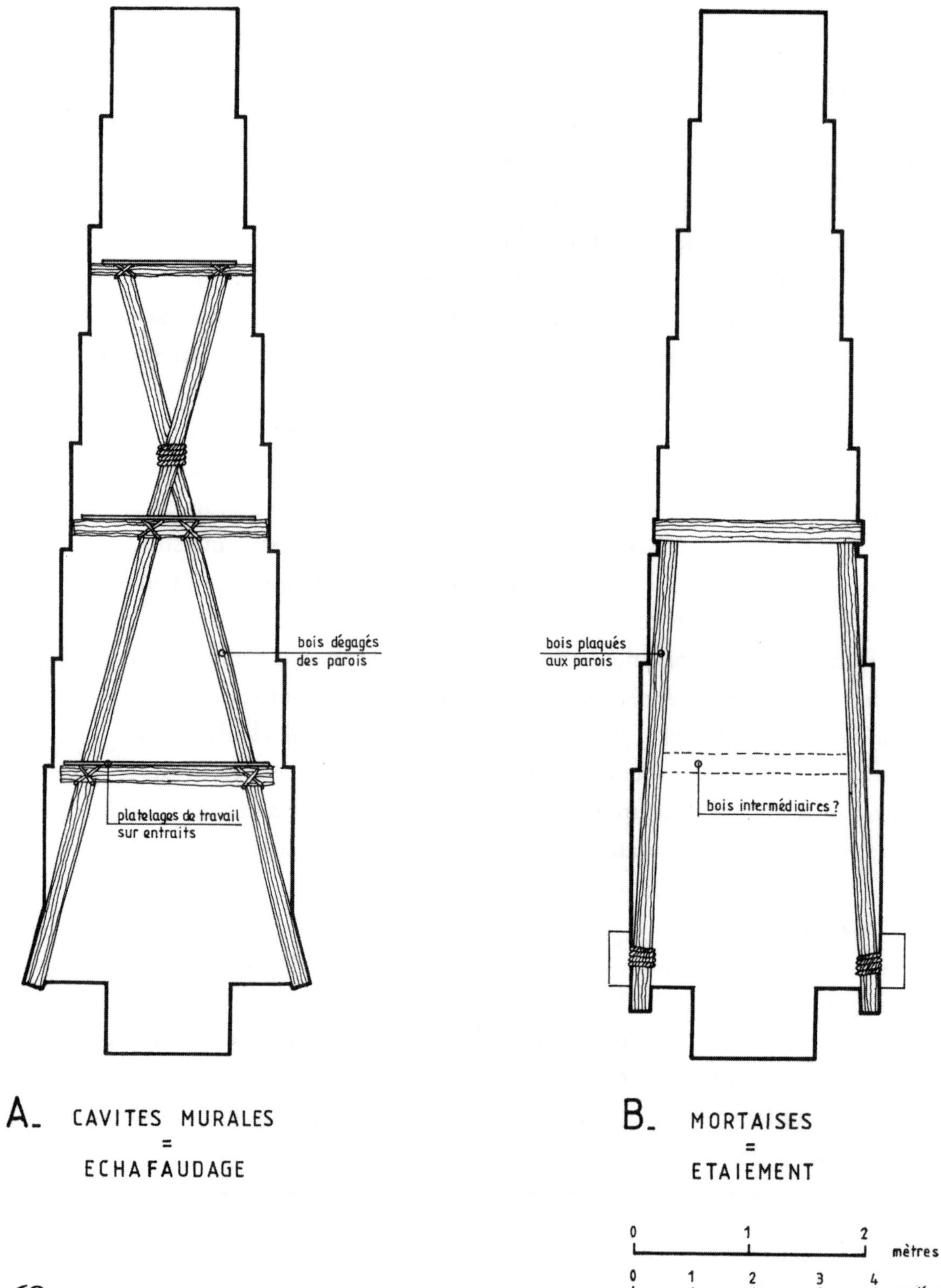

Les poutres de granit qui forment le plafond de la chambre « du roi » sont fissurées, fracturées même, et l'on constate des dégâts analogues dans les chambres « de décharge ». Ce sinistre est souvent minimisé, si ce n'est ignoré ; on l'impute généralement à un hypothétique séisme, survenu au cours des siècles suivant la fermeture de la pyramide. Or nous verrons, lors de l'étude de la chambre « du roi », que cet accident est bel et bien advenu au cours même de l'édification de la pyramide, au vu et au su des constructeurs. La rupture du couvrement de la chambre funéraire est un sinistre d'une gravité extrême qui aura des répercussions considérables, à telle enseigne que, après Chéops, plus aucune chambre funéraire ne sera construite dans le massif des pyramides.

À partir de ce constat, on imagine aisément l'enchaînement des événements. Lorsque le plafond de la chambre « du roi » s'est fissuré, les constructeurs ont dû craindre que la mésaventure de Dahchour-Sud se renouvelle. La chambre « du roi » a été solidement étayée (comme nous le verrons par la suite), mais il fallait également consolider la partie la plus évidée de la pyramide, à savoir la grande galerie. Ce n'est donc pas un échafaudage qui fut alors mis en place dans celle-ci, mais un étaiement.

Pourquoi, alors, ne pas avoir installé une charpente identique en réutilisant les cavités murales ? Probablement parce que ces cavités ne permettaient que l'encastrement de bois inclinés ou transversaux. Si des bois dégagés des parements s'étaient révélés nécessaires pendant l'exécution des travaux, il était dorénavant indispensable que les étais fussent maintenus verticalement, appliqués contre les parois et probablement étrésillonnés, exactement comme les bois de la chambre supérieure de la pyramide de Dahchour-Sud. Mais si l'étaiement devait être différent de l'échafaudage de travail, pourquoi avoir réalisé les mortaises exactement à l'aplomb des cavités murales ? Dans la mesure où les bois de l'échafaudage démonté étaient toujours disponibles, il était logique de les réutiliser, sachant qu'ils conviendraient en nombre et en dimensions. Il était également logique de ne rien modifier à des paramètres d'implantation que l'on savait satisfaisants et compatibles avec les bois. La seule modification à apporter consistait à appliquer les étais contre les parements. Ce processus pourrait donc expliquer qu'il y ait eu, dans la grande galerie, deux dispositifs « jumeaux » successifs: un premier soigneusement« effacé », puis un second laissé définitivement en place.

La « voie royale »

Cette dénomination subjective trouve sa justification dans les proportions très impressionnantes de la grande galerie. Mais on peut s'interroger sur ce qui a poussé le concepteur de l'édifice à donner soudain libre cours à une grandiose extravagance, alors que l'architecture des pyramides de la IVe dynastie se caractérise, au contraire, par un fonctionnalisme radical.

Ce qui frappe d'emblée lorsque l'on considère une coupe générale de la pyramide, c'est que, la grande galerie s'élevant jusqu'à l'axe du monument, la chambre « du roi » s'en trouve nettement déportée vers le sud. On ne peut certainement pas dire que cela constitue réellement une « anomalie », mais cette dissymétrie marquée heurte le sens de l'équilibre de tout observateur (fig. 35 A). Cette impression visuellement dérangeante suscite l'interrogation : pourquoi cette asymétrie, dont la justification ne paraît pas évidente, dans un monument dont la géométrie semble avoir été régie par l'équilibre et la raison ? *A priori,* dans le cadre d'un projet global cohérent, il suffisait en effet de concevoir toute la distribution déportée vers le nord, pour que la chambre funéraire soit située au centre de la pyramide. Si ce n'était pas impératif, il semble en tout cas que rien ne s'y opposait. On peut entrevoir deux façons de répondre.

Ou bien tout a été conçu ainsi — quitte à déranger l'esprit rationaliste épris d'équilibre — pour des raisons religieuses, dogmatiques, sym-

fig. 35 Situation des chambres

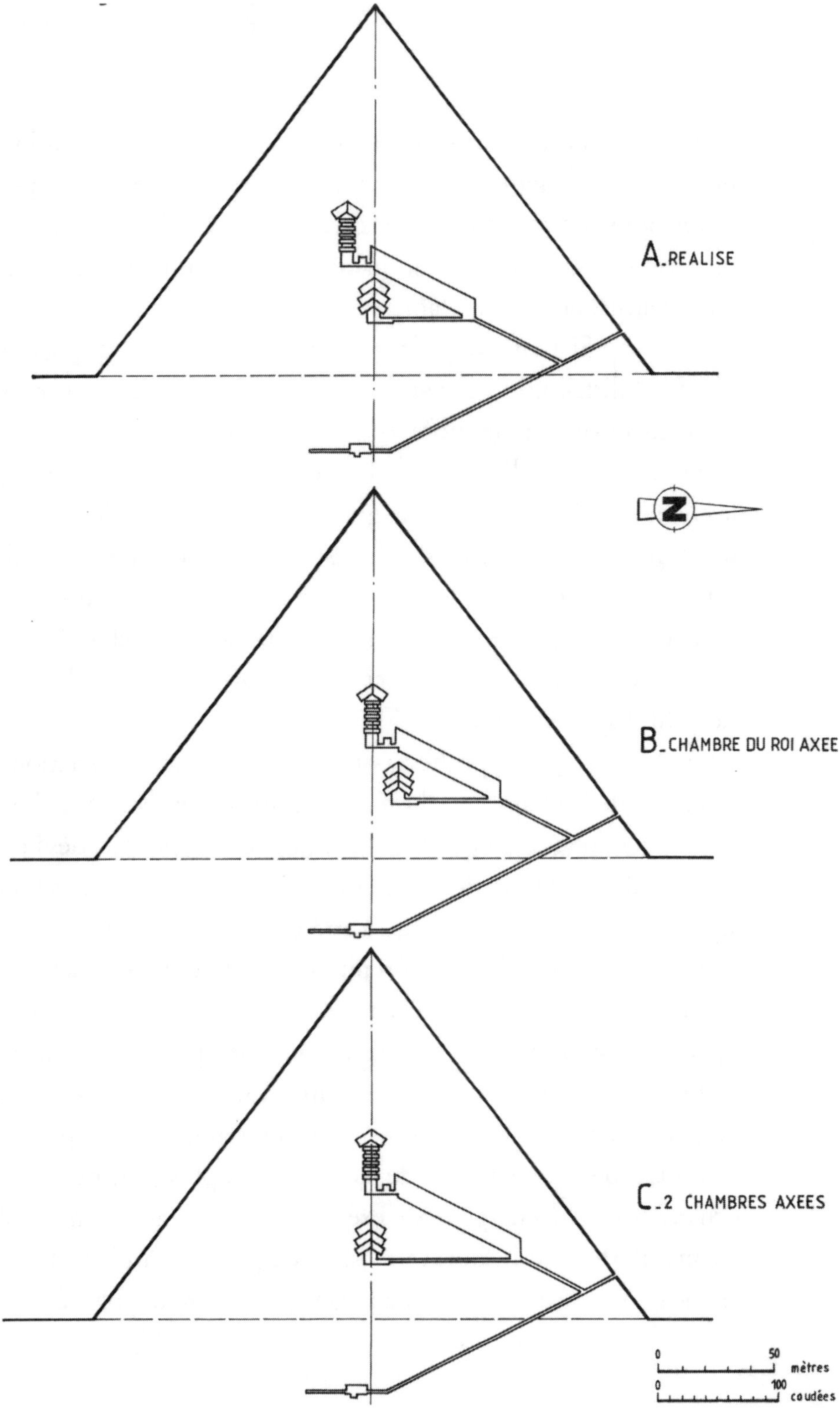

boliques ou de quelque nature abstraite dont l'interprétation n'est pas du domaine du « logique », et certainement pas de notre compétence — dans ce cas nous sommes très curieux de connaître une explication probante. Ou bien cette disposition a une justification architecturale qui pourrait, alors, être éventuellement décelable.

Si l'on exclut la chambre « du roi », la disposition de l'ensemble de la distribution apparaît parfaitement équilibrée. On est alors enclin à envisager que la chambre « du roi » puisse être un ajout au projet initial. Dans cette éventualité, la chambre funéraire originellement prévue aurait été la chambre « de la reine », et la grande galerie, en cul-de-sac, n'aurait eu pour fonction que le stockage des blocs destinés à obturer le couloir ascendant. En cours de réalisation, le concepteur de la pyramide aurait imaginé de tirer parti de cette galerie pour desservir une nouvelle chambre funéraire, plus grandiose et bâtie en granit. Cet ajout imprévu se serait donc trouvé déporté hors du dispositif initial.

Cette hypothèse, qui implique une dissociation de la grande galerie et de la chambre « du roi », encourt cependant des objections. D'une part, cela impliquerait que la grande galerie a été prévue, dès l'origine, comme système de condamnation de la pyramide, alors que toutes les modifications que nous avons relevées jusqu'à présent semblent plutôt démontrer le contraire. D'autre part, la fonction purement utilitaire de stockage et de manœuvre des blocs de fermeture est accessoire à la vocation essentielle, noble, des appartements funéraires. Située au-delà des parties « nobles », cette galerie technique n'aurait même pas été empruntée par le cortège funéraire. Il est alors vraisemblable que, sans négliger pour autant les impératifs structuraux, sa réalisation eût été traitée de façon un peu plus rudimentaire, à l'instar des « chambres de décharge » par exemple. Or la réalisation de la grande galerie manifeste en tout point un esprit de perfection bien plus caractéristique d'une « voie royale » que d'une vulgaire chambre de manœuvre.

La grande galerie est très longue (47,84 m) alors que sa connexion horizontale avec la chambre « du roi », comprenant deux brefs passages et une chambre des herses très dense, est courte (6,81 m). Il semblerait donc que cette connexion ait été « tassée », autant que faire se pouvait, afin de ne pas déporter outre mesure la chambre « du roi » vers le sud. Il est pourtant évident que si la grande galerie avait été conçue moins longue, la chambre « du roi » aurait pu être positionnée dans l'axe de la pyramide, mais forcément à un niveau moins élevé. En effet, pour que la chambre « du roi » fût axée en conservant la même connexion horizontale, il eût fallu que la grande galerie mesurât 35,60 m : la chambre aurait alors été située au niveau + 37,56 m, soit 5,40 m plus bas.

Cette disposition était techniquement à proscrire : en effet, une chambre « du roi » axée, mais située plus bas aurait été réellement assise sur une crête, car les voûtes en chevrons de la chambre « de la reine » culminent vraisemblablement au niveau + 36,63 m, comme nous l'avons montré au chapitre précédent. Il était donc absolument indispensable que la grande galerie « enjambe » préalablement l'obstacle des voûtes de cette chambre, pour que celle « du roi » puisse être édifiée sur un massif horizontal (fig. 31 B).

Telles que les choses ont été conçues, il n'était donc pas possible que les chambres « de la reine » et « du roi » fussent situées toutes deux sur l'axe est-ouest. Pour que la chambre « du roi » fût axée, il aurait fallu implanter toute la distribution plus au nord : ce serait alors la chambre « de la reine » qui serait désaxée vers le nord (fig. 35 B). Pour que les deux chambres fussent axées, il eût fallu que la connexion du couloir ascendant sur le couloir descendant ait été prévue plus au nord : mais la chambre « du roi » serait alors située à un niveau plus élevé (fig. 35 C).

Telles que les choses ont été réalisées, il semble bien que la position de la chambre « du roi » ait été finalement assujettie à celle de « de la reine ». Il faudrait alors considérer que cette dernière a bénéficié soit d'une prépondérance, soit d'une antériorité dans le projet. Comme on peut difficilement admettre la prépondérance d'un quelconque élément du système sur la chambre funéraire, qui constitue le cœur même de ce système, il est probable que c'est l'antériorité seule qui a joué. Étant donné que nous avons relevé précédemment des modifications importantes impliquant le rôle de la grande galerie, que la grande galerie semble indissociable de la chambre « du roi », et que le développement de la grande galerie et la position de la chambre « du roi » semblent être consécutifs à la préexistence de la chambre « de la reine », force nous est d'envisager que l'ensemble grande galerie-chambre « du roi » ait pu être *« greffé » sur une distribution préexistante.*

La « greffe »

Si la grande galerie et la chambre « du roi » sont un ajout au projet initial, à quel stade d'avancement des travaux leur construction a-t-elle pu être décidée (fig. 36) ? C'est certainement cette décision qui a entraîné les modifications du système de fermeture de la pyramide, à savoir le prolongement du puits et la condamnation des herses du couloir ascendant. Le couloir ascendant devait donc être pratiquement achevé, puisque la troisième herse amont a été réalisée. Mais, contrairement aux deux premières herses, la rainure longitudinale n'a pas été taillée dans le grand bloc aval de cette troisième herse. Ce doit donc être au stade des finitions de la partie supérieure du couloir ascendant que ladite « greffe » a été décidée. Le fait que les finitions n'aient pas été totalement achevées n'exclut cependant pas que le gros œuvre du couloir ascendant ait été, lui, entièrement réalisé. Les premières assises de la grande galerie sont constituées de blocs trapézoïdaux de liaison avec l'appareil horizontal du palier. Or l'appareillage de ce dernier n'est pas anodin, puisqu'il prolonge celui, très spécifique et même exceptionnel, du couloir horizontal : rien n'aurait été différent si la grande galerie avait été imbriquée dans l'appareil préexistant d'un

fig. 36 Grande galerie, la « greffe »

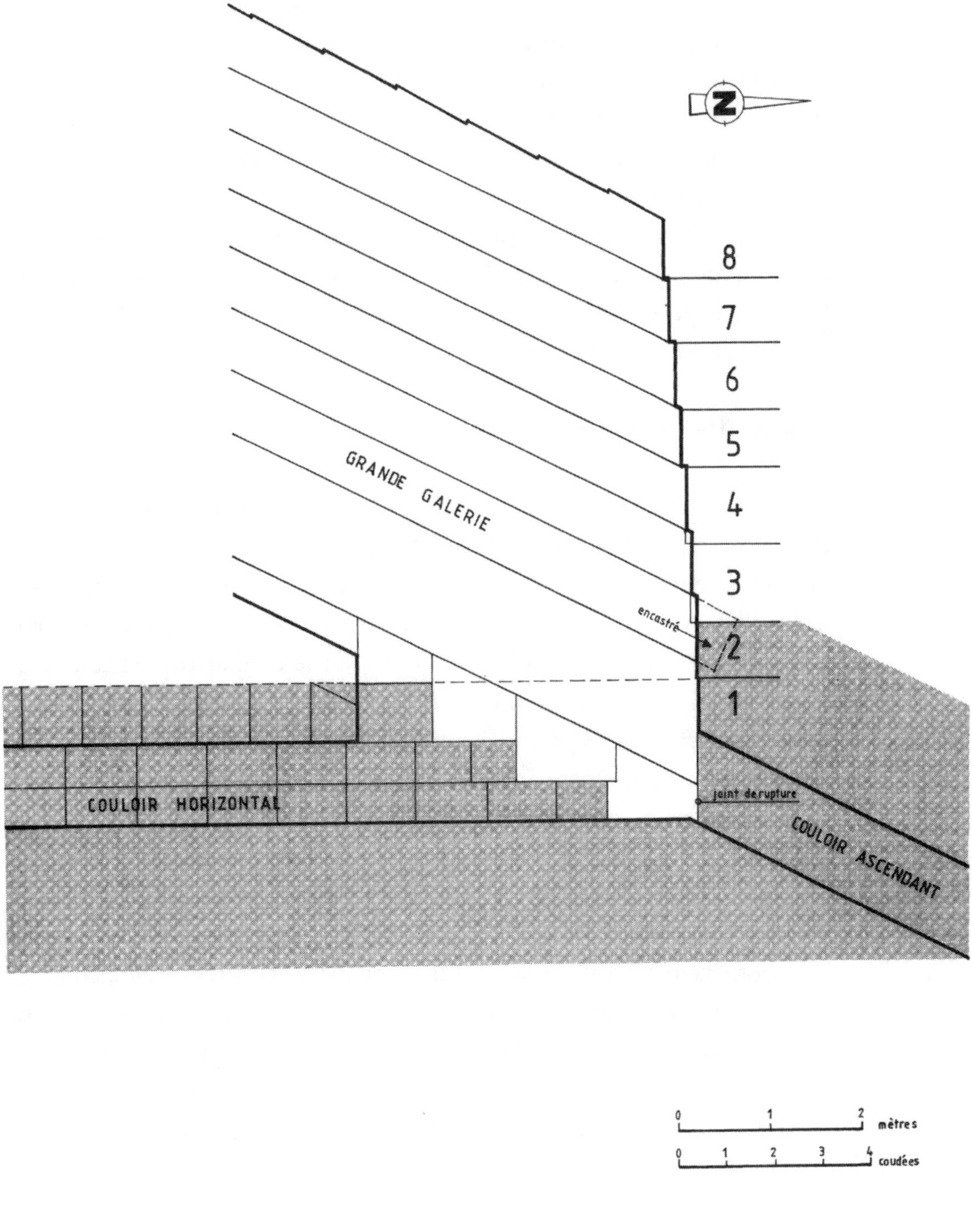

couloir horizontal directement connecté au couloir ascendant. On peut donc conjecturer que d'une part le couloir ascendant était pratiquement achevé et que d'autre part les murs du couloir horizontal étaient déjà montés lorsque la construction de la grande galerie a été décidée. D'ailleurs, si cette décision avait été prise plus tôt, il est fort probable que le départ du puits eût été maçonné, et non creusé, dans la banquette ouest.

Si la grande galerie a effectivement été « greffée » sur une maçonnerie non prévue à cet effet, on devrait pouvoir discerner une sorte de hiatus. Il se trouve qu'un examen attentif du mur nord de la grande galerie permet, en effet, de constater l'existence d'une solution de continuité.

Étude du mur nord (fig. 37)

Le débouché du couloir ascendant est dissocié des banquettes de la grande galerie par un joint vertical. Or, dans les pyramides de l'Ancien Empire, et dans celle de Chéops en particulier, ce genre de connexion est habituellement traité par un assemblage à mi-pierre (*cf.* le couloir descendant à l'entrée, le couloir descendant maçonné sur le couloir descendant creusé, et le couloir ascendant maçonné sur le couloir ascendant creusé). Dans le cadre d'une continuité prévue, il aurait donc été assez logique que le dernier élément du couloir ascendant et le premier élément de la banquette fassent partie d'un même bloc dans lequel aurait été encastré, à mi-pierre, le premier bloc de paroi latérale de la galerie. Convenons toutefois que ce premier indice, très ténu, ne serait pas suffisamment révélateur à lui seul.

La haute voûte de la grande galerie est constituée de sept assises en encorbellement réalisées non seulement sur les parois latérales, comme il se doit, mais également sur les murs des extrémités nord et sud. Or si le mur sud présente bien sept encorbellements, le mur nord n'en comporte que six : l'encorbellement inférieur manque (fig. 38). « Oubli » sans grande importance,

fig. 37 Grande galerie, le mur nord

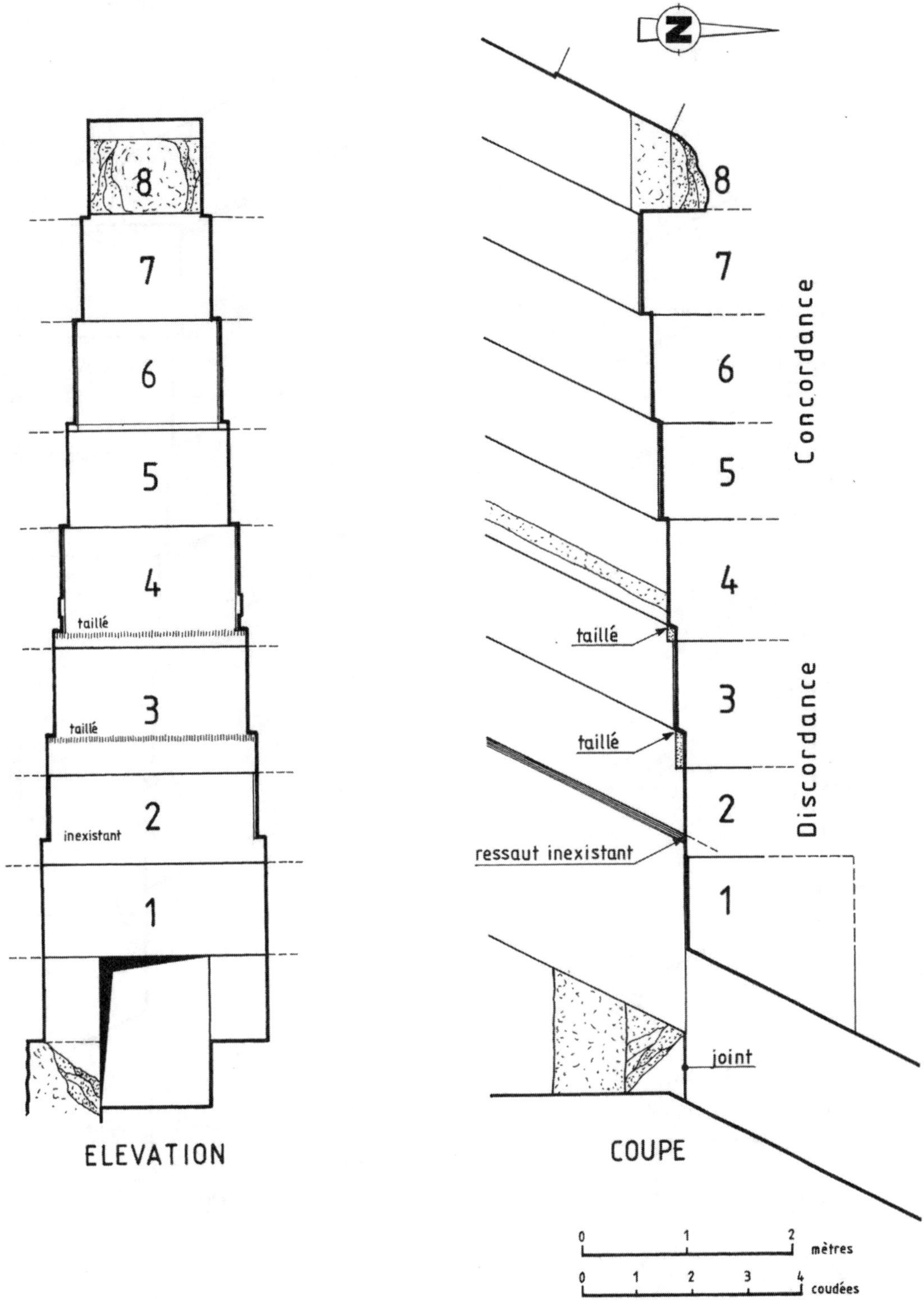

fig. 38 Grande galerie, les extrémités

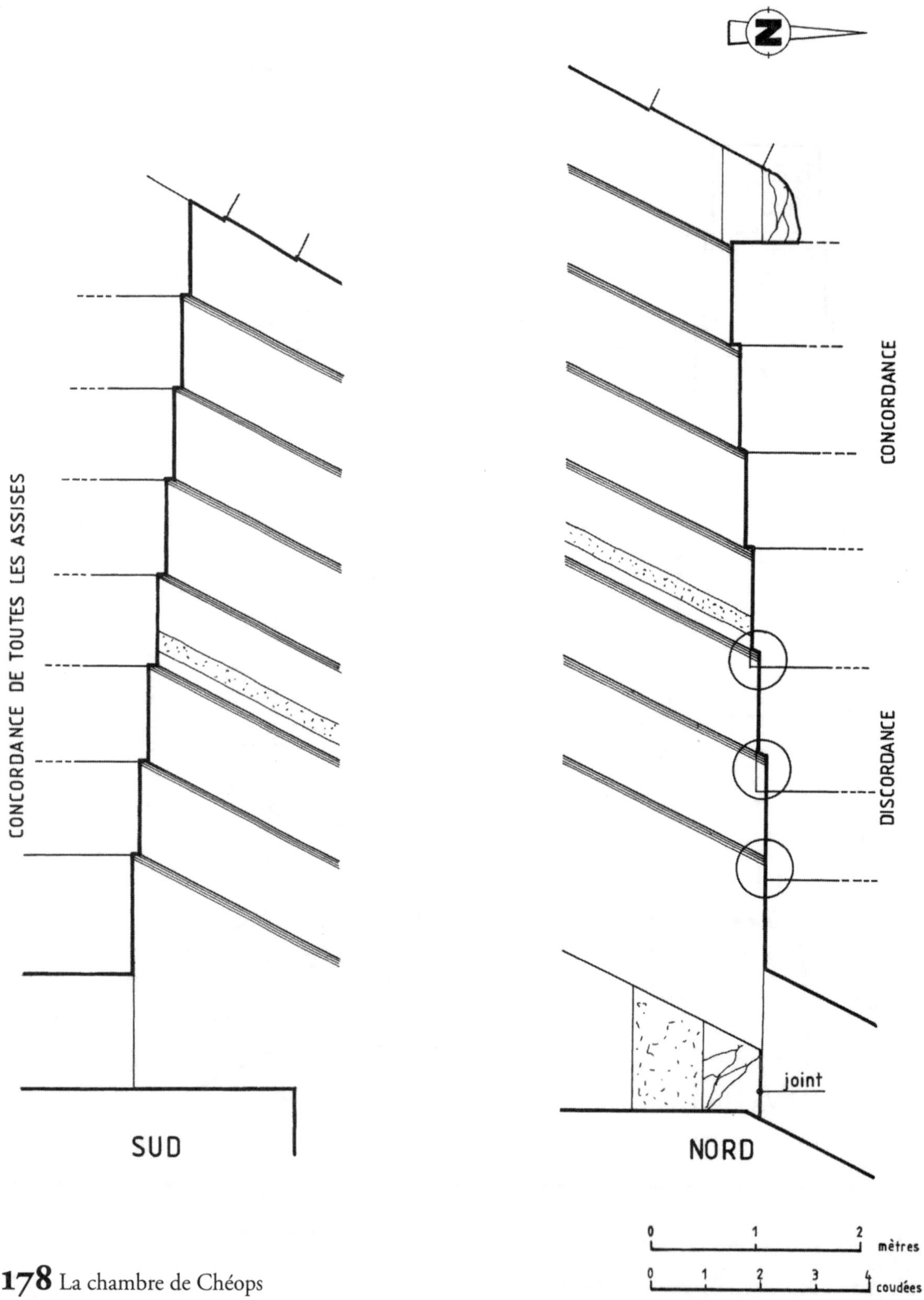

pourrait-on penser, si ne s'y ajoutait le fait que les ressauts des deux encorbellements suivants n'ont pas été réalisés normalement. Ils ont en effet été « artificiellement » retaillés afin de correspondre à ceux des parois latérales. Les quatre encorbellements suivants ont été, eux, normalement réalisés. On constate donc que la moitié inférieure du mur nord de la galerie est en discordance avec l'ordonnance de celle-ci. D'aucuns pourraient objecter que la structure de la galerie n'était sans doute pas encore définie avec précision, lorsque sa construction a débuté ; mais on ne peut décemment éluder le problème par un argument qui aurait la perversité d'alléguer une improvisation, afin de défendre la thèse d'un projet global exempt d'improvisation !

La grande galerie a été réalisée avec une maîtrise remarquable ; un tel résultat n'a sûrement pas été obtenu empiriquement. Qu'elle ait été initialement prévue ou décidée sur le tard, sa construction n'a pas pu être entreprise sans une étude préalable précise, concrétisée par une épure qui en définissait tous les éléments. Forts des expériences de Dahchour-Nord, où la quasi-perfection fut atteinte, et de Dahchour-Sud, où des encorbellements sur quatre faces avaient déjà été réalisés, les constructeurs de la grande galerie devaient parfaitement maîtriser leur sujet et être à même de procéder sans le moindre tâtonnement.

La méthode de construction d'un espace maçonné est d'ailleurs assez simple : il faut que les assises règnent sur toutes les faces, c'est-à-dire que les joints de lits soient continus sur tout le périmètre. Le principe procède de la nécessaire concordance des assises dans les angles, afin d'y effectuer l'indispensable harpage des blocs ; négliger ce principe contraint à des compensations laborieuses — calages et retailles des blocs d'angles. Les bâtisseurs de la IVe dynastie respectaient donc cette règle de l'art, comme on peut le constater dans les pyramides de Dahchour-Nord et Sud, de même que dans les chambres « du roi » et « de la reine » de la Grande Pyramide. La pente de la grande galerie n'y change rien. Au contraire, les encorbellements sur quatre faces rendent l'application de ce procédé d'autant plus nécessaire : en effet, les ressauts qui résultent du débord des assises doivent être continus sur tout le périmètre.

Analyse (fig. 37)

À l'exception de la moitié inférieure du mur nord, toute la grande galerie a bien été bâtie selon les règles de l'art. Sur le mur sud, tous les encorbellements sont en parfaite concordance avec ceux des murs latéraux (fig. 38). Comment justifier alors le « désordre » des quatre premières assises du mur nord ? Que le premier ressaut n'ait pas été prévu, soit, mais on ne peut l'admettre pour les deuxième et troisième ressauts. En effet, le fait que ceux-ci aient été facticement taillés ne peut être imputé à une improvisation ou à un oubli, puisque les blocs dans lesquels ils ont été réalisés (blocs 3 et 4) ont bien été posés avec le porte-à-faux qui convenait. *A priori*, donc, il semblerait que la grande galerie ait bel et bien été réalisée avec une répartition des encorbellements différente de celle qui avait été initialement prévue et amorcée sur le mur nord.

Cette déduction serait pourtant hâtive. Toutes les assises des murs latéraux, en contact avec le mur nord, ont en effet été réalisées d'emblée et sans le moindre tâtonnement, selon l'ordonnance correcte, prévue et définitive ; ensuite, les blocs 3 et 4 du mur nord sont encastrés dans les assises des murs latéraux : ils ont donc été posés sur ces dernières ; par conséquent, la pose « désordonnée » des encorbellements de ces deux blocs (3 et 4) est postérieure à la pose « ordonnée » des encorbellements des murs latéraux ! Il y a là un paradoxe très surprenant, que l'on ne peut éluder en alléguant des modifications, des tâtonnements ou même une étourderie. En revanche, il ne semble y avoir de solution cohérente à ce paradoxe que dans les conditions d'une greffe de la grande galerie sur une maçonnerie préexistante.

Pour une meilleure compréhension, reconstituons le canevas des opérations. Dans un premier temps, avant la greffe (fig. 36) :

— le couloir ascendant est achevé, couvrement compris, jusqu'au bloc 2 du mur nord. Pas moins, puisque le premier ressaut n'a pas été réalisé (s'il n'avait été déjà en place, le bloc 2 eût certainement été posé en porte à faux avec un ressaut taillé à l'instar des blocs 3 et 4) ; pas plus, car le premier encorbellement des parois latérales est encastré dans le bloc 2 ;
— à niveau d'édification identique, le couloir horizontal devait être également construit. C'est plus que probable en ce qui concerne ses parois : la continuation de l'appareillage très spécifique du couloir horizontal sur le palier témoigne que celles-ci devaient être réalisées jusqu'à leur connexion avec le couloir ascendant. Pour le couvrement, il est plus difficile de se forger une opinion.

Dans un second temps, la greffe est réalisée :
— pour commencer la construction de la grande galerie, il fallait connecter l'appareil incliné de cette dernière aux assises horizontales du couloir ; l'opération a été réalisée à l'aide de blocs trapézoïdaux de transition, dont la mise en place a dû nécessiter le démontage de quelques blocs du couloir horizontal ;
— ensuite, sur le lit d'attente incliné des blocs trapézoïdaux — amorces des banquettes — les deux premières assises des parois latérales de la grande galerie purent être posées normalement : elles butent sur la maçonnerie du couloir ascendant, déjà en place jusqu'au bloc 2 inclus.

Lors de la mise en place du premier encorbellement de la galerie, la première difficulté est apparue. Pour réaliser un harpage adéquat dans une maçonnerie non prévue à cet effet, il a fallu entailler profondément le bloc 2 afin d'y encastrer les extrémités des blocs latéraux (il en résulte, à la base du bloc 2 entaillé de part et d'autre, deux minuscules laisses latérales).

Cependant, les premiers encorbellements latéraux mis en place avaient l'inconvénient d'être en saillie au-dessus du lit d'attente du bloc 2 : il a donc fallu les entailler, afin d'y encastrer le bloc 3. Ce bloc a bien été posé avec le porte-à-faux adéquat, en connaissance de cause, mais, les joints de lits n'étant pas en concordance, le ressaut a dû y être facticement taillé afin de correspondre à ceux des encorbellements latéraux.

L'opération a été répétée avec le bloc 4. À partir du bloc 5, l'appareillage redevient conforme aux « règles de l'art » ; les assises du mur nord et celles des parois latérales sont en concordance et normalement harpées.

On voit clairement que l'appareillage du mur nord et celui des parois latérales de la galerie étaient, à la base, totalement asynchrones. Il importait donc de rétablir le synchronisme. Les constructeurs auraient sans doute pu compenser le décalage soit au moyen d'une plus grosse assise, soit de deux petites, au niveau du seul bloc 3, mais ils ont sans doute choisi de répartir cette compensation sur deux assises plus régulières (blocs 3 et 4). Pour résumer simplement les choses, on pourrait dire que les constructeurs, obligés de partir du « mauvais pied », ont retrouvé leurs marques en deux foulées d'ajustement.

Conclusion

Il faut reconnaître que la grande galerie est assez extravagante. Le stockage des blocs bouchons ne peut, à lui seul, justifier ses proportions démesurées. Le concept de « voie royale » a peut-être incité l'architecte de la pyramide à s'affranchir du fonctionnalisme habituellement de rigueur pour donner libre cours à une sorte de folie des grandeurs. Les architectes ont toujours une propension à bâtir plus grand, plus haut et plus audacieux. Mais alors, si la grande galerie ne relève pas d'une démarche logique, nous devrons nous résigner à nous satisfaire de conjectures.

En revanche, si la grande galerie a été greffée sur un projet antérieur, il est assez vraisemblable que sa conception a été assujettie à des impératifs inhérents aux caractéristiques de ce projet, comme nous l'avons démontré lors de l'étude du couloir horizontal.

chapitre XI

La chambre des herses

plan n° 11

L'entrée de la chambre des herses s'ouvre à la base du mur sud de la grande galerie. Ce petit vestibule, construit en granit, précède la chambre « du roi » et renferme le mécanisme de fermeture destiné à en condamner l'accès. Ce mécanisme est, dans son principe, simple et efficace : il est constitué de trois robustes herses de granit qui étaient abaissées en travers du passage après les funérailles.

Les herses, d'une coudée d'épaisseur (52 cm), étaient engagées dans des coulisses verticales taillées dans les parois. Trois berceaux, approximativement demi-cylindriques, situés à l'aplomb des coulisses ouest, indiquent que ces herses devaient être suspendues à de gros rondins. Les herses proprement dites sont précédées d'un court espace et d'une sorte de « faux linteau » constitué de deux plaques de granit superposées, maintenues dans des coulisses interrompues à hauteur de passage. Cet espace permettait sans doute d'accéder au dispositif de maintien des herses, et d'en effectuer la manœuvre d'abaissement ; le « faux linteau » se révélait indispensable pour masquer le vide laissé au-dessus des herses abaissées. L'agencement et le fonctionnement de tout ce dispositif ne pose, *a priori*, aucun problème. C'est toutefois, là encore, bien plus compliqué qu'il n'y paraît.

L'agencement de la chambre

Rappelons que la chambre des herses a certainement été voulue compacte, afin de minimiser le désaxement vers le sud de la chambre « du roi ». À cette fin, elle a sûrement fait l'objet d'une étude, et même d'une épure précise, à l'instar des autres parties de la pyramide : en principe, les constructeurs savaient donc parfaitement ce qu'ils faisaient. Ce n'est pourtant pas du tout ce qui apparaît lorsqu'on analyse l'appareillage de la chambre.

Toutes les parties de la pyramide sont maçonnées conformément au résultat recherché, c'est-à-dire que les blocs sont posés à la place définitive prévue, sans qu'il ait été nécessaire de les retailler ensuite — sauf, bien entendu, dans le cas des modifications que nous avons évoquées. Or, ici, le volume fini de la chambre ne correspond pas exactement à la disposition de la maçonnerie. L'intervalle entre le « faux linteau » et la paroi nord est le fruit d'une retaille, assez grossière d'ailleurs. De même le linteau de granit de la paroi sud a été dérasé sur une trentaine de centimètres d'épaisseur, ce qui n'est pas un travail négligeable. Ces deux interventions indiquent clairement qu'il a été décidé d'allonger la chambre des herses alors que ses parois étaient déjà montées (fig. 39 A).

En corrélation, on peut constater qu'en replaçant virtuellement les herses selon l'appareillage initial (c'est-à-dire sans la retaille du linteau sud), elles seraient positionnées de façon précise et cohérente dans l'agencement de la maçonnerie… sous réserve de l'absence du « faux linteau » (fig. 39 B). Ainsi, l'appareillage effectif est conforme à ce que serait la chambre, pourvue des trois mêmes herses, mais dépourvue du « faux linteau ». C'est donc, vraisemblablement, pour ajouter cet élément supplémentaire que les constructeurs ont allongé la chambre en retaillant les deux extrémités. Le « faux linteau » peut d'ailleurs n'être qu'un ajout, dans la mesure où il n'est pas solidaire des parois : les deux plaques ont été introduites dans les coulisses verticales, par le haut, exactement de la même façon que les herses.

La raison de ce remaniement serait de permettre l'accès à la partie supérieure de la chambre — c'est-à-dire au dispositif de retenue des herses — tout en interposant un écran au-dessus des herses abaissées. Cependant, le « faux linteau » semble plus élaboré que nécessaire au regard de la fonction élémentaire d'écran de séparation (fig. 40 A). Il est en effet en deux parties ; ses faces, bien planes, sont soigneusement finies ; l'épaisseur finie est de 5 palmes exactement (37,5 cm) ; la face nord a été ravalée sur une épaisseur de 25 mm.

fig. 39 La chambre des herses, allongement de la chambre

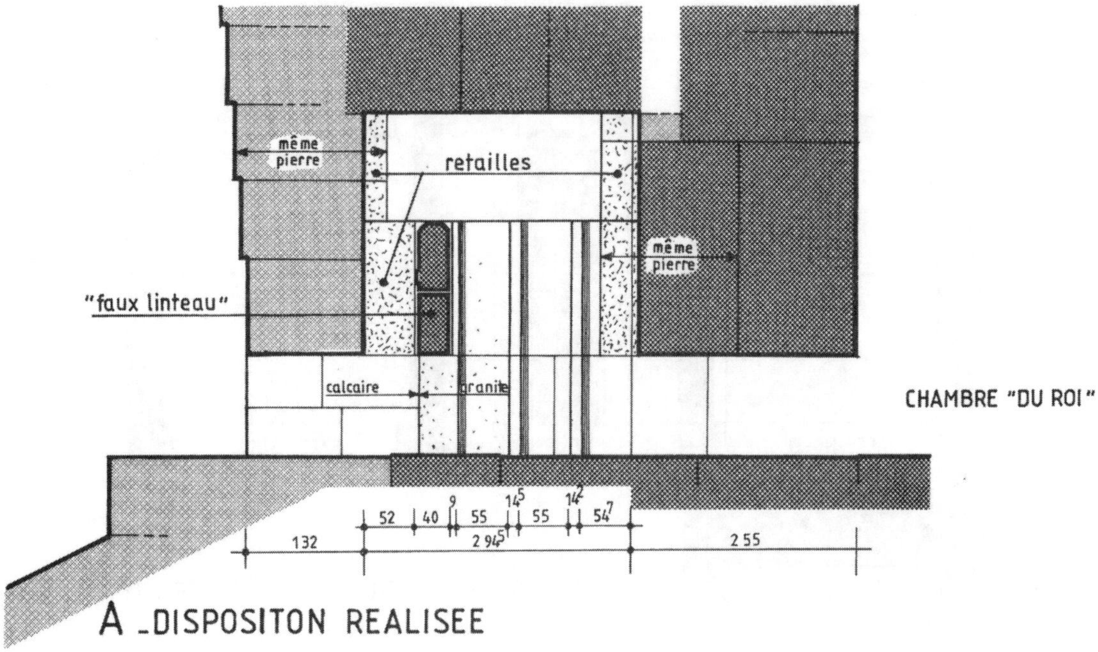

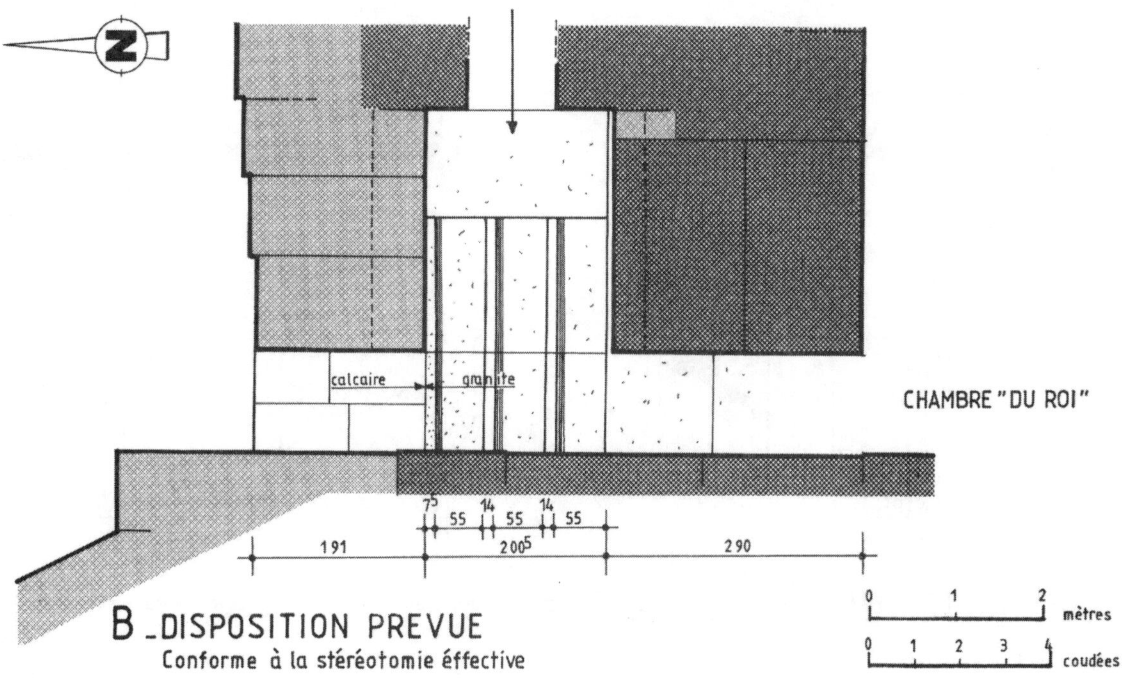

fig. 40 La chambre des herses, détails

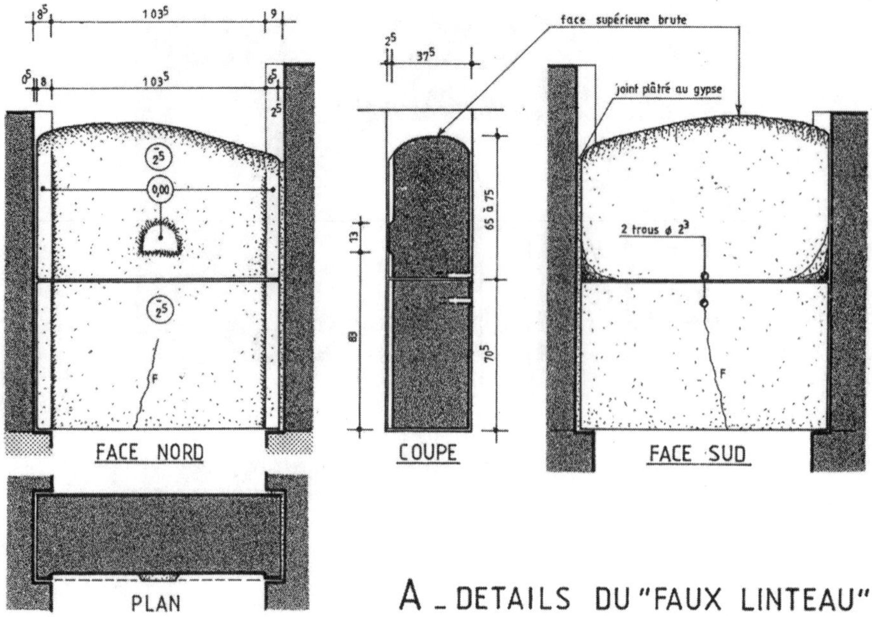

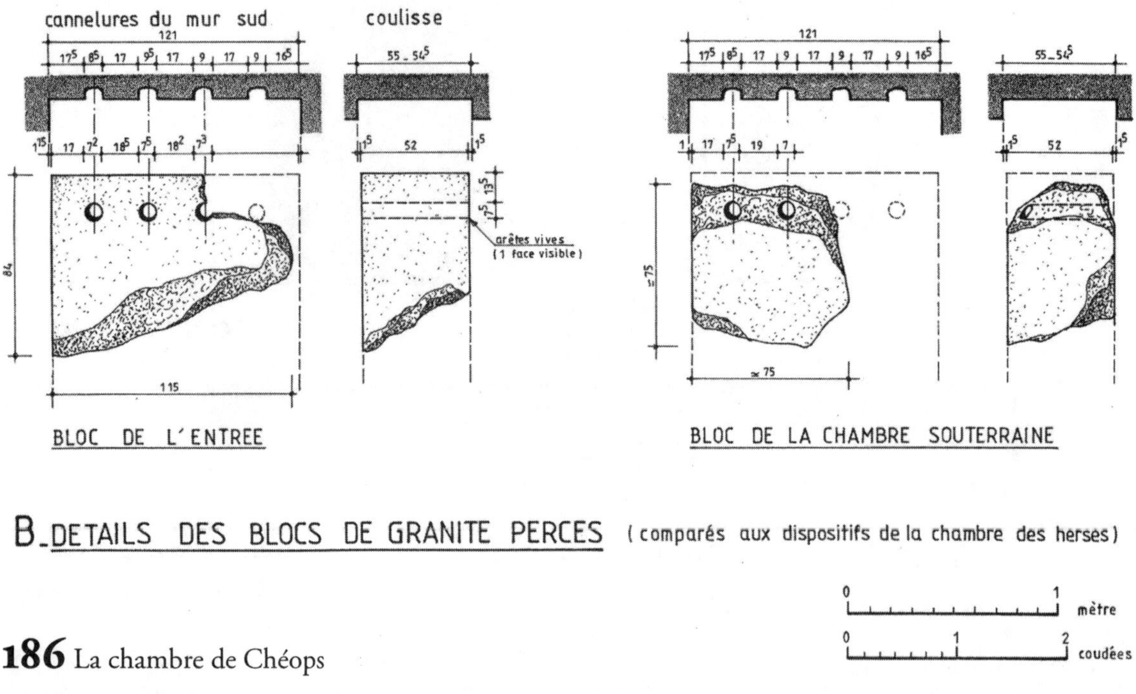

En outre, une protubérance semi-circulaire (téton de manutention?) y a été laissée côté nord, et la face sud comporte deux petits forages (ø 23 mm) de part et d'autre du joint médian. Ajoutons que le « faux linteau » est, potentiellement, coulissant. Bref, cet élément élaboré, au façonnage précis, ne semble pas être le fruit d'une improvisation.

Certains de ces détails posent problème. Tout d'abord, était-il nécessaire de ravaler toute une face, pour ne détourer, finalement, qu'une faible protubérance, trop peu saillante pour constituer une prise efficace? Nous sommes dubitatifs. Par ailleurs, à quoi pouvaient servir les deux trous de la face sud? À fixer une sorte d'agrafe — en cuivre — afin de solidariser les deux plaques de granit? Ce n'est guère réaliste: la fixation de quoi que ce soit serait par trop fragile, illusoire, car le trou supérieur est bien trop près du joint (il reste à peine un millimètre de matière entre ces derniers). Ce trou a probablement été réalisé verticalement dans le bloc posé au sol, à l'aide d'un foret à manivelle lesté, comme on en utilisait à l'époque. Mais il est pratiquement impossible de percer tangentiellement au bord sans éclater le matériau. Telles que les choses se présentent, il faudrait que ce soit la face de joint qui ait été façonnée après le forage. Cela implique que ce trou, irréalisable et inutilisable en l'état, n'a peut-être pas été fait pour se trouver dans sa position actuelle.

Ajoutons une précision: les deux trous du « faux linteau » ont exactement le même diamètre (23 mm) que les trois forages situés sur le bord supérieur du sarcophage de Chéops. Ils ont pu être faits par le même outil. On ne peut éviter d'établir un lien avec le mécanisme de verrouillage du sarcophage, mécanisme caractérisé par la chute de petites clavettes dans les trous… nécessairement verticaux. Si un mécanisme similaire avait été prévu pour le « faux linteau », il faut alors envisager que ce dernier ait été fabriqué non pour être posé verticalement, mais pour fonctionner horizontalement. Toutes ces observations concourent à la synthèse suivante, qui est double.

Premièrement, la chambre des herses aurait été retaillée, afin d'y incorporer le « faux linteau », dispositif qui permet d'accéder, frontalement, au-dessus des herses. Ce remaniement induit deux hypothèses : soit l'accès au-dessus des herses n'était pas, initialement, nécessaire ; soit il avait été prévu d'une autre façon. Cette proposition conduit à une lapalissade : pour accéder au-dessus des herses, sans passer par-devant, il faut passer par le haut.

Deuxièmement, tel quel, le « faux linteau » semble excessivement élaboré. En revanche, ses caractéristiques sont celles d'éléments de trappes à coulissement horizontal : dimensions adaptées, usinage précis, protubérance de manœuvre et jeu de clavettes pour le verrouillage.

De ces deux points on déduit que :

— tout était conçu pour manœuvrer les herses directement par le dessus ;
— l'accès en partie supérieure devait s'effectuer par le plafond de la chambre ;
— une « trappe » coulissante, en cours de fabrication, devait en assurer la condamnation ;
— c'est alors qu'il a été décidé de remplacer l'accès supérieur par un passage frontal ;
— pour ce faire, la chambre a été allongée par retaille des extrémités ;
— la « trappe », disponible et appropriée, a été adaptée en « faux linteau ».

Le mécanisme

Deux fragments de herses subsistent. Ils ont des perforations dont les dimensions et les positions concordent exactement avec les quatre cannelures verticales taillées dans la paroi sud de la chambre (fig. 40 B et photo. 13). Ces éléments semblent caractéristiques de passages de cordes. Chaque herse devait ainsi être suspendue à un rondin par quatre cordages. La hauteur des herses, nécessairement supérieure à celle du passage à obturer (1,11 m), ne pouvait être inférieure à 1,32 m, minimum requis pour que leurs attaches soient masquées par le « faux linteau ». Elle ne pouvait, par ailleurs, excéder 1,51 m, espace disponible, en position relevée, entre le passage et la sous-face des rondins supports. Entre le minimum requis (1,32 m) et un maximum possible et avantageux, la hauteur effective des herses devait probablement avoisiner 1,51 m, c'est-à-dire que celles-ci devaient être maintenues en contact avec leur rondin support. Chaque herse devant être épaisse de 52 cm, large de 1,19 m et haute de 1,51 m, son poids s'établissait à environ 2,4 tonnes.

Les quatre cannelures ont été réalisées sur toute la hauteur de la paroi sud, jusqu'au plafond ; cela paraît superflu dans la mesure où elles ont été prolongées au-delà de la hauteur utile de maintien et de manœuvre des herses. Cependant, cette disposition était nécessaire pour la mise en place de la herse sud.

La mise en place des herses.

Il est évident qu'elles ont été introduites dans leurs coulisses par le haut. Mais cette opération ne pouvait être effectuée qu'au dernier moment, juste avant la pose du plafond. Tous les travaux exécutés au-dessus des herses déjà en place auraient en effet eu pour résultat de faire tomber des débris, particulièrement malvenus dans les interstices herses-coulisses. Introduire les herses dans leurs coulisses et placer ensuite les rondins eût été absurde : la ligature de chaque herse à son rondin eût été pratiquement irréalisable en place, en raison des faibles espacements disponibles (14,5 cm). La façon de procéder la plus rationnelle était donc la suivante :

— d'abord construire la chambre des herses jusqu'au niveau du plafond ;
— ensuite exécuter et achever tous les travaux de taille (coulisses, ravalements, cannelures, berceaux) ;
— puis lier chaque herse à son rondin support ;
— enfin descendre chaque ensemble herse-rondin dans sa coulisse. Cette opération était effectuée depuis la trémie du plafond, jusqu'à ce que le rondin,

plus large que la herse, repose sur ses appuis. Dans ces conditions, pour introduire la herse sud, il était indispensable que les cannelures fussent exécutées sur toute la hauteur de la paroi.

La manœuvre des herses.

C'est certainement par leurs quatre perforations que les herses étaient attachées à leur rondin-support, et non par des cordages passant sous les herses, système proposé par Georges Goyon. Ainsi, les attaches n'étaient accessibles qu'en partie supérieure, par le truchement de l'intervalle précédant le « faux linteau ». Les herses pouvaient être abaissées de deux façons :
— brusquement, en tranchant les cordages. Il fallait amortir la chute (bois tendre ou sac de sable placé sous la herse), soulager quelque peu la herse à l'aide d'un levier pour retirer l'amortisseur, puis la reposer en douceur ;
— lentement, en relâchant progressivement les cordages. Ce fut certainement la seconde solution qui fut employée. La chute, même amortie, d'une herse de deux tonnes et demie comporte en effet de sérieux risques de dommages. Enfin, si une solution simpliste avait été envisagée, le dispositif réalisé aurait probablement été moins sophistiqué.

A priori, le principe de manœuvre des herses est évident : chaque herse, traversée en quatre points par un fort cordage, était surfilée à son rondin-support (fig. 41 C). Le relâchement contrôlé du cordage, efficacement freiné par les frictions sur les rondins, provoquait la descente progressive de la herse.

Cependant, ce schéma élémentaire n'est guère réaliste. Tout d'abord, le diamètre des percements dans les herses est de 75 mm (1 palme). Ce calibre n'a sûrement pas été prévu pour y passer de simples cordelettes ; les cordages correspondants devaient avoir, avec le jeu requis, un diamètre d'environ 60 mm. Or un cordage d'aussi forte section est pratiquement impossible à manipuler à échelle restreinte (préhension malaisée, amplitude des

fig. 41 Les herses, les cordages

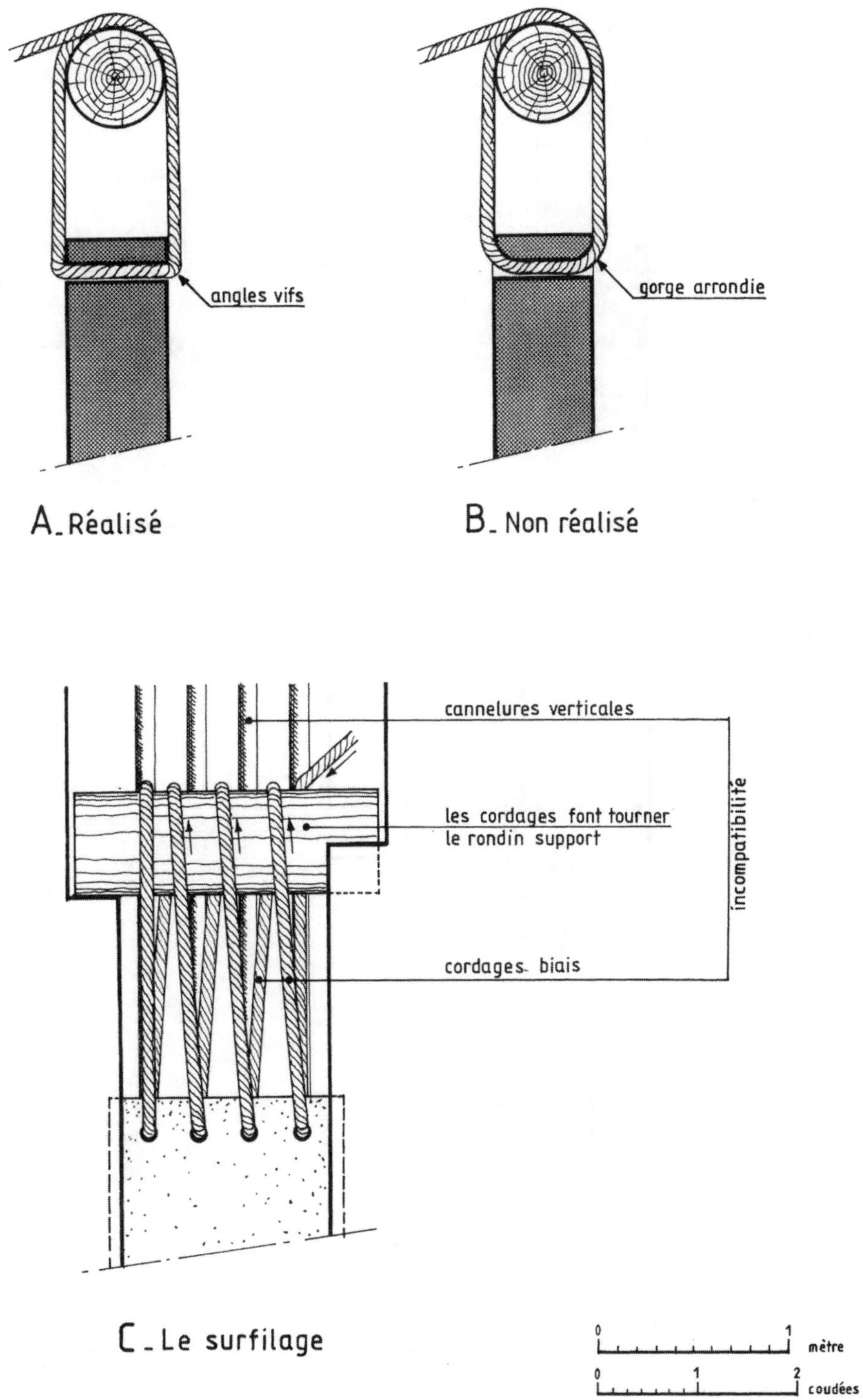

fig. 42 Les herses, les axes

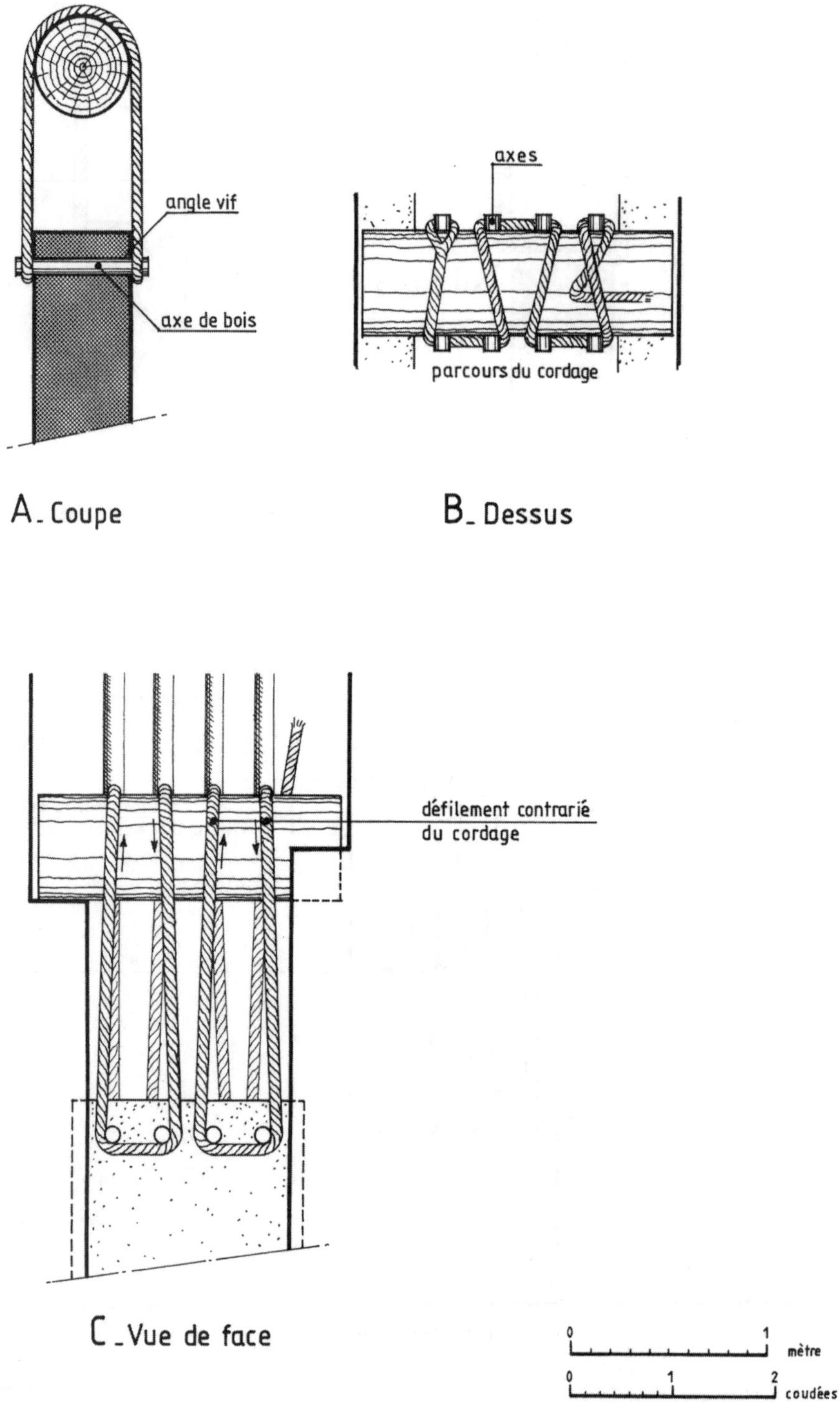

boucles, raideur, difficulté de réaliser des nœuds, etc). Ensuite, un cordage surfilé d'un percement à l'autre passerait en biais sur les rondins-supports, et non pas verticalement (fig. 41 C) : il sortirait donc des cannelures verticales du mur sud. On peut noter, à cet égard, que ces cannelures ne s'imposaient nullement pour éviter un pincement des cordages : il aurait suffi de tailler des gorges entre les percements et le dessus de la herse sud (4 fois 13,5 cm) en lieu et place des dites cannelures (4 fois 2,69 m, soit vingt fois plus !). Enfin, un détail semble incompatible avec le système des cordages : les orifices des percements dans les herses sont nets, avec des bords vifs, non adoucis (fig. 41 A). Or on ne peut plier à angle droit un cordage de forte section ni, *a fortiori*, le faire glisser, sous de fortes tensions, contre une arête vive (ainsi, la herse brisée de Meïdoum et celles, intactes, de Dahchour-Sud, ont des arêtes arrondies). Si les Égyptiens avaient prévu de suspendre les herses par des cordages traversants et *a fortiori* de faire coulisser ces derniers, ils auraient sans aucun doute adouci les orifices, en y pratiquant une gorge cintrée (fig. 41 B) qui aurait rendu inutiles les cannelures (*cf.* le passage précédent). Il serait étonnant qu'ils n'aient pas eu le temps ou aient négligé de réaliser ce petit façonnage indispensable.

Faut-il croire que les herses n'étaient pas attachées séparément, et que des cordages les traversaient, toutes trois, de part en part ? Une telle disposition n'aurait comporté que des inconvénients. À la mise en place comme à la fermeture, elle aurait en effet fortement compliqué la manœuvre simultanée des trois herses reliées. Tout cela n'étant guère satisfaisant, nous proposons une solution qui intègre les éléments existants tout en répondant aux exigences de manœuvre (fig. 42).

Étant donné que les lèvres des percements ont été laissées vives, les éléments traversant les herses ne devaient probablement pas être des cordages, souples, mais des « objets rigides » au diamètre des percements : par exemple, des cylindres de bois de 75 mm de diamètre (fig. 42 A).

Considérons donc un système où chaque herse serait traversée par quatre axes de bois :

— ces axes ont le diamètre des percements et sont en bois dur : ils sont robustes. Ils saillent d'environ 6 cm de part et d'autre de la herse traversée (l'intervalle entre deux herses est de 14,5 cm), ce qui permet l'accrochage de cordages suffisants et manipulables (diamètre 30 à 40 mm) ;

— en passant sur les rondins-supports et sous les axes, les cordages ne sont pas pliés à angle droit : n'étant en contact qu'avec des surfaces courbes, ils peuvent coulisser ;

— les surfaces de contact entre les cordes et les axes sont faibles et ne génèrent pas de frictions importantes ; ce sont essentiellement les quatre passages de cordes sur les rondins-supports qui vont produire les frictions qui freineront la descente des herses ;

— dans le schéma basique d'un surfilage continu sur les rondins, les cordages se dévideraient dans le même sens, entraînant la rotation du rondin-support : le freinage de la descente serait compromis (fig. 41 C). Dans la solution proposée, le sens des cordages est alterné : lors de la descente des herses, le dévidement du cordage engendre des frictions contrariées qui ne provoquent pas la rotation du rondin : le freinage est assuré (fig. 42 C) ;

— les méandres du cordage produisent, par effet de moufle, une démultiplication très avantageuse. La tension résultante en extrémité de cordage se trouve en effet divisée par huit (quatre passages sur les rondins, plus quatre passages sous les axes). La force nécessaire pour retenir une herse de 2,4 tonnes est ainsi réduite à 300 kg ; compte tenu des frictions des cordages sur les rondins, la tension finale requise est pratiquement maîtrisable par un homme seul ;

— la manipulation ne représente aucune difficulté : après avoir libéré une extrémité du cordage, il suffit de laisser filer lentement celui-ci, en contenant la traction ;

— la manœuvre est très sûre : même en laissant filer rapidement le cordage, la vitesse de descente de la herse se trouve divisée par huit ;
— quant aux quatre cannelures de la paroi sud, elles ont été aménagées pour le passage des axes de la troisième herse.

Le « verrouillage » (fig. 43)

Selon les croquis proposés par Georges Goyon et Jean-Philippe Lauer, le téton du « faux linteau » aurait permis de coincer un bout de bois auquel auraient été nouées les extrémités des cordages. Ce bricolage précaire est d'autant moins réaliste que, sur la paroi nord, aucune protubérance, ni encoche, ne fait face au téton du « faux linteau », lui-même fort peu saillant. Selon André Pochan, les extrémités des cordages étaient maintenues serrées entre les deux parties du « faux linteau », comme dans un « étau » : en soulevant la partie supérieure, grâce au téton, on libérait les cordages. Mais ce système implique une retenue et une manœuvre simultanée des trois herses, ingérable en pratique. De surcroît, ce mécanisme ne peut pas fonctionner. L'« étau » n'est en effet pas efficient au niveau adéquat mais... soixante centimètres trop bas.

Dans la reconstitution du mécanisme que nous avons proposée, le « faux linteau » n'intervient pas dans la manœuvre des herses ; il n'a, en fait, qu'un rôle d'écran. Alors qu'un banal linteau fixe aurait satisfait à cette fonction, la particularité du « faux linteau » est sa mobilité potentielle : comme les herses, il est engagé dans des rainures, avec le jeu requis pour coulisser librement (sa mobilité n'est limitée que par l'arrêt des rainures à hauteur de passage). De plus, si cet accessoire avait été initialement prévu et façonné pour coulisser (la « trappe »), n'aurait-il pas été réutilisé justement pour cette particularité ? Considérons donc le dispositif en tenant compte de sa mobilité. Lorsque les herses sont abaissées, leur partie supérieure se trouve masquée derrière le « faux linteau » : les cordages et leurs points d'attache sont invisibles. En revanche, si le « faux linteau »

fig. 43 La chambre des herses, système de verrouillage

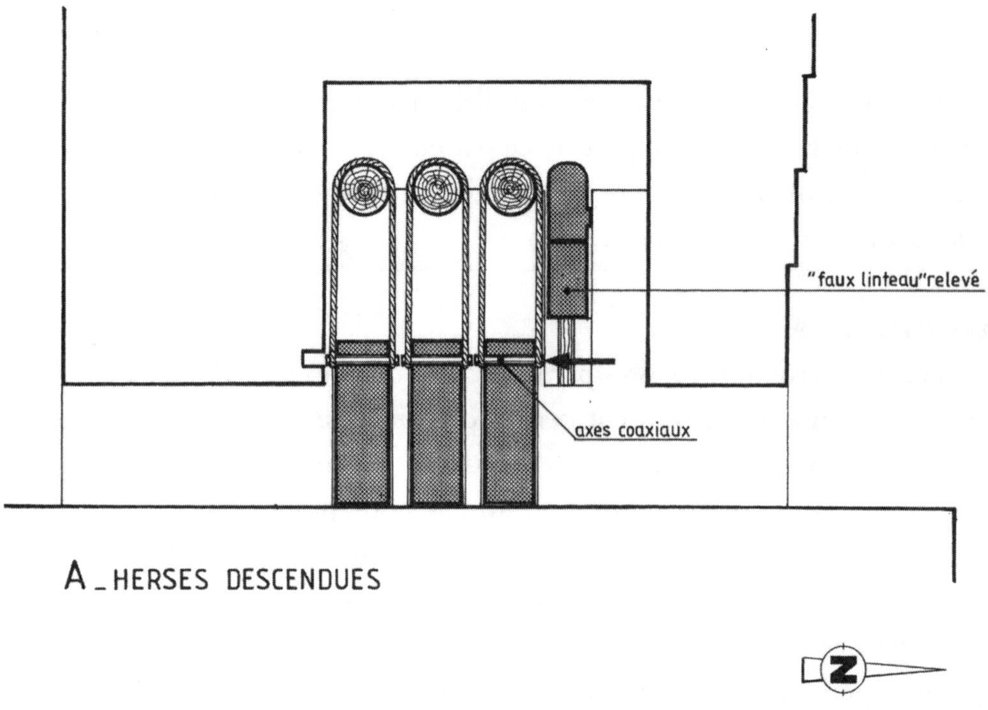

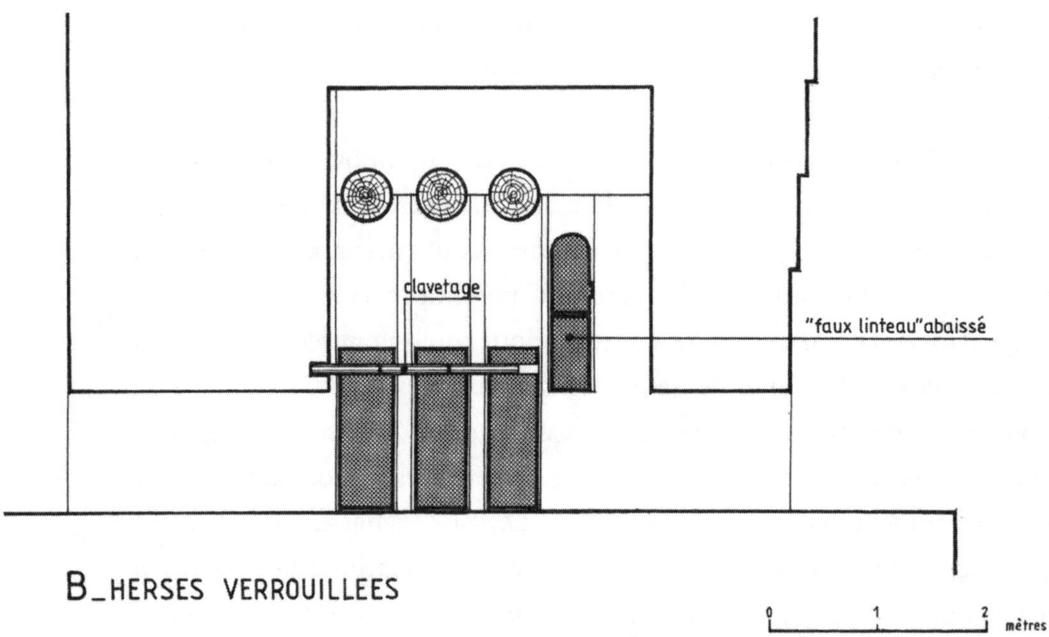

est relevé d'une quarantaine de centimètres, les fixations de la première herse — axes de bois et cordages — sont alors accessibles. Faut-il en conclure que le but du dispositif était le démontage final des fixations des herses ? Certainement pas, car l'intervention n'était possible que sur la première herse ; pour démonter les autres fixations, il aurait fallu, de toute façon, passer au-dessus du « faux linteau ». De plus, un tel démontage n'avait rien d'indispensable.

Une autre caractéristique du dispositif doit être prise en compte. On constate que les percements des deux fragments de herses sont positionnés en concordance avec les cannelures du mur sud, selon une précision millimétrique. Cela implique que les percements respectifs des herses devaient être si précisément coaxiaux qu'il était possible d'enfiler des barres à travers les trois herses. Que celles-ci fussent semblables, soit, mais leur propre fonctionnement n'exigeait nullement la minutie requise pour que les trois dispositifs fussent en parfaite concordance. La recherche d'une telle précision doit avoir une justification. En somme, toutes les caractéristiques sont réunies pour qu'ait été réalisable le processus suivant :

— les trois herses sont abaissées successivement (fig. 43 A) ;
— le « faux linteau » est relevé d'une quarantaine de centimètres ;
— la partie supérieure de la première herse est visible et ses quatre axes accessibles ;
— un chasse-goujon et quelques coups de maillet suffisent alors pour enfoncer les axes de la première herse… qui repoussent du même coup les axes des deux herses suivantes ;
— tous les axes sont ainsi refoulés dans les percements de la herse adjacente, comme des pênes. Les herses sont ainsi solidarisées et il devient pratiquement impossible de les soulever (fig. 43 B) ;
— enfin, le « faux linteau » est abaissé, afin de masquer le haut des herses, et du plâtre est coulé dans ses coulisses. Dès lors, l'ensemble du système est irrémédiablement bloqué. (Ce processus implique que les cannelures aient dû être approfondies au niveau des axes de la herse sud abaissée. C'est malheureuse-

ment invérifiable, car l'angle inférieur du linteau a été détruit : son aspect actuel n'est qu'une reconstitution moderne en plâtre.) Il ne faudrait pas estimer que le mécanisme décrit dépasse le niveau de compétence et d'ingéniosité des bâtisseurs de pyramides. Le système de fermeture des sarcophages de Chéops et de Chéphren est, en effet, exactement du même ordre : un couvercle coulissant dans des glissières en queue-d'aronde, automatiquement et irrémédiablement bloqué, à la fermeture, par un jeu subtil et précis de clavettes mobiles.

En conclusion, le processus suivant paraît vraisemblable. D'une part, l'indispensable « tassement » des herses a engendré la conception d'un astucieux verrouillage. D'autre part, c'est la mise au point de ce mécanisme qui a entraîné les diverses modifications de la chambre des herses.

L'effraction des herses

L'accès à la chambre des herses porte des traces évidentes d'effraction. Pour des voleurs obstinés, il était toujours possible de soulever progressivement une lourde herse, au moyen d'un levier, et de la caler au fur et à mesure, jusqu'à ce qu'il soit possible de se glisser dessous : beaucoup de tombes ont été profanées de cette façon. Mais le mécanisme de verrouillage des herses que nous avons décrit élimine pratiquement cette possibilité. Cependant, en dépit de sa sophistication, la chambre des herses se révèle très vulnérable (fig. 44 A). Il suffit en effet de passer au-dessus du « faux linteau » pour enjamber les deux premières herses : le seul obstacle effectif n'est que la herse sud ! Cette vulnérabilité est si flagrante que l'on est amené à supposer que le dessus des herses avait été comblé (fig. 44 B). Mais on ne discerne aucun indice d'un tel comblement : pas la moindre trace d'extraction, de reliquats de plâtre dans les encoignures ou dans le fond des coulisses. Apparemment, les herses n'ont même pas été scellées au plâtre, contrairement au « faux linteau ». On peut, tout au plus, supposer que l'espace entre

fig. 44 La chambre des herses, vulnérabilité

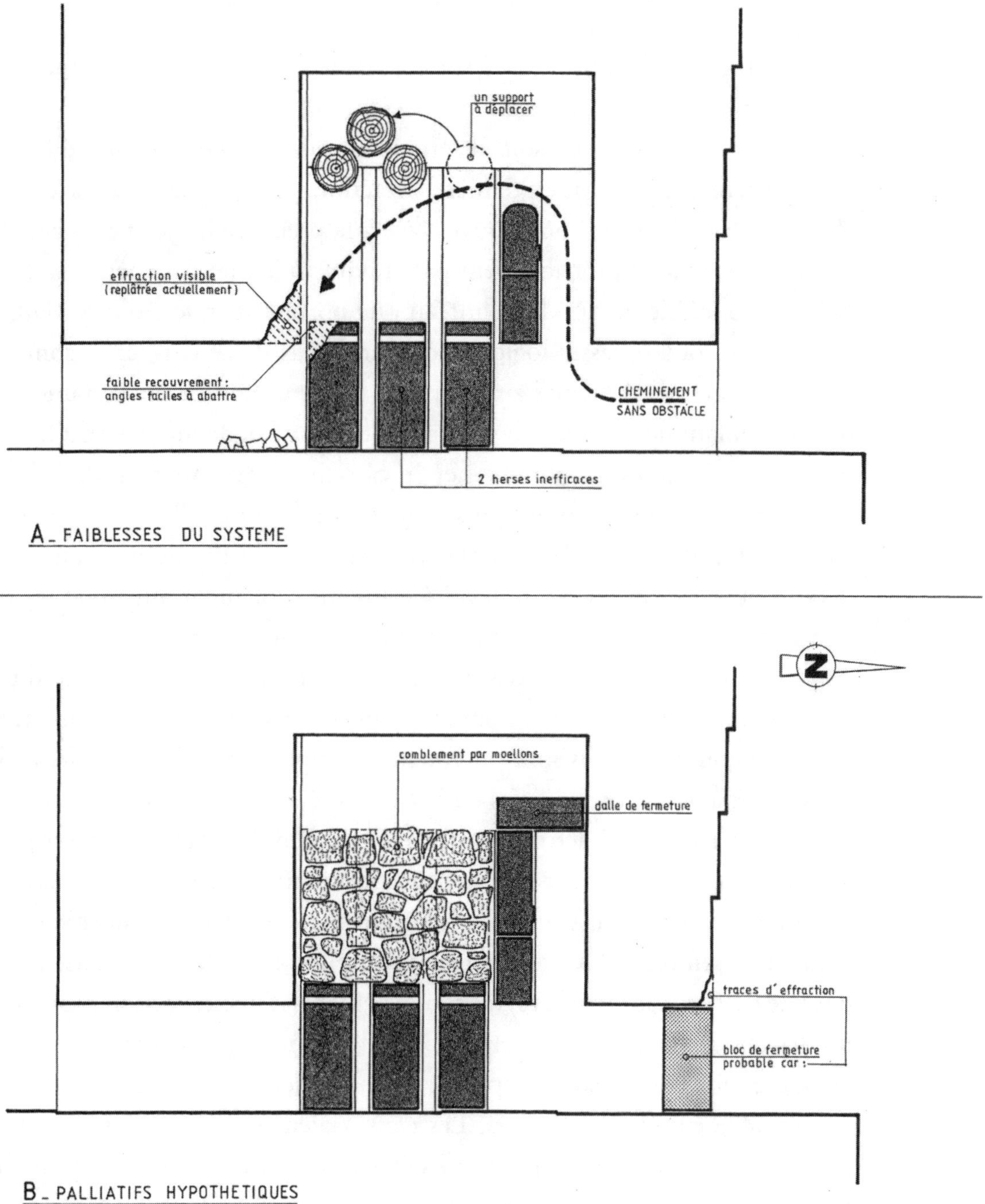

le plafond et le « faux linteau » avait été fermé, puisque la partie supérieure de ce dernier semble fracturée.

Quoi qu'il en soit, il semblerait que les herses aient été forcées en deux temps. Lors d'une première effraction, après avoir forcé l'accès à la chambre, les pillards se sont trouvés face à la première herse et au « faux linteau ». Ils ne se sont probablement pas attaqués à la première herse : ni le sol ni la partie inférieure du « faux linteau » ne portent de traces d'intervention. Ils sont sans doute passés logiquement au-dessus de ce dernier et sont parvenus sans grande difficulté au-dessus de la herse sud. Ce fut certainement un jeu d'enfant de se frayer un passage en brisant l'angle inférieur du linteau — cette effraction est flagrante — et en cassant l'angle supérieur de la herse. Cette opération était d'autant plus aisée que le haut de celle-ci était fragilisé par l'amorce de rupture des quatre percements, où il suffisait, pour ainsi dire, de « découper selon les pointillés » ! Ce fut probablement ainsi que les premiers voleurs pénétrèrent dans la chambre « du roi ».

La destruction des herses est certainement le résultat d'une seconde effraction. Les deux fragments subsistants ne portent aucune trace de percussion d'outil : ils sont purement et simplement brisés. De même les filets de séparation des coulisses de herses ont été rompus. Il est évident que si ces filets avaient été détruits par martelage, afin d'extraire les herses l'une après l'autre, le travail eût été interrompu à hauteur de herse. Or, sans la moindre trace de percussion, ces filets sont brisés sur des hauteurs bien supérieures ; ils semblent « éclatés ». Herses rompues, filets éclatés et absence de trace de taille constituent les symptômes évidents d'une effraction provoquée par les chocs violents d'un bélier. C'est d'autant moins surprenant que la grande galerie constituait, à l'époque où son étaiement était encore en place, un véritable entrepôt de béliers. Les étais avaient des longueurs comprises entre 3,5 et 4 mètres, et un poids, s'ils étaient en cèdre, qui devait approcher les 180 kg: on ne pouvait trouver matériel plus approprié !

chapitre XII

La chambre dite « du roi »

plans n° 12 et 13

La chambre « du roi », entièrement bâtie en granit d'Assouan, est une construction imposante (photo 14). Chambre funéraire du pharaon (la présence d'un sarcophage en témoigne), elle est le but ultime de la pyramide. Il serait vain d'y chercher des traces d'improvisation, de modifications ou d'imperfections : du sol au plafond, tout est parfaitement réalisé. Tout au plus peut-on discerner, sur le mur sud, des traces de « tétons de manutention » qui n'ont pas été totalement effacées par le ravalement.

Le sarcophage

Le sarcophage (fig. 45) est un simple parallélépipède de granit évidé. Perdu dans cette grande salle, il est un peu décevant : il n'a que les dimensions minimales pour recevoir un cercueil de bois et n'est pas à la mesure de la majesté de la pièce. Il est moins massif et moins bien fini que le sarcophage de Chéphren. Comme l'avait fait remarquer Flinders Petrie, extraordinaire observateur, la face nord du sarcophage est marquée de deux traces de scie que le polissage final n'a même pas effacées.

Les bords supérieurs du sarcophage sont très abîmés, mais on y discerne encore le façonnage d'un système de fermeture très sophistiqué. Afin qu'il ne puisse être soulevé, le couvercle était engagé dans des coulisses taillées en « queue-d'aronde ». En bout de course, trois trous pratiqués dans le couvercle arrivaient exactement à l'aplomb des trois trous pratiqués dans la cuve du sarcophage. Des clavettes — probablement en cuivre — logées dans les trous du couvercle, tombaient dans ceux de la cuve, verrouillant irrémédiablement le couvercle ; ce sont les mêmes trous caractéristiques qui ont été percés dans le « faux linteau » de la chambre des herses que nous avons décrit précédemment. Ce type de dispositif requiert une précision millimétrique. Il est difficile de s'en rendre compte sur le

fig. 45 Le sarcophage

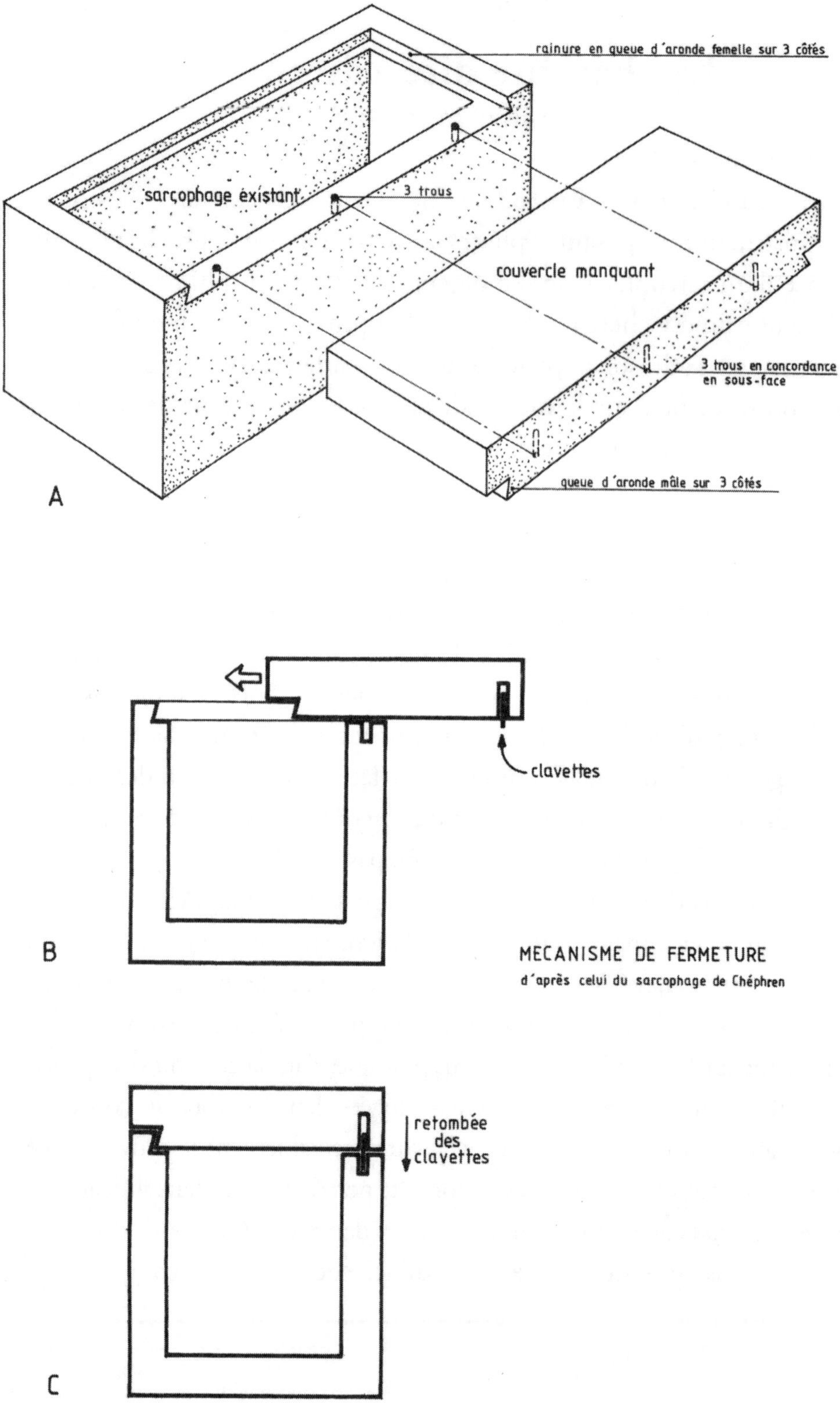

sarcophage de Chéops, dont le bord supérieur est très abîmé. C'est en examinant le sarcophage de Chéphren, dont le système, intact, est identique que l'on peut apprécier un « usinage » quasiment parfait. Sur ce dernier, la sophistication a été poussée jusqu'à réaliser des coulisses légèrement convergentes : on dispose ainsi d'un peu de jeu pour introduire le couvercle, mais plus aucun en fin de course. Il s'agit d'une véritable mécanique de précision, d'une très grande ingéniosité, qui donne toute la mesure des capacités d'invention des bâtisseurs de pyramide.

Les conduits dits « de ventilation »

Contrairement aux conduits de la chambre « de la reine », ceux de la chambre « du roi » sont achevés. Ils débouchent à l'intérieur de la chambre et à l'extérieur de la pyramide. Cependant, leur orifice supérieur était peut-être initialement recouvert par le revêtement extérieur, aujourd'hui disparu : il semble en effet peu concevable que les conduits aient pu être laissés définitivement ouverts pour ventiler la chambre funéraire. C'eût été favoriser l'intrusion d'éléments (humidité, animaux, sable) préjudiciables à la préservation recherchée.

Les conduits servaient-ils donc à ventiler la chambre seulement pendant la durée des travaux, pour être finalement condamnés ? Certainement pas, puisque ceux de la chambre « de la reine », eux, ne débouchaient même pas dans la chambre ! À l'instar de ces derniers, où le principe de ventilation est inapplicable, on est amené à considérer à nouveau l'hypothèse des conduits dits « psychiques ». Rappelons les remarques faites précédemment à leur propos (*cf.* chap. IX) :

— d'une part, la concrétisation des conduits est un luxe inutile ; selon les croyances de l'ancienne Égypte, de simples simulacres auraient été aussi efficaces ;

— d'autre part, s'appliquant à un dogme immuable, le dispositif est curieusement unique, sans prémices ni rémanence dans les autres pyramides.

À ces objections de principe, on peut ajouter ici des observations plus concrètes. La première porte sur l'implantation des conduits. Selon le concept des « conduits psychiques », l'âme du défunt, émanant du corps placé dans le sarcophage, emprunterait les conduits (mais lequel des deux ?) pour s'élever hors de la pyramide. Soit, mais dans la logique d'une concrétisation pragmatique du concept, les conduits ne devraient-ils pas déboucher face au sarcophage, et non pas vers l'entrée de la chambre, pratiquement à l'opposé ? Cette implantation des conduits, à l'autre extrémité de la chambre, est cependant bien intentionnelle, car, pour le conduit nord, elle a nécessité la réalisation de dévoiements compliqués, destinés à éviter la maçonnerie de la grande galerie. Il est évident que l'implantation des conduits dans la partie ouest de la chambre, vers le sarcophage, eût pourtant évité la difficulté de ces dévoiements. Telles que les choses ont été réalisées, on peut donc aller jusqu'à déceler une volonté marquée de *ne pas faire aboutir les conduits à proximité du sarcophage !*

La seconde observation concerne l'inclinaison des conduits. Nous avons montré précédemment que ceux de la chambre « de la reine », loin de toutes considérations astronomiques, étaient simplement perpendiculaires aux faces de la pyramide. Ceux de la chambre « du roi », en revanche, ont des inclinaisons dissymétriques : 45 ° (tangente 1/1) pour le conduit sud et 32° 30' (tangente 7/11) pour le conduit nord (fig. 46). Avant de chercher à quelles étoiles correspondent ces directions, on peut noter que ces angles possèdent des tangentes simples. Il est remarquable que ces inclinaisons dissymétriques fassent aboutir les deux conduits pratiquement au même niveau sur les faces de la pyramide. Si le conduit nord débouche un peu plus bas que le conduit sud, c'est en raison d'une mauvaise gestion de ses dévoiements à la base, difficilement maîtrisables. Mais, si l'on calcule les trajectoires en faisant abstraction de ces dévoiements, le conduit sud aboutit au niveau + 80,72 m et le conduit nord… au niveau + 80,73 m. Autrement dit, la dissymétrie des

fig. 46 La chambre «du roi», géométrie des conduits

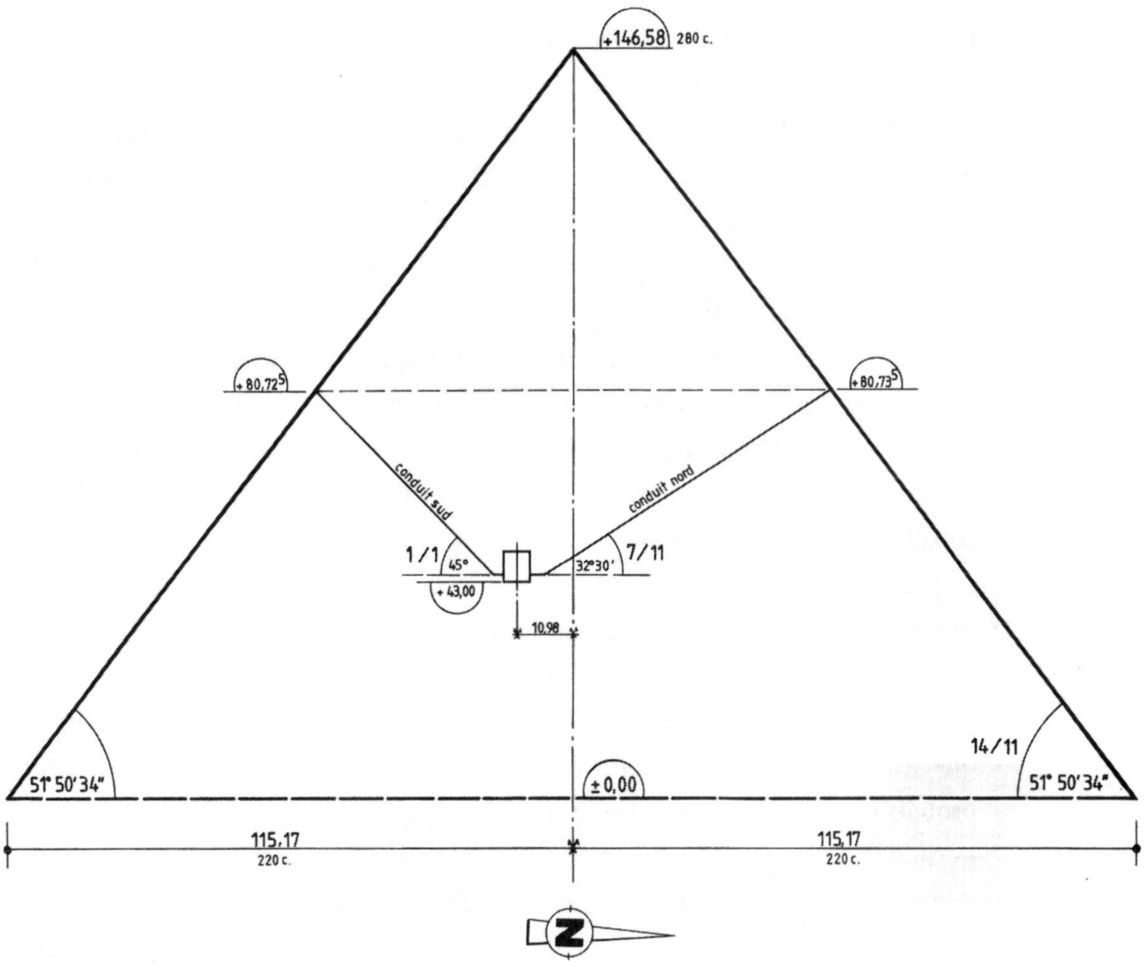

trajectoires a été calculée pour faire aboutir les conduits exactement au même niveau, *en compensant le décentrement de la chambre.*

Remarquons enfin, que si la chambre « du roi » était centrée (fig. 47), avec des conduits perpendiculaires aux faces de la pyramide (exactement comme dans le cas de la chambre « de la reine »), ses conduits aboutiraient tous deux au niveau + 80,91 m. Pratiquement au même niveau donc (à moins de 20 cm près) que dans la configuration existante de la chambre décentrée. Cela signifie que les bâtisseurs ont réalisé les conduits de telle sorte qu'ils aboutissent au même endroit que s'ils avaient été menés perpendiculairement aux faces depuis une chambre « du roi » centrée. Il s'agit finalement de la résolution d'un problème de géométrie visant *à compenser l'« anomalie » du décentrement de la chambre* (fig. 48). Ce constat induit trois corollaires :

— premièrement, il était absolument impossible de résoudre la compensation des angles des conduits de façon empirique sur le chantier : la résolution de ce problème géométrique a obligatoirement nécessité un tracé préalable précis sur épure. Ce point prouve de façon irréfutable, s'il en était besoin, que les bâtisseurs des pyramides réalisaient des études et des plans précis, probablement selon la méthode du quadrillage ;

— deuxièmement, bien entendu, cette résolution du problème n'est valable que pour une seule figure géométrique déterminée. Nous pouvons ainsi être assurés que les dimensions de la Grande Pyramide étaient définies ; contrairement aux pyramides de Meïdoum et de Dahchour-Sud, elle n'a été l'objet d'aucun agrandissement ;

— troisièmement, le tracé des conduits relevant, à l'évidence, d'une géométrie élémentaire, *il est permis de douter de la pertinence de considérations astronomiques, alambiquées et aléatoires.*

Remarque : les tronçons horizontaux des conduits traversant les parois ont été réalisés selon le même principe que dans la chambre « de la

fig. 47 La chambre «du roi» (supposée axée), géométrie des conduits

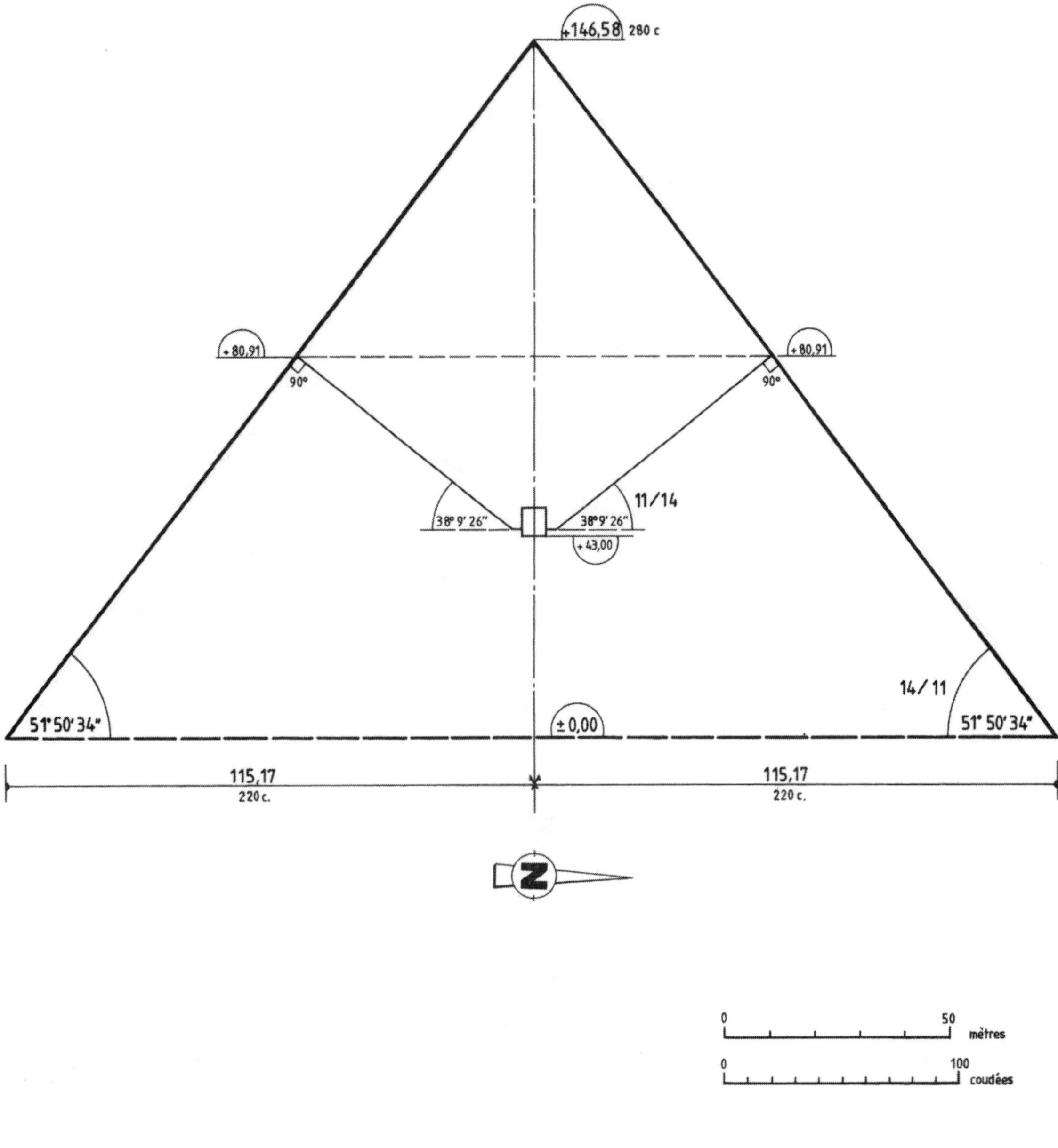

fig. 48 Conduits dits « de ventilation », compensation des angles des conduits de la chambre « du roi »

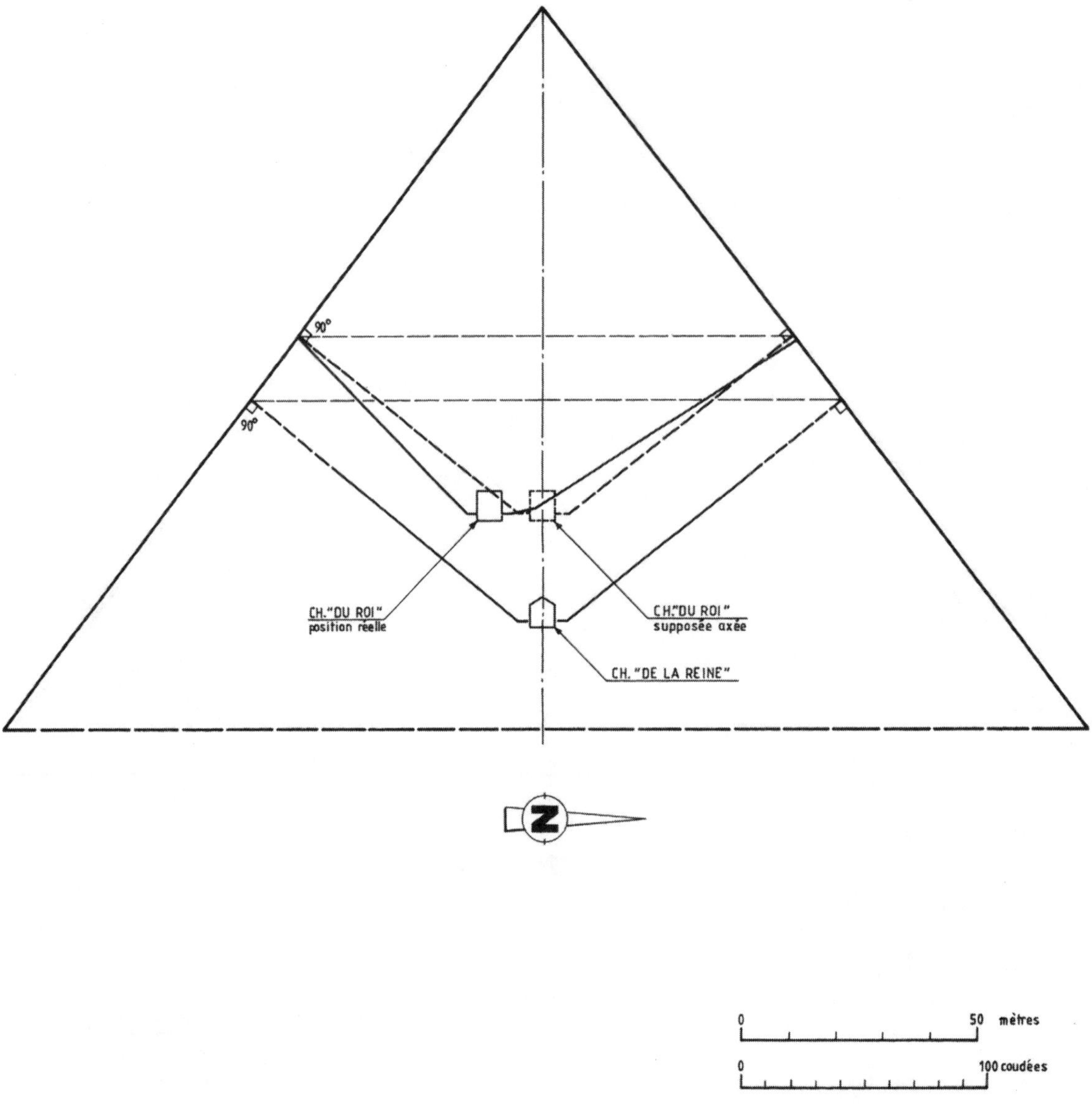

reine », c'est-à-dire qu'ils ont été creusés en canal ouvert sur le flanc des blocs. Comme ce même procédé a été utilisé pour les quatre conduits, on peut en déduire que les Égyptiens réalisaient habituellement les trous traversants non pas en pleine masse, mais, très logiquement, par un canal ouvert appliqué contre la face de joint d'un bloc adjacent. Nous retrouverons l'application de cette technique dans un autre cas.

L'implantation de la chambre

Le sol de la chambre « du roi » se trouve au niveau + 43,00 m. On peut se demander ce qui a déterminé cette altitude, qui ne correspond pas à un multiple simple (type dizaine) en coudées. Plusieurs paramètres ont sans doute joué un rôle. Il y a tout d'abord les contraintes. Comme nous l'avons montré précédemment, il fallait que la grande galerie « enjambe » préalablement les voûtes de la chambre « de la reine » avant que puisse être entreprise la construction de celle « du roi ». Mais son implantation était tributaire de l'inclinaison de la distribution : plus on l'élevait, plus on la déportait vers le sud. La chambre « du roi » ne pouvait donc pas être située plus bas, à cause de la présence des voûtes de celle « de la reine », ni beaucoup plus haut, sous peine d'être exagérément désaxée. Sa position actuelle peut donc être interprétée comme un moyen terme raisonnable. La justification de la situation de la chambre « du roi » n'en a pas moins donné lieu à des calculs savants.

Selon Petrie, la chambre se situe au niveau où la surface de la section de pyramide (26 493,5 m^2) est pratiquement égale à la moitié de celle de la base (53 056,55 m^2). Il y a cependant une coïncidence plus évidente et beaucoup plus simple, puisqu'elle ne fait intervenir aucun calcul. Le plafond de la chambre « du roi » se situe au niveau + 48,84 m, soit exactement *au tiers de la hauteur de la pyramide*, à deux centimètres près (146,58 : 3 = 48,86 m). Or le tiers de la hauteur d'un triangle isocèle est particulière-

fig. 49 La chambre «du roi», l'implantation

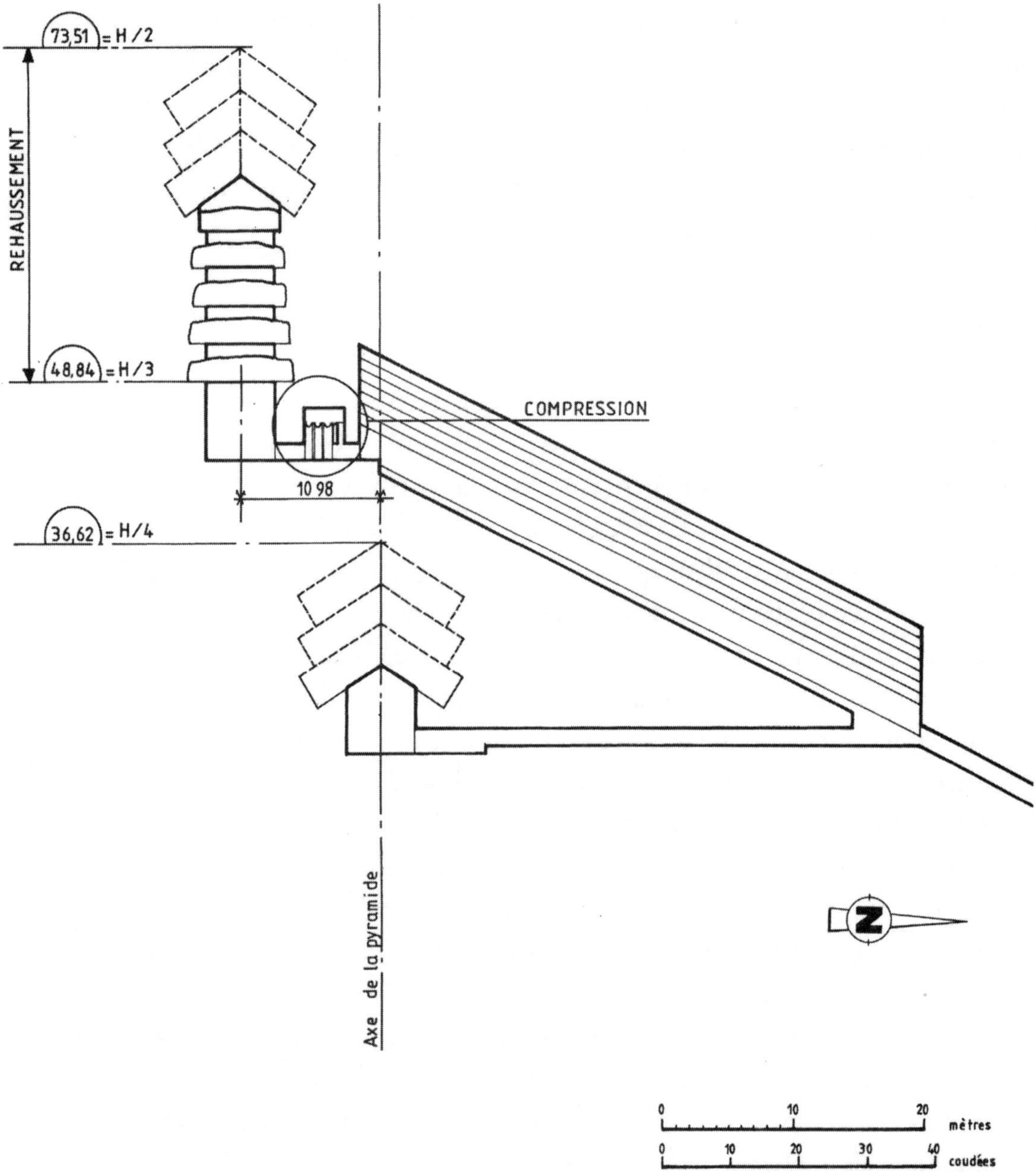

ment caractéristique : il correspond au point de concours des médianes et au centre de gravité.

Toutes ces considérations ne concernent que le volume « utile » de la chambre proprement dite. Mais sa structure effective comporte également les cinq chambres dites « de décharge » qui la surmontent, formant un ensemble d'une hauteur totale supérieure à 20 m (21,10 m, un peu plus de 40 coudées).

Le principe de chambre « de décharge » ne date pas de la pyramide de Chéops ; nous avons en effet récemment découvert que ce principe avait déjà été appliqué dans la pyramide de Meïdoum, sous le règne précédent. La structure réalisée dans la Grande Pyramide n'en est pas moins surprenante : l'empilement de cinq vides « de décharge » semble excessif, voire extravagant. On s'accorde généralement à considérer ce quintuplement comme un surcroît de précaution, justifié par l'importance de la chambre funéraire.

Si le terme de chambre « de décharge » est évocateur, il n'est cependant pas tout à fait justifié ici. Ce qui protège réellement la chambre « du roi » des charges considérables qu'elle aurait à subir, c'est la voûte « de décharge » en chevrons qui coiffe l'ensemble de la structure. Les chambres, abritées sous cette voûte, ne sont en fait que des vides structuraux intermédiaires, intercalés entre la chambre funéraire et sa voûte effective. Si cette dernière venait à céder, tous les « dominos » s'écrouleraient, ce que les constructeurs ne pouvaient ignorer. En fin de compte, ce qui est réellement important dans le dispositif, ce ne sont pas les chambres dites « de décharge », mais la voûte « de décharge ».

On ignore l'épaisseur de ces voûtes — dans leur joint médian ouvert, nous avons pu introduire un mètre sur une profondeur de 1,50 m. Lors de l'évaluation des voûtes de la chambre « de la reine », nous avions fait une estimation plausible, établie sur des données objectives, telles que les voûtes de l'entrée ou celles, connues, de certaines pyramides postérieures.

Nous avions ainsi estimé que les voûtes de la chambre « de la reine » pouvaient être constituées de chevrons de cinq coudées (2,61 m) d'épaisseur, superposés en trois couches. Cette estimation avait abouti au résultat suivant : les voûtes de cette chambre culmineraient exactement au quart de la hauteur de la pyramide (*cf.* chap. IX). Si nous mettons cette estimation à l'épreuve, en appliquant les mêmes critères d'évaluation aux voûtes qui coiffent les chambres « de décharge » — trois couches de chevrons de cinq coudées d'épaisseur — le résultat est le suivant (fig. 50) : la pointe de l'extrados culmine à + 73,51 m, soit, à une vingtaine de centimètres près, *la mi-hauteur de la pyramide* (73,29 m) !

Comme il est pratiquement impossible que cette double coïncidence soit fortuite, notre estimation doit certainement être valable. Il faut alors prendre en compte le fait que ces voûtes, dont le rôle est d'abriter la chambre funéraire, ont sciemment été élevées à mi-hauteur de la pyramide. Dans ces conditions, on ne doit pas considérer que la voûte protège les chambres « de décharge », mais plutôt que ce sont ces dernières qui surélèvent la voûte jusqu'à la hauteur souhaitée ; les chambres dites « de décharge » sont donc, en réalité, une structure intermédiaire de rehaussement des voûtes. Pourquoi ce rehaussement aurait-il été conçu ? La réponse semble évidente : *parce que, à mi-hauteur de la pyramide, les charges sont théoriquement deux fois moins importantes. Toute la problématique de la Grande Pyramide est là.*

On peut donc résumer tout le processus de la construction de la façon suivante. Comme nous l'avons expliqué en début d'étude, la préoccupation majeure des constructeurs des pyramides était que les chambres ne fussent pas écrasées sous le poids de la maçonnerie accumulée. L'architecture des pyramides évolue alors rapidement au gré de nouvelles solutions techniques. Après les déboires de Dahchour-Sud, la construction de la Grande Pyramide — entreprise plus téméraire encore — ne pouvait que stimuler la recherche constante de

fig. 50 La chambre « du roi », évaluation des voûtes

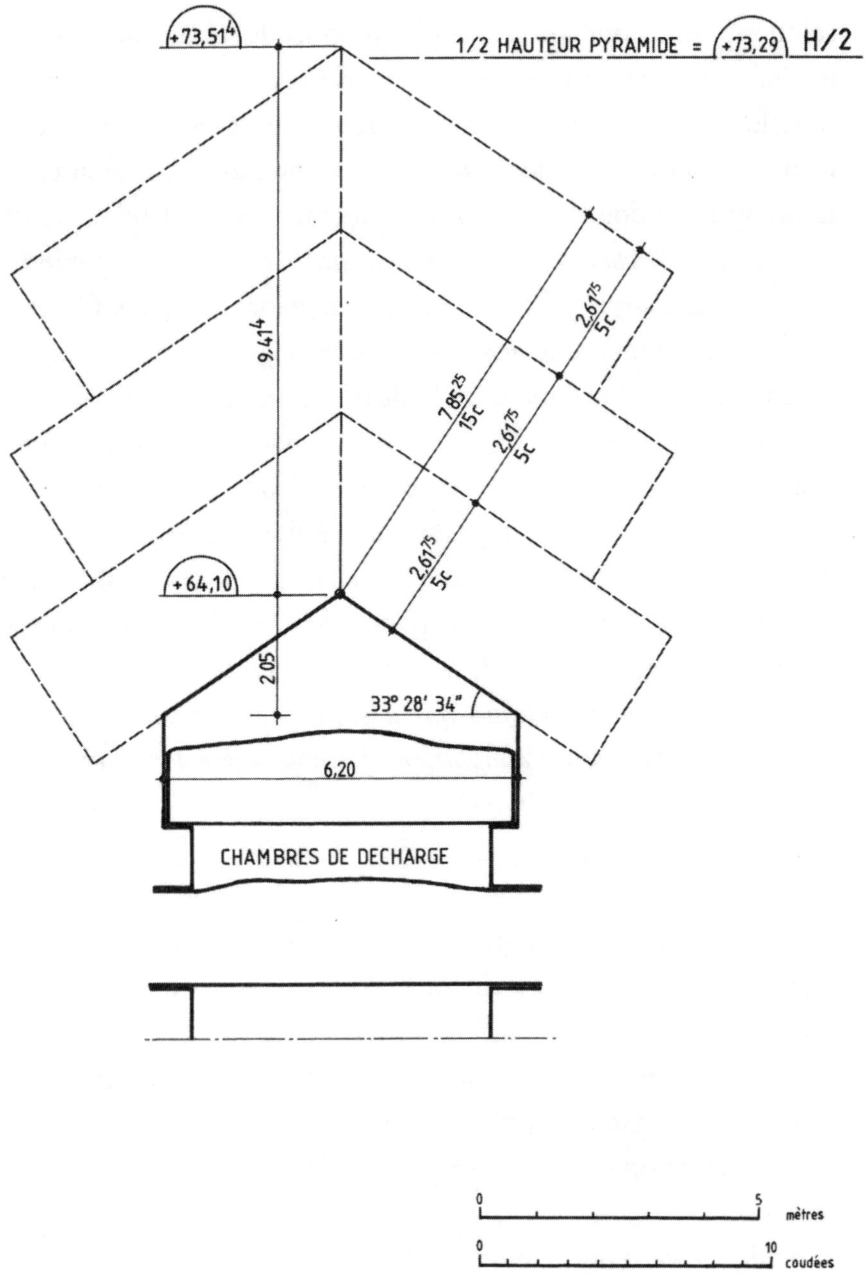

solutions satisfaisant à un souci obsessionnel de robustesse. Pour l'appartement funéraire, «normalement» prévu au niveau de la chambre «de la reine», une technique révolutionnaire est employée: ce sont les voûtes en chevrons, extrêmement robustes et triplées par surcroît de précaution. Pendant la longue durée des travaux, le doute et la réflexion aboutissent à l'élaboration de la solution idéale: «*plus la chambre funéraire sera située haut dans la pyramide, moins elle supportera de charge*». Élémentaire et parfaitement logique. Cependant, le chantier étant en cours, cette «panacée» ne peut qu'être greffée sur ce qui est déjà construit. Le prolongement de la distribution préexistante ne permettant l'exhaussement que jusqu'à un certain niveau, au-delà duquel la chambre funéraire se trouverait exagérément déportée vers le sud (elle l'est déjà beaucoup), un exhaussement complémentaire est donc réalisé pour les seules voûtes, au moyen des chambres «de décharge». Il est évident que si cette solution avait été imaginée d'emblée, l'architecte de la pyramide (travaillant sur épure, et assurément compétent) aurait implanté le couloir ascendant plus au nord.

C'est ce processus qui a entraîné, logiquement et inéluctablement, toutes les modifications et adaptations que nous avons constatées jusqu'à présent.

L'accident

Finalement, toute cette ingéniosité et ces efforts se sont montrés inutiles, car la chambre «du roi» a subi un sinistre grave, essentiellement caractérisé par les dommages suivants:

— une fissure ouverte (environ 1 cm) des poutres de granit qui constituent le plafond de la chambre (photos 15 et 16);

— une fissuration identique des poutres de granit des chambres «de décharge» (photo 17);

— un écartement de la voûte en chevrons, avec une ouverture de 3 à 5 cm du joint médian.

Les causes du sinistre

La gravité de ce sinistre a toujours été minimisée, voire ignorée, et peu d'auteurs se sont attardés à essayer d'en comprendre les causes. La façon la plus courante et la plus simpliste d'éluder le problème consiste à évoquer la probabilité d'un séisme. Cette explication par défaut ne repose sur aucun constat objectif : quel séisme ? à quelle époque ? quels autres dégâts, dans quels monuments, peuvent-ils lui être imputés ? Par ailleurs, comme on n'observe aucun autre dommage significatif dans la pyramide, il faudrait déplorer que le prétendu séisme se soit acharné exclusivement sur le couvrement de la chambre funéraire. Dès 1986, nous avions dénoncé cette thèse facile et lacunaire du séisme, et diagnostiqué les effets de contraintes localisées, imputables à un mouvement endogène de la maçonnerie.

Malgré l'extrême robustesse de sa réalisation, l'ensemble évidé de la chambre « du roi » et des chambres « de décharge » est assurément une zone fragile dans la masse de la pyramide. Mais ce qui rend le dispositif vulnérable, c'est plus sa sensibilité aux déformations que sa tenue à la charge. L'ensemble est, en effet, une sorte de structure en portiques nord-sud, et c'est au droit des points d'articulation potentiels de ceux-ci que la rupture des poutres en granit s'est produite (fig. 51). La fissuration des poutres, partout identique, est caractéristique : elle s'est produite au ras des encastrements et elle est inversée, ouverte au-dessus au nord, en sous-face au sud.

Toutes les poutres de granit dont les extrémités sont solidement encastrées dans la maçonnerie ne peuvent ni bouger ni se déformer. Si le granit possède une très grande résistance à la compression, en revanche, sa résistance à la traction est très faible : c'est donc au droit de zones de tensions excessives que le granit s'est rompu. Les poutres ont été soumises à des mouvements de flexion très importants qui n'ont pu être engendrés que par le déplacement accidentel de leurs points d'encastrement.

Deux mouvements peuvent avoir créé ces torsions et des ruptures localisées de la sorte : soit un déversement général de la structure vers le nord (fig. 51 C) ; soit un affaissement de la partie sud (fig. 51 B).

La fissuration importante d'une partie du mur sud de la chambre, ainsi que des mesures de planimétrie du sol indiquent que c'est sans doute la seconde hypothèse qui doit être retenue. Il y aurait eu un affaissement de 5 à 6 cm sous la partie sud de la chambre « du roi ».

Quelle serait la raison de cet affaissement ? Nous proposons l'explication suivante. La maçonnerie de la pyramide n'est certainement pas très meuble ; même le libage, constitué de blocs bruts d'extraction, ne peut être assimilé à un *opus incertum*. De plus, des tassements notables de la maçonnerie ne manqueraient pas d'occasionner d'importantes fissurations dans les parements des chambres et des circulations, ce qui n'est pas le cas. Cela n'exclut pas pour autant que la maçonnerie se « mette en place », imperceptiblement, au fur et à mesure de la mise en charge de la construction. Dans la mesure où ce tassement « normal » est homogène, il ne doit pas générer de distensions importantes. Mais là où le bât blesse, c'est qu'au cours de ce processus la structure de la chambre « du roi » se trouve en porte-à-faux (fig. 52) :

— au sud, en effet, elle est posée sur de la maçonnerie ordinaire « meuble » ;
— au nord, elle est pratiquement juchée sur le sommet des voûtes de la chambre « de la reine », qui constitue évidemment un point dur.

« L'accident » est donc vraisemblablement imputable à un tassement différentiel : immobilité de l'assise au nord et léger tassement de la masse maçonnée au sud.

Quand l'accident s'est-il produit ?

Il ne faudrait pas s'imaginer que « l'accident » de la chambre « du roi » ait pu survenir inopinément au cours des millénaires qui ont suivi la construction de la pyramide. Ce type de sinistre se produit généralement dès

fig. 51 Chambres de décharge, pathologie de principe

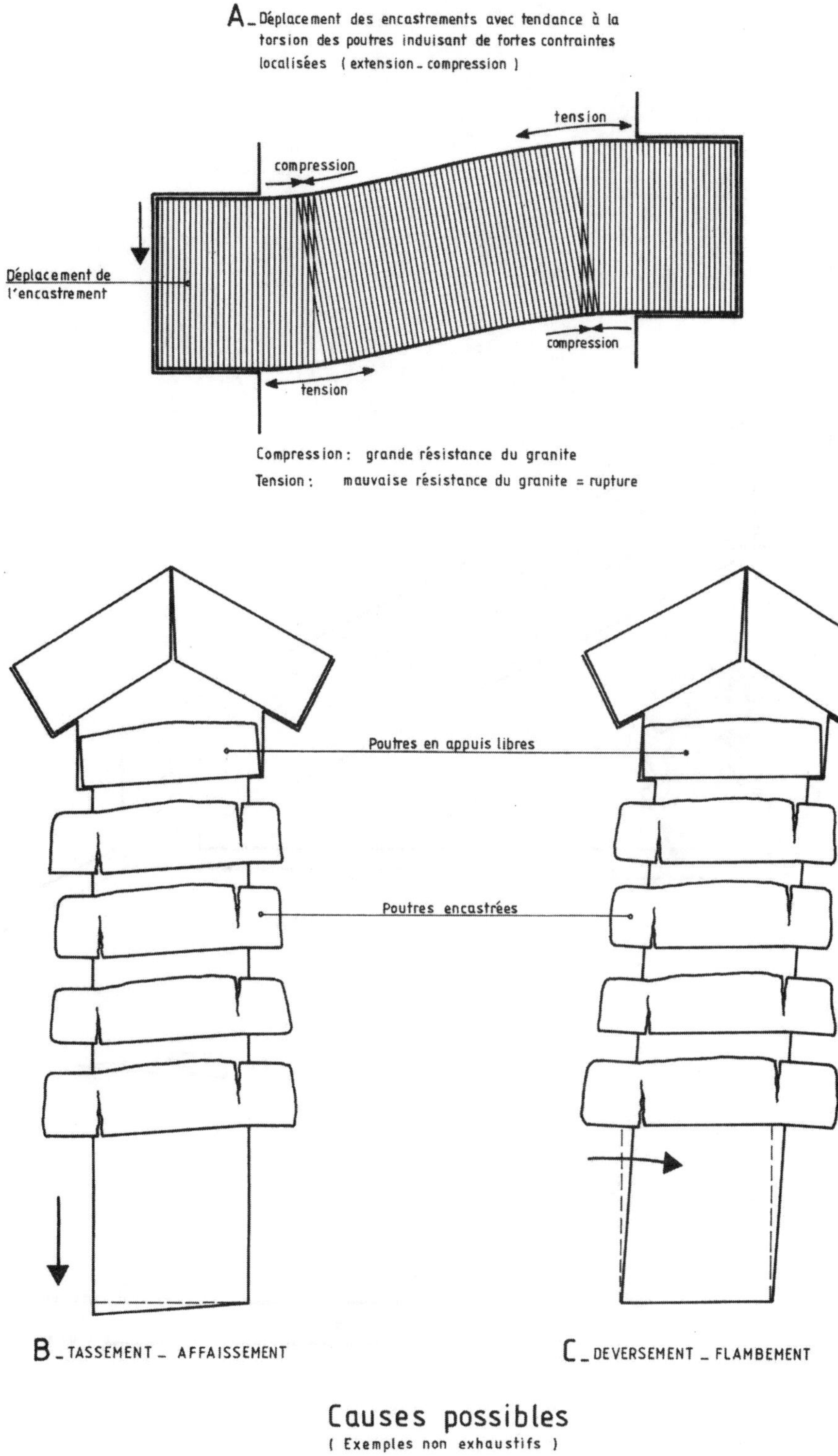

fig. 52 **Chambre « du roi », le sinistre**

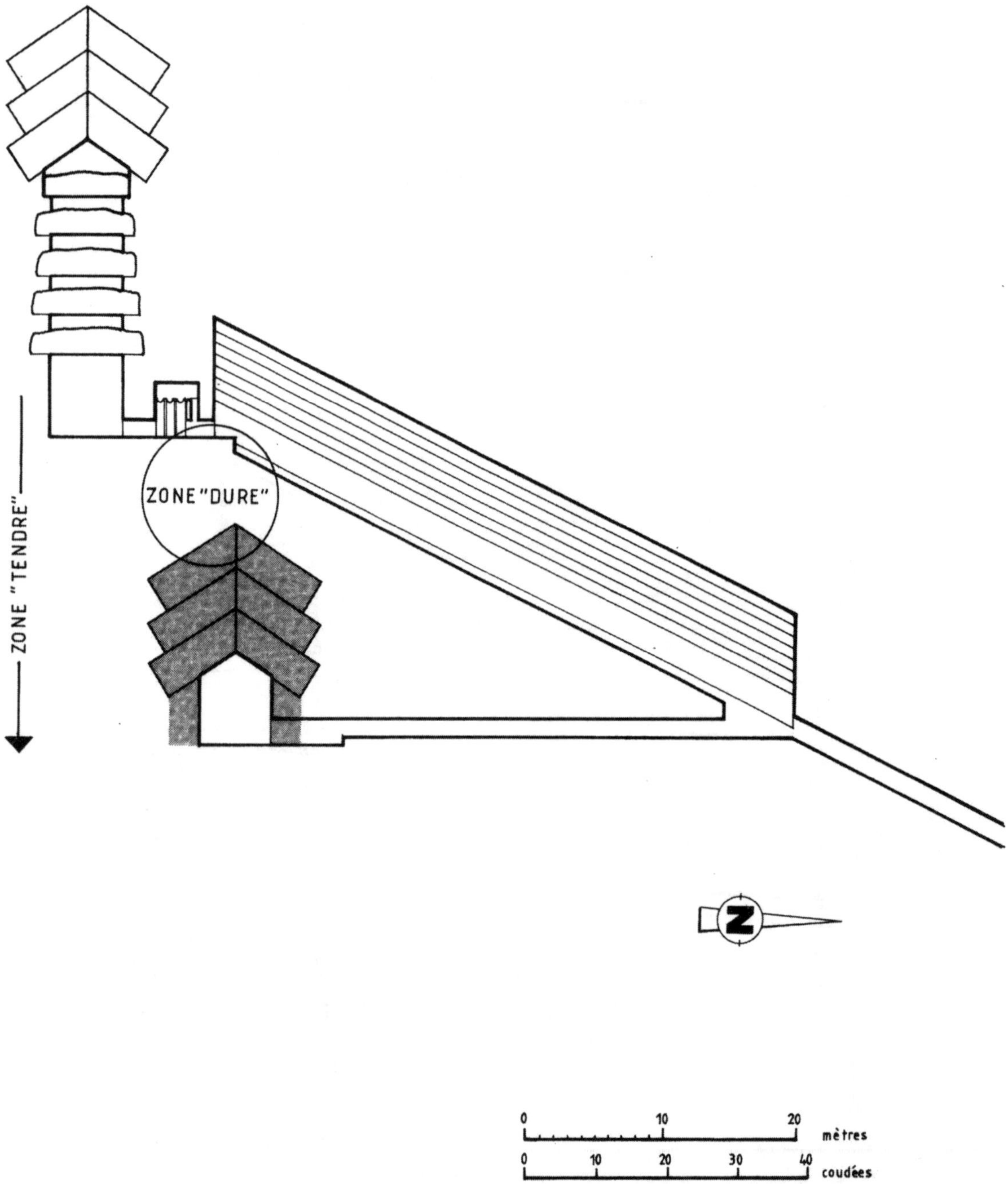

que les contraintes ont dépassé un seuil critique. En deçà du seuil de résistance, il ne se passe rien ; au-delà, il y a rupture ; la sanction est immédiate. Ainsi la « catastrophe » de Dahchour-Sud s'est-elle produite au cours de la construction. À Dahchour-Nord, les trois énormes linteaux qui surmontent les passages inférieurs se sont brisés au vu et au su des constructeurs, puisqu'ils ont été « réparés » (des restes de mortiers sont visibles dans les fissures). De même le sinistre de la chambre haute de Chéops s'est certainement produit avant la fermeture de la pyramide, à la connaissance et au grand dam des constructeurs. Plusieurs indices flagrants attestent en effet que ceux-ci ont fait face à l'événement. En de telles circonstances, trois interventions étaient possibles : étayer, vérifier, réparer. On trouve effectivement trace de ces trois interventions.

— *Étayer.* Lorsque les fissures ont été constatées, la première mesure urgente consistait à étayer immédiatement. Or le plafond de la chambre porte des traces caractéristiques : ce sont des marques oblongues brunâtres, situées sous les extrémités de chaque poutre de granit, exactement là où il fallait placer les étais (photos 14, 15 et 16). Ces marques étant à peine perceptibles de nos jours, nous les avons photographiées avec une pellicule qui accentue les contrastes. Les marques apparaissent très distinctement sous chaque poutre, il n'y a pas le moindre doute (photo 18). Elles ont été récemment étudiées, aussi, par l'archéologue américain Mark Lehner. Comme nous, il pense qu'elles sont imputables à la mise en place d'étais même s'il n'écarte pas un usage symbolique secondaire, cet encadrement en bois ayant pu faire fonction décorative de chapelle ou de baldaquin, tradition ancienne dans les tombes d'élite. Cette hypothèse est purement conjecturale alors que celle des étais ne l'est pas : il y a une relation evidente de cause à effet entre la fissuration effective des poutres et la nécessité de les étayer.

— *Vérifier.* Dans un second temps, il importa de constater la nature, l'étendue et, si possible, la cause des dégâts, afin de tenter d'y apporter un remède.

La seule façon de procéder consistait à aller vérifier l'état de la superstructure au-dessus du plafond de la chambre (fig. 53). C'est sans nul doute dans ce but que fut creusé le boyau d'accès à la première chambre « de décharge ». Ce boyau, connu depuis les descriptions les plus anciennes, ne peut être attribué qu'aux constructeurs de la pyramide eux-mêmes ; en effet, le creusement est propre — « professionnel », pourrait-on dire — sans rapport avec les sapes traumatiques grossières des profanateurs et des chercheurs plus récents. Le boyau d'origine se différencie ainsi nettement de son prolongement réalisé au XIXe siècle par le colonel Vyse. De toute façon, seuls les constructeurs de la pyramide étaient capables de parvenir à coup sûr dans la première chambre « de décharge ». Ils étaient en effet les seuls à savoir qu'il y avait un vide au-dessus de la chambre « du roi » ; les seuls à connaître aussi le niveau exact auquel se situait ce vide (fig. 53 B). Et surtout, précision indispensable, eux seuls savaient qu'il fallait réaliser le creusement non pas plein sud (comme aurait fait tout un chacun), mais à l'est, afin de ne pas buter dans le granit (fig. 53 A).

— *Réparer*. L'indice le plus frappant est, sans conteste, l'existence de restes de mortiers au droit des fissures de plusieurs poutres (photos 15 et 16). Ces mortiers sont assurément anciens : ils sont identiques à ceux que l'on aperçoit dans les joints de poutres, juste à côté. D'une part, nous doutons que ce soit là le travail de quelque profanateur repenti, d'autre part, nous nous sommes assuré auprès du docteur Shawky Nakhla, ancien directeur du service de restauration des Antiquités égyptiennes, qu'il ne s'agissait pas d'une restauration. Les anciens Égyptiens ont-ils colmaté les fissures pour les réparer, les dissimuler ou bien en surveiller l'évolution, comme nous le faisons avec des témoins en plâtre ? On ne peut s'empêcher de faire le rapprochement avec le colmatage des fissures des linteaux de la pyramide de Dahchour-Nord ; mais ceux-ci, bien que brisés, ne risquaient pas de s'écrouler (notons que les mortiers de Dahchour-Nord sont teintés ; ceux de la chambre « du roi »

fig. 53 Chambre « du roi », l'accident, la vérification

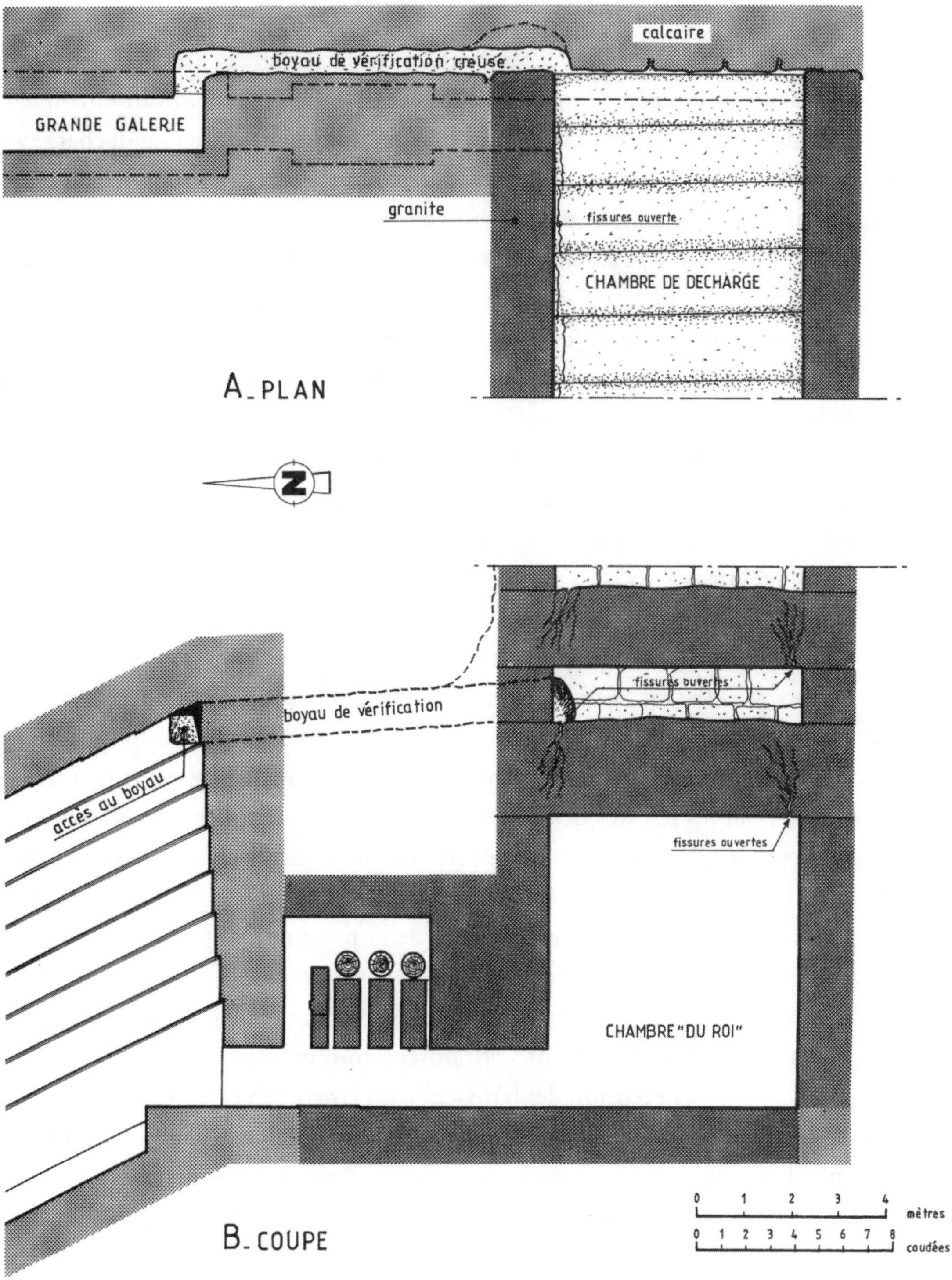

ne le sont pas). De toute façon, l'intervention sur les fissures n'avait de sens que dans un premier temps, à un stade où « l'incident » pouvait encore être minimisé. Mais, après l'inspection de la première chambre « de décharge » et le constat que les poutres supérieures étaient également brisées, le colmatage des fissures se révélait dérisoire.

À quel stade de la construction le sinistre s'est-il produit ? Vraisemblablement lorsque celle-ci touchait à sa fin, en « phase 2 », lors de la pose de la maçonnerie complémentaire sur les derniers gradins. Dans la moitié inférieure de l'édifice, la maçonnerie complémentaire représente en effet un faible pourcentage du volume en œuvre, donc un ajout négligeable — et de surcroît périphérique. En revanche, l'incidence est fort différente en partie supérieure : lors de la phase 2, la masse située au-dessus de la chambre « du roi », et centrée sur celle-ci, a en effet été multipliée par deux en relativement peu de temps.

Les conséquences du sinistre

Il faut réaliser combien l'accident qui s'est produit est grave. Avec une fissuration ouverte d'un centimètre près de leurs appuis, les poutres du plafond de la chambre funéraire sont, en réalité, brisées ; il en est de même pour les poutres des chambres « de décharge » (photo 17). Les poutres ne tiennent plus que par la compression nord-sud qu'elles subissent ; mais cela, les anciens Égyptiens ne pouvaient pas le deviner. Il faut également se rendre compte que les constructeurs de la pyramide ont sans aucun doute pris la mesure de la catastrophe. Toutes les poutres — d'un poids avoisinant 50 tonnes chacune — étant rompues, les centaines de tonnes couvrant la chambre funéraire pouvaient s'effondrer à tout moment.

La déception des bâtisseurs dut être terrible. Après la catastrophe de Dahchour-Sud, ils s'étaient ingéniés à élaborer une solution technique infaillible, et croyaient l'avoir trouvée. Ils subissaient pourtant un nouvel échec cuisant. Cet échec devait être le dernier : les Égyptiens en tirèrent la leçon et ne cherchèrent plus à maîtriser les « caprices » de la maçonnerie. Après Chéops, tous les appartements funéraires seront désormais situés dans le sol ou au niveau du sol, mais plus jamais dans le massif d'une pyramide. Il ne faut pas chercher d'autre raison à la mutation soudaine de l'architecture interne des pyramides sous la IVe dynastie.

Mais si, d'une façon générale, les gens de l'Ancien Empire ont résolu le problème de la sorte, comment les constructeurs de la pyramide de Chéops ont-ils fait face à la difficulté qui se présentait à eux, dans l'immédiat ? Tout d'abord, ils ont certainement effectué les premières interventions que nous avons décrites précédemment : étayer, vérifier et réparer. Ensuite, tout semble indiquer qu'ils ont également étayé la grande structure évidée, vulnérable, de la grande galerie (*cf.* chap. X). Enfin, d'autres précautions furent probablement prises. Ainsi, il semblerait que les Égyptiens se soient ménagé la possibilité d'effectuer des inspections à l'intérieur de la pyramide, après la fermeture de celle-ci. Si le couloir ascendant était condamné, en revanche, le couloir descendant ne l'était en effet sans doute pas, ce qui permettait d'accéder au puits et, par là même, aux appartements supérieurs. Ajoutons que si le bloc mobile de fermeture de l'entrée décrit par le géographe grec Strabon a réellement existé, ce ne pouvait être que pour permettre ces inspections périodiques. Tout cela est d'autant plus vraisemblable que c'est exactement ce qui avait été fait juste avant dans la pyramide de Dahchour-Sud où, après le sinistre, un boyau de visite et un bloc d'entrée mobile avaient été aménagés.

Toutes ces mesures peuvent sembler judicieuses, mais étaient-elles suffisantes pour sauver la situation ? Certainement pas, car, en l'état et malgré tout, le plafond de la chambre « du roi » pouvait s'effondrer à tout moment. ***Il faut se rendre à l'évidence : la chambre funéraire de Chéops était bel et bien « hors service » ! Il y a là un problème majeur.***

chapitre XIII

Le dilemme

La rupture du couvrement de la chambre « du roi » suscite inévitablement l'interrogation suivante : la préservation du corps étant la condition *sine qua non* de sa vie éternelle, Chéops pouvait-il prendre le risque que son enveloppe charnelle soit, un jour, écrasée par sa propre sépulture ? Certainement pas. Pourquoi se serait-il résigné à cette fatalité, alors que d'autres solutions s'offraient à lui ? Il avait le choix entre trois sépultures :
— hors de la pyramide ;
— dans la chambre « du roi » ;
— dans une autre partie de la pyramide.

Hors de la pyramide

La façon la plus radicale de résoudre le problème était évidemment de renoncer à la pyramide, pour se faire inhumer dans un hypogée creusé à proximité. Chéops aurait pu adopter un système aussi radical (et unique) que celui de sa mère Hétephéres, un puits vertical conduisant à une grande chambre, sans qu'aucun monument de surface ne vienne en signaler l'emplacement. Le récit de l'historien grec Diodore de Sicile confirmerait l'adoption de ce type de solution : « Quoique ces deux rois [Chéops et Chéphren] eussent fait construire ces pyramides pour leur servir de sépulture, aucun des deux n'y a pourtant été enseveli. Car les peuples, irrités des travaux insupportables auxquels ils avaient été condamnés et des autres violences de ces deux rois, jurèrent qu'ils tireraient leurs corps de ces monuments pour les mettre en pièces. Les deux rois, qui en furent informés avant leur mort, recommandèrent à leurs amis de déposer leur corps dans des lieux sûrs et secrets. » Il est impossible d'accorder le moindre crédit à ce récit, qui tient de la légende et qui est un véritable chef-d'œuvre d'illogisme. Les circonstances évoquées ne peuvent en effet concerner simultanément les deux rois, car si les menaces sont proférées sous Chéops, elles ne peuvent pas viser Chéphren et, inversement, si elles sont proférées sous Chéphren, il est trop tard pour que Chéops en tire la leçon !

De toute façon, on ne peut certainement pas renoncer ainsi à une sépulture aussi sublime. D'ailleurs pourquoi renoncer ? Deux chambres, intactes, sont en effet encore disponibles : la chambre souterraine et celle « de la reine ». D'autant plus que les signes d'occupation de la pyramide sont manifestes : on a pris la peine d'étayer toute la grande galerie, les accès ont bel et bien été condamnés et les barques du pharaon, démontées et ensevelies au pied de son monument funéraire, ont été déposées.

Dans la chambre « du roi »

Pour que Chéops envisage, malgré tout, d'être inhumé dans la chambre funéraire prévue, il aurait fallu, pour le moins, qu'il ait l'assurance absolue que le plafond ne s'écroulerait jamais. Or des étais de bois, aussi robustes soient-ils, ne pouvaient constituer qu'une solution provisoire, car le bois n'est pas un matériau d'éternité. Ainsi, lorsqu'il a fallu prendre des mesures de sauvegarde à Dahchour-Sud, les Égyptiens ne se sont-ils pas contentés de consolidations en bois : ils ont décidé de combler les deux chambres avec de la maçonnerie !

La seule façon de sauver la chambre « du roi » aurait été de doter les poutres du plafond d'appuis indéfectibles en édifiant des contre-murs le long des parois nord et sud, en maçonnerie de granit et d'une épaisseur suffisante, environ deux coudées (soit 1,05 m), pour assurer leur stabilité et éviter qu'ils flambent. De dix coudées (5,235 m), la largeur de la chambre aurait alors été réduite à six (3,14 m), ce qui n'était pas aberrant. La chambre funéraire de Mykérinos, par exemple, est encore moins large, avec cinq coudées (soit 2,62 m). De tels contre-murs auraient été réellement efficaces et n'auraient pas été trop difficiles à réaliser ; en tout cas, ils ne l'auraient pas été plus que le comblement des chambres de Dahchour-Sud, ou que le maçonnage souterrain de la chambre funéraire de Mykérinos.

On constate cependant que les Égyptiens n'ont pas mis en œuvre de remède efficace définitif. Hormis un étaiement provisoire et des ragréages au mortier dérisoires, ils n'ont rien entrepris. Ce renoncement peut sans doute s'expliquer de la façon suivante. Comme ils se sont donné la peine d'aller vérifier l'étendue des dégâts en allant inspecter la première chambre « de décharge », cela prouve qu'ils ne prenaient pas l'incident à la légère ! Là, ils se sont rendu compte que non seulement la poutraison de la chambre funéraire était rompue, mais également celle du niveau supérieur. Il était donc inutile de chercher à consolider le plafond de la chambre dans la mesure où, de toute façon, il ne pourrait résister à l'effondrement des étages supérieurs. Ce n'était plus la consolidation d'une chambre qu'il fallait envisager, mais celle de toute la superstructure — les cinq chambres « de décharge » ou rien — une opération considérable, voire impossible.

La situation était-elle désespérée pour autant ? Non, dans la mesure où existaient d'autres solutions, bien plus simples. La chambre souterraine et celle « de la reine », intactes, étaient encore disponibles.

Dans les autres chambres

A priori, la meilleure solution aurait consisté à revenir à la chambre souterraine. Pourquoi en effet creuser un hypogée « de secours » à proximité de la pyramide, alors qu'il en existait déjà un, sous la pyramide même ? Certes, la chambre souterraine n'était pas achevée, mais l'excavation était déjà très avancée. Compte tenu de l'efficacité des carriers de l'époque, un mois de travaux complémentaires aurait sans doute suffi pour obtenir une chambre funéraire tout à fait acceptable. Si les Égyptiens avaient voulu peaufiner l'ouvrage en réalisant des parements maçonnés, comme dans les pyramides satellites, cela ne leur aurait guère demandé plus d'un ou deux mois de labeur supplémentaires. Quant à descendre le sarcophage de la chambre « du roi » jusqu'à la chambre souterraine, c'eût été l'affaire d'une paire de jours.

Cependant, bien que cette solution fût simple et satisfaisante, les Égyptiens n'y ont pas eu recours, c'est-à-dire qu'ils ont sans doute adopté une autre solution, meilleure à leurs yeux. *Or il ne leur restait qu'une seule option : la chambre « de la reine ».* Il est donc nécessaire d'examiner à nouveau, avec une attention particulière, cette chambre dans laquelle plusieurs éléments nous avaient précédemment intrigués.

chapitre XIV

La chambre du second projet

plans 8 et 9

Si les événements ont contraint Chéops à transférer sa sépulture vers la chambre « de la reine », l'opération a peut-être laissé des traces. Tout d'abord, il fallait improviser un moyen de condamner l'accès à la chambre, puisque le couloir horizontal avait été conçu dépourvu de système de fermeture. Cependant, on ne décèle aucune trace sur les parois pouvant laisser supposer que le couloir avait été obturé. Si quelque chose a été fait, ce ne peut être que sur le palier.

L'accès à la chambre

Il est évident qu'une sorte de « passerelle » était nécessaire entre le couloir ascendant et le sol de la grande galerie, ne serait-ce que pour faire descendre les trois blocs bouchons entreposés dans la galerie. L'existence de cette « passerelle » est corroborée par les cinq cavités trapézoïdales, creusées en vis-à-vis dans les parois du palier, avec le dévêtissement adéquat pour recevoir des traverses de fortes sections.

On observe également d'autres marques caractéristiques. En effet, le départ du sol de la grande galerie est entaillé d'une sorte de cran, dans le prolongement duquel les parois du palier ont été tailladées : à l'ouest, une bande d'une trentaine de centimètres de hauteur a été piquetée d'une extrémité à l'autre du palier, et le même travail a été effectué en partie supérieure de la paroi est.

La « passerelle » qui enjambait le palier aurait donc laissé deux types d'empreintes : des transversales et des longitudinales. *A priori*, on est enclin à reconstituer la passerelle de la façon suivante : cinq fortes traverses de bois, engagées dans les cavités trapézoïdales, auraient supporté un plancher composé de madriers longitudinaux prolongeant le « cran ».

Or, pour que cette disposition soit possible, il aurait fallu, pour le moins, que le dessus des traverses corresponde à la sous-face des bois longitudinaux, et non pas à leur face supérieure. Telles que les choses se présentent, le plancher supposé amputerait les traverses des deux tiers de leur section. Il faut se rendre à l'évidence : les traverses et les bois longitudinaux ne sont pas compatibles (fig. 54).

Le faible espacement et la forte section des traverses indiquent qu'elles avaient certainement été prévues pour supporter le passage des blocs bouchons. Quant aux marques longitudinales, elles ne semblent pas correspondre à un plancher en bois, car leur épaisseur d'une demi-coudée semble trop forte pour un plancher soutenu, mais trop faible pour un plancher autoportant. En revanche, cette même épaisseur et les retailles latérales seraient compatibles avec la pose d'un véritable dallage sur un massif maçonné.

Finalement, il paraît assez vraisemblable que l'accès à la chambre « de la reine » ait été condamné de la façon la plus logique, la plus simple et la plus efficace qui soit : en comblant le palier et en le recouvrant d'un dallage. De la sorte, le sol du couloir ascendant se prolongeait sans discontinuer dans la grande galerie. L'entrée du couloir horizontal se trouvait ainsi non seulement obturée, mais également invisible.

Il est certain que la chambre « de la reine » a subi des avatars ; les plus anciennes descriptions relatent qu'elle était très encombrée. D'après Jomard, qui participa à l'expédition de Bonaparte, « la salle est pleine de décombres : quelquefois, l'air y est si infect qu'on ne pouvait y rester cinq minutes sans être asphyxié ». Il est en effet probable que les dix mètres cubes de blocs extraits de la fouille de la niche, additionnés aux quelque trente mètres carrés de dallage retournés, devaient représenter un sérieux désordre. Au milieu de ce capharnaüm, des débris de « pierres sombres » (granit, basalte, diorite ?) auraient été aperçus. Malheureusement, on ne s'est guère préoccupé de trier et d'examiner toutes ces pierres lors du nettoyage de la

fig. 54 Couloir horizontal, hypothèse du plancher enjambant l'entrée du couloir

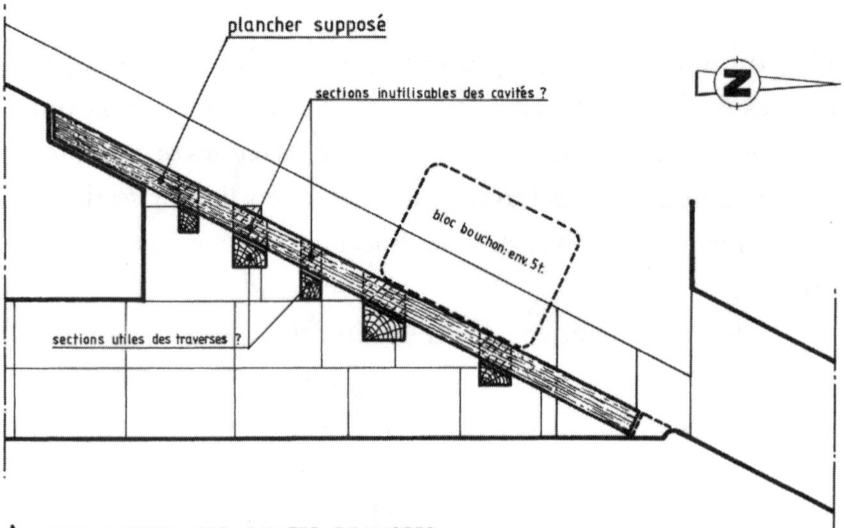

A _ DISPOSITION DES CAVITES REALISEES

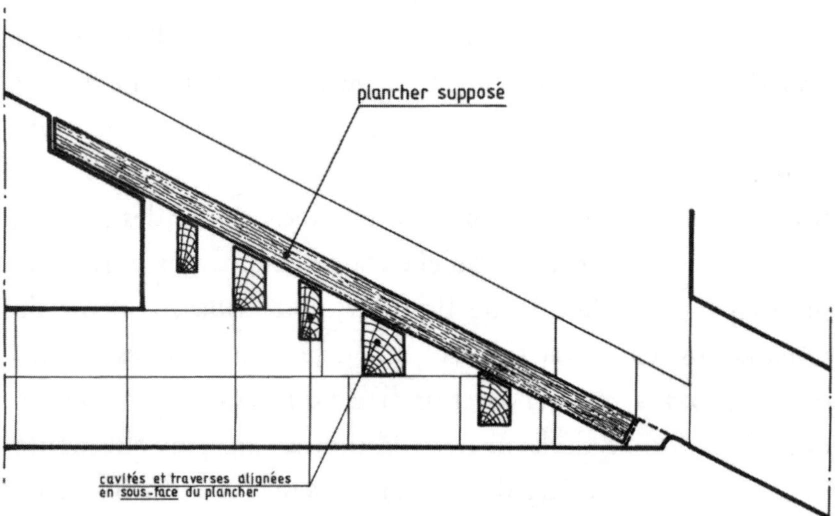

B _ DISPOSITION LOGIQUE (non réalisée)

pyramide ; si des fragments caractéristiques, de sarcophage ou de statue par exemple, se trouvaient parmi ces débris, il est maintenant impossible de le savoir. Mais la chambre « de la reine » recèle encore deux éléments qui présentent de l'intérêt : la niche et le dallage.

La niche (photo 19)

Celle-ci constitue, en quelque sorte, la particularité de la chambre. Avec sa profondeur de deux coudées et ses encorbellements, elle s'apparente d'avantage à un élément architectonique qu'à un « accessoire décoratif ». En tout cas, elle ne donne pas l'impression d'être anodine.

L'implantation de la niche

Ce qui interpelle d'abord, c'est le décentrement de la niche. Si, comme on le pense généralement, celle-ci était destinée à abriter quelque emblème ou statue royale, ne devait-elle pas trôner majestueusement dans l'axe de la pièce ? Que les constructeurs aient repoussé la niche vers le sud, afin de libérer l'aire d'entrée de la chambre, n'est pas vraiment convaincant. En effet, si ce renfoncement a été créé, c'est, en principe, pour que l'élément contenu soit placé en retrait et n'empiète pas dans la salle : elle n'aurait donc pas été gênante au centre. D'aucuns pensent que ce désaxement pourrait être une précaution en regard des pressions exercées par les voûtes en chevrons. Nous avouons ne pas comprendre en quoi un déplacement de soixante centimètres vers le sud diminuerait les charges supportées par la niche, ou améliorerait sa résistance. Nous ne voyons pas non plus en fonction de quelle appréciation les constructeurs égyptiens auraient pu penser cela.

Quoi qu'il en soit, l'architecture des pyramides n'est guère empreinte de fantaisie. Si la niche est à cet emplacement, ce doit être pour une bonne raison. Encore faut-il essayer de préciser sa position exacte.

L'implantation de la niche dans la chambre « de la reine » est élémentaire à comprendre : à deux centimètres près, elle est axée sur le troisième quart de la largeur de la pièce (fig. 55). Ce n'est cependant pas tout à fait aussi simple que cela, car la niche occupe une autre position significative. On remarque que la chambre « de la reine » est située, à dix centimètres près, sur l'axe est-ouest de la pyramide, mais que cette position ne s'accorde pas, en nombre de coudées juste, avec le reste des appartements.

En effet, ce n'est pas la chambre, mais la niche qui est en relation « métrique » avec la distribution (fig. 56). Elle se trouve en effet à 20,92 m (40 coudées – 2 cm) du départ des « magasins », à 41,92 m (80 coudées + 4 cm) du mur nord de la grande galerie, et à 10,44 m (20 coudées – 3 cm) de l'axe de la chambre « du roi ». Non seulement ces mesures sont précises à quelques centimètres près, mais elles sont décimales : on peut donc supposer que les relations que cela implique soient fondamentales et que la fonction de la niche soit importante, voire primordiale.

La statue

À cet emplacement savamment déterminé, quelle pouvait être la fonction de la niche ? C'est d'autant moins évident qu'elle fait partie d'une chambre dont le rôle n'est pas connu, et qu'elle est sans équivalent dans les autres pyramides.

On admet généralement que ce renfoncement abritait une statue. C'est ce que décrète Rainer Stadelmann : « Dans la pyramide de Chéops, la chambre (R) comporte une haute niche sur le mur est, dans laquelle rien d'autre n'a pu se trouver qu'une statue du roi sous forme de dieu. » Or l'hypothèse est discutable dans le principe même, car elle ne se fonde sur aucune observation, argumentation ou comparaison. Ce n'est qu'une supposition émise par carence, « faute de mieux » — à cet égard, on notera que l'affirmation de Stadelmann s'exprime, symptomatiquement, par la négation.

fig. 55 Position de la niche

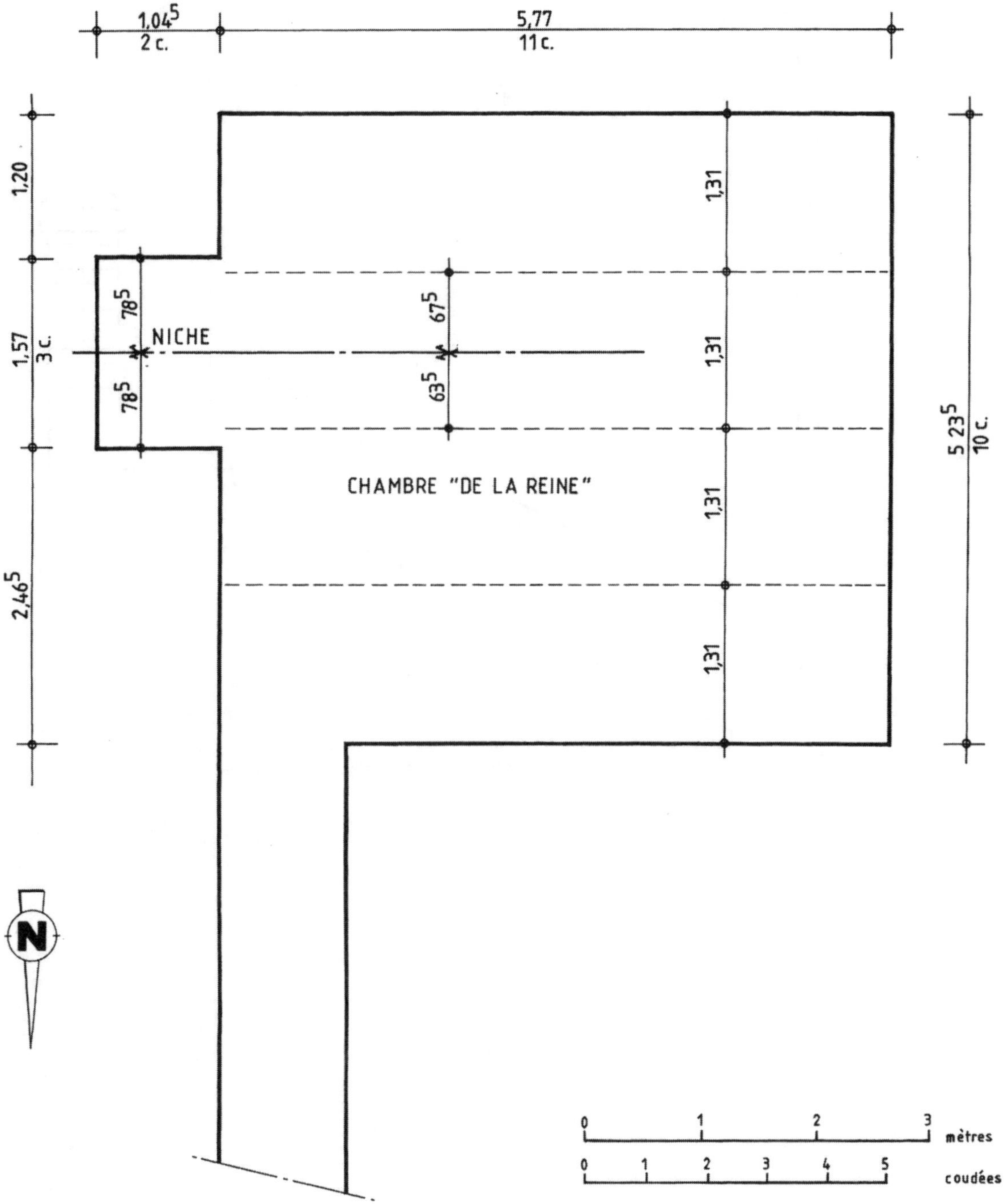

fig. 56 Implantation de la niche

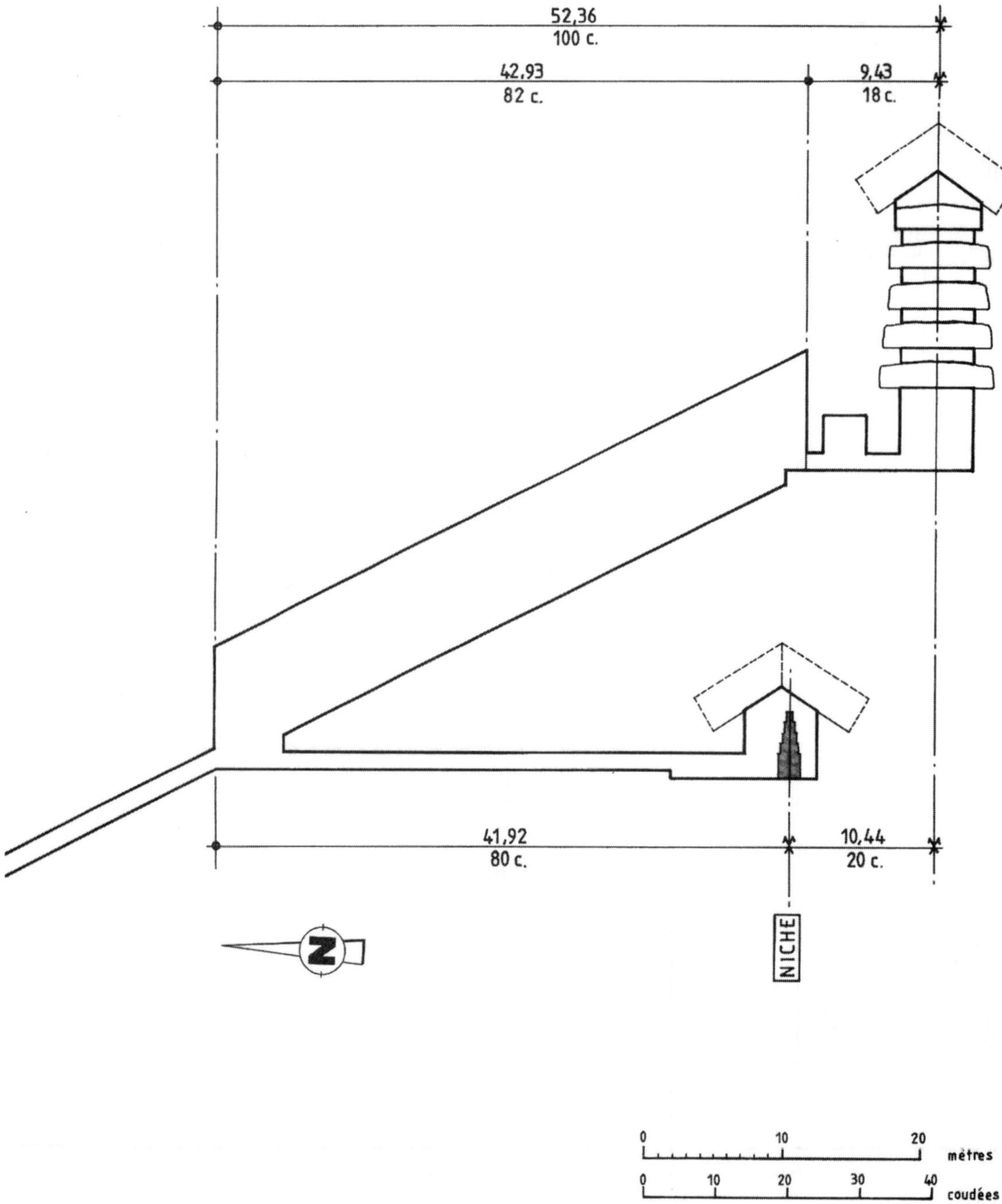

Nonobstant ces remarques, est-il vraisemblable que la niche ait contenu une statue ? *A priori*, tout égyptologue devrait être sceptique, car une telle image encadrée par des encorbellements n'aurait rien de conforme au code de représentation habituel dans l'ancienne Égypte. On n'en connaît aucun exemple. À l'évidence, l'encadrement conforme aux conventions aurait dû être une niche classique avec portes mobiles, à l'exemple de la statue de Mérérouka à Saqqara (photo 20). On ne peut même pas arguer de motifs techniques pour justifier cette entorse au code, car rien n'interdisait qu'une niche fût surmontée, si besoin, d'un dispositif de décharge, en encorbellements ou chevrons. Surtout, la voûte en encorbellement demeure un dispositif purement structural. Elle n'a jamais donné lieu à des développements ou applications ornementales (on ne peut pas en dire autant de la voûte en chevrons dont les Égyptiens surent tirer parti ultérieurement en lui conférant une représentativité de la voûte céleste). Bref, jamais image égyptienne ne fut encadrée d'encorbellements, et jamais encorbellements n'eurent d'autre fonction que celle de voûte effective ! Cela nous conduit à considérer que l'hypothèse de la statue, d'abord proposée « par défaut » et non argumentée, ne se révèle ensuite pas très convaincante à l'analyse.

La sape des voleurs

L'hypothèse de la statue n'est pas la seule concevable, et ce n'est assurément pas celle qui a toujours prévalu ; on peut en effet gager que ceux qui ont creusé une fouille profonde dans la paroi orientale de la niche avaient une tout autre idée en tête. Ces gens — profanateurs de la première ou de la deuxième heure — ont fait un travail assez incroyable : non contents d'opérer une simple fouille, ils ont creusé un boyau qui s'enfonce d'une quinzaine de mètres dans la maçonnerie (fig. 57). Or, normalement, ils auraient dû renoncer dès qu'il devenait évident qu'ils quittaient la maçonnerie « noble » pour pénétrer dans le libage, c'est-à-dire au bout de cinq mètres tout au plus. Ils continuèrent, cependant, à creuser sur une dizaine de mètres supplémentaires,

fig. 57 La chambre « de la reine », la niche et la fouille des voleurs

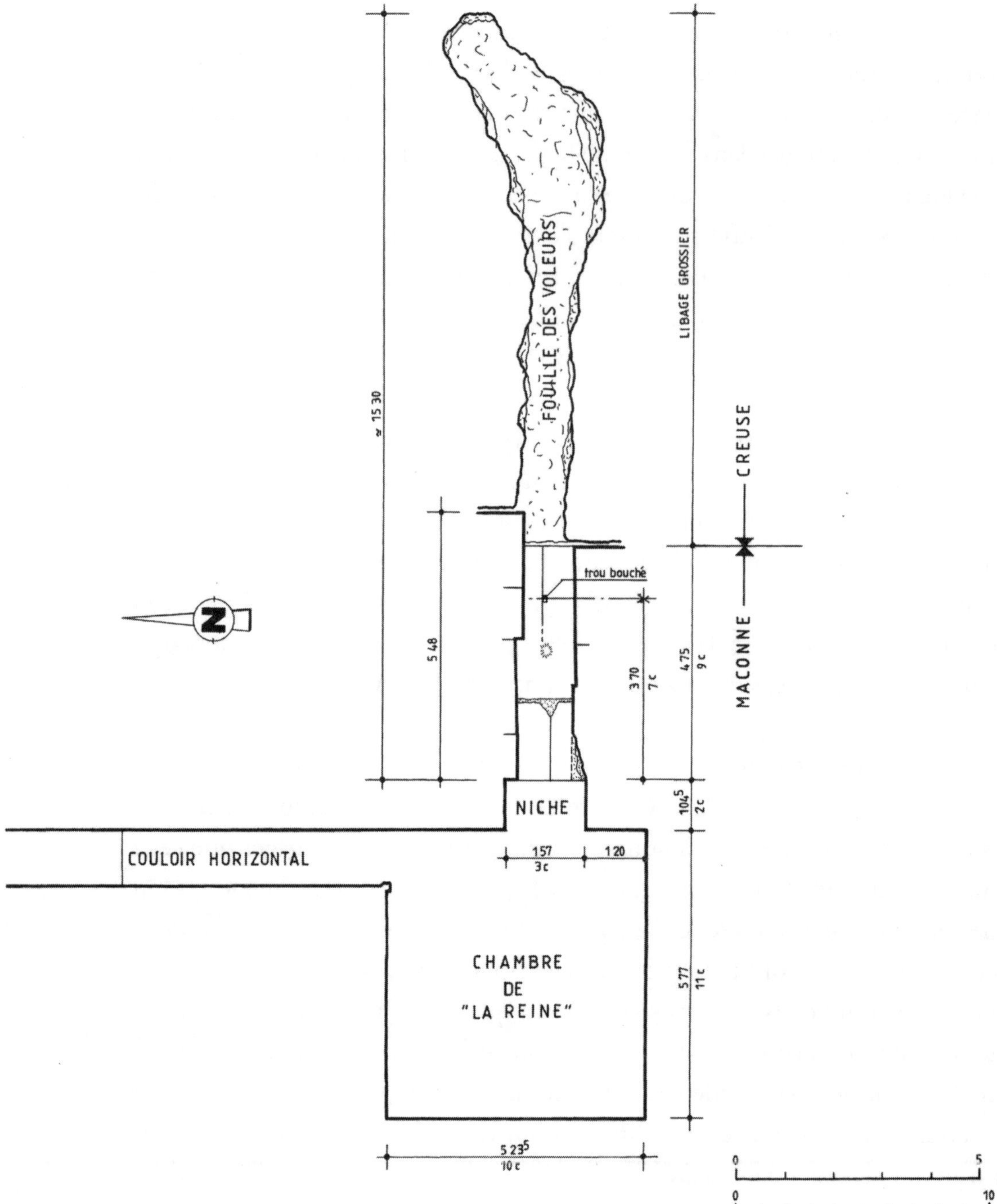

avec un acharnement qui paraît incompréhensible. Ces gens n'étaient pourtant pas stupides au point d'effectuer une besogne aussi pénible sans de bonnes raisons ; aussi, avant de décréter qu'ils ont fait preuve d'un entêtement aveugle, faudrait-il s'interroger sur ce qui a pu les stimuler à ce point.

Qu'auraient-ils vu d'assez probant pour se forger la conviction qu'il y avait « quelque chose » derrière le mur de la niche ? La seule façon d'essayer de le comprendre est d'examiner la fouille qu'ils se sont donné la peine de creuser : le point de vue de ces gens est digne d'intérêt et prévaut, puisqu'ils ont eu l'avantage de voir la niche lorsqu'elle était encore intacte.

L'étude de cette partie de la pyramide, jugée accessoire, a toujours été négligée, d'autant plus qu'une grille en interdisait l'accès. Lorsque nous avons mis au point la ventilation de la Grande Pyramide, en 1998, nous avons pu pénétrer dans la fouille et l'étudier, brièvement, mais suffisamment pour y constater des choses essentielles. Il s'agit d'un boyau horizontal est-ouest, long de 15,30 m, comportant deux parties (fig. 57). D'abord, sur environ cinq mètres, la percée traverse une maçonnerie compacte de blocs bien équarris : à l'évidence l'enveloppe de maçonnerie soignée de la chambre « de la reine ». La solution de continuité avec la partie suivante est nette. Le boyau se poursuit sur une dizaine de mètres, de façon beaucoup plus chaotique, dans une maçonnerie de blocs bruts séparés par de très larges joints. Il s'agit du libage caractéristique, tel qu'on peut le voir dans la trouée d'Al-Mamoun. On ne discerne là absolument rien de suspect qui ait pu stimuler l'ardeur de ceux qui ont creusé à grand-peine. Il faut probablement chercher leur motivation plus en deçà, vers l'entrée.

Boyau maçonné et cavité au sol

L'ouverture du boyau est très abîmée (photo 21). Les voleurs ont taillé profondément la maçonnerie en linteau et à main droite (fig. 58 A). En revanche, les nus sont intacts au sol et à main gauche : ce sont là des faces de joints d'origine, et non le résultat d'un creusement. Ces faces de joints

fig. 58 La chambre « de la reine », l'entrée de la fouille

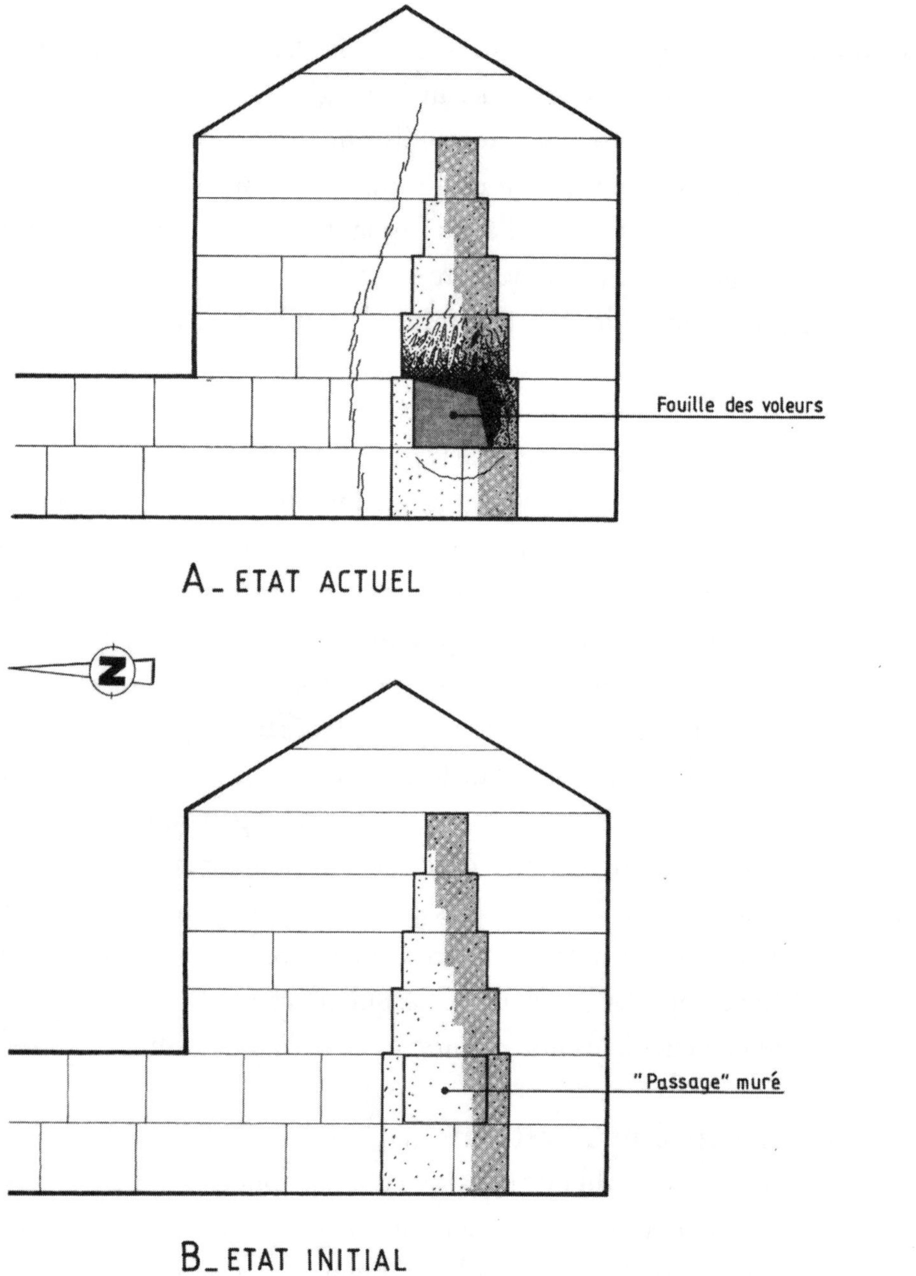

intactes correspondent forcément à un ou plusieurs blocs enlevés, tandis que la partie taillée (en linteau et à main droite) correspond à l'évasement nécessaire pour saisir et extraire lesdits blocs. L'entrée de la fouille n'est donc pas creusée : elle résulte de l'extraction de blocs de la paroi. C'est le traumatisme marqué du linteau et du jambage droit qui fait croire à un creusement ; mais en réalité le forage d'un boyau n'implique pas l'évasement de son entrée : ce qui le nécessite, ce sont les manipulations d'extraction.

Un peu au-delà de la partie abîmée de l'ouverture, les nus d'origine sur les faces de joints intacts étant mesurables, on constate alors quelque chose d'assez singulier :

— d'abord, l'entrée de la fouille a une largeur de 1,04 m, soit deux coudées à sept millimètres près ;

— ensuite, cette entrée est implantée dans l'axe de la niche, au centimètre près.

Puisqu'il y a eu extraction et non pas creusement, cette précision est liée à la disposition originelle de la maçonnerie. Cela signifie que lorsque la niche était intacte, elle comportait bien, au centre, un appareillage caractéristique de deux coudées de largeur. On peut alors comprendre quelle fut la motivation des voleurs, car, devant un appareil si particulier, il est impossible de ne pas soupçonner un passage muré (fig. 58 B).

La teinte de la pierre apporte des renseignements supplémentaires. Partout dans la pyramide, on constate que les parements d'origine ont une teinte ocre, tandis que les nus résultant de traumatismes ultérieurs sont nettement plus clairs, presque blancs. Cette différence se constate à l'entrée de la fouille (photo 22) :

— en linteau, les faces de joints latérales qui ont été dégagées par le creusement de la maçonnerie sont claires ;

— juste en dessous, à l'entrée même de la fouille, la face latérale gauche est ocre. Il s'agit donc d'une face de parement et non d'une face de joint.

Cela signifie que l'entrée de la fouille — cette entrée bien centrée au milieu de la niche — est en réalité *une ouverture maçonnée d'origine, qui a été murée ultérieurement.*

Lorsqu'on examine attentivement les cinq premiers mètres de la prétendue fouille, on se rend compte qu'il ne s'agit certainement pas de l'œuvre de voleurs, mais bel et bien d'*un boyau maçonné à la construction.* En effet, s'il s'était agi d'une vulgaire fouille pratiquée à travers une maçonnerie pleine, elle aurait immanquablement rencontré des blocs non alignés, disposés en quinconce. Ici, au contraire, à l'exception d'un seul bloc décalé de vingt centimètres, toutes les faces de blocs sont parfaitement alignées : elles forment deux parois parallèles, avec un écart à peu près constant de deux coudées (fig. 59 et photo 23). Il n'y a pas de traces de traumatismes sur les parois latérales : ce sont bien les nus d'origine. Enfin, tout le plafond forme linteau, disposition qui n'a pratiquement aucune chance de se présenter dans une fouille normale (d'ailleurs, elle ne se reproduit pas dans le libage). Cependant, la face de lit du plafond est abîmée, ce qui doit signifier que le boyau était comblé.

Si l'on tient compte de l'existence de ce boyau maçonné, le comportement des voleurs devient parfaitement clair. Ils ont remarqué, au centre de la niche, l'appareillage caractéristique d'une ouverture murée. Ils ont alors extrait les blocs de la paroi et ont effectivement découvert un petit boyau maçonné, de cinq mètres de longueur environ. Persuadés que cela signifiait qu'il y avait quelque chose à l'est de la chambre « de la reine », ils ont prolongé le boyau dans cette direction, en creusant à travers le libage. Ils y ont réalisé une fouille d'une dizaine de mètres, ce qui n'est déjà pas négligeable, avant de renoncer.

L'existence de ce petit couloir étant constatée, encore faut-il en comprendre l'utilité. Il est certain qu'il ne mène nulle part, puisqu'à l'est la fouille des voleurs ne révèle que du libage ordinaire.

fig. 59 La chambre « de la reine », le boyau technique

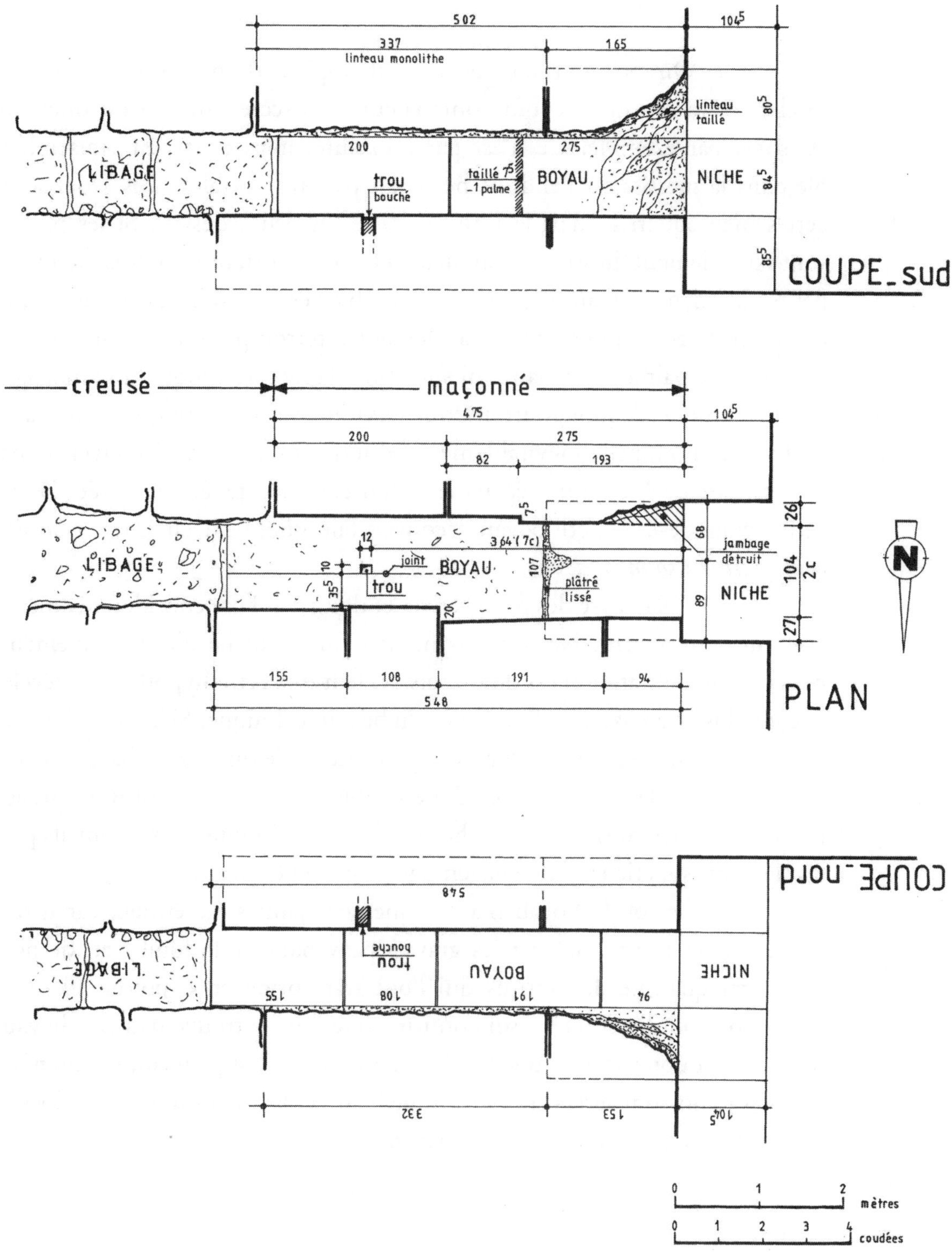

On pourrait envisager qu'il s'agisse d'un réduit, destiné à receler les vases canopes (qui contenaient les viscères du roi) ou quelque « trésor », par exemple. Ce n'est pas à exclure, mais c'est peu vraisemblable dans la mesure où l'endroit ne paraît pas très « noble ». Les blocs sont certes bien équarris, mais la finition laisse un peu à désirer. Si les parois sont sensiblement dressées et parallèles, elles comportent toutefois quelques petits « accidents ». Dans la paroi nord, un bloc est en saillie d'une vingtaine de centimètres et une sorte de ravalement interrompu a laissé un cran de 75 mm (une palme) dans la paroi sud. Bref, la facture évoque un aménagement technique. À quoi pourrait donc servir un boyau technique ne menant nulle part ? Il rappelle inévitablement celui que nous avons découvert dans la pyramide de Meïdoum, également derrière une « fenêtre » murée. Dans cette pyramide-là, le petit boyau découvert fait office de décharge… *pour un couloir situé 3,50 m en dessous.*

Cela ouvre des perspectives et doit nous faire considérer la niche avec un autre regard. Nous avons montré que la niche n'a probablement pas contenu de statue. Il est désormais évident que cette hypothèse se révèle encore plus douteuse avec l'existence du boyau technique. Si la niche joue le rôle d'une voûte en encorbellement, qu'abrite-t-elle ou que décharge-t-elle ? Autrement dit, dans la mesure où il ne semble pas y avoir de justifications au niveau où on les considère, la niche et le boyau technique ne seraient-ils pas les éléments supérieurs d'aménagements situés en dessous ?

Le sol de boyau n'a certainement jamais été étudié, car il fut recouvert dès l'Antiquité par les gravats provenant de la fouille et, de nos jours, par quantité de détritus qui l'ont transformé en dépotoir. Ce que nous avons pu discerner au sol confirme que l'on se trouve dans un boyau maçonné, et non pas dans une fouille creusée. Le sol est plan comme un marbre. Les joints sont serrés et, à 1,61 m de l'entrée, la jonction de trois blocs a été plâtrée au gypse avec un lissage soigné.

Un peu plus loin, dans le passage, nous avons découvert un élément intéressant : une petite cavité (photo 24). Elle est située dans le passage à 3,64 m (7 coudées) du fond de la niche ; sa découpe, nette, est rectangulaire (10 x 12 cm) ; elle est soigneusement rebouchée par un opercule de calcaire serti un peu en retrait et plâtré au gypse.

Étant donné que l'on se trouve dans un boyau fonctionnel où la finition n'a strictement aucune importance, il faut exclure l'hypothèse d'une réparation esthétique. Le point le plus intéressant est que cette cavité est accolée à un joint : trois de ses côtés sont taillés dans un bloc (sud), tandis qu'un autre bloc (nord) forme le quatrième côté et ferme le rectangle. Or cette configuration est identique à celle des conduits de « ventilation » — nous en avons fait la remarque à chaque fois.

Rappelons que les Égyptiens réalisaient les traversées de parois non pas en perforant en pleine masse, mais, très logiquement, en creusant un canal sur une face de bloc avant sa pose. Tout cela signifie que la cavité rectangulaire que nous avons découverte, soigneusement rebouchée, a les caractéristiques d'un *conduit traversant*. La situation est donc la suivante :

— derrière une niche en encorbellements, qui pourrait décharger d'éventuels éléments situés plus bas, se trouve un boyau qui n'a apparemment d'autre justification que la présence de « quelque chose » en dessous ;

— le sol de ce boyau est percé d'une sorte de conduit communiquant vers le bas. On ne peut s'empêcher de penser à un passage de corde.

La synthèse de tous ces paramètres conduit inéluctablement à considérer que l'on se trouve en présence d'un « boyau de service », permettant d'accéder au-dessus de « quelque chose » que l'on actionnerait au moyen d'un cordage passant par un trou. Dans une pyramide, la réponse est bien entendu : *une herse.*

Une chambre des herses (fig. 60)

Pour bien saisir ce qui suit, il importe de se remémorer les caractéristiques de la chambre des herses, en particulier qu'elles avaient été mises en place par le haut, et que leur abaissement avait été, initialement, prévu également par le dessus. (Précisons que le développement qui suit relève davantage d'études graphiques que d'analyses théoriques.)

La paroi sud du « boyau de service » comporte un petit redan. Celui-ci résulte du fait que toute la partie orientale de cette paroi a été ravalée sur une épaisseur de 75 mm. Étant donné que cette valeur représente très exactement une palme, nous écartons *a priori* l'éventualité d'un hasard. Or ce ravalement d'une palme n'offre strictement aucun intérêt dans l'appareil propre du « boyau de service » ; la justification de ce travail, apparemment inutile à ce niveau, se trouverait-elle donc encore en dessous ?

Si l'on se réfère à la chambre des herses, on note que ces dernières ont justement, de part et d'autre du passage à condamner, une surlargeur d'une palme, engagée dans les coulisses. Autrement dit, rien ne serait différent si la paroi sud du « boyau de service », montée à l'aplomb du passage inférieur, avait été retaillée pour permettre l'introduction de herses par le haut. Quant à l'extrémité orientale de la paroi nord, elle aurait été montée après l'introduction des herses, ce qui explique un positionnement plus « désinvolte ». Nous évoquons plusieurs herses, car le ravalement d'une palme a été réalisé sur une longueur de 3,50 m ; ce serait très excessif pour une seule herse, et il n'en faut pas moins de trois pour justifier cette longueur (cette option est envisageable, car il y a peut-être encore un ou deux trous le long du même joint ; nous ne pouvons pas en être certains, car il ne nous a pas été loisible de poursuivre nos investigations).

Parallèlement, on constate que l'extrémité orientale du boyau est couverte par un énorme linteau. Avec une longueur de 3,35 m, une largeur

fig. 60 Chambre « de la reine », la chambre des herses

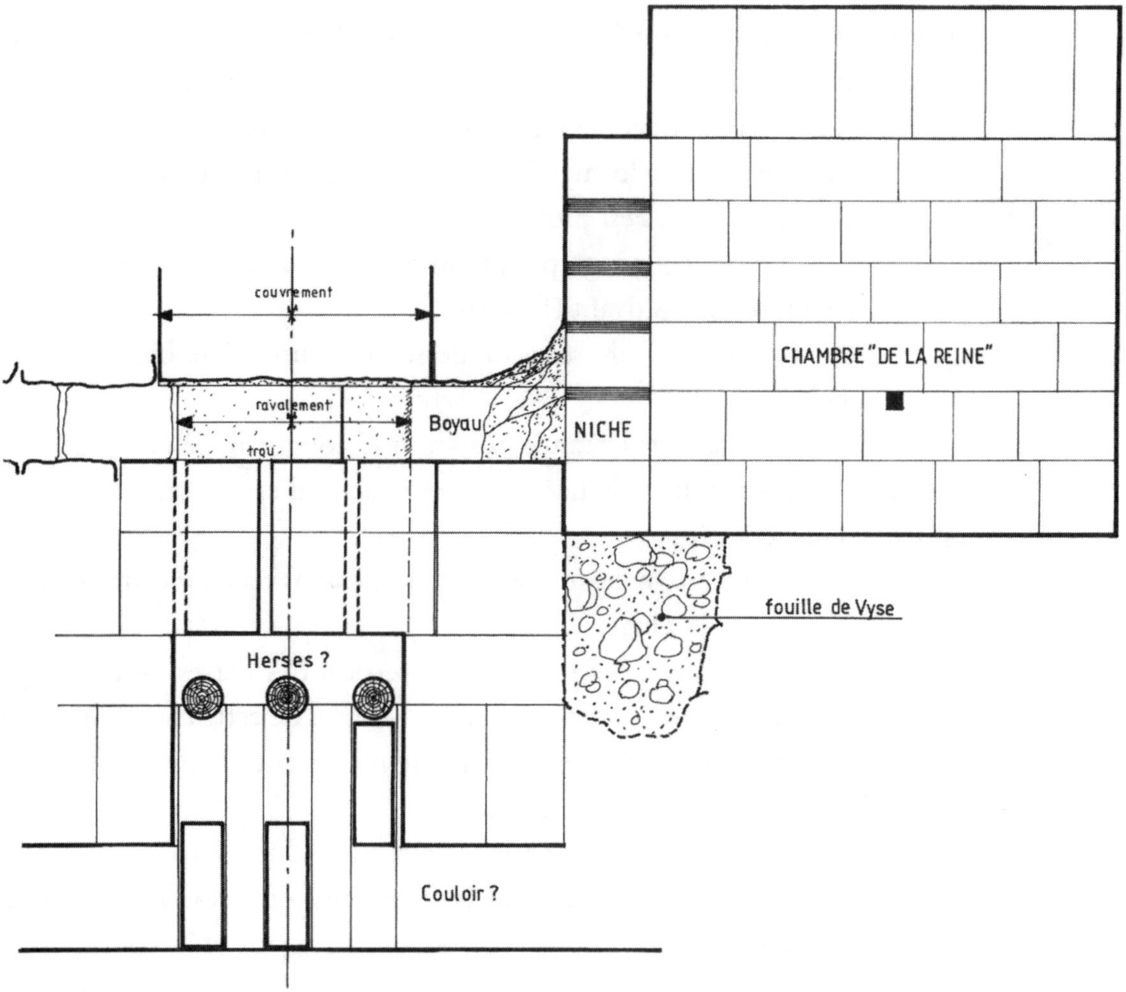

de 2 m minimum et une hauteur de 1,50 m (2 assises), son poids doit excéder vingt tonnes. Or il se trouve que ce linteau est à l'aplomb du segment de sol où se trouve le trou, et qu'il recouvre exactement la partie ravalée, avec un débord d'une demi-coudée de part et d'autre. Il est donc placé exactement comme il convient pour former le « couvercle » de la partie où la présence d'une chambre des herses est probable.

Une projection graphique intégrant tous ces éléments aboutit précisément au résultat suivant (fig. 60) :

— le boyau « de service » desservirait une chambre des herses, située en dessous ;

— cette dernière, qui aurait une longueur de cinq coudées (2,62 m), comporterait trois herses d'une coudée d'épaisseur, elles-mêmes espacées d'une coudée ;

— un passage de quatre coudées (2,09 m) relierait cette chambre des herses au bas de la niche ;

— enfin, compte tenu du jeu vertical des herses — estimé par analogie avec celles de la chambre « du roi » — le sol de cette chambre devrait vraisemblablement se situer à environ quatre mètres sous le niveau du sol de la chambre « de la reine ».

Cette chambre des herses serait, en quelque sorte, le prototype sur lequel aurait été copiée celle de la chambre « du roi », avec quelques nuances, puisque les herses de la seconde chambre ont été « tassées » pour minimiser le décalage vers le sud, et la manœuvre des herses par le dessus, bien que prévue à l'origine, a été abandonnée pour des raisons que nous avons vues précédemment.

Qu'une chambre des herses, inconnue à ce jour, se trouve à proximité de la chambre « de la reine » est très palpitant, mais ne résout rien : que fait-elle là ? Ferait-elle partie, encore, de quelque projet modifié ?

Le sol (fig. 61 et 62)

À l'occasion de l'étude de la chambre « de la reine » (*cf.* chap IX), nous avons mis l'accent sur diverses particularités de son dallage (photos 25 et 26). Rappelons-les brièvement. Des empreintes d'encastrements témoignent qu'un dallage, aujourd'hui disparu, recouvrait le sol actuel de la chambre. Cependant, ce dallage ne couvrait pas toute la surface de la pièce. Une bande périphérique de 75 cm de large (10 palmes), située hors empreintes, n'était apparemment pas dallée. Enfin, des encoches pratiquées dans nombre de joints attestent que le sol de la chambre a été l'objet de manipulations.

Le remaniement

Les encoches taillées dans les joints de dalles sont particulièrement intéressantes. Nous avions déjà noté qu'elles ne pouvaient pas impliquer l'enlèvement du dallage disparu, parce que certaines encoches se trouvent en dehors du périmètre de ce dernier. Ce sont donc forcément les dalles dans les joints desquels elles ont été faites, c'est-à-dire, le sol actuel de la chambre, qui sont concernées.

Serait-il possible qu'après avoir enlevé un premier lit de dalles des voleurs aient soulevé une à une celles du sol actuel à l'aide d'un levier, puis les aient laissées retomber en place, ayant constaté qu'elles ne dissimulaient rien ? Certainement pas, car il y a encore des mortiers d'origine entre plusieurs dalles et dans certaines encoches, preuve que le sol actuel de la chambre n'a pas bougé depuis la création de la pyramide. De même il est certain que tous les éléments du sol actuel — le sous-dallage — sont encore à la place qu'ils occupaient au moment de la pose du dallage rapporté (le « sur-dallage »). En effet, si la disposition du premier avait été modifiée par la suite, les empreintes d'encastrement du second auraient été déplacées, et leur disposition actuelle ne serait plus

fig. 61 Chambre « de la reine », le dallage

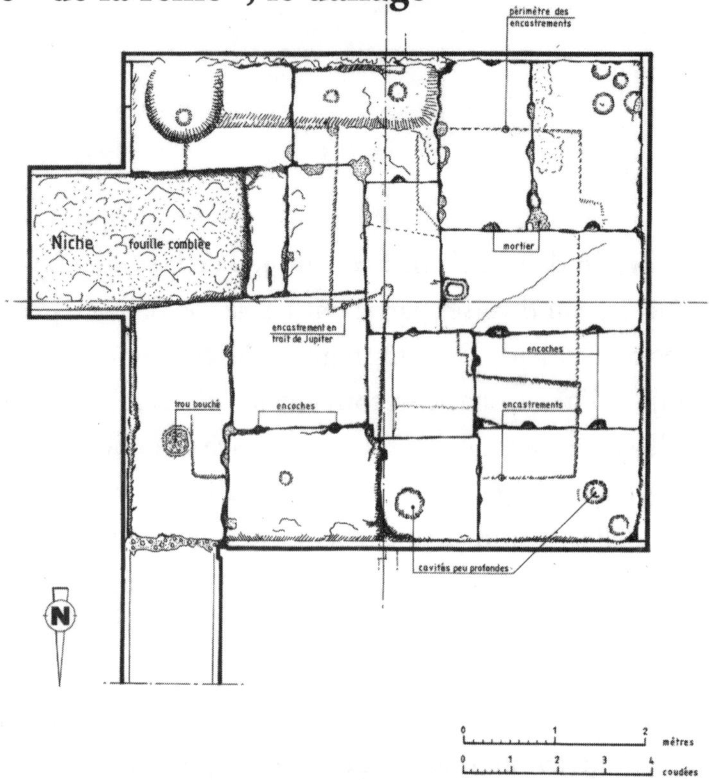

fig. 62 Chambre « de la reine », repérage des dalles

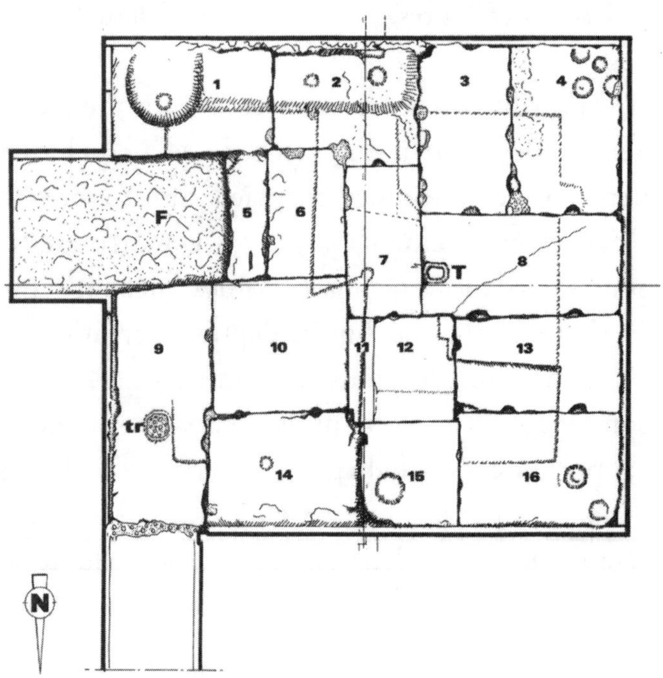

cohérente. Le remaniement lié aux encoches est donc antérieur à la pose du « sur-dallage » et, de ce fait, *ne peut être imputable qu'aux constructeurs eux-mêmes.*

En corrélation avec ces premiers constats, on observe par ailleurs différents effets de ce remaniement. Le sol de la chambre a un aspect confus ; la disposition des dalles est relativement incohérente. Pour bien en saisir le désordre, il faut le comparer au dallage de la chambre « du roi » (fig. 63). Ce dernier est en effet composé de six rangées de dalles rigoureusement disposées, sans aucune retaille. Ici au contraire, seule celles du tiers ouest de la chambre (3-4-8-13-16) sont correctement disposées ; toutes les autres semblent avoir été placées sans aucune rigueur. De surcroît, c'est précisément parmi les dalles dont la pose laisse un peu à désirer que l'on remarque un détail significatif. Certaines « mordent » sur leur voisine : la 6 mord sur la 2, la 12 sur la 8, la 15 sur la 16, la 14 sur la 11, et la 14 également sur la 9. Or il est bien évident que, lorsqu'on pose un dallage sur une aire dégagée, il n'y a aucune raison d'entailler une dalle en place pour venir y encastrer la dalle suivante. Lorsqu'une dalle « mord » sur sa voisine, ce ne peut être que sous l'effet d'une contrainte, souvent liée à un manque de place (la dernière dalle posée contre une paroi, ou insérée). Mais ces entailles peuvent également être dues à des transformations ; en effet, si l'on modifie la disposition du dallage, les coupes ne tombent plus juste et l'on doit effectuer des adaptations ; c'est évidemment pire encore si l'on ajoute un élément qui augmente la surface initiale (signalons qu'il manque des éléments de dallage au pied de la niche, enlevés au XIXe siècle par Vyse, qui fit creuser là une fouille (F) d'environ 2,50 m de profondeur).

Lorsqu'on observe le sol, on distingue d'emblée deux zones :

— la première, à l'ouest, comporte 5 dalles de format homogène et bien rangées ;

— la seconde, à l'est, concerne 11 dalles de formats divers, disposées un peu pêle-mêle.

fig. 63 Disposition du dallage

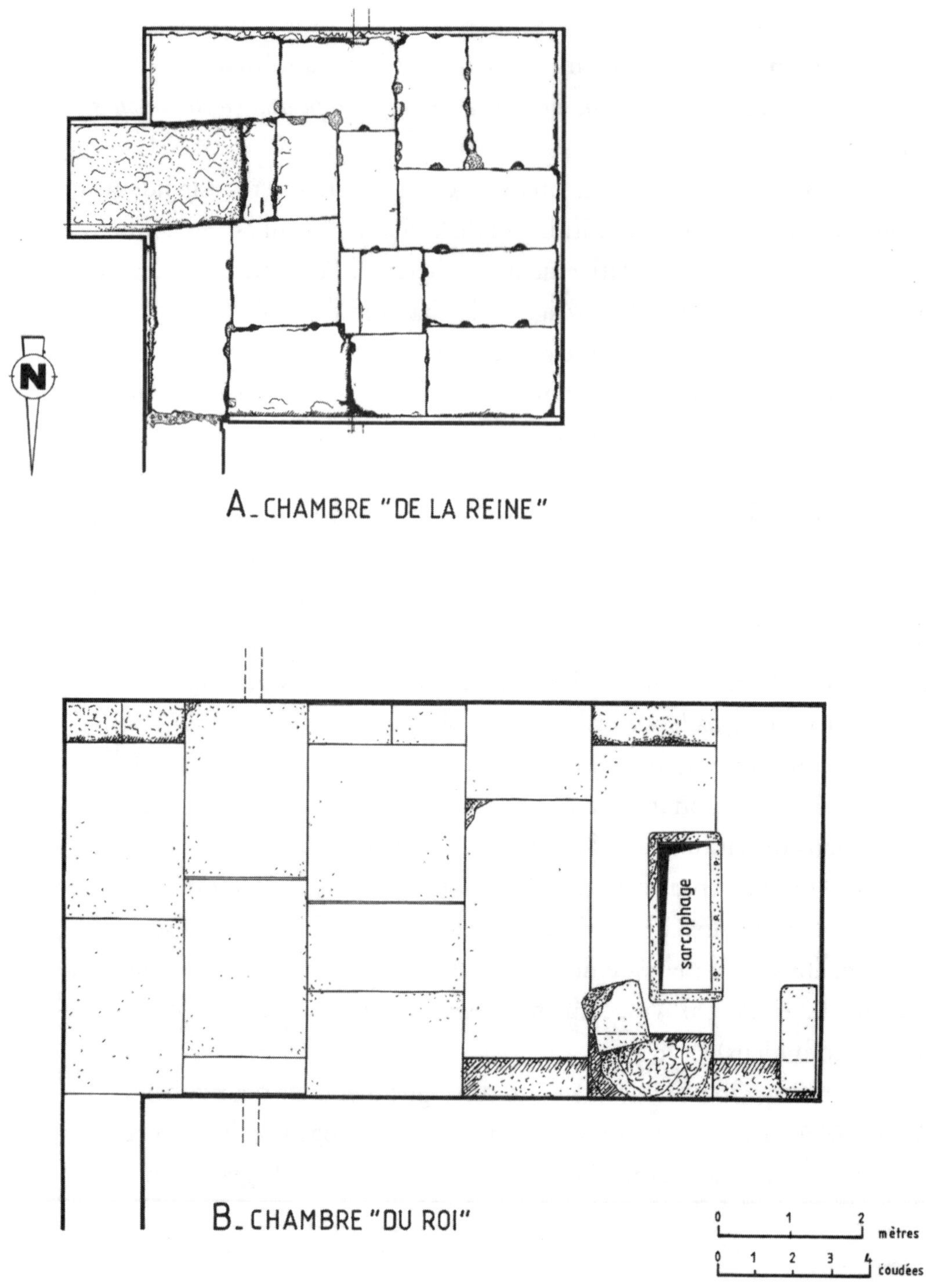

Dans cette zone-ci, on différencie trois sortes de dalles :
— un groupe (F-5-6) directement lié à la niche ;
— une grande dalle carrée (10) ;
— les dalles restantes disposées en entourage des précédentes (1-2-7-11-12-15-14-9).

La petite dalle intercalaire (11) semble indiquer que l'alignement des dalles (6-10) a été recherché, ce qui mettrait la dalle 10 en relation avec les dalles de la niche (F-5-6), formant ainsi un ensemble à angle droit (10-6-5-F) relié à la niche. Enfin, la dalle 14 est la moins bien posée de toutes, car elle accuse un écart de nivellement de – 5 à – 8 cm par rapport à ses voisines. D'autre part, elle pourrait avoir été posée la dernière, car elle « mord » de chaque côté. Comme elle prolonge la 10, l'ensemble cohérent en liaison avec la niche serait finalement le groupe 14-10-6-5-F.

D'une certaine façon, on « lit » pratiquement sur le sol ce cheminement vers la niche. Étant donné que l'on ne voit pas quelle en serait la justification au niveau de la chambre même, on ne peut qu'en déduire qu'il concerne le dessous du dallage et recouvre un accès qui aboutit sous la niche. Ce calepinage des dalles, qui semblait *a priori* anarchique en tant que tel, devient cohérent s'il concerne l'entourage 1-2-7-11-12-15-9 d'une descente 14-10-6-5-F (fig. 64 A).

En résumé, il ressort assez clairement de tout cela que :
— le dallage actuel de la chambre n'est pas dans son ordonnance initiale : sa disposition a été modifiée ;
— cette opération n'a pu être réalisée que par les constructeurs de la pyramide avant la pose du dallage définitif ;
— elle avait pour but l'aménagement d'*une descente vers la base de la niche.*

Il faut aussi prendre acte que deux approches distinctes, aux éléments apparemment sans relation — la fouille de la niche et le dallage de la chambre — aboutissent à la même conclusion : *il doit y avoir « quelque chose » en dessous de la chambre « de la reine ».*

fig. 64 Chambre « de la reine »

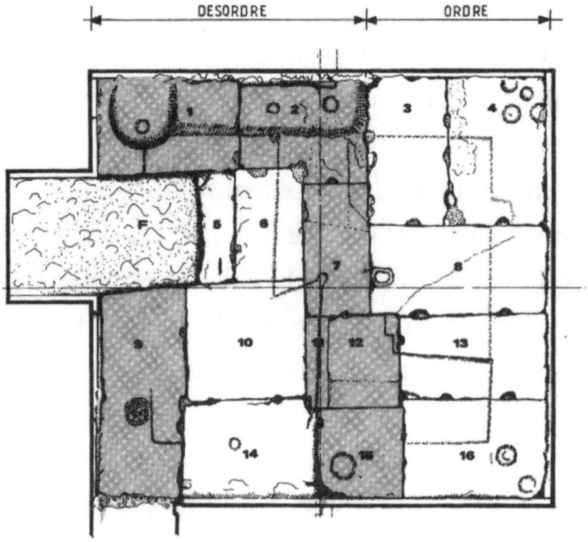

A. L'ENTOURAGE

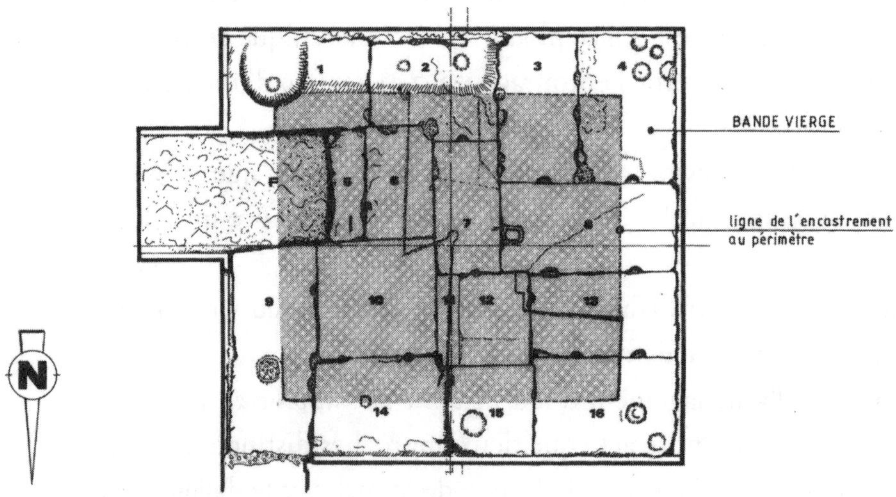

B. LE "SURDALLAGE"

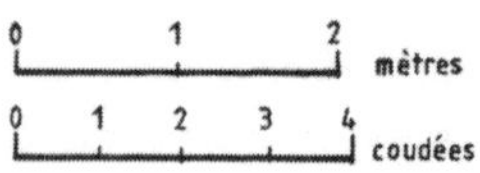

De quoi peut-il s'agir ? Il est très improbable qu'il s'y trouve un volume important, c'est-à-dire une autre chambre, car les mesures de microgravimétrie réalisées en 1986 par EDF l'auraient certainement détectée, à moins qu'il ne s'agisse d'un volume comblé. On sait également que le colonel Vyse ne découvrit rien lorsqu'il fit creuser la fouille (F). Enfin, si quelque chose existe, rappelons que cela se situerait à environ quatre mètres sous le niveau de la chambre, compte tenu du fonctionnement de la chambre des herses présumée.

Le trou

Il est curieux que la descente supposée fasse un coude à angle droit. En admettant qu'il se soit révélé nécessaire d'aménager un accès sous la niche, pourquoi cela n'a-t-il pas été fait, tout simplement, par une descente directe frontale (en 8-7-6-5-F), comme dans la pyramide de Mykérinos ? Était-ce parce qu'il était nécessaire de l'amorcer vers l'entrée, ou bien parce qu'il était impossible de le faire dans la partie ouest ?

C'est justement en examinant la zone ouest du sol que nous avons observé une marque (T) assez particulière. Il ne s'agit ni d'un creux ni d'une encoche, car c'est affleurant au nu du dallage. C'est une sorte de rectangle aux contours imprécis, ovalisé (les piétinements de milliers de visiteurs l'ont quelque peu érodé), qui semble gravé dans le sol (photos 27 et 28). Ses dimensions approximatives sont de 25 cm de long (une demi-coudée) sur 15 cm de large (2 palmes). La position de cette marque T ne semble pas innocente :

— elle se trouve exactement à 4 coudées (2,09 m) du mur ouest de la chambre ;

— elle est située, à dix centimètres près, sur l'axe est-ouest de la chambre ; mais, comme celle-ci est elle-même désaxée de dix centimètres vers le nord, la marque T se trouve de fait exactement sur l'axe est-ouest de la pyramide.

Enfin, on se trouve à nouveau dans la configuration d'un rectangle dont l'un des côtés est formé par un joint (joint entre les dalles 7 et 8) : est-il nécessaire de rappeler les raisons et avantages de cette disposition pour réaliser un *conduit traversant*, façonné en canal le long d'une face de joint ? Force est donc de constater que rien ne serait différent s'il s'agissait là d'un orifice rebouché. À nouveau, on est enclin à penser qu'il s'agit là d'un trou de manœuvre pour quelque herse (une seule, cette fois-ci) située au-dessous. Ce nouvel indice, encore une fois, implique le dessous de la chambre. Si le trou (T) est en communication avec un dispositif de herse, il est évident qu'une descente vers la niche ne pouvait pas empiéter dans ce secteur ; il était donc inévitable qu'elle soit aménagée latéralement.

Le « sur-dallage »

Nous employons ce néologisme afin de distinguer le dallage rapporté mis en place sur le sol actuel de la chambre et qui a disparu. Les traces de pose d'un sur-dallage se distinguent sans équivoque sur le sol actuel (photos 9 et 25-26). Cependant, comme nous l'avons déjà spécifié, ce sur-dallage ne devait pas couvrir la totalité de la pièce. Une bande de 75 cm (10 palmes) de largeur avait été laissée vierge au périmètre, si bien que, dans la chambre de 10 x 11 coudées, seule une surface de 7 x 8 coudées avait été effectivement recouverte (fig. 64 B).

Dans la bande périmétrique non dallée, on remarque six groupes de creux circulaires, profonds de 7 cm environ, qui suggèrent des maintiens de poteaux de bois. On ne distingue cependant pas la moindre trace, sur les parois ou sur les voûtes, qui puisse être reliée à ces marques au sol. Correspondaient-elles à une sorte de charpente de consolidation de la chambre ? Il est impossible de le savoir. On ne peut que supposer que c'est l'« installation » correspondant à ces marques qui a empêché que ne soit dallée toute la chambre.

Mais peu importe : ce qui est intéressant, c'est la disposition du sur-dallage, disposition révélée par les traces d'encastrement dans le sol de la chambre (fig. 65 A). Considérons le rectangle sur-dallé A-B-C-D. Une marque d'encastrement très nette, E-F-G-H, en « trait de Jupiter » caractéristique, traverse le rectangle de part en part. Ce zigzag est très curieux car aucun dallage sérieux n'est réalisé avec de tels angles. Pourtant, il ne doit pas s'agir de négligence ou de fantaisie, et ce pour plusieurs raisons :

— le segment G-H se trouve exactement sur l'axe nord-sud de la chambre ;
— le segment F-G exactement sur l'axe est-ouest ;
— la distance AE est de 3 coudées, EB de 5 ;
— la distance DH est de 4 coudées et HC de même.

Il est tout à fait improbable que le hasard y soit pour quelque chose. On remarque, par ailleurs, que le « trait de Jupiter » sépare le rectangle ABCD en deux parties (est : AEFGHD ; ouest : EBCHGF) qui semblent résulter de deux étapes dans la pose du sur-dallage. La partie orientale étant en léger creux par rapport à la partie occidentale, il est probable que l'ouest ait été dallé avant l'est. Autrement dit, si le « trait de Jupiter » a creusé le sol à l'est, c'est que la reprise du travail s'est effectuée vers l'est. Pourquoi n'aurait-on pas tout dallé en même temps ? Peut-être parce que la partie orientale — comportant la descente — ne pouvait être dallée… qu'après que cette dernière avait rempli son rôle.

De surcroît, la partie ouest du sur-dallage ne semble pas anodine. Son périmètre effectif est EBCHGF, mais, tout compte fait, il pourrait tout aussi bien s'agir du rectangle EBCI amputé du morceau FGHI. Ce rectangle EBCI n'est pas quelconque, puisque ses mesures sont 7 x 5 coudées. D'autre part, il est d'autant moins quelconque qu'*à l'intersection de ses diagonales se trouve le trou T !*

Tout cela comporte cependant un paradoxe. En effet, la chronologie logique veut que l'on utilise un accès et qu'on le condamne ensuite.

fig. 65 Chambre « de la reine », le « surdallage »

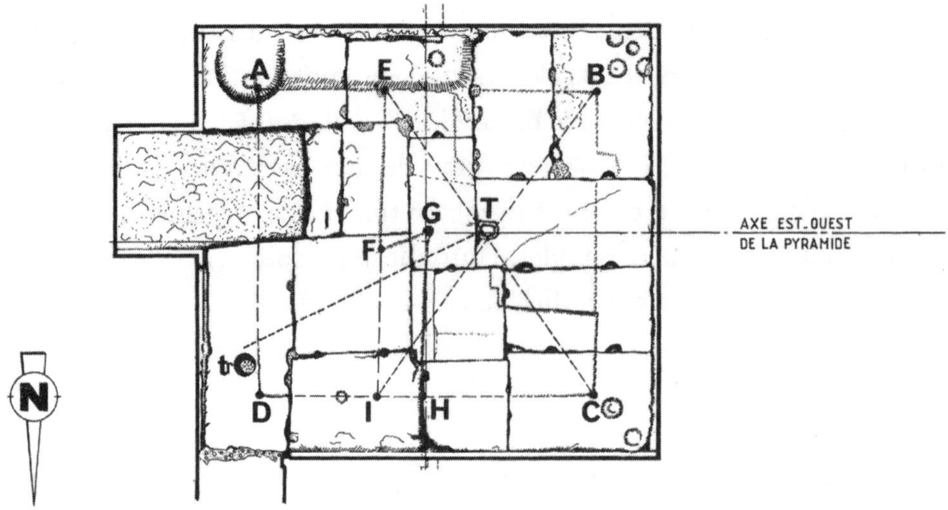

A-GEOMETRIE DES MARQUES AU SOL

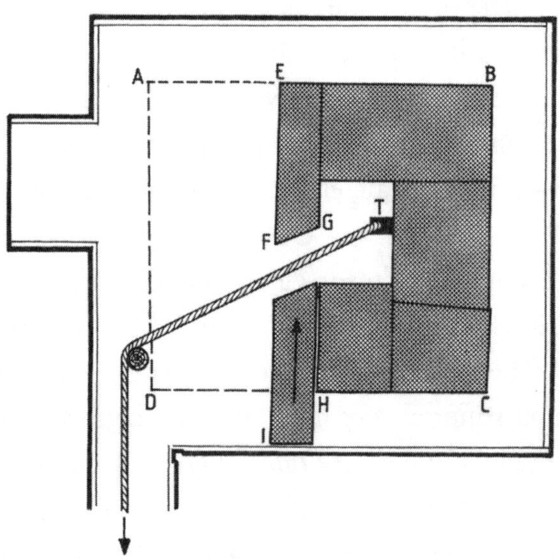

B-HYPOTHESE

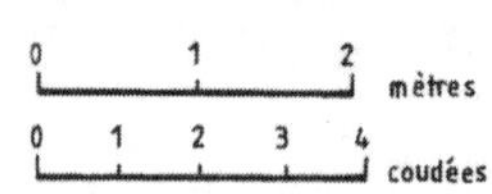

Or nous venons de voir que la partie ouest (la herse) aurait été recouverte par le sur-dallage avant la partie est (la descente) : la chronologie serait inversée.

Dans cette chronologie, la césure est bien matérialisée par le « trait de Jupiter ». Or celui-ci est tracé avec une telle précision que IH est d'une coudée et que EFG égale HGF. Encore une fois, cette précision exclut que l'angle aigu EFG soit le fruit d'un hasard ou d'une négligence. Si FG n'est pas orthogonal, c'est qu'il doit être de travers !

À quoi ce segment en biais pourrait-il être associé, géométriquement ? La seule chose vers laquelle il semblerait renvoyer est le trou (TR) de la dalle 9. On remarque tout de suite que ce trou n'a pas été fait dans le coin, à l'instar des autres, mais qu'il en a été écarté de façon à laisser un passage de deux coudées entre lui et l'angle de l'entrée. Il semble évident qu'il doit s'agir là d'une cavité de faible profondeur (5 à 7 cm), comme toutes celles qui se trouvent au périmètre de la pièce. Mais ce n'est là qu'une supposition, car ce trou a été rempli de béton, afin que les visiteurs ne se tordent pas la cheville en entrant dans la chambre. Lors de la dernière restauration de la chambre, nous avons eu l'occasion de voir ce trou dégagé (il est à présent rebouché) : eh bien ! ce n'est pas du tout un petit creux comme les autres, mais un véritable trou de trente centimètres de profondeur ! Cette profondeur, associée au diamètre d'une demi-coudée, concerne l'ancrage très résistant d'un bois, évoquant, à s'y méprendre, une sorte de bitte d'amarrage.

En fin de compte, la relation géométrique que l'on discerne associe le trou T, le segment GF et le trou TR. Ce qui, en langage pratique, pourrait se traduire par : un cordage sortant du trou T, passe par GF, puis, sur un rondin de bois solidement ancré en TR, est renvoyé vers le couloir (fig. 65 B). S'il a fallu renvoyer la corde vers le couloir, c'est sans doute parce qu'il n'y avait pas suffisamment de recul dans la chambre pour qu'elle soit maintenue par un nombre suffisant de personnes. Il s'agissait effectivement de la manœuvre d'une herse, qui devait être très lourde…

On peut alors se demander si ce qui a été mis en place dans la chambre n'était qu'un simple sur-dallage, ou s'il ne s'agissait pas de quelque chose de plus conséquent, comme une sorte de massif faisant office de blindage de protection sur la descente et la herse présumées. En fin de compte, peu importe ce qui a réellement été fait ; ce qui est intéressant pour nous, c'est que tout cet ensemble désigne le trou T de façon flagrante et qu'il en souligne l'importance.

Le radar

Toutes nos observations et analyses ont mis en évidence des indices, surabondants, qui conduisent à une même conclusion : l'existence d'une structure inconnue sous le niveau de la chambre « de la reine », comportant une chambre des herses à l'est et une lourde herse à l'ouest. De surcroît, une descente aurait été aménagée dans le sol de la chambre pour accéder à cette structure. À ce stade de l'étude, il ne nous était plus possible de recueillir des informations supplémentaires sans toucher au monument. L'intérêt et l'enjeu étaient pourtant tels que nous ne pouvions rester dans l'expectative. Il fallait tenter de progresser sans intervention lourde sur le monument. C'est la raison pour laquelle nous avons décidé de confronter nos conclusions à l'objectivité de mesures scientifiques.

De l'avis des spécialistes géophysiciens, la microgravimétrie et le radar géologique, méthodes non destructives, seraient susceptibles de donner des résultats dans le contexte particulier d'une pyramide. Étant donné que la microgravimétrie a été employée dans la chambre « de la reine » en 1986, sans révéler d'anomalie, c'est le géoradar qui devait être employé cette fois-ci. Au mois de septembre 2000, le Conseil suprême des Antiquités de l'Égypte nous a accordé l'autorisation de procéder à ces mesures.

R 1, Chéops, la « chambre de la reine », voir également page I

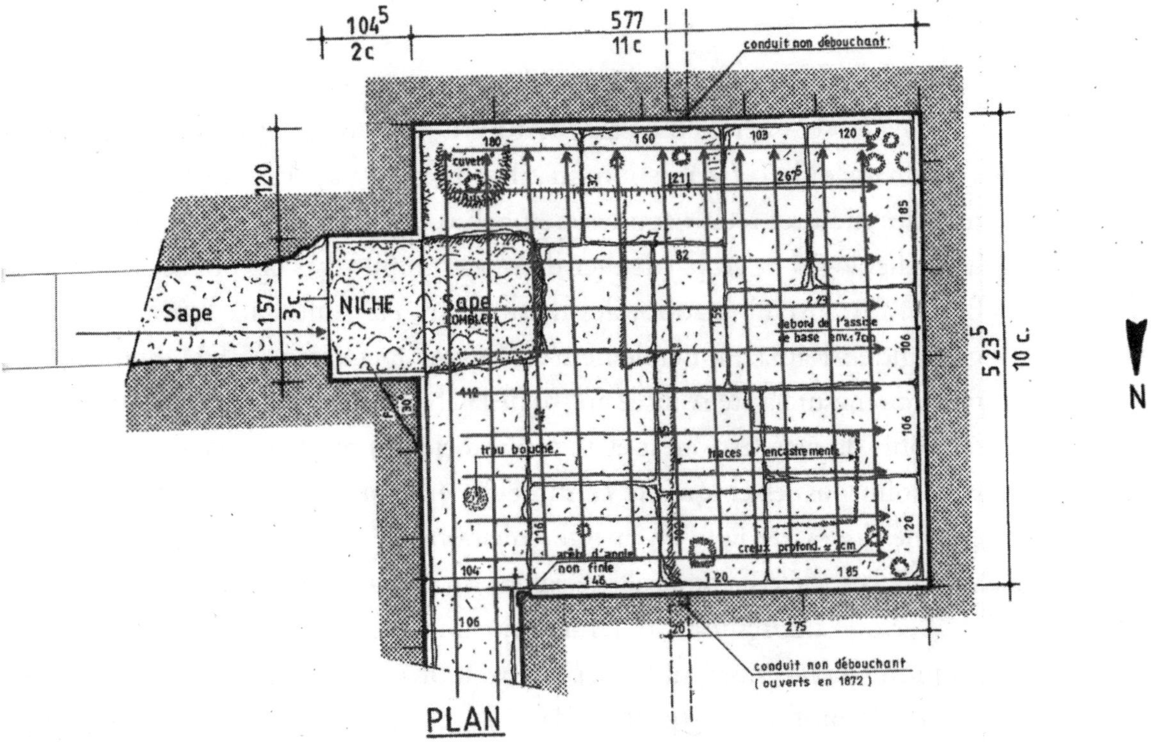

R 2, Chéops, la « chambre de la reine », voir également page I

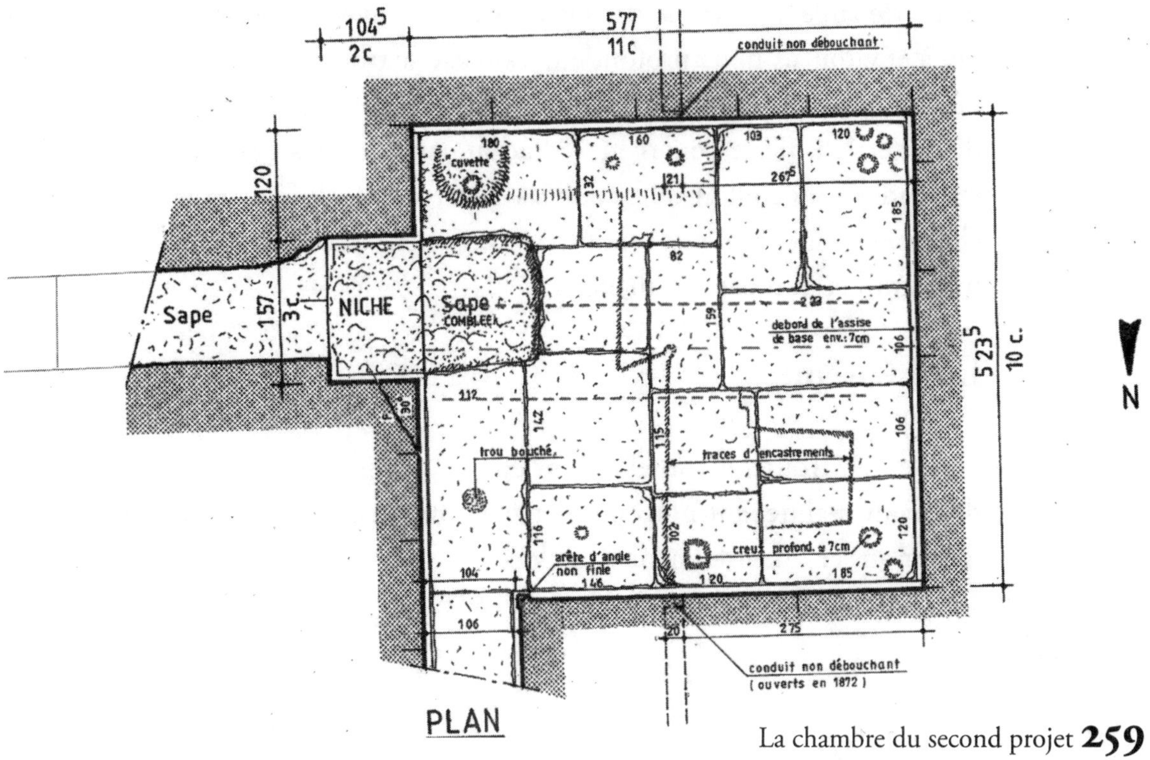

La société française SAFEGE, partenaire officiel de l'opération, s'est chargée de cette mission au titre du mécénat. Elle a confié la réalisation des mesures à un géophysicien habitué à la pratique de cette spécialité en archéologie, et en particulier dans les monuments égyptiens, Jean-Pierre Baron. En novembre 2000, des mesures ont été réalisées à l'aide d'un radar géologique Ramac, aimablement prêté par la société ABEM France. Une grille de mesure a été réalisée au sol de la chambre « de la reine », comprenant 11 profils orientés est-ouest et 11 profils orientés nord-sud, ce qui représente un profil tous les cinquante centimètres environ (fig. R 1). L'interprétation des mesures a été faite en étroite collaboration avec Sophie Geraads, directrice de la société Géoméga, spécialiste du géoradar.

Les résultats obtenus sont on ne peut plus probants. Sur tous les profils radars nord-sud, les signaux sont identiques avec une réflexion à 3,50 m de profondeur (profil radar). La conclusion du rapport d'investigation géophysique est la suivante : « Le traitement des mesures effectuées au sol de la chambre semblerait indiquer la présence d'une structure d'environ un mètre de largeur, orientée dans le sens est — ouest, et dont le toit se trouverait à environ 3,5 m de profondeur. Son axe se trouverait à 2,5 m du mur sud de la chambre et la traverserait de part en part. » (fig. R 2) Cette « structure d'environ un mètre de largeur », traduite aux normes égyptiennes, doit correspondre à un couloir de 2 coudées de largeur. Celui-ci traverserait donc la chambre d'est en ouest et serait très exactement coaxial au trou T (à 2,5 m du mur sud), et non pas à la niche.

Le théorème

Toutes les observations et analyses que nous venons d'accumuler devraient maintenant nous permettre de nous acheminer vers une synthèse. Résumons ce que nous avons établi.

Tout d'abord, la chambre funéraire définitive, dite « du roi », menaçant de s'effondrer, il y a de fortes probabilités pour que la sépulture de Chéops ait été transférée « autre part » dans la pyramide, en un lieu plus sûr. Nous avons vu que tout désigne logiquement la chambre « de la reine ».

Ensuite, il s'avère que celle-ci contient de multiples indices démontrant non seulement la présence de deux systèmes de herses, mais également de remaniements comportant, en particulier, l'aménagement d'une descente dans le sol. Enfin, la géophysique détecte et corrobore l'existence d'une « structure » sous le plancher de la chambre.

Il ne faut pas être grand clerc pour relier ces deux propositions et comprendre que, si la sépulture de Chéops a été transférée, ce ne peut être que dans ce secteur : vers le « sous-sol » de la chambre « de la reine ». De quel sous-sol peut-il s'agir ?

À ce stade, il convient d'effectuer un petit retour en arrière. Il est probable que l'architecture interne de la Grande Pyramide soit le résultat de la superposition de trois projets successifs. Nous pensons avoir démontré non seulement comment, mais aussi pourquoi. Dans ce contexte, chaque projet indépendant doit être intégral. Cela signifie qu'entre une chambre souterraine abandonnée et un troisième projet encore inexistant, le second projet doit nécessairement comporter *sa propre chambre funéraire.* Or il faut bien reconnaître que la chambre « de la reine » n'a aucune des caractéristiques requises.

Dans cette chambre, en effet, on n'a jamais trouvé la moindre de trace de sarcophage. Deux fois plus petite que les autres chambres funéraires, elle n'est pas à l'échelle du monument. Ouverte « à tous les vents », aucun dispositif n'y a été prévu pour en condamner l'accès. Elle est le siège de dispositifs techniques accessoires, qui sont l'apanage d'une chambre auxiliaire. En fin de compte, elle n'est tenue pour une chambre funéraire possible que… par défaut.

La question est alors incontournable : si ce n'est pas la chambre « de la reine », *où se trouve la véritable chambre funéraire du second projet*? La logique conduit inéluctablement aux conclusions suivantes :

— la chambre « de la reine » n'est qu'une chambre auxiliaire ; tout ce que nous avons observé et détecté concerne nécessairement les dispositifs de condamnation et d'accès à *la véritable chambre funéraire du second projet*;

— Chéops n'a sûrement pas pris le risque de se faire inhumer dans une chambre qui menaçait de l'écraser, dans la mesure où il disposait, au niveau inférieur, d'une autre chambre funéraire « opérationnelle » et intacte. En toute logique, il a dû se faire inhumer dans cette seconde chambre ;

— Toutes les traces d'interventions, de manipulations, de condamnations et de bouchages que nous avons relevées indiquent d'ailleurs clairement que le système a fonctionné et a été scellé. Il semble en outre que rien n'ait bougé depuis…

En fin de compte, tout le problème de la Grande Pyramide pourrait être résumé par ce théorème : ***« Chéops s'est fait bâtir trois chambres funéraires. La première est restée inachevée, la seconde était disponible et la troisième s'est brisée : Chéops est donc inhumé dans la seconde ».***

chapitre XV

La chambre de Chéops

Définir une chambre présumée dont on ne sait rien tient de la gageure. Nous allons toutefois tenter de la circonscrire.

Indices sur la position de la chambre

La présence d'une chambre au nord ou au sud de la chambre « de la reine » est peu probable pour deux raisons. D'une part, les poussées considérables des voûtes s'exerceraient — de façon réciproque — sur les vides des chambres. D'autre part, l'un des conduits « de ventilation » de la chambre « de la reine » se trouverait en situation de devoir traverser les voûtes de cette chambre voisine.

En revanche, puisque la niche orientale, le couloir détecté sous la chambre et la herse occidentale matérialisent un axe directeur situé exactement sur l'axe est-ouest de la pyramide, on peut conjecturer que la chambre présumée se trouve quelque part sur cet axe (fig. 66 A), à l'est ou à l'ouest. L'hypothèse orientale a déjà été vérifiée par les voleurs, qui ont mené leur fouille à plus de quinze mètres dans cette direction, en vain. Même en supposant qu'ils aient renoncé juste avant de parvenir à la maçonnerie compacte d'une chambre éventuelle, celle-ci ne serait pas située à moins de trente et un mètres de l'axe nord-sud de la pyramide, soit trois fois plus que la chambre « du roi » ! On peut admettre que l'on serait alors hors des limites raisonnables de l'épure. Ne reste donc plus que l'option occidentale. C'est d'ailleurs la solution qui semble la plus probable, dans la mesure où toute la circulation de la pyramide est déportée vers l'est de 7,33 m (14 coudées), de telle sorte que c'est vers l'ouest que l'espace est libéré.

De surcroît, il existe bien un indice fort révélateur de la position de la chambre. On peut même considérer qu'avec ce seul indice l'existence

fig. 66 La chambre hypothétique

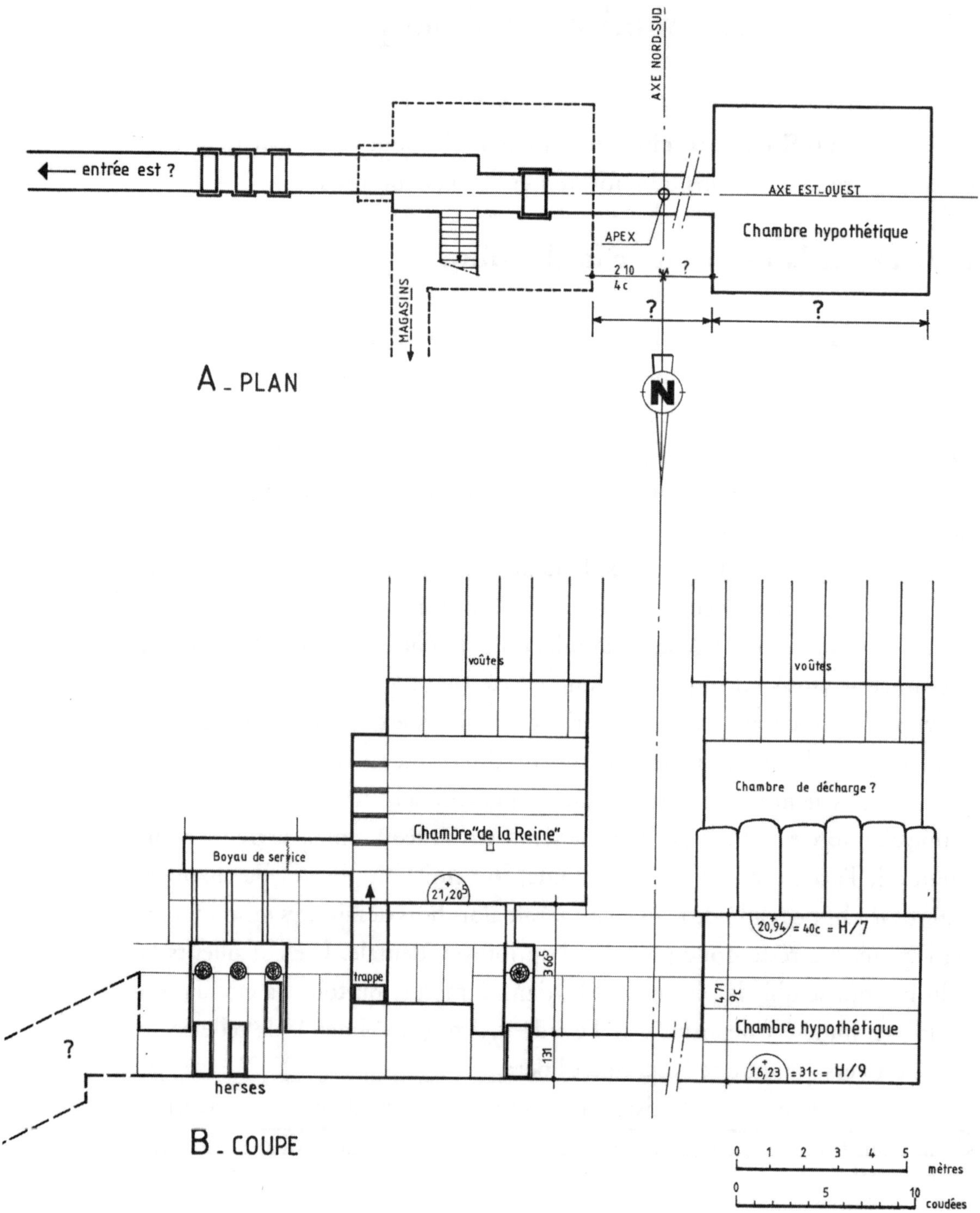

d'une chambre funéraire aurait dû être soupçonnée depuis bien longtemps. En effet, toutes les chambres des pyramides de la IVe dynastie — et les deux autres chambres de Chéops en particulier — sont très oblongues. Alors pourquoi, dans ce monument démesuré, trouve-t-on une chambre « de la reine » aussi restreinte en longueur, pratiquement carrée, si ce n'est *parce que son allongement vers l'ouest était incompatible avec la position, primordiale, de la chambre funéraire*?

Un autre symptôme peut être évoqué. Lorsque nous avons étudié le sinistre de la chambre « du roi », nous avons diagnostiqué un tassement différentiel imputable au « point dur » des voûtes de la chambre « de la reine » (cf. chap. XII). Mais on peut se poser la question suivante : puisque la chambre « de la reine » n'est située que sous la moitié est de la chambre « du roi », pourquoi celle-ci a-t-elle été affectée de façon homogène, sur toute sa longueur ? À quoi l'on peut répondre : parce que ce sont les voûtes de la chambre funéraire qui prolongent vers l'ouest ce point dur. Cela implique que la chambre présumée soit dans le prolongement de la chambre « de la reine », et non pas perpendiculaire à celle-ci (c'est-à-dire dans une disposition de type Mastaba Faraoun, et non Mykérinos).

Quant à déterminer la distance à laquelle se trouverait cette chambre, c'est pratiquement impossible. Elle est sans doute assez proche pour expliquer le « tassement » de la chambre « de la reine », mais pas trop afin de ne pas mettre en péril solidité et sécurité. L'axe nord-sud de la pyramide passant à 4 coudées (2,09 m) au-delà du mur ouest de la chambre « de la reine », on ne peut situer la chambre funéraire à moins de deux fois cette distance.

Indices sur l'altitude de la chambre

Le géoradar a détecté le toit d'une structure à – 3,50 m (3,665 m = 7 coudées) sous le sol de la chambre « de la reine ». Si l'on ajoute à cela une hauteur de passage standard de 1,20 m, le plancher de la structure présumée se trouverait à environ 4,70 m (4,71 m = 9 coudées) au-dessous (fig. 66 B), hauteur compatible avec le fonctionnement des herses. Tout cela situerait la chambre présumée à l'altitude de + 16,50 m environ.

On peut tenter d'autres extrapolations, mais il faut avouer que cela tient plus du pari que de la reconstitution. On dispose, en effet, de deux indications conjecturales :

— d'abord, une certaine prédilection des bâtisseurs, semble-t-il, pour les fractions significatives : sommet des voûtes de la chambre « de la reine » au quart de la hauteur totale de la pyramide ; plafond de la chambre « du roi » au tiers ; sommet des voûtes de la chambre « du roi » à la moitié ;

— ensuite, les multiples de hauteurs d'assises. On peut en effet extrapoler à partir de celles de la chambre « de la reine » (environ 0,85 m par assise), en espérant qu'il n'y ait pas de variations importantes vers les assises inférieures supposées.

Il s'agit évidemment d'une reconstitution purement graphique. Le point de départ que nous venons de déterminer en première approximation, le niveau + 16,50 m, correspondant à 31,52 coudées, qui n'est pas un nombre juste. En revanche, 16,23 m équivaut à 31 coudées, tandis que 16,287 m est égal au neuvième de la hauteur de la pyramide.

Si cette chambre avait la même hauteur que celle « de la reine » (voûtes non comprises), soit 9 coudées (4,71 m), son plafond serait situé très exactement à l'altitude + 20,94 m soit, au centimètre près, à 40 coudées d'altitude, soit le septième de la hauteur de la pyramide.

Enfin, nous pensons que cette chambre devrait être couverte par un plafond plat, à l'instar de la chambre « du roi », et comporter, entre celui-ci et la voûte en chevrons, une chambre de décharge — une seule dans son cas. En effet, nous avons indiqué que les voûtes de la chambre « de la reine » devaient avoir un prolongement vers l'ouest pour expliquer l'homogénéité du sinistre provoqué en partie supérieure. Or la chambre funéraire serait située trop bas pour que ses voûtes s'élèvent si haut sans la présence intercalaire d'une chambre de « décharge ».

L'accès à la chambre.

En principe, l'appartement funéraire que nous évoquons est censé être autonome, opérationnel et comporter un accès. Mais alors pourquoi se serait-il révélé nécessaire de bouleverser le sol de la chambre « de la reine » afin d'y aménager, justement, un accès ?

Il est tout d'abord évident qu'entre la niche et la herse ouest — le trou T — il n'y a pas assez de place pour une descente classique de type Mykérinos. Avec la pente habituelle de 26°34', il faudrait en effet une rampe d'une dizaine de mètres de longueur pour descendre les quelque cinq mètres de dénivelé menant au niveau présumé de la chambre funéraire : on est très loin du compte. La chambre « de la reine » est beaucoup trop compacte pour contenir ce genre de disposition « confortable ». S'il y a une communication, ce ne peut être que par une sorte de puits. Dans ce cas, la relation avec le puits de Meïdoum et la « cheminée » de Dahchour-Sud est inévitable. Ces passages verticaux étaient condamnés par des pierres qu'il fallait rabattre comme des sortes de trappes. Ce système nécessitait de larges épaulements qui formaient un élargissement par rapport au passage. C'est ainsi que, dans la pyramide de Dahchour-Sud, juste avant Chéops, selon nous, les élargissements dévolus au fonctionnement des « trappes » ont nécessité la réalisation de deux niches à encorbellement... De là à conclure que la chambre « de la reine » ne communiquait avec l'appartement funéraire que par un puits vertical, il n'y a qu'un pas !

À la base de cet accès, au pied de la niche, il y avait probablement un petit dégagement permettant de « se retourner ». En effet, le couloir que nous avons détecté et qui va vers l'ouest n'est pas coaxial avec celui qui vient de la niche. Ils accusent un décalage, d'une coudée exactement, qui ne peut être intégré que s'il y a un élargissement. C'est cette disposition qui pourrait être à l'origine de la fissuration caractéristique du jambage nord de la niche. Ce serait donc pour aménager une descente plus praticable qu'un puits, vers ce petit dégagement, que le sol de la chambre « de la reine » aurait été remanié. Étant donné le peu de place disponible, cette descente improvisée devrait être un escalier, comparable aux deux qui se trouvaient dans la pyramide de Dahchour-Sud. Il est inutile de préciser qu'il doit être remblayé.

Un second accès ?

Résumons le schéma auquel nous sommes parvenus. Un escalier conduit à un petit dégagement au pied de la niche. Vers l'ouest, un couloir, condamné par une lourde herse, mène à la chambre funéraire du second projet. Vers l'est, un passage traverse une chambre des herses. Que peut-il bien y avoir au-delà ?

Écartons l'éventualité de magasins, puisque ceux-ci avaient été prévus au niveau supérieur, au nord de la chambre « de la reine ». Écartons également la présence d'une chambre de quelque importance, puisque la fouille des voleurs indique qu'il ne peut y en avoir à distance raisonnable. On est donc pratiquement contraint d'imaginer quelque pièce annexe, comme une sorte de petit espace à redans comparable à celui que l'on trouve, côté est, dans les pyramides des deux dynasties suivantes. Mais peut-on réellement croire que cela justifiait l'interposition d'une chambre des herses ? Le paradoxe est embarrassant, car une telle chambre devrait signifier la présence de quelque chose d'important qui par ailleurs… n'a pas lieu d'être !

La seule issue à cette impasse est de considérer les choses sous un angle différent. Pour qu'il n'y ait plus de paradoxe, il suffit en effet de concevoir que l'est ne mène nulle part, tout simplement parce que l'on n'y va pas, mais que l'on en vient ! Autrement dit, tout s'expliquerait logiquement si *l'appartement funéraire du second projet possédait sa propre entrée à l'est* (fig. 66).

Pour envisager l'éventualité de l'existence de cette seconde entrée, il faut avoir à l'esprit que la « règle » d'une entrée unique n'est pas du tout intangible — il ne s'agit d'ailleurs pas d'une règle, mais de la simple application d'une évidence : normalement, une seule entrée suffit ! La pyramide de Chephren possède ainsi deux entrées distinctes superposées, tandis que celle de Mykérinos comporte un second accès avorté. Ces deux monuments ont d'ailleurs fait l'objet de remaniements, à l'instar de celui de Chéops. Enfin, ce qu'il ne faut pas perdre de vue, c'est évidemment la pyramide de Dahchour-Sud, au sujet de laquelle nous avons expliqué, au début de ce livre, pourquoi nous la situions immédiatement avant celle de Chéops. Nous avons souligné, ici et là, des liens de parenté entre ces deux pyramides. En fin de compte, la disposition binaire que nous supposons à Chéops, à savoir deux distributions perpendiculaires, avec une première entrée au nord et une seconde à l'est, serait très voisine de celle de Dahchour-Sud qui présente deux distributions perpendiculaires, avec une première entrée au nord et une seconde à l'ouest.

chapitre XVI

Synthèse

D'une chambre à l'autre. L'hypothèse d'une seconde entrée à l'est perturbe un peu ce que l'on pensait avoir compris de l'élaboration complexe de la Grande Pyramide. Aussi se révèle-t-il nécessaire de remettre à présent chaque élément à sa place, en intégrant ce paramètre inattendu. Dans un premier projet, le creusement d'un appartement funéraire en hypogée profond est entrepris. Son accès se fait par le nord. Ce projet est demeuré inachevé.

Pendant que le noyau à degrés de la pyramide s'élève (phase 1), un autre appartement funéraire est aménagé dans la maçonnerie de la pyramide : c'est le second projet. Totalement indépendant du premier, son entrée se trouve à l'est. Plus complexe, des magasins y sont prévus, avec leur propre accès au nord. La seule liaison entre les deux systèmes est le puits de la niche. Le fonctionnement prévu pour ces appartements est le suivant. L'accès aux appartements funéraires se fait donc par une entrée orientale, mais selon un schéma impossible à déterminer pour l'instant (couloir descendant, puis couloir horizontal et enfin couloir ascendant jusqu'à la chambre des herses de la niche ?). On trouve ensuite le passage de la chambre des herses (avant la niche) ; le petit dégagement ; en face, le couloir d'accès, avec herse, à la chambre funéraire ; au-dessus, le passage d'hommes vers les magasins. Ceux-ci, indépendants, sont desservis par le nord.

Après les funérailles, les condamnations s'effectuent en ressortant par le nord. On procède à la fermeture des trois herses d'arrivée et le boyau de service est muré. La herse ouest de la chambre funéraire est abaissée, puis la « trappe » fermée et le puits de la niche comblé. La sortie s'effectue par les magasins. Il reste à abaisser les trois herses du couloir ascendant.

Pourtant, avant l'achèvement de ce système, un troisième projet est entrepris pour une raison aussi importante que simple : monter plus

fig. 67 La chambre « de la reine », synthèse des dispositifs

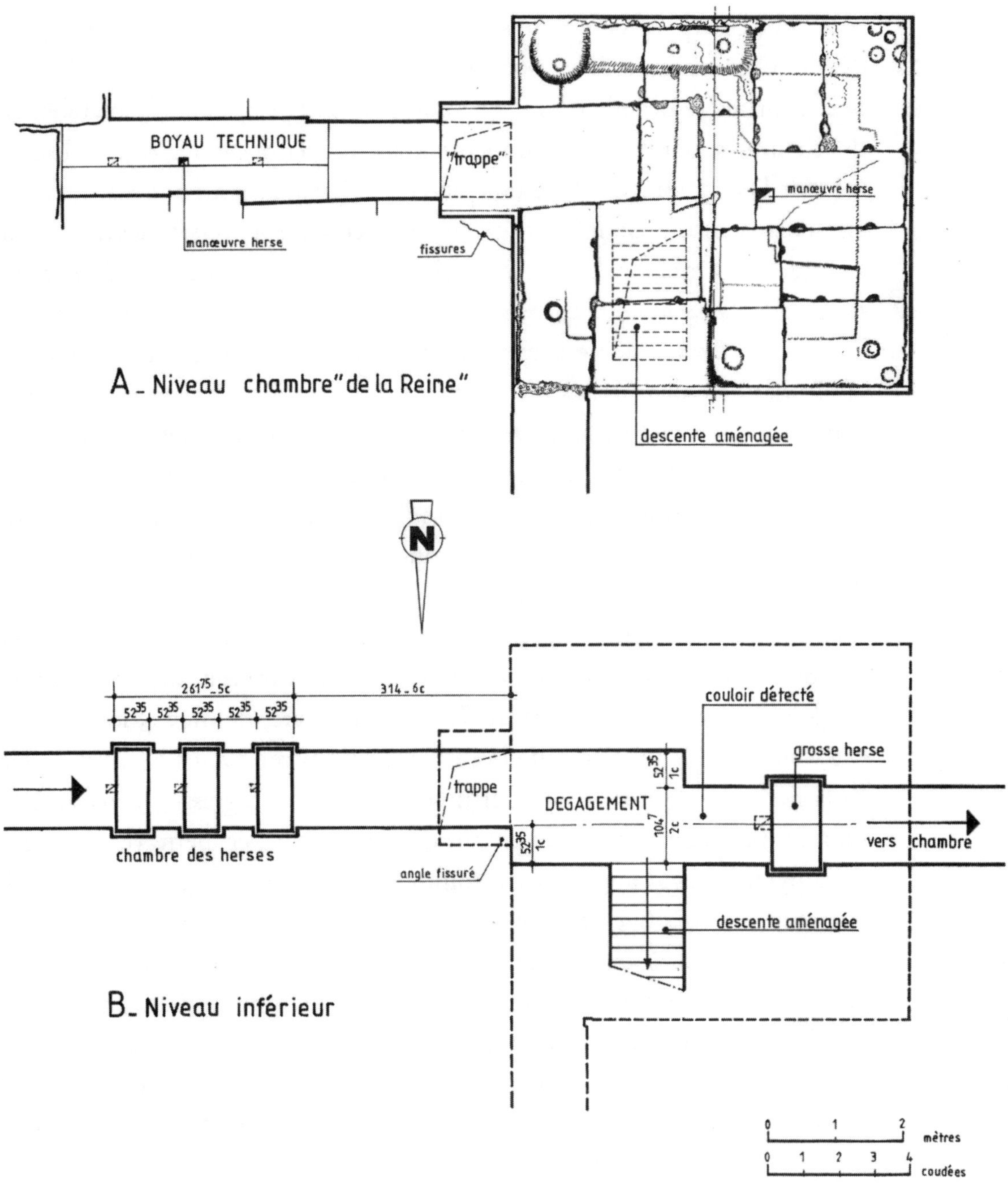

haut, afin de supporter le moins de charge possible. Il faut donc prolonger la distribution existante. Il est pourtant impossible de se connecter sur la distribution primaire orientale, car son prolongement percuterait le couvrement des chambres, celui de la chambre funéraire du second projet, déjà réalisée, et celui de la chambre « de la reine », en cours de construction. Cela décalerait en outre la future chambre funéraire beaucoup trop vers l'ouest. La seule solution consiste à *prolonger l'accès nord des magasins ; cette « greffe » entraîne toutes les adaptations que nous avons étudiées.*

Ce troisième projet est achevé dans sa configuration définitive, tandis que la construction du noyau de la pyramide s'achève. La chambre « du roi » et sa structure surélevée sont recouvertes. Ils tiennent la charge. La chambre funéraire définitive est donc opérationnelle et sûre.

Au moment où la deuxième phase de la construction commence, au cours de laquelle la maçonnerie complémentaire est mise en place pour donner sa forme définitive à la pyramide, l'appartement funéraire officiel est donc celui du troisième projet, le second projet étant devenu obsolète. L'entrée orientale associée à ce dernier étant désormais inutile, elle est *recouverte par la maçonnerie complémentaire.* Celle-ci recouvre, de même, les conduits « de ventilation », obsolètes, de la chambre « de la reine ». En revanche, ceux de la chambre « du roi » sont poursuivis et achevés. Progressivement, en s'élevant, la maçonnerie complémentaire se resserre du périmètre vers le centre de la pyramide. À l'approche du sommet, c'est directement au-dessus de la chambre « du roi » que ce surplus de maçonnerie s'accumule.

C'est à ce stade que se produit le sinistre. En peu de temps, la charge initiale supportée par la structure de la chambre se trouve multipliée par deux. Son système de couvrement ne le supporte pas, et c'est l'accident. Après consolidations et vérifications, on prend conscience de la gravité de la situation : aucun remède ne peut assurer que, un jour ou l'autre, la superstructure de la chambre ne s'effondrera pas. La chambre funéraire du troisième projet est hors service !

Les Égyptiens n'ont alors qu'une alternative : achever l'appartement souterrain ou « réactiver » celui du second projet. Ce dernier est, en principe, achevé et doté d'un sarcophage. Cette seconde option est très logiquement choisie, et c'est effectivement là que les traces d'interventions se révèlent manifestes et pléthoriques. Le seul inconvénient est que l'accès prévu, par l'est, a été supprimé et se trouve recouvert par la maçonnerie complémentaire. Il subsiste néanmoins un petit passage d'homme par le puits de la niche, mais inadapté pour un cortège funéraire. Aménager une descente plus appropriée se révèle indispensable. Des dalles de la chambre « de la reine » sont donc déplacées. Un escalier est improvisé vers le pied de la niche. Le dallage est repositionné autour de ce nouvel élément.

Après les funérailles, dans la chambre « de la reine », les herses sont abaissées ; puis les accès et dispositifs de manœuvre sont comblés, occultés, murés. Le palier nord du couloir horizontal est rempli avec de la petite maçonnerie et recouvert d'un dallage, de sorte que l'entrée du couloir est invisible. Les trois bouchons de granit sont introduits dans le couloir par des ouvriers qui ressortent par le puits de service. Ce dernier reste probablement accessible et ouvert, tandis qu'une pierre mobile (selon Strabon) est adaptée à l'entrée, de façon à permettre des inspections périodiques : c'est exactement ce qui a été fait auparavant à Dahchour-Sud…

La pyramide sera profanée à deux reprises, par son entrée dès la Première période intermédiaire, par un tunnel creusé, au IXe siècle de notre ère, par le calife Al-Mamoun.

Les siècles se sont écoulés et la chambre du roi a tenu bon. Finalement, elle a protégé au mieux la dépouille du pharaon, en se révélant le plus efficace des leurres.

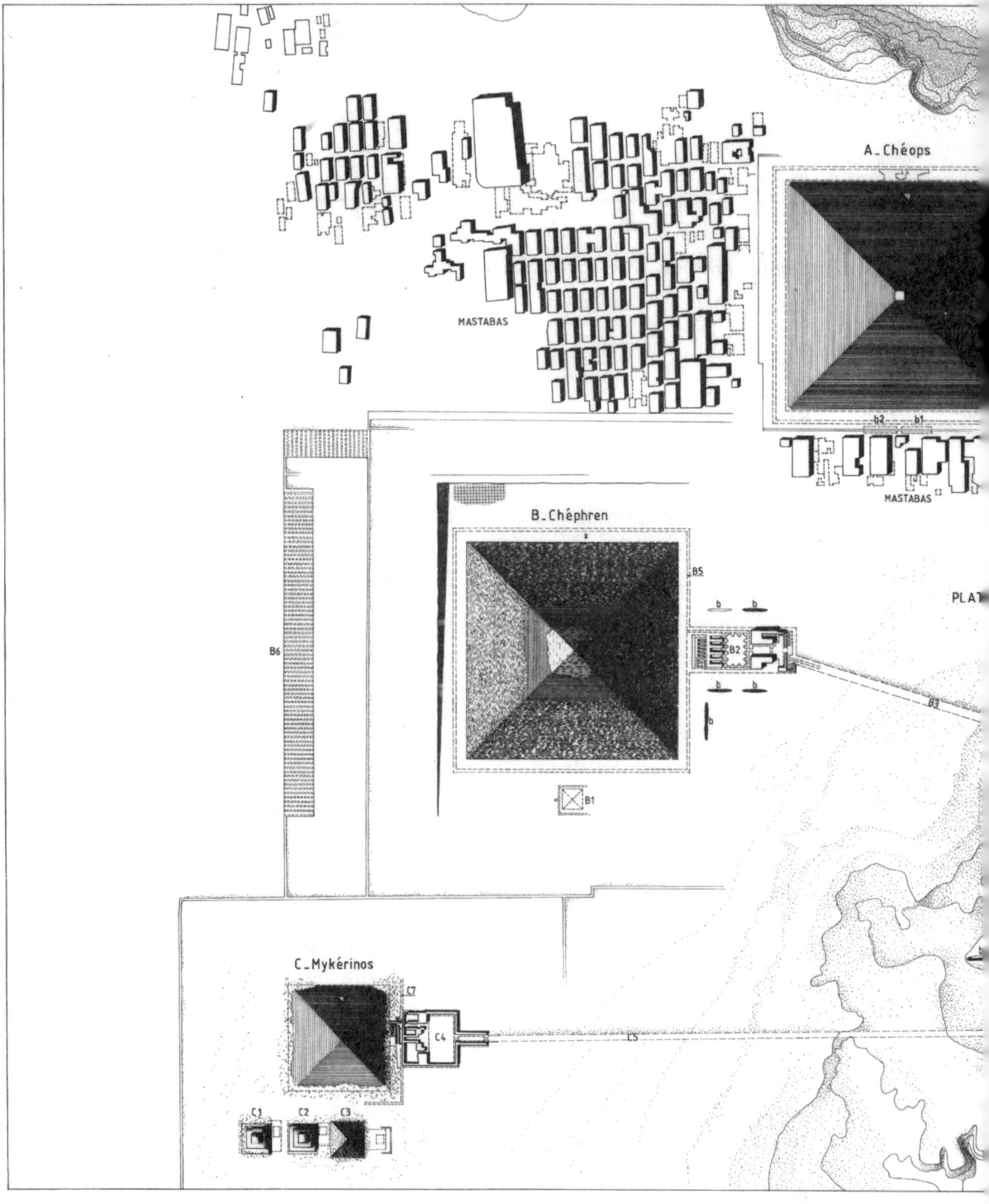
A_Chéops
MASTABAS
b2
b1
MASTABAS
B_Chéphren
B5
b
B2
B3
B6
B1
PLA
C_Mykérinos
C7
C4
C5
C1
C2
C3

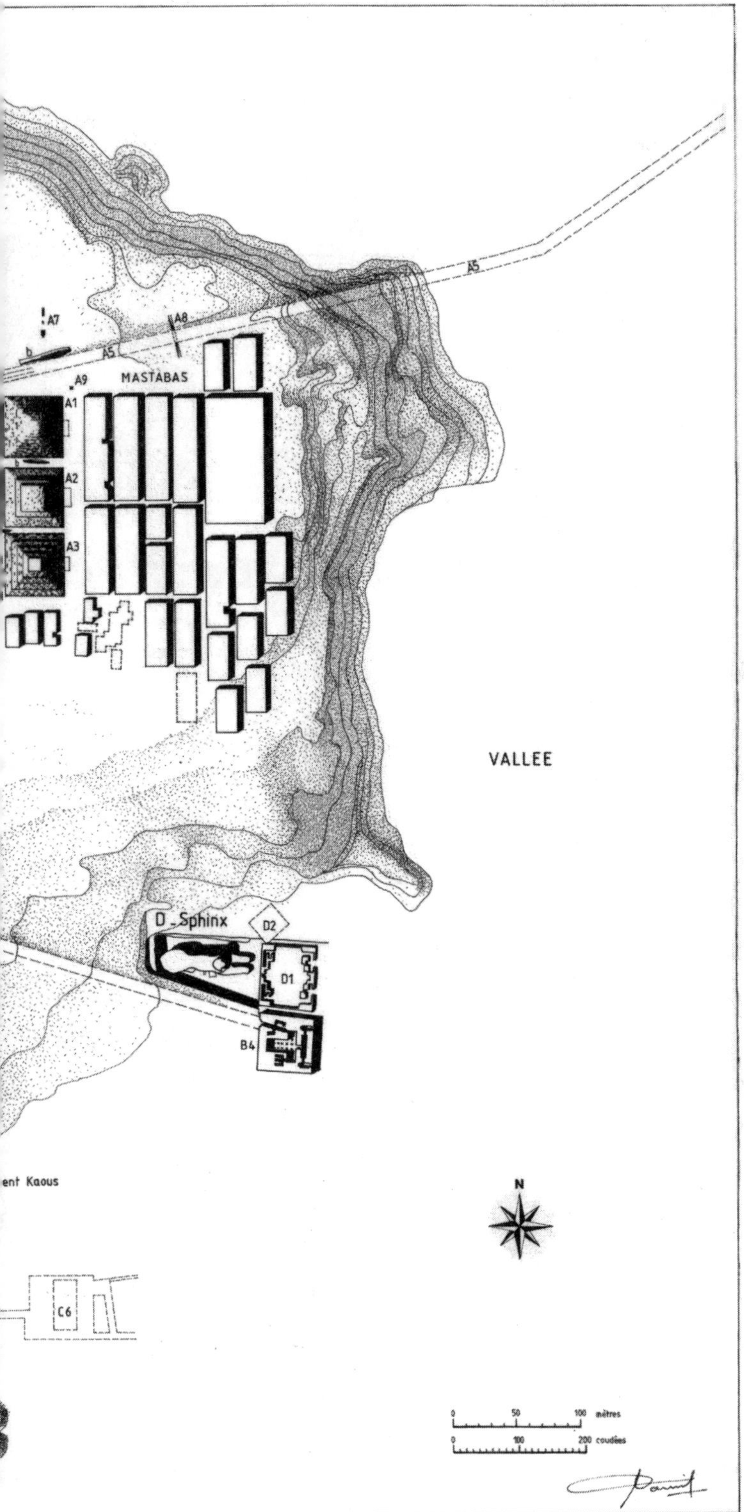

2- RELEVE ARCHITECTURAL	
PYRAMIDE DE CHEOPS	
ARCHITECTURE DES APPARTEMENTS FUNERAIRES	
PLAN DE SITUATION **PLAN DE MASSE**	PLAN N° : **1** Echelles : 1/200 000 1/2 000
- Plans mis au point et dessinés par G. Dormion	Date :
Fait à Lille - 59 - France	FEV. 1996

A Pyramide de Chéops

A0 Pyramide satellite
A1 Pyramide de reine
A2 Pyramide de reine
A3 Pyramide de reine
A4 Temple haut
A5 Chaussée
A6 Mur d'enceinte
A7 "Maquette"
A8 Passage
A9 Hypogée d'Hétephéres
b1 Fosse à barque
  barque remontée
b2 Fosse à barque
  barque démontée

B Pyramide de Chéphren

B1 Pyramide satellite
B2 Temple haut
B3 Chaussée
B4 Temple bas
B5 Mur d'enceinte
B6 Ateliers

C Pyramide de Mykérinos

C1 Pyramide de reine
C2 Pyramide de reine
C3 Pyramide satellite
  convertie en reine
C4 Temple haut
C5 Chaussée
C6 Temple bas et
  Ville de pyramide

D Sphinx

D1 Temple du Sphinx
D2 Temple d'Aménophis II

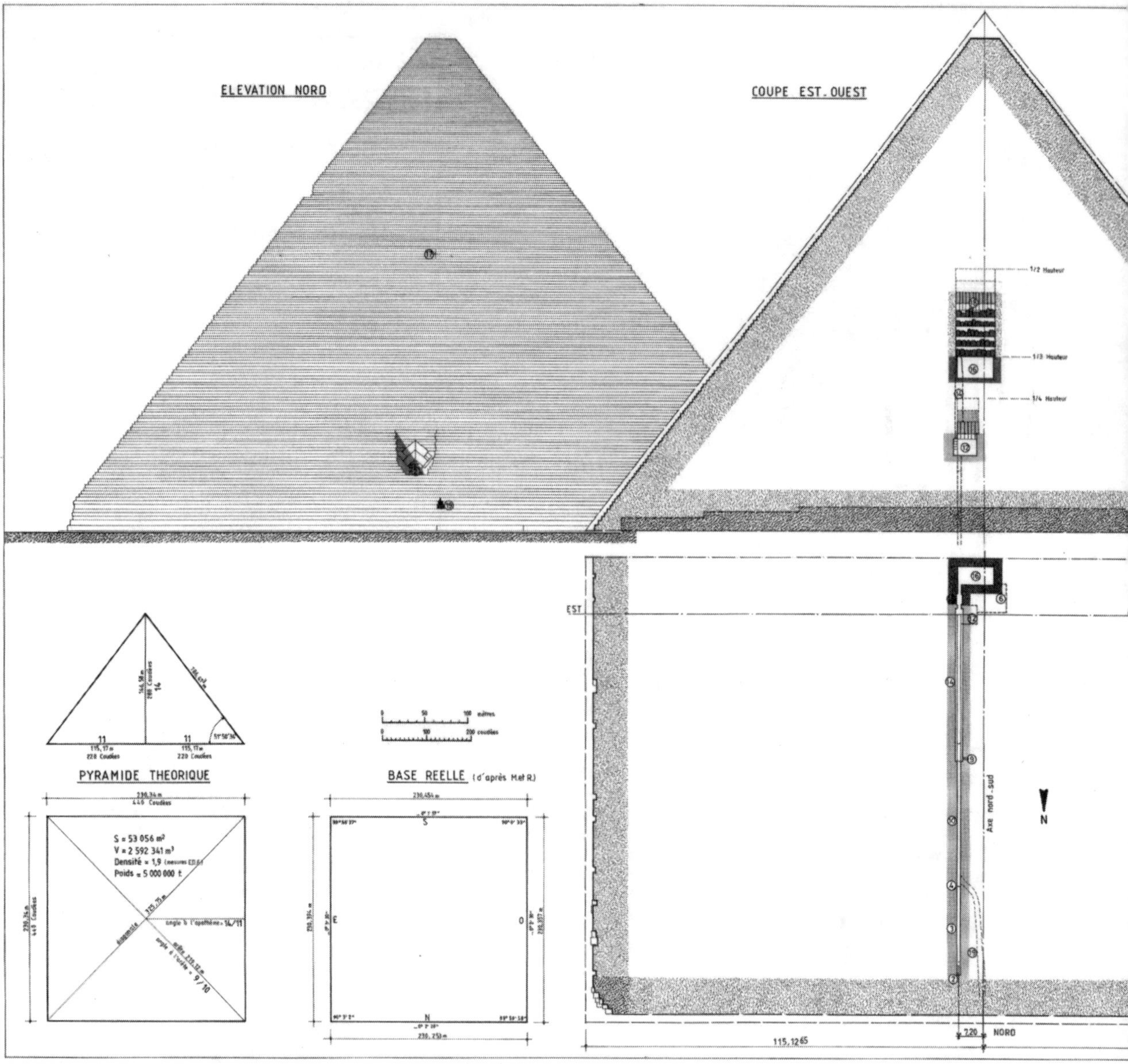
ELEVATION NORD
COUPE EST. OUEST
1/2 Hauteur
1/3 Hauteur
1/4 Hauteur
EST
Axe nord-sud
N
NORD
115,1265
7,20
PYRAMIDE THEORIQUE
S = 53 056 m²
V = 2 592 341 m³
Densité = 1,9
Poids = 5 000 000 t
angle à l'apothème = 14/11
BASE REELLE (d'après M.et R.)
S
E
O
N

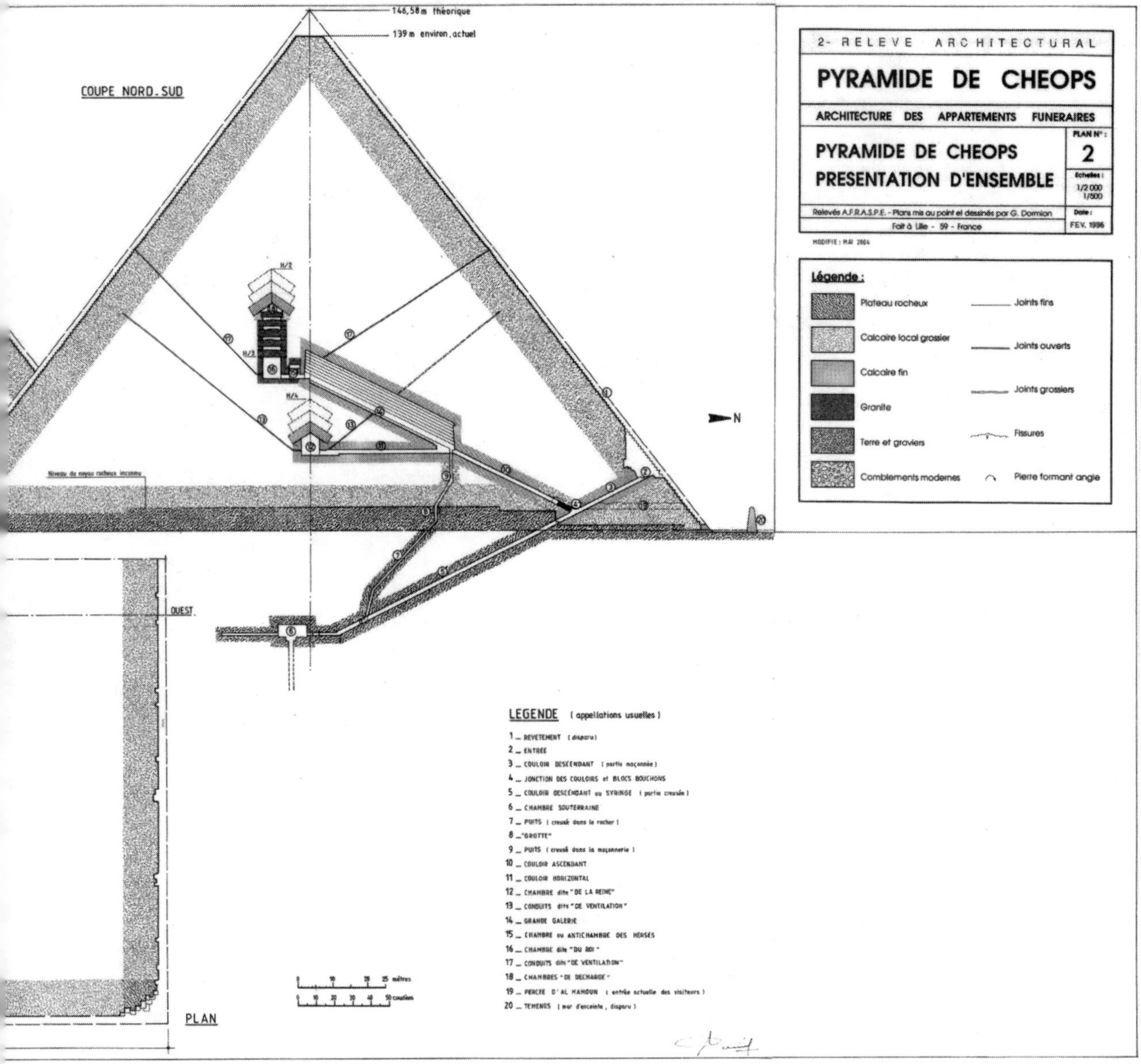
146,58 m théorique
139 m environ, actuel
COUPE NORD - SUD
H/2
H/3
H/4
N
Niveau du noyau rocheux inconnu
OUEST
PLAN
2- RELEVE ARCHITECTURAL
PYRAMIDE DE CHEOPS
ARCHITECTURE DES APPARTEMENTS FUNERAIRES
PLAN N° : 2
PYRAMIDE DE CHEOPS
PRESENTATION D'ENSEMBLE
Echelles : 1/2 000 1/500
Relevés A.F.R.A.S.P.E. - Plans mis au point et dessinés par G. Dormion
Fait à Lille - 59 - France
Date : FEV. 1996
MODIFIE : MAI 2004
Légende :
Plateau rocheux
Calcaire local grossier
Calcaire fin
Granite
Terre et graviers
Comblements modernes
Joints fins
Joints ouverts
Joints grossiers
Fissures
Pierre formant angle
LEGENDE (appellations usuelles)
1 _ REVETEMENT (disparu)
2 _ ENTREE
3 _ COULOIR DESCENDANT (partie maçonnée)
4 _ JONCTION DES COULOIRS et BLOCS BOUCHONS
5 _ COULOIR DESCENDANT ou SYRINGE (partie creusée)
6 _ CHAMBRE SOUTERRAINE
7 _ PUITS (creusé dans le rocher)
8 _ "GROTTE"
9 _ PUITS (creusé dans la maçonnerie)
10 _ COULOIR ASCENDANT
11 _ COULOIR HORIZONTAL
12 _ CHAMBRE dite "DE LA REINE"
13 _ CONDUITS dits "DE VENTILATION"
14 _ GRANDE GALERIE
15 _ CHAMBRE ou ANTICHAMBRE DES HERSES
16 _ CHAMBRE dite "DU ROI"
17 _ CONDUITS dits "DE VENTILATION"
18 _ CHAMBRES "DE DECHARGE"
19 _ PERCEE D'AL MAMOUN (entrée actuelle des visiteurs)
20 _ TEMENOS (mur d'enceinte , disparu)
0 10 20 25 mètres
0 10 20 30 40 50 coudées

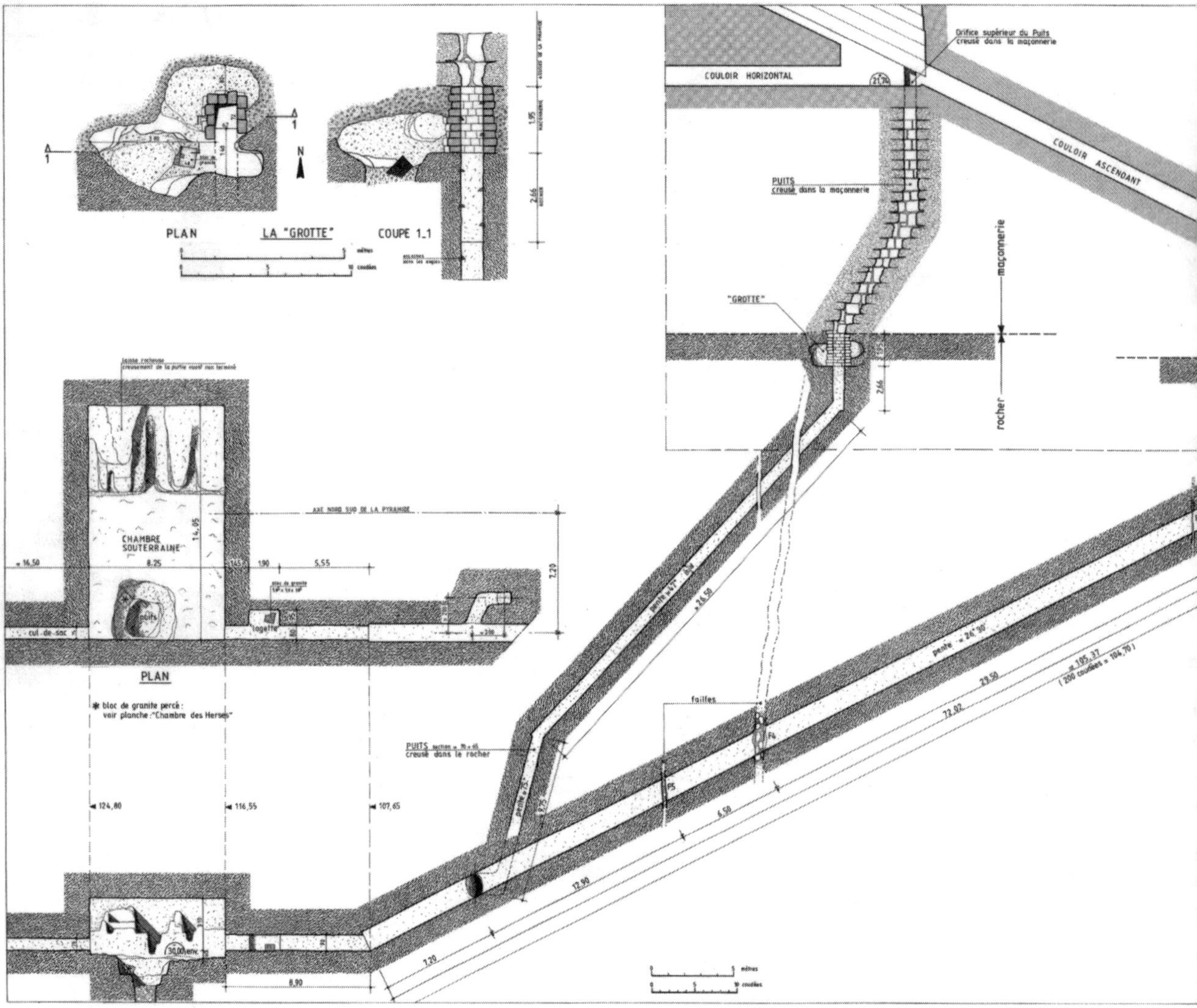
PLAN
LA "GROTTE"
COUPE 1_1
Orifice supérieur du Puits
creusé dans la maçonnerie
COULOIR HORIZONTAL
COULOIR ASCENDANT
PUITS
creusé dans la maçonnerie
"GROTTE"
maçonnerie
rocher
AXE NORD SUD DE LA PYRAMIDE
CHAMBRE
SOUTERRAINE
puits
logette
cul-de-sac
PLAN
bloc de granite percé :
voir planche "Chambre des Herses"
PUITS
creusé dans le rocher
failles
pente = 26° 30'
124,80
116,55
107,65
8,90
7,20
12,90
6,50
29,50
72,02
mètres
coudées

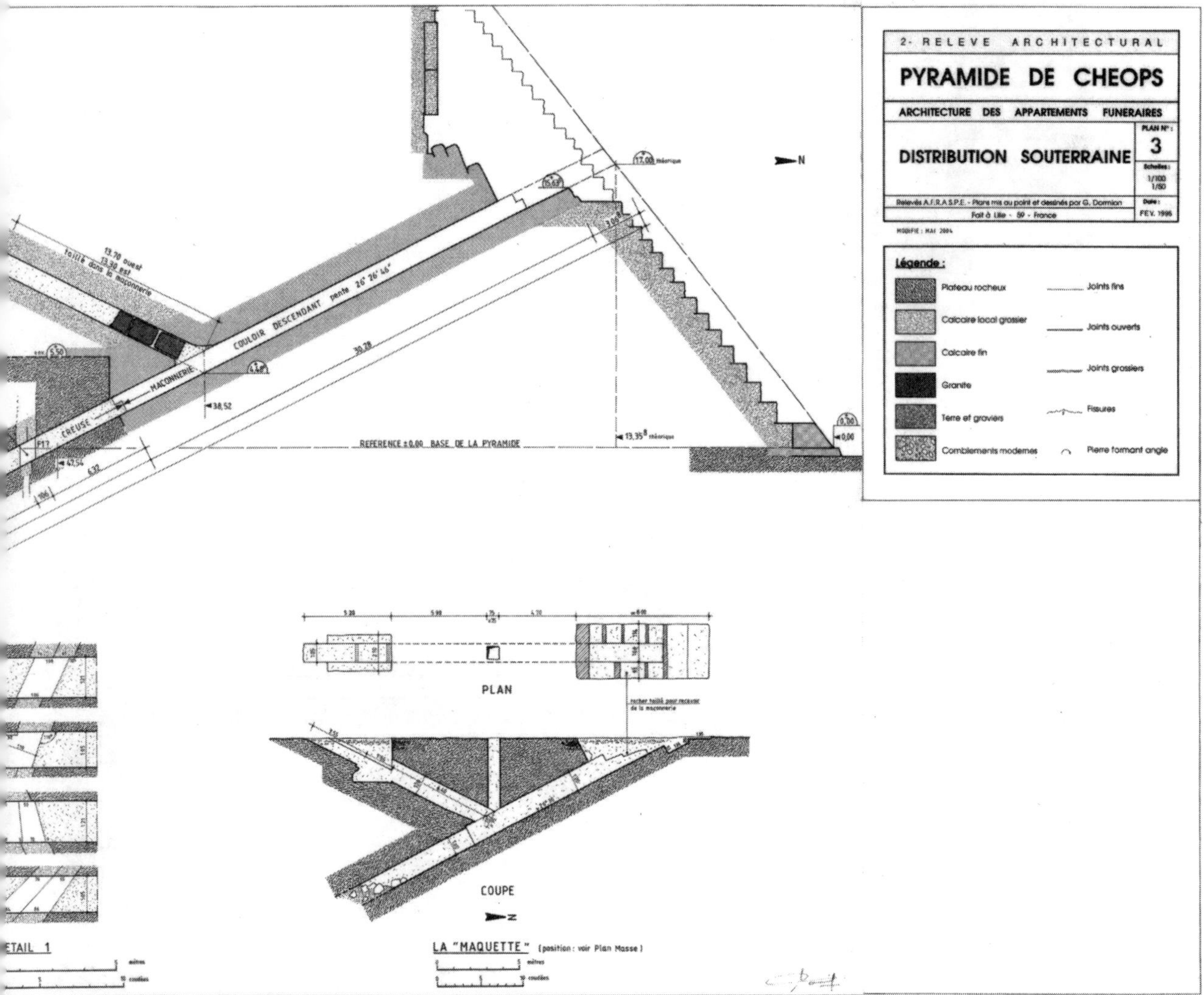
2- RELEVE ARCHITECTURAL
PYRAMIDE DE CHEOPS
ARCHITECTURE DES APPARTEMENTS FUNERAIRES
DISTRIBUTION SOUTERRAINE
PLAN N° : 3
Echelles : 1/100 1/50
Relevés A.F.R.A.S.P.E. - Plans mis au point et dessinés par G. Dormion
Fait à Lille - 59 - France
Date : FEV. 1996
MODIFIE : MAI 2004
Légende :
Plateau rocheux
Calcaire local grossier
Calcaire fin
Granite
Terre et graviers
Comblements modernes
Joints fins
Joints ouverts
Joints grossiers
Fissures
Pierre formant angle
COULOIR DESCENDANT pente 26° 26' 46"
MAÇONNERIE
CREUSE
taillé dans la maçonnerie
REFERENCE ± 0.00 BASE DE LA PYRAMIDE
30,28
38,52
13,35 théorique
17,00 théorique
0,00
N
PLAN
COUPE
ETAIL 1
LA "MAQUETTE" (position : voir Plan Masse)
mètres
coudées

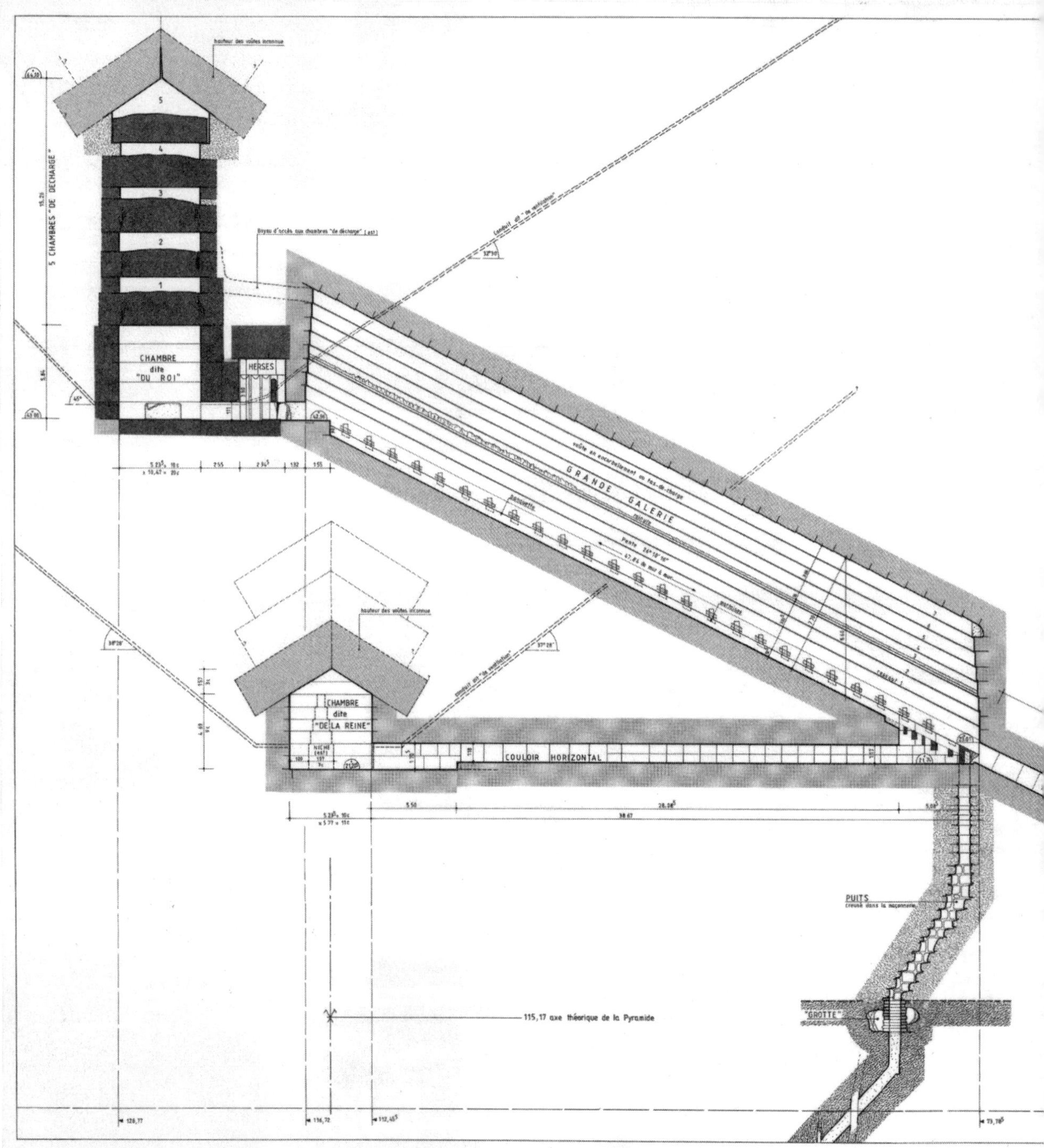
hauteur des voûtes inconnue
5 CHAMBRES "DE DECHARGE"
CHAMBRE
dite
"DU ROI"
HERSES
GRANDE GALERIE
CHAMBRE
dite
"DE LA REINE"
NICHE
COULOIR HORIZONTAL
PUITS
"GROTTE"
115,17 axe théorique de la Pyramide

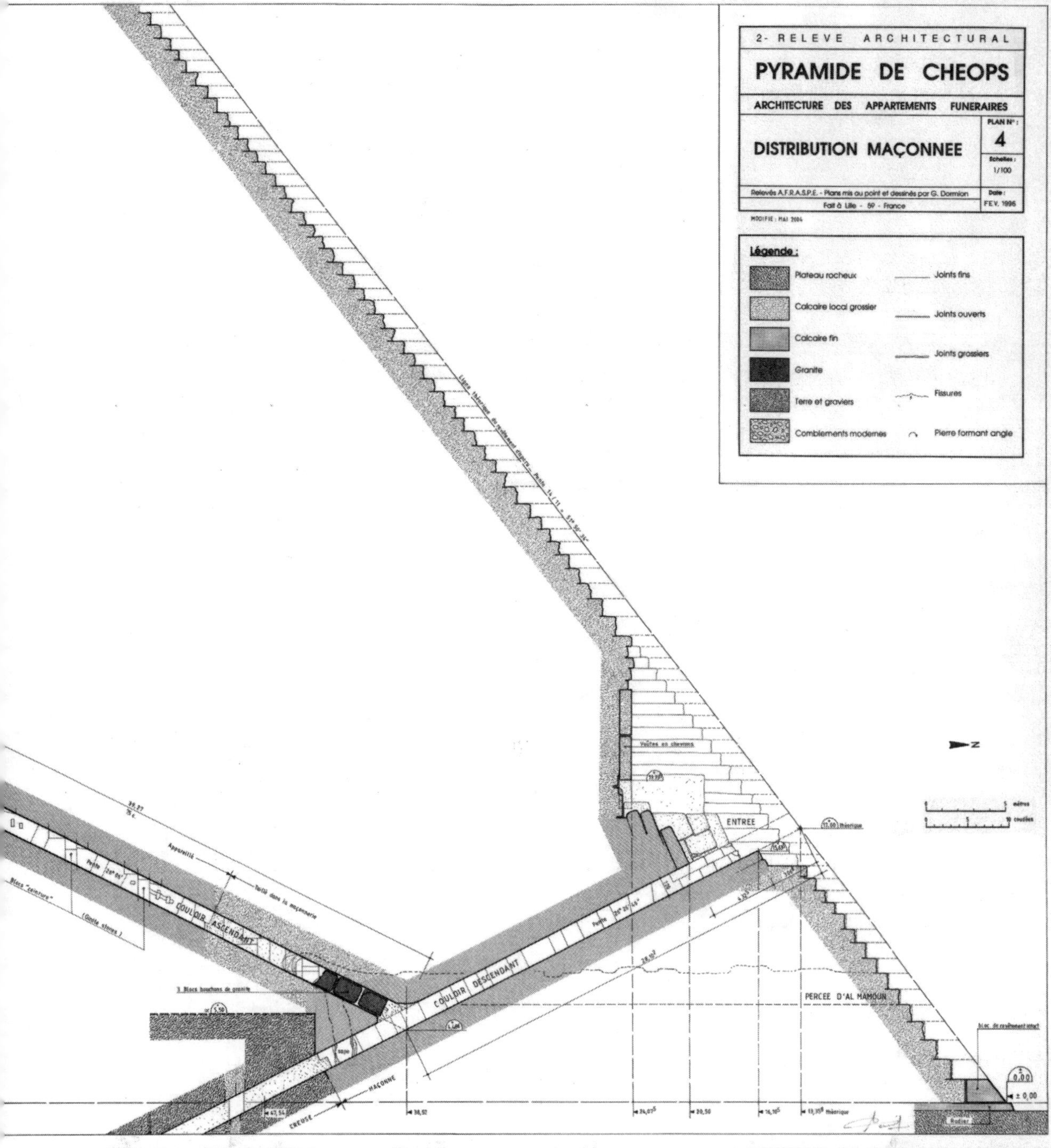
2- RELEVE ARCHITECTURAL
PYRAMIDE DE CHEOPS
ARCHITECTURE DES APPARTEMENTS FUNERAIRES
DISTRIBUTION MAÇONNEE
PLAN N° : 4
Echelles : 1/100
Relevés A.F.R.A.S.P.E. - Plans mis au point et dessinés par G. Dormion
Fait à Lille - 59 - France
Date : FEV. 1996
MODIFIE : MAI 2004
Légende :
Plateau rocheux
Calcaire local grossier
Calcaire fin
Granite
Terre et graviers
Comblements modernes
Joints fins
Joints ouverts
Joints grossiers
Fissures
Pierre formant angle
Voûtes en chevrons
ENTREE
COULOIR ASCENDANT
COULOIR DESCENDANT
PERCEE D'AL MAMOUN
3 Blocs bouchons de granite
MAÇONNE
CREUSE
Rocher
± 0,00

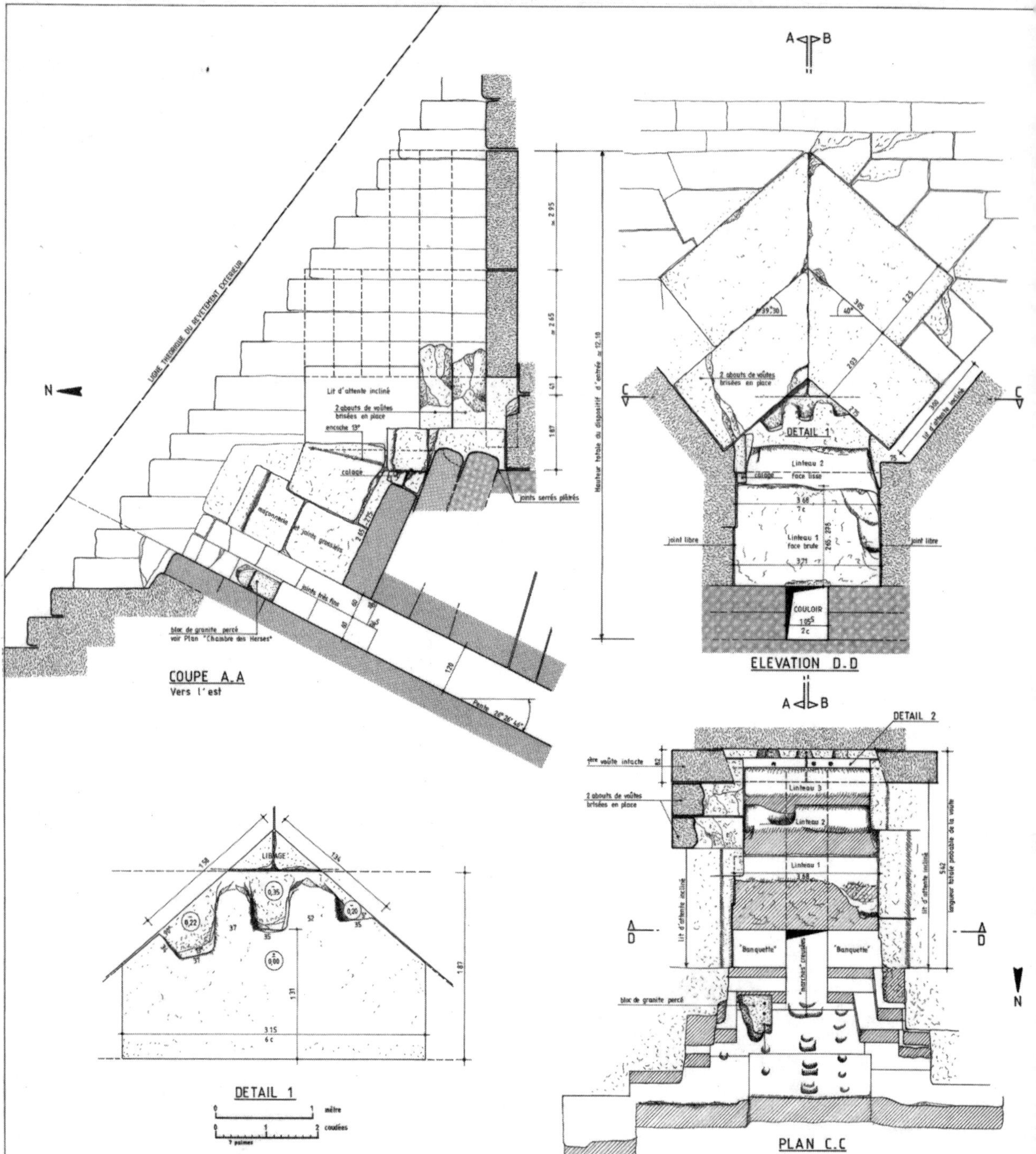

COUPE A.A
Vers l'est
ELEVATION D.D
PLAN C.C
DETAIL 1
DETAIL 2
LIGNE THEORIQUE DU REVETEMENT EXTERIEUR
Lit d'attente incliné
2 abouts de voûtes brisées en place
encoche 13°
calage
maçonnerie et joints grossiers
joints très fins
joints serrés plâtrés
bloc de granite percé voir Plan "Chambre des Herses"
Hauteur totale du dispositif d'entrée ≈ 12.10
Linteau 2 face lisse
Linteau 1 face brute
joint libre
COULOIR
1ère voûte intacte
Linteau 3
"Banquette"
"marches" creusées
bloc de granite percé
longueur totale probable de la voûte
LIBAGE
mètre
coudées
7 palmes

2- RELEVE ARCHITECTURAL

PYRAMIDE DE CHEOPS

ARCHITECTURE DES APPARTEMENTS FUNERAIRES

ENTREE	PLAN N° : 5
	Echelles : 1/50 1/20
Relevés A.F.R.A.S.P.E. - Plans mis au point et dessinés par G. Dormion	Date :
Fait à Lille - 59 - France	FEV. 1996

Légende :

Plateau rocheux	Joints fins
Calcaire local grossier	Joints ouverts
Calcaire fin	Joints grossiers
Granite	Fissures
Terre et graviers	
Comblements modernes	Pierre formant angle

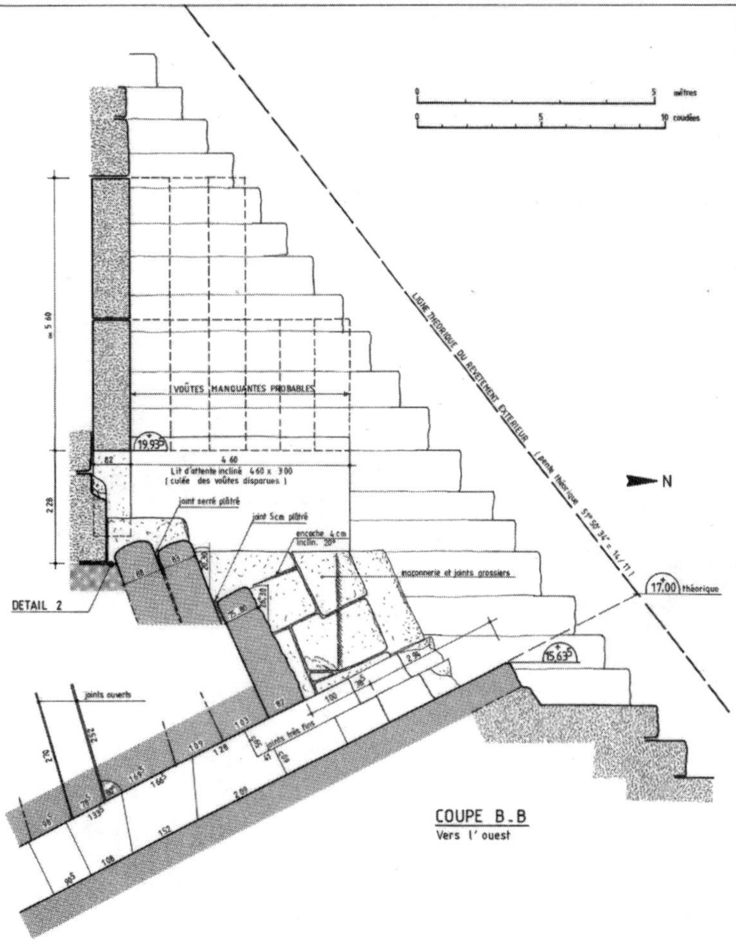

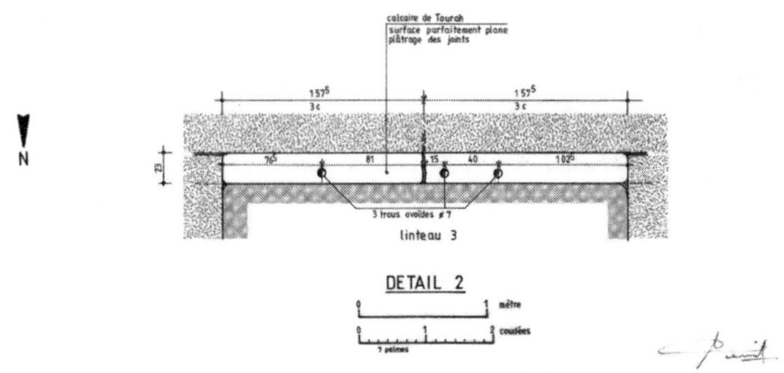

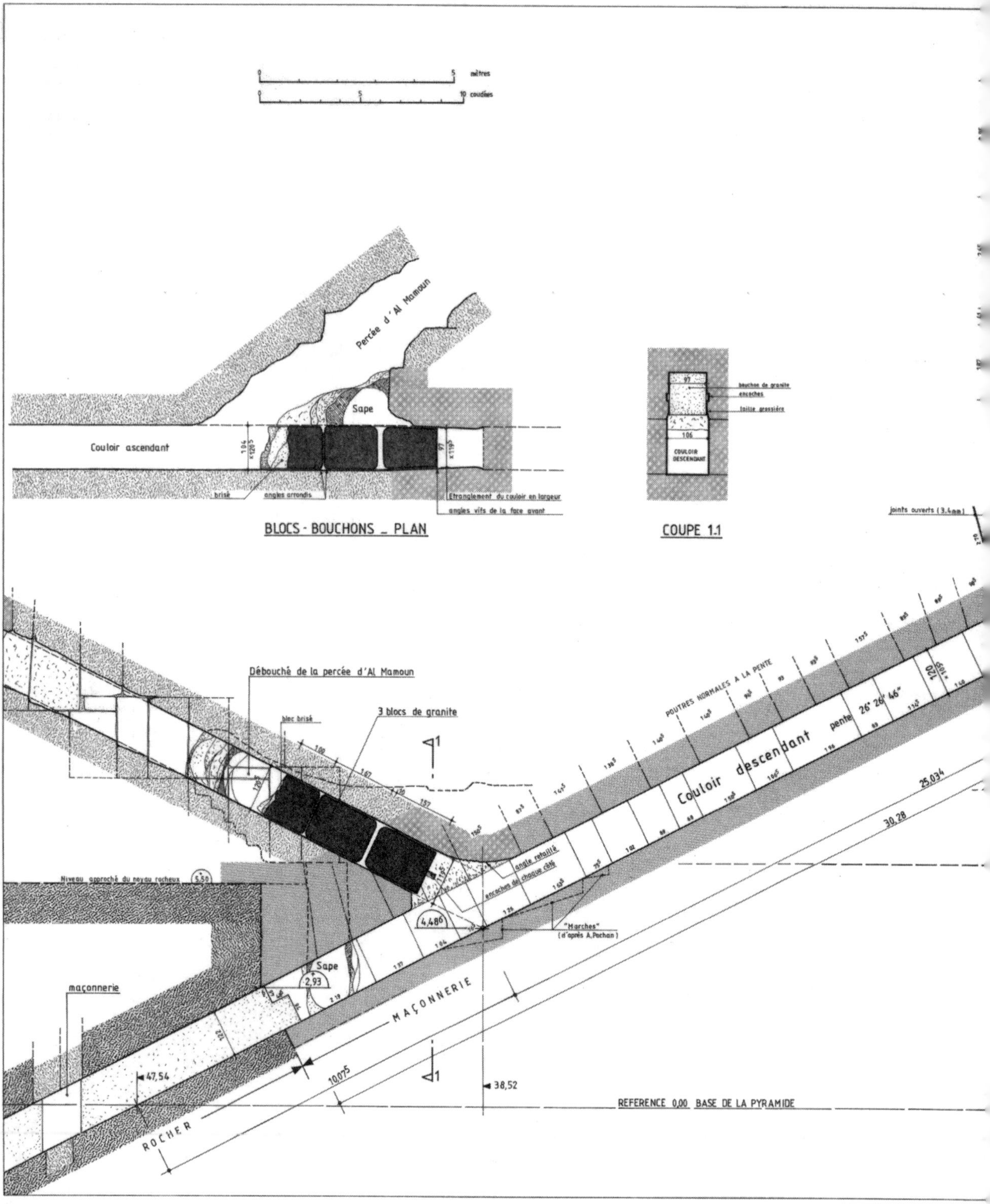

mètres
coudées
Percée d'Al Mamoun
Sape
Couloir ascendant
brisé
angles arrondis
Etranglement du couloir en largeur
angles vifs de la face avant
BLOCS - BOUCHONS _ PLAN
bouchon de granite
encoches
taille grossière
COULOIR DESCENDANT
COUPE 1.1
joints ouverts (3,4 mm)
Débouché de la percée d'Al Mamoun
3 blocs de granite
bloc brisé
POUTRES NORMALES A LA PENTE
Couloir descendant
pente 26° 26' 46"
angle retaillé
encoches de chaque côté
"Marches"
(d'après A.Pochan)
Niveau approché du noyau rocheux
maçonnerie
MAÇONNERIE
ROCHER
REFERENCE 0,00 BASE DE LA PYRAMIDE

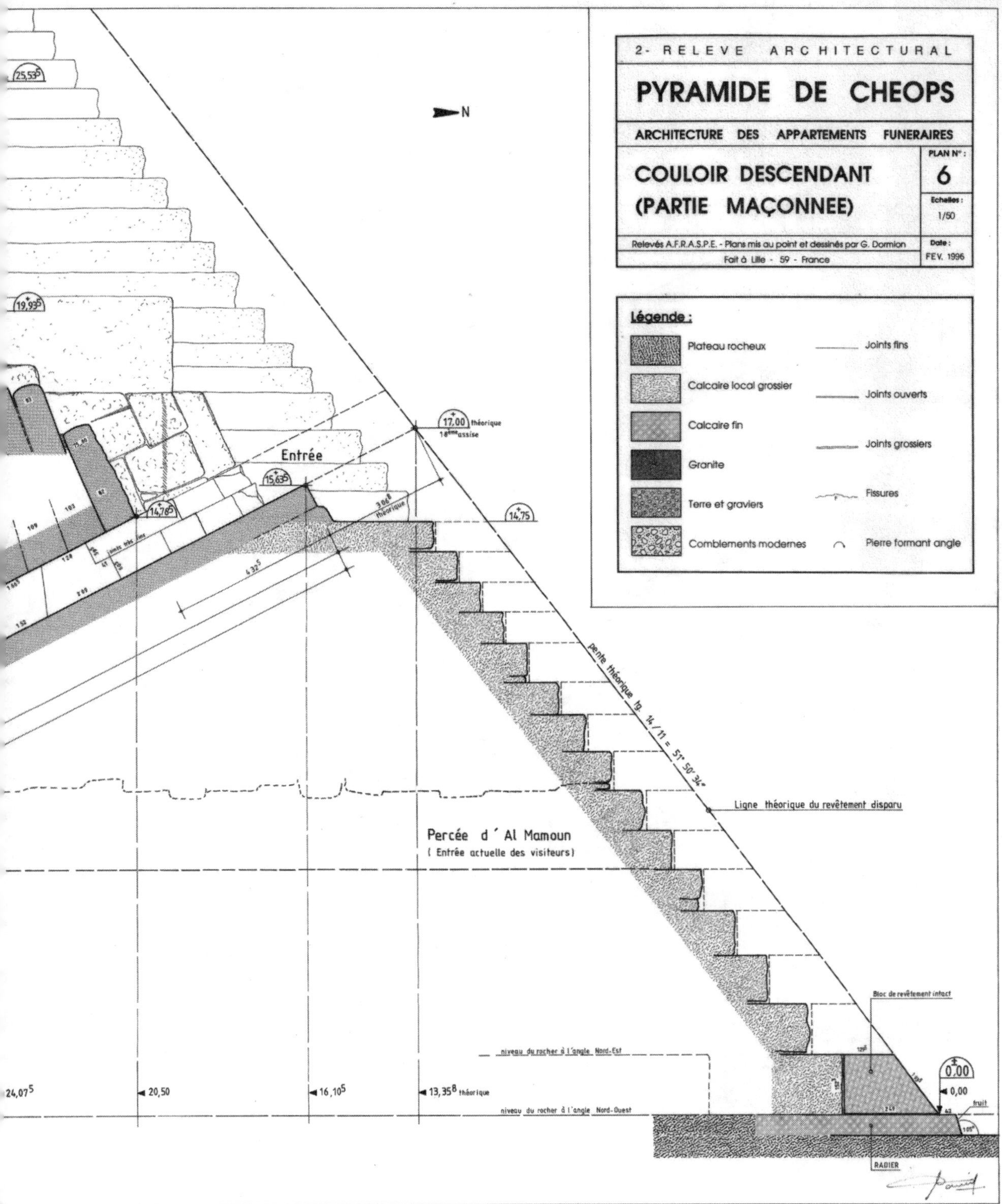
2- RELEVE ARCHITECTURAL
PYRAMIDE DE CHEOPS
ARCHITECTURE DES APPARTEMENTS FUNERAIRES
COULOIR DESCENDANT (PARTIE MAÇONNEE)
PLAN N° : 6
Echelles : 1/50
Relevés A.F.R.A.S.P.E. - Plans mis au point et dessinés par G. Dormion
Fait à Lille - 59 - France
Date : FEV. 1996
Légende :
Plateau rocheux
Calcaire local grossier
Calcaire fin
Granite
Terre et graviers
Comblements modernes
Joints fins
Joints ouverts
Joints grossiers
Fissures
Pierre formant angle
N
Entrée
17,00 théorique 18ème assise
15,63⁵
14,76⁵
14,75
25,53⁵
19,93⁵
pente théorique tg. 14/11 = 51° 50' 34"
Ligne théorique du revêtement disparu
Percée d'Al Mamoun
(Entrée actuelle des visiteurs)
Bloc de revêtement intact
niveau du rocher à l'angle Nord-Est
niveau du rocher à l'angle Nord-Ouest
24,07⁵
20,50
16,10⁵
13,35⁸ théorique
±0,00
0,00
fruit
RADIER

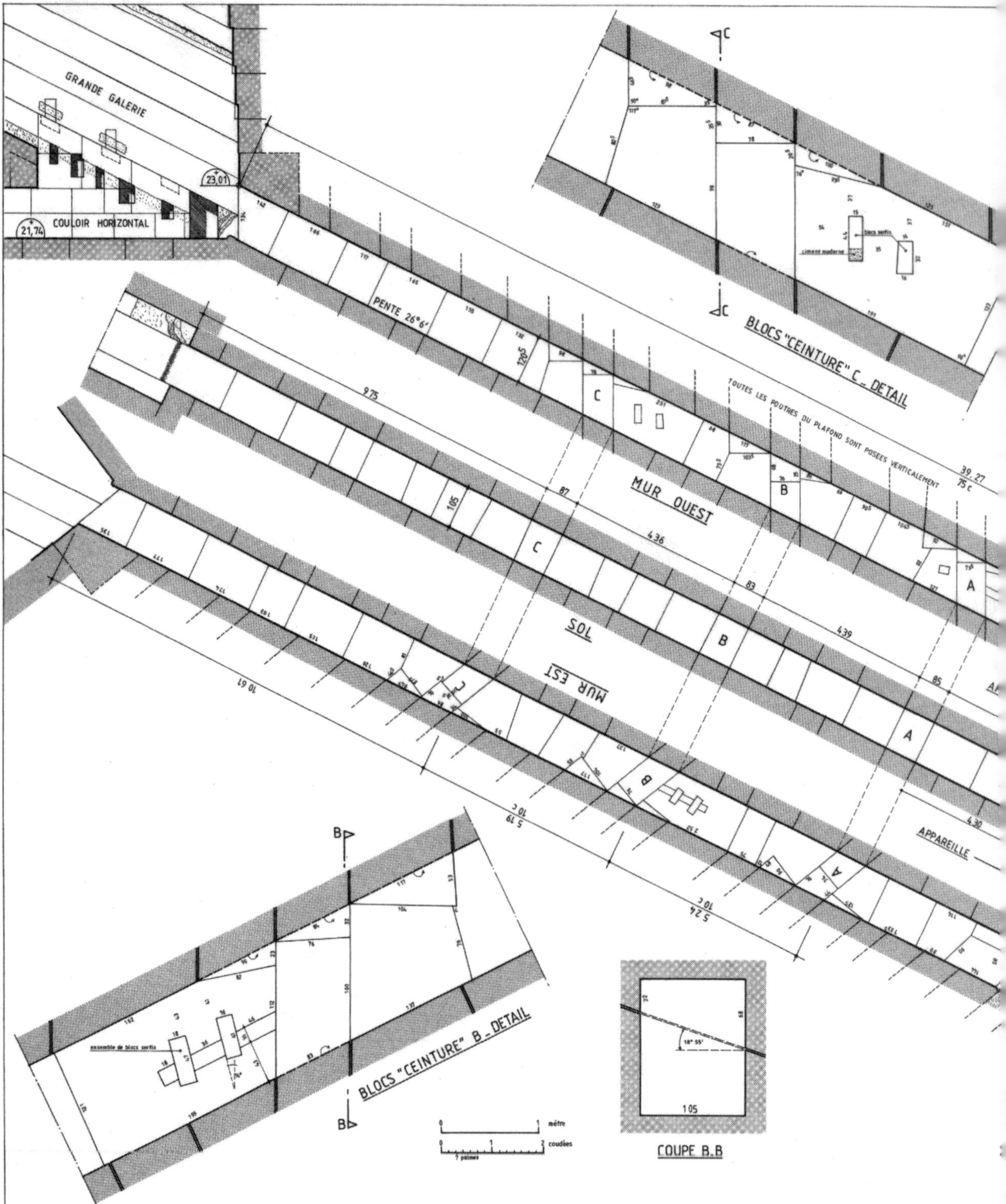

GRANDE GALERIE
23,01
21,74
COULOIR HORIZONTAL
PENTE 26°6'
BLOCS "CEINTURE" C_ DETAIL
TOUTES LES POUTRES DU PLAFOND SONT POSEES VERTICALEMENT
MUR OUEST
SOL
MUR EST
APPAREILLE
BLOCS "CEINTURE" B_ DETAIL
COUPE B.B
mètre
coudées
7 palmes

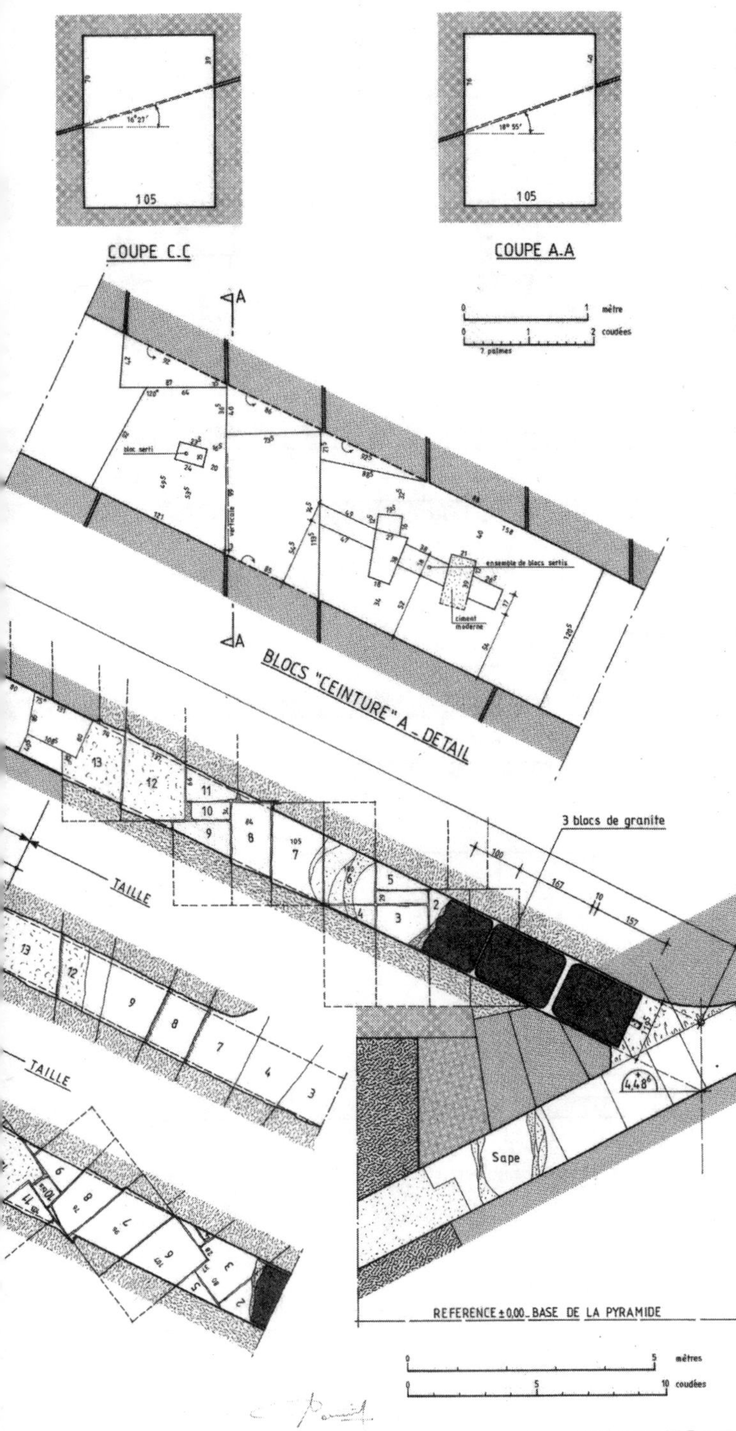

2- RELEVE ARCHITECTURAL

PYRAMIDE DE CHEOPS

ARCHITECTURE DES APPARTEMENTS FUNERAIRES

COULOIR ASCENDANT

PLAN N° : 7

Echelles : 1/50 1/20

Relevés A.F.R.A.S.P.E. - Plans mis au point et dessinés par G. Dormion

Fait à Lille - 59 - France

Date : FEV. 1996

MODIFIE : MAI 2004

Légende :

- Plateau rocheux
- Calcaire local grossier
- Calcaire fin
- Granite
- Terre et graviers
- Comblements modernes
- Joints fins
- Joints ouverts
- Joints grossiers
- Fissures
- Pierre formant angle

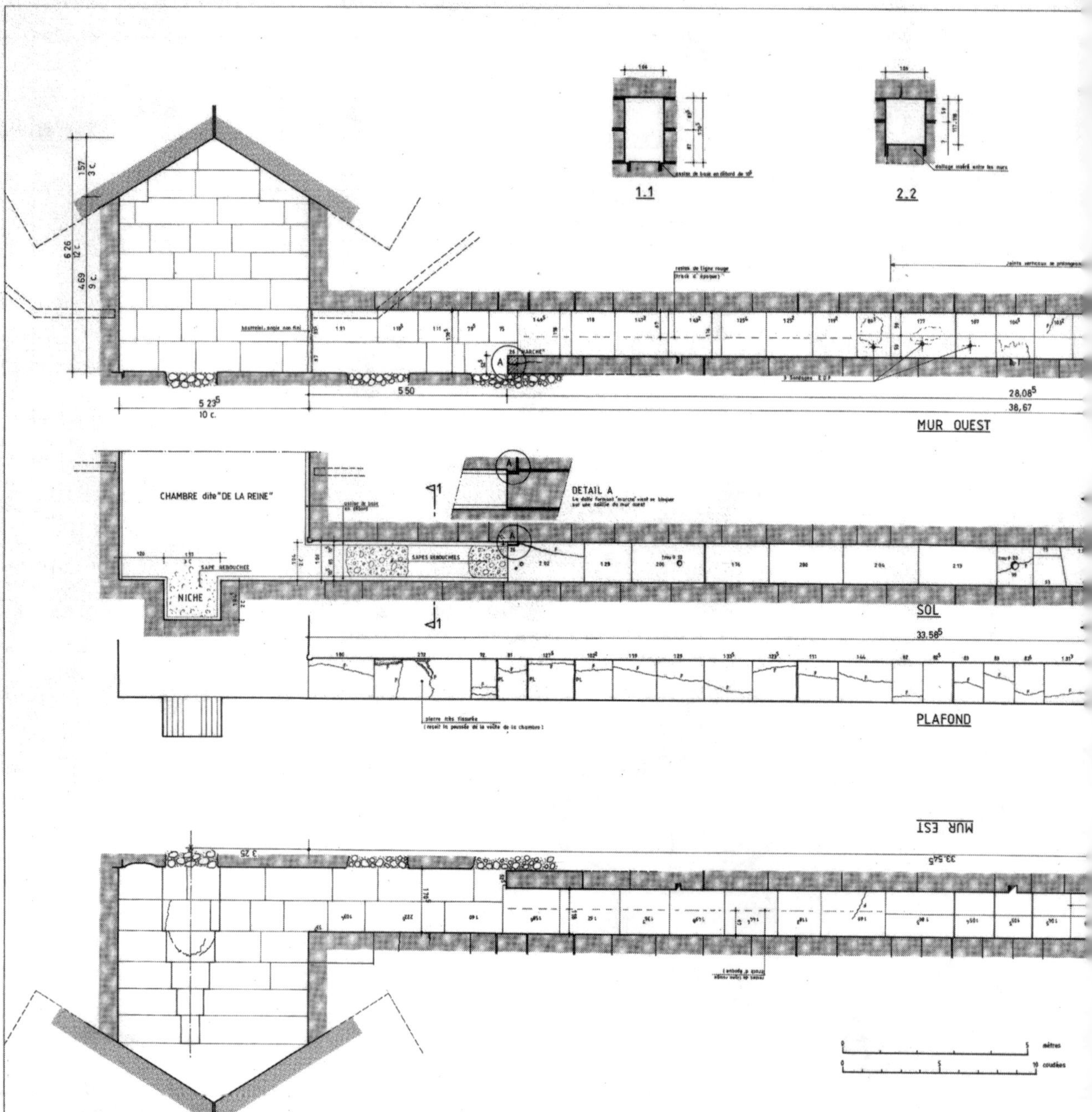
1.1
2.2
CHAMBRE dite "DE LA REINE"
NICHE
SAPE REBOUCHEE
SAPES REBOUCHEES
DETAIL A
MUR OUEST
SOL
PLAFOND
MUR EST
5 23⁵
10 c.
5 50
28,08⁵
38,67
33,58⁵
33,54⁵
3 25
157
3 c.
6 26
12 c.
4 69
9 c.

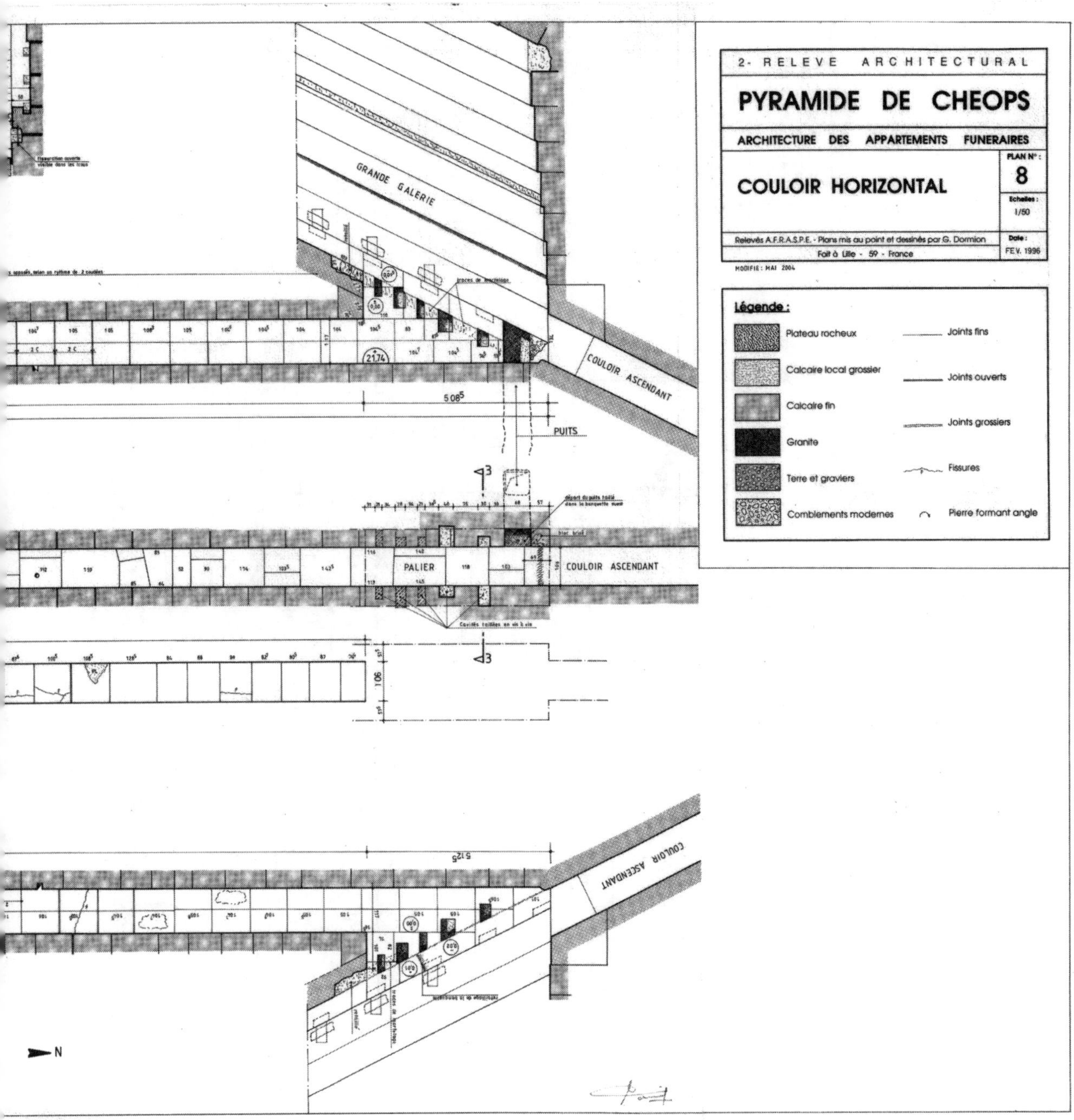

2- RELEVE ARCHITECTURAL
PYRAMIDE DE CHEOPS
ARCHITECTURE DES APPARTEMENTS FUNERAIRES
COULOIR HORIZONTAL
PLAN N° : 8
Echelles : 1/50
Relevés A.F.R.A.S.P.E. - Plans mis au point et dessinés par G. Dormion
Fait à Lille - 59 - France
Date : FEV. 1996
MODIFIE : MAI 2004
Légende :
Plateau rocheux
Calcaire local grossier
Calcaire fin
Granite
Terre et graviers
Comblements modernes
Joints fins
Joints ouverts
Joints grossiers
Fissures
Pierre formant angle
GRANDE GALERIE
COULOIR ASCENDANT
PUITS
PALIER
COULOIR ASCENDANT
5 08[5]
5 12[5]
N

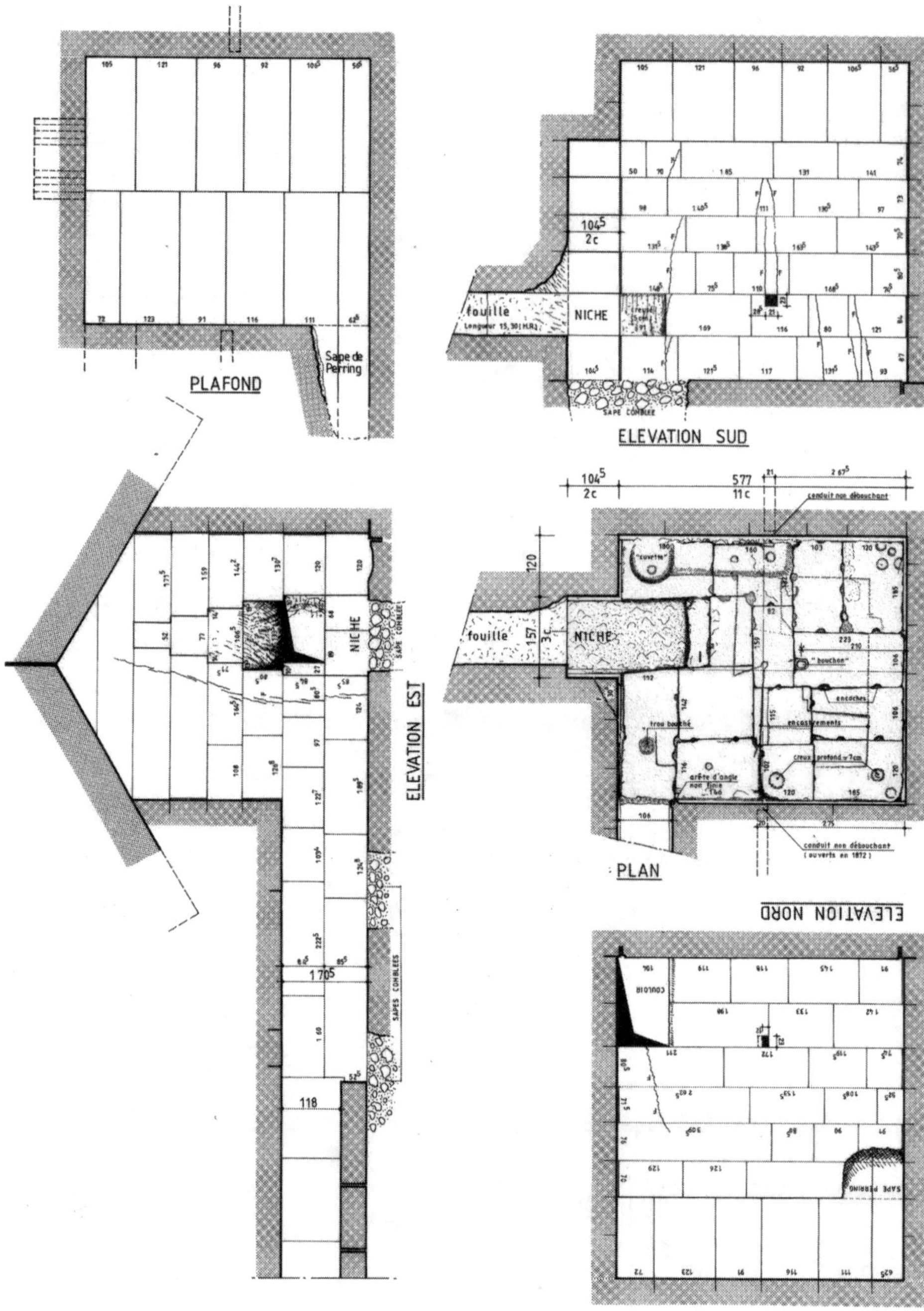
PLAFOND
Sape de Perring
ELEVATION SUD
fouille
NICHE
SAPE COMBLEE
ELEVATION EST
SAPES COMBLEES
PLAN
"cuvette"
"bouchon"
encoches
trou bouché
encastrements
creux profond
arête d'angle
conduit non débouchant
N
ELEVATION NORD
COULOIR
SAPE PERRING

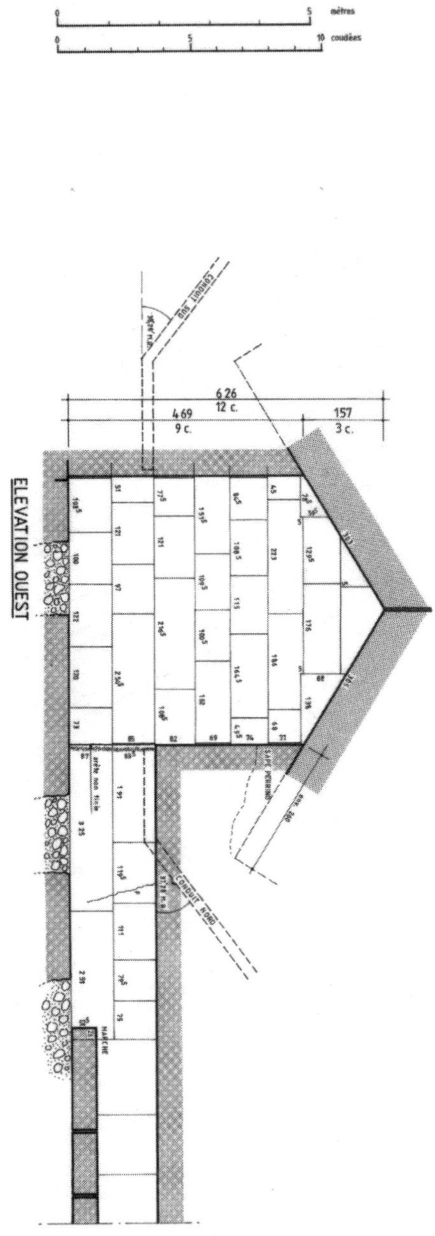

2- RELEVE ARCHITECTURAL

PYRAMIDE DE CHEOPS

ARCHITECTURE DES APPARTEMENTS FUNERAIRES

CHAMBRE DITE "DE LA REINE"

PLAN N° : 9

Echelles : 1/50

Relevés A.F.R.A.S.P.E. - Plans mis au point et dessinés par G. Dormion

Fait à Lille - 59 - France

Date : FEV. 1996

MODIFIE : MAI 2004

Légende :

Plateau rocheux	Joints fins
Calcaire local grossier	Joints ouverts
Calcaire fin	Joints grossiers
Granite	Fissures
Terre et graviers	
Comblements modernes	Pierre formant angle

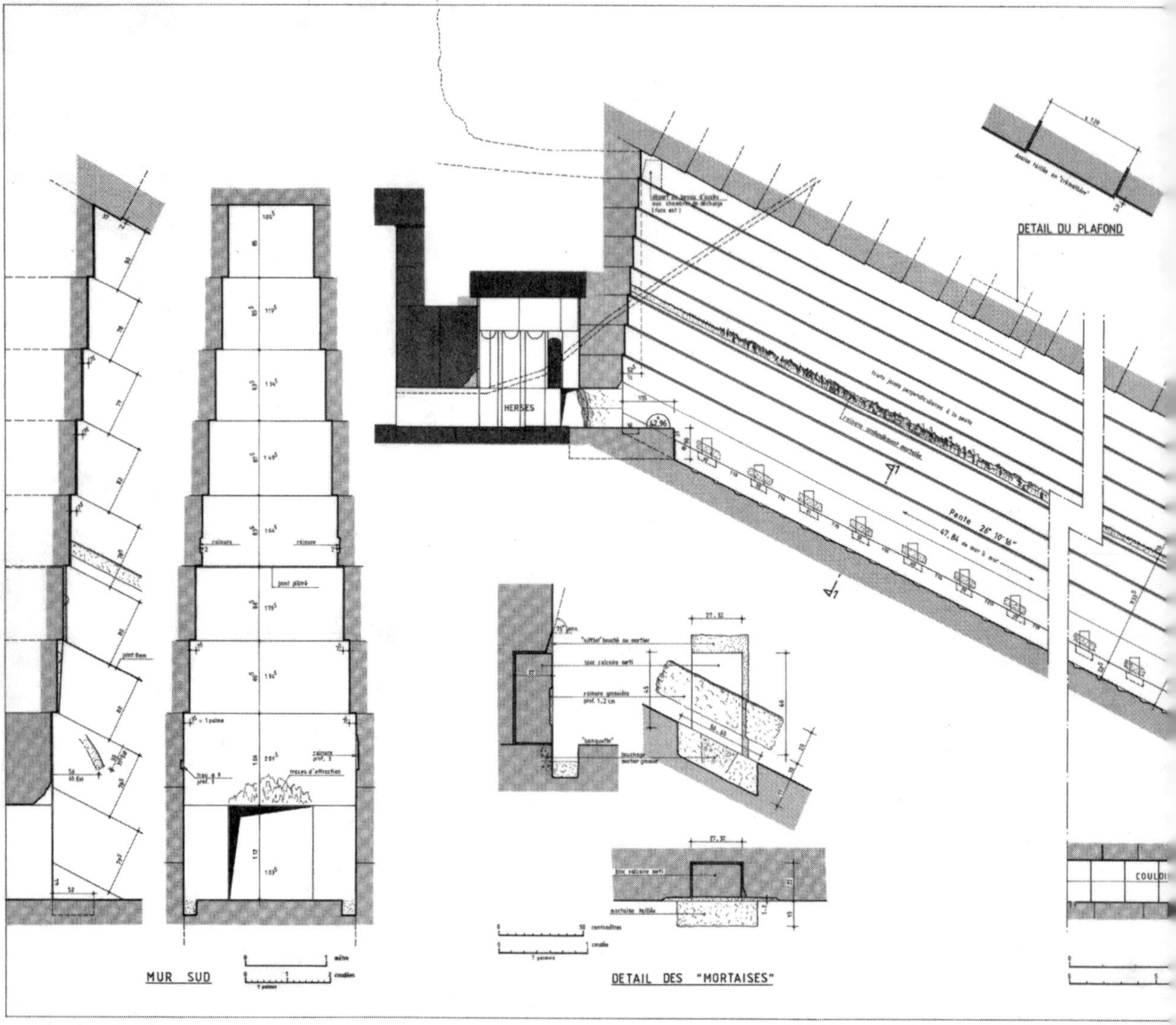
DETAIL DU PLAFOND
HERSES
Pente 26° 10' 16"
MUR SUD
DETAIL DES "MORTAISES"

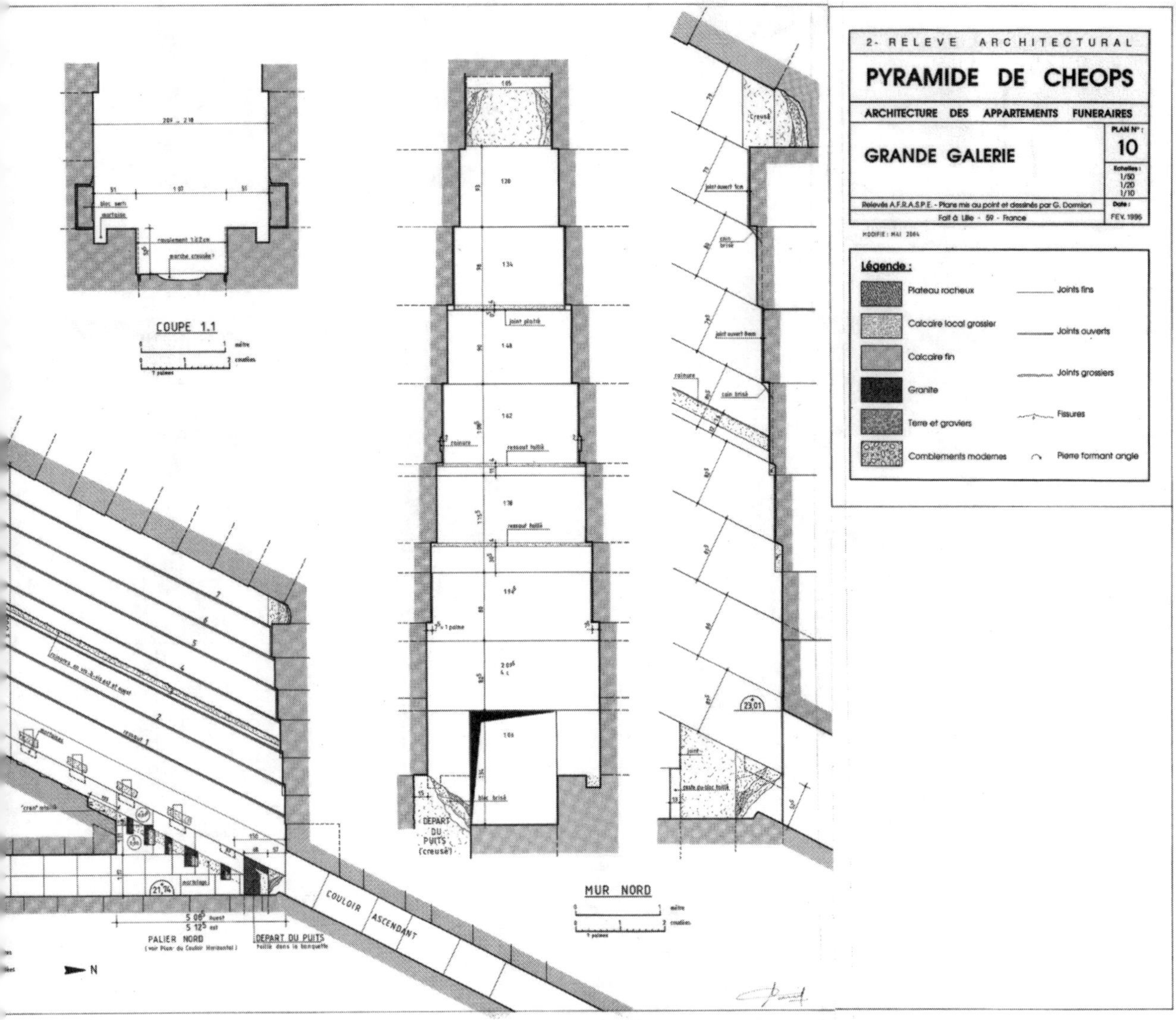
2- RELEVE ARCHITECTURAL
PYRAMIDE DE CHEOPS
ARCHITECTURE DES APPARTEMENTS FUNERAIRES
GRANDE GALERIE
PLAN N° : 10
Echelles : 1/50 1/20 1/10
Relevés A.F.R.A.S.P.E. - Plans mis au point et dessinés par G. Dormion
Fait à Lille - 59 - France
Date : FEV. 1996
Légende :
Plateau rocheux
Calcaire local grossier
Calcaire fin
Granite
Terre et graviers
Comblements modernes
Joints fins
Joints ouverts
Joints grossiers
Fissures
Pierre formant angle
COUPE 1.1
MUR NORD
COULOIR ASCENDANT
PALIER NORD
DEPART DU PUITS
DEPART DU PUITS (creusé)
N

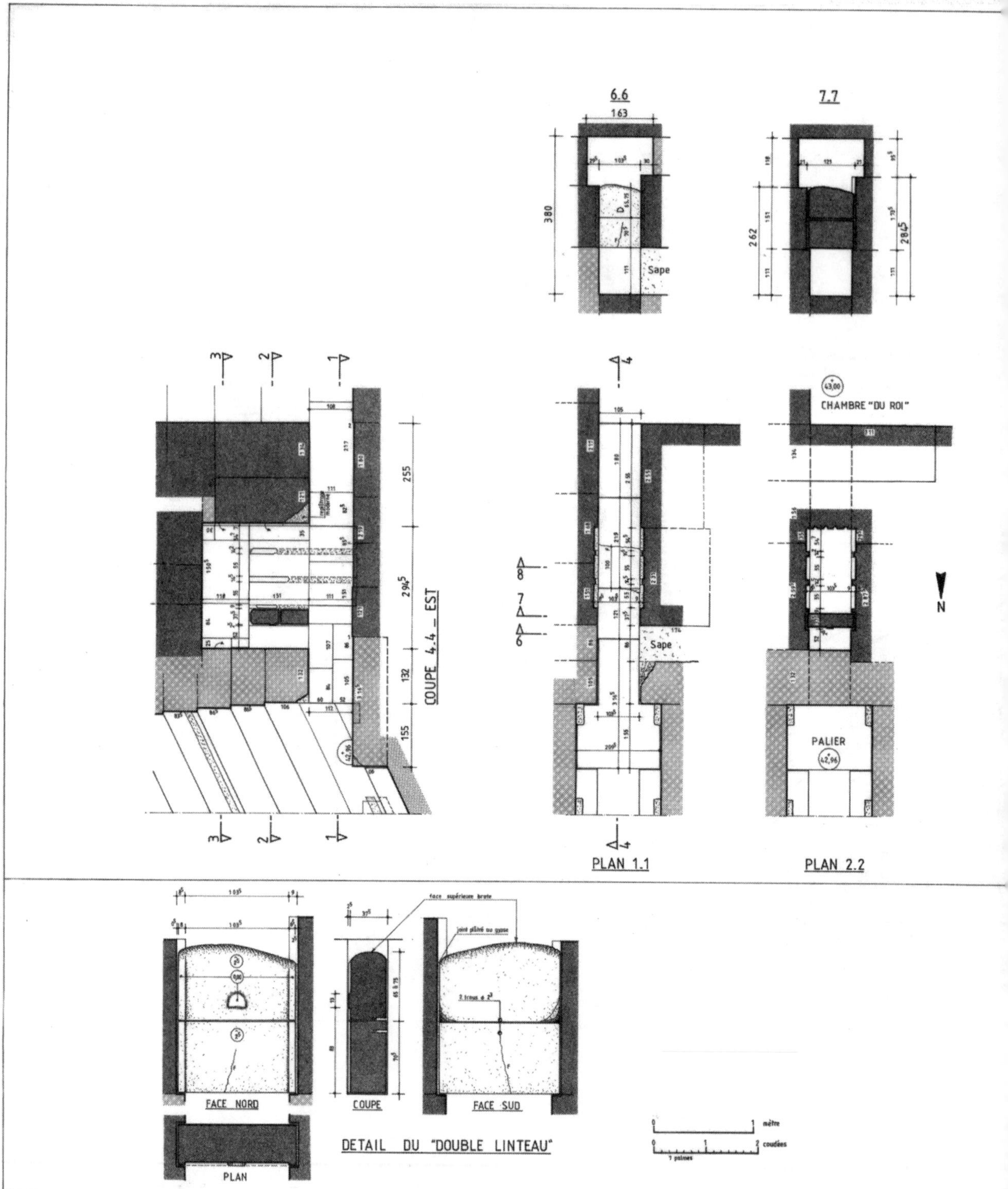
6.6
7.7
Sape
CHAMBRE "DU ROI"
COUPE 4.4 _ EST
N
PALIER
PLAN 1.1
PLAN 2.2
FACE NORD
COUPE
FACE SUD
PLAN
DETAIL DU "DOUBLE LINTEAU"
mètre
coudées

2- RELEVE ARCHITECTURAL

PYRAMIDE DE CHEOPS

ARCHITECTURE DES APPARTEMENTS FUNERAIRES

CHAMBRE DES HERSES

PLAN N° :	11
Echelles :	1/50 1/20
Relevés A.F.R.A.S.P.E. - Plans mis au point et dessinés par G. Dormion Fait à Lille - 59 - France	Date : FEV. 1996

Légende :

- Plateau rocheux
- Calcaire local grossier
- Calcaire fin
- Granite
- Terre et graviers
- Comblements modernes
- Joints fins
- Joints ouverts
- Joints grossiers
- Fissures
- Pierre formant angle

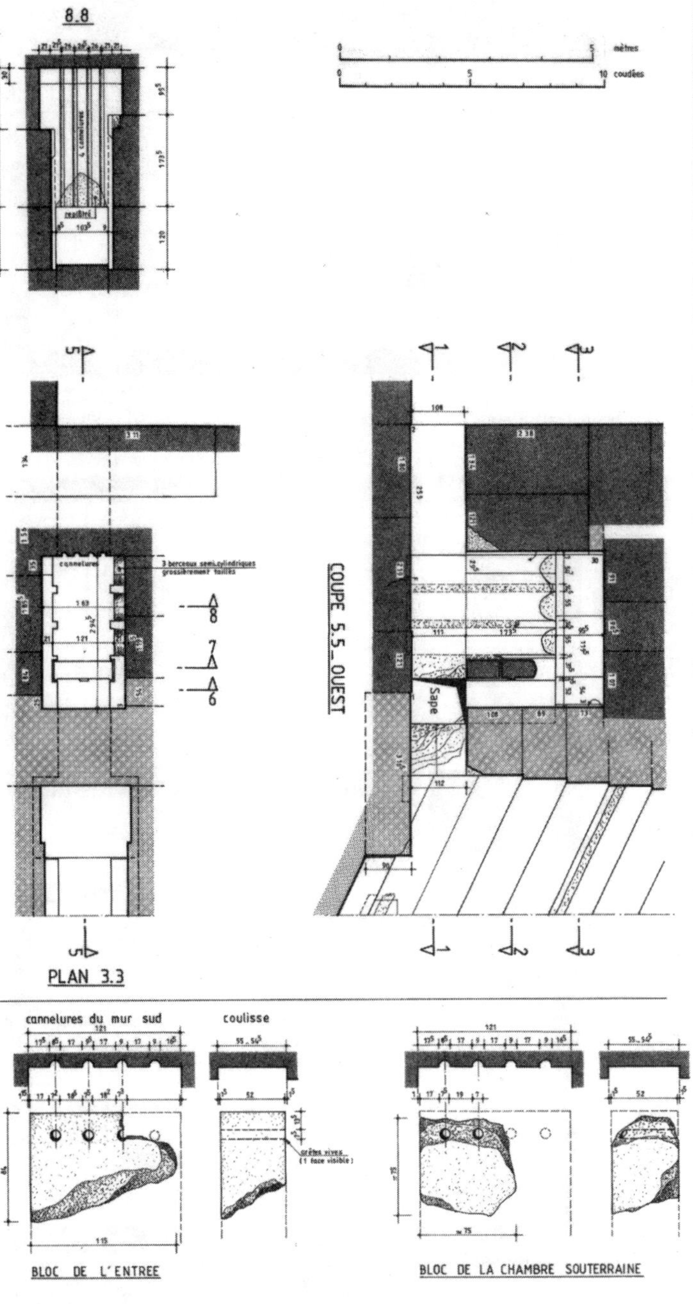

PLAN 3.3

DETAILS DES BLOCS DE GRANITE PERCES (comparés aux dispositifs de la chambre des herses)

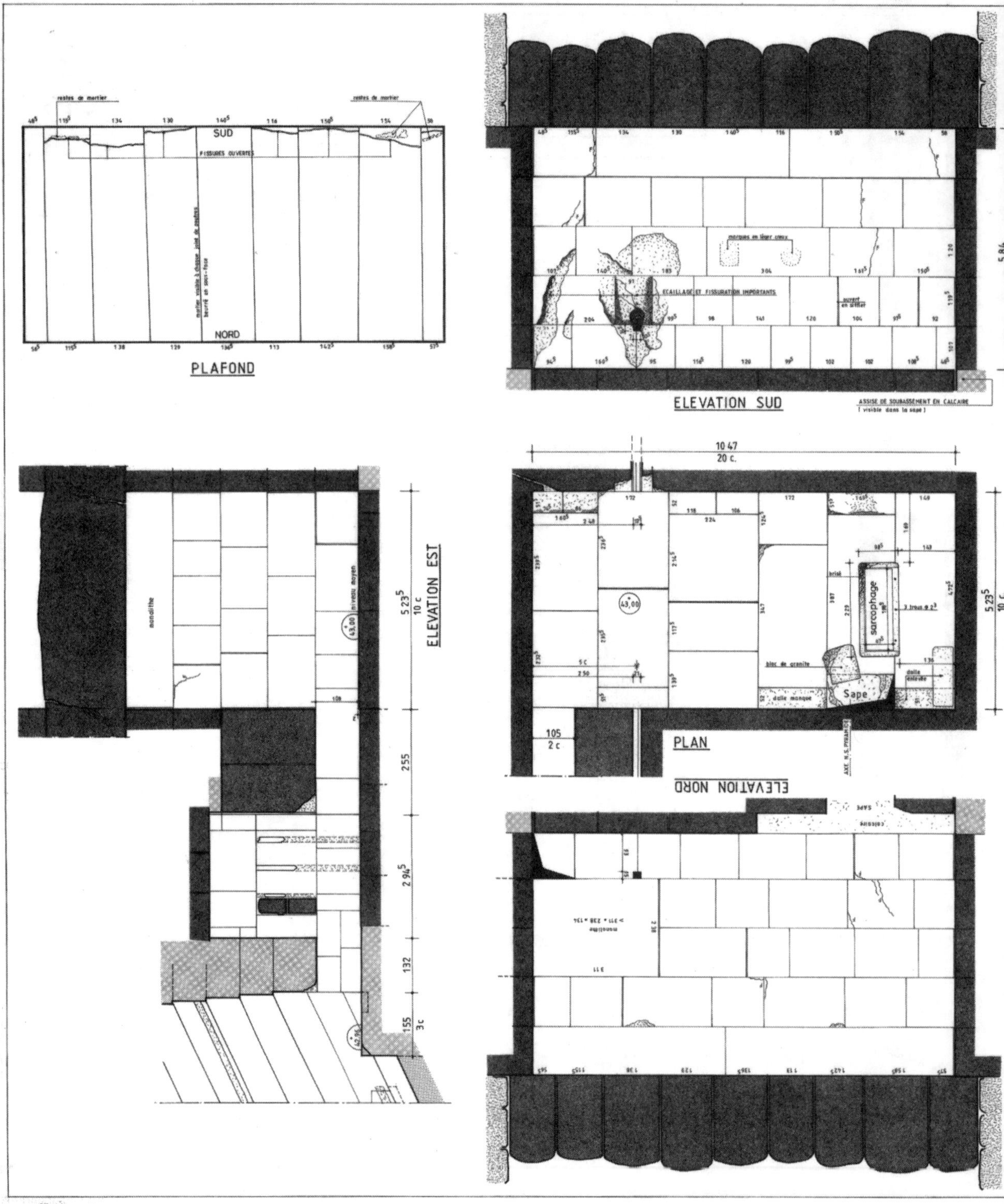
PLAFOND
SUD
NORD
FISSURES OUVERTES
restes de mortier
ELEVATION SUD
ECAILLAGE ET FISSURATION IMPORTANTS
ASSISE DE SOUBASSEMENT EN CALCAIRE
(visible dans la sape)
ELEVATION EST
monolithe
niveau moyen
43,00
5 23⁵
10 c
255
2 94⁵
132
155
3c
PLAN
10 47
20 c.
sarcophage
bloc de granite
dalle manque
Sape
105
2 c
AXE N.S. PYRAMIDE
ELEVATION NORD

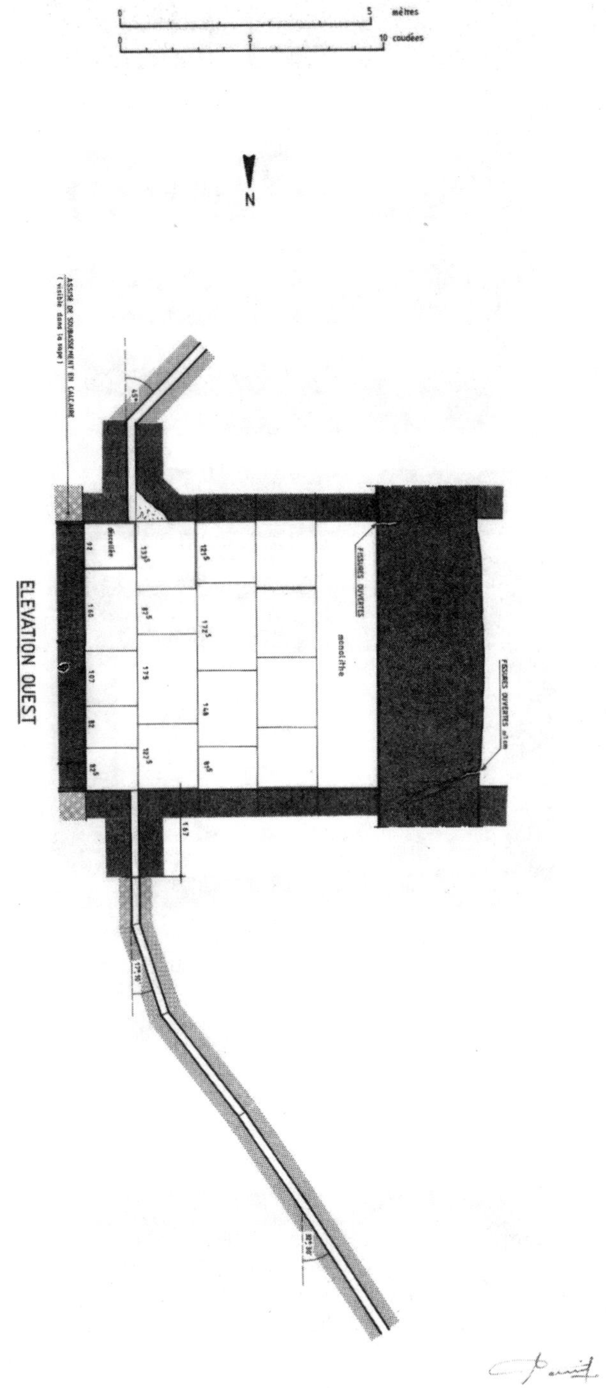

2- RELEVE ARCHITECTURAL

PYRAMIDE DE CHEOPS

ARCHITECTURE DES APPARTEMENTS FUNERAIRES

CHAMBRE DITE "DU ROI"

PLAN N° : 12

Echelles : 1/50

Relevés A.F.R.A.S.P.E. - Plans mis au point et dessinés par G. Dormion

Fait à Lille - 59 - France

Date : FEV. 1996

Légende :

- Plateau rocheux
- Calcaire local grossier
- Calcaire fin
- Granite
- Terre et graviers
- Comblements modernes
- Joints fins
- Joints ouverts
- Joints grossiers
- Fissures
- Pierre formant angle

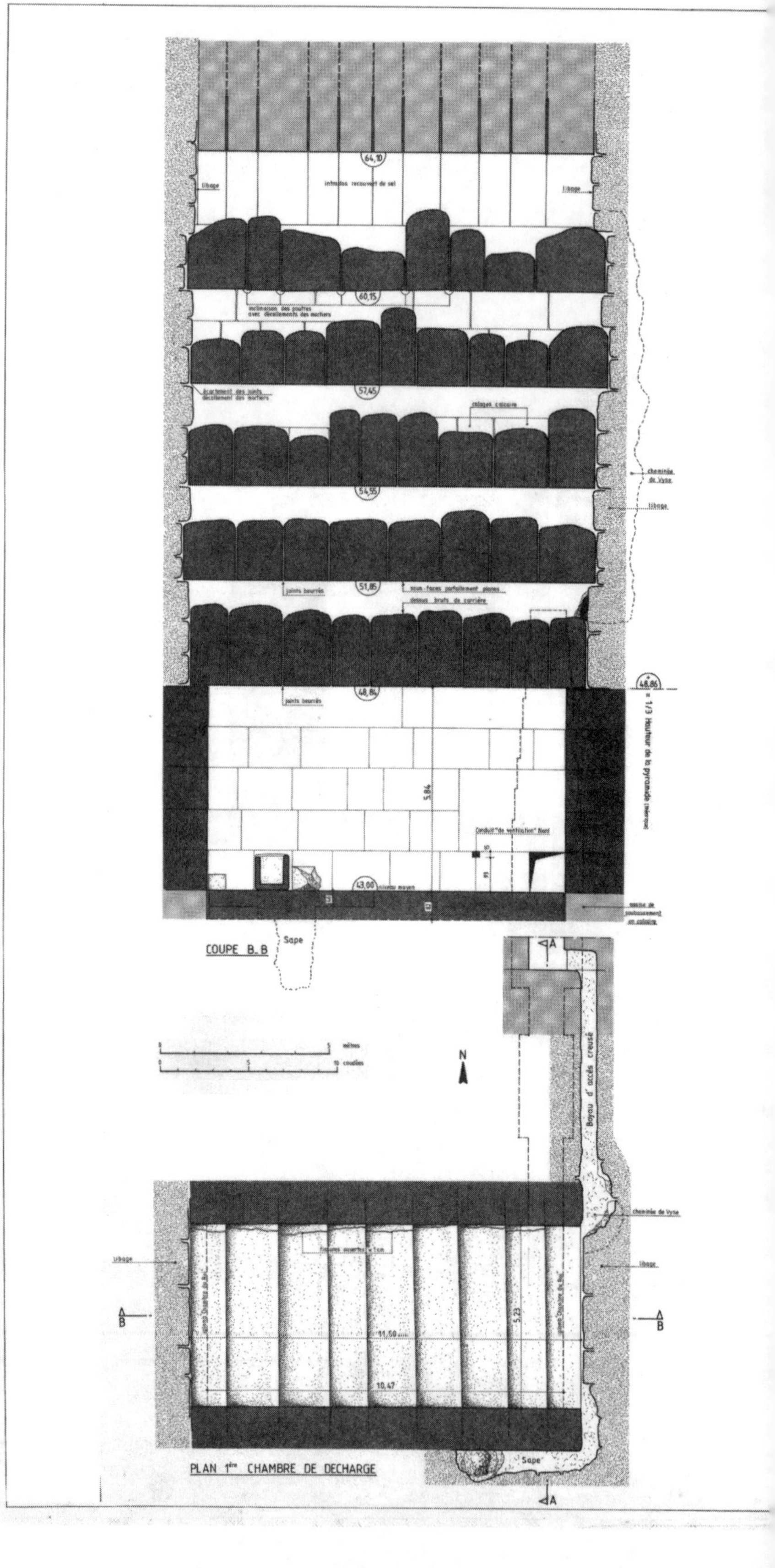
64,10
libage
60,15
57,45
54,55
51,85
joints bourrés
48,84
48,86
1/3 Hauteur de la pyramide
5,84
43,00
COUPE B_B
Sape
mètres
coudées
N
Boyau d'accès creusé
cheminée de Vyse
11,50
10,47
5,23
PLAN 1ère CHAMBRE DE DECHARGE

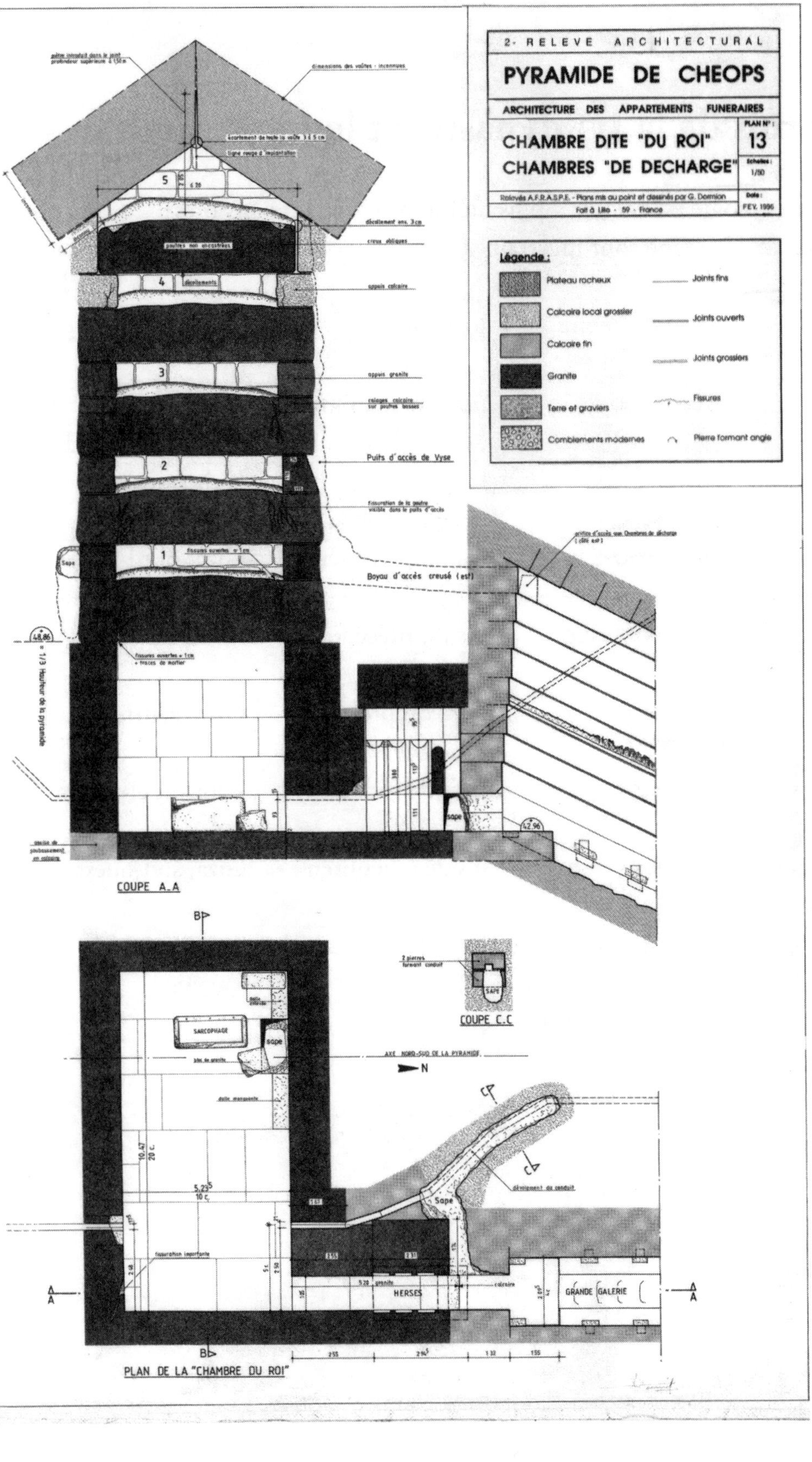
2- RELEVE ARCHITECTURAL
PYRAMIDE DE CHEOPS
ARCHITECTURE DES APPARTEMENTS FUNERAIRES
CHAMBRE DITE "DU ROI"
CHAMBRES "DE DECHARGE"
PLAN N° : 13
Echelles : 1/50
Relevés A.F.R.A.S.P.E. - Plans mis au point et dessinés par G. Dormion
Fait à Lille - 59 - France
Date : FEV. 1996
Légende :
Plateau rocheux
Calcaire local grossier
Calcaire fin
Granite
Terre et graviers
Comblements modernes
Joints fins
Joints ouverts
Joints grossiers
Fissures
Pierre formant angle
dimensions des voûtes : inconnues
décollement env. 3 cm
creux obliques
poutres non encastrées
appuis calcaire
appuis granite
Puits d'accès de Vyse
Boyau d'accès creusé (est)
1/3 Hauteur de la pyramide
48,86
42,96
COUPE A_A
COUPE C.C
SAPE
AXE NORD-SUD DE LA PYRAMIDE
N
SARCOPHAGE
sape
dalle manquante
développement du conduit
HERSES
GRANDE GALERIE
fissuration importante
calcaire
PLAN DE LA "CHAMBRE DU ROI"

Les rois de la IVe dynastie et leurs pyramides

Cette chronologie est valable à plus ou moins cinquante ans près ;
les longueurs de règne sont incertaines.

roi	date de règne	parenté	site funéraire
Snéfrou	vers 2600-2560	parenté inconnue	Meïdoum Dahchour-Nord Dahchour-Sud
Chéops	vers 2560-2535	fils du précédent	Gîza, nord-est
Rêdjedef	vers 2535-2520	fils du précédent	Abou Rawach
Chéphren	vers 2520-2495	frère du précédent	Gîza, centre
« Bicheris »	vers 2495	parenté inconnue	Zaouyet el-Aryan
Mykérinos	vers 2495-2475	fils de Chéphren	Gîza, sud-ouest
Chepseskaf	vers 2475-2470	parenté inconnue	Saqqara-Sud *

* Mastaba (« Mastaba Faraoun ») et non pyramide.

Bibliographie

ADAM, J.-P., *L'Archéologie devant l'imposture*, Paris, 1975
BORCHARDT L., *Gegen die Zahlenmystik an der grossen Pyramide bei Gise*, Berlin, 1922
BORCHARDT L., *Längen und Richtungen der vier Grundkarten der grossen Pyramide von Gise*, Berlin, 1926
BRUCHET J., *Nouvelles recherches sur la Grande Pyramide*, Aix-en-Provence, 1963
CLARKE S. & ENGELBACH R., *Ancient Egyptian Masonry*, Oxford, 1930
DORMION G., *La Pyramide de Chéops : architecture des appartements funéraires*, Lyon, 1996
DORMION G. & GOIDIN J.-P., *Khéops. Nouvelle enquête*, Paris, 1986
EDWARDS, I.E.S., *Les Pyramides d'Égypte*, Paris, 1992
EL-NAGGAR S., *Les Voûtes dans l'architecture de l'Égypte ancienne*, Bibliothèque d'Étude 128, Le Caire, 1999
GOYON G., « Le Mécanisme de la fermeture de la pyramide de Khéops », *Revue d'architecture* 2, 1963, p. 1-24
GOYON G., *Le Secret des bâtisseurs des grandes pyramides, Khéops*, Paris, 1977
GUERRIER E., *Le Principe de la pyramide égyptienne*, 1981
JÉQUIER G., *Manuel d'archéologie égyptienne*, Paris, 1924
JENKINS N., *La Barque royale de Chéops*, Paris, 1983
LABROUSSE A., *L'Architecture des pyramides à textes*. II, *Saqqara-Sud*, Bibliothèque d'étude 131, Le Caire, 2000
LAUER, J.-Ph., *La Pyramide à degrés*, 3 vol., Le Caire, 1936-1939
LAUER, J.-Ph., *Observations sur les pyramides*, Le Caire, 1960
LAUER, J.-Ph., « Architecture », dans *Les Pharaons* I, *Le temps des pyramides*, Paris, 1978
LAUER, J.-Ph., *Histoire monumentale des pyramides d'Égypte*, Le Caire, 1962
LAUER, J.-Ph., *Les Pyramides de Sakkarah*, Le Caire, 1978

LAUER, J.-Ph., *Le Mystère des pyramides*, Paris, 1988
LEHNER M., *The Complete Pyramids*, Londres, 1997
LEHNER M., « Niches, Slots, Grooves and Stains : Internal Frameworks in the Khufu Pyramid ? », dans : *Stationen. Beiträge zur Kulturgeschichte Ägyptens*. Rainer Stadelmann gewidmet, H. Guksch & D. Polz éds., Mayence, 1998, p. 101-113
MARAGIOGLIO V. & RINALDI C., *L'Achitettura delle piramidi menfite*, vol. II-VIII, Turin et Rapallo, 1963-1977
MONTLUÇON J., LASKMANAN J. & DELETIE P., « Aspects techniques et physiques de l'opération Khéops », *Annales de L'ITBTP* 454, mai 1987
PETRIE W.M.F, *The Pyramids and Temples of Gizeh*, Londres, 1883
POCHAN A., *L'Énigme de la Grande Pyramide*, Paris, 1982
STADELMANN R., *Die ägyptischen Pyramiden. Vom Ziegelbau zum Weltwunder*, Mayence, 1985, rééd. 1991.
STADELMANN R., « Das Dreikammersystem der Königsgräber der Frühzeit und des Alten Reiches », *Mitteilungen des deutschen archäologischen Instituts*, Abteilung Cairo 47, 1991
STADELMANN R. & GANTENBRINK R., « Die sogenannten Luftkanäle der Cheopspyramide. Modellkorridore für den Aufstieg des Königs zum Himmel », *Mitteilungen des deutschen archäologischen Instituts*, Abteilung Cairo 50, 1994, p. 285-294
TEMKINS P., *Secrets of the Great Pyramid*, New York, 1971
VALLOGGIA M., *Au Cœur d'une pyramide*, 2001
VANDIER J., *Manuel d'archéologie égyptienne*, vol. I-II, Paris, 1952-1955
VERCOUTTER J., *À la recherche de l'Égypte oubliée*, Paris, 1986
VYSE H., *Operations carried on at the Pyramids of Gizeh*, 3 vol., Londres, 1840-1842

Remerciements

Nous tenons à témoigner en premier lieu notre gratitude au professeur Gaballah Ali Gaballah,
et tout particulièrement aux docteurs Shawki Nakla et Salah el-Naggar,
Jean-Pierre Corteggiani,
Philippe Guillemin,
Michel Valloggia,
Bernard Maury,
Yves Lemoine, CPGF,
Pierre Deletie, EDF,
Jacques Montluçon, EDF,
Denis Louche, conseiller culturel auprès de l'ambassade de France au Caire,
La région Nord-Pas-de-Calais,
Le Crédit agricole du Pas-de-Calais,
La société SAFEGE, partenaire officiel de cette étude, et Jean-Pierre Baron, géophysicien,
La société Abem France,
Sophie Geraads, directrice de la société Géomega,
La Ciat et ses collaborateurs Frédéric Bruyère et Marcel Berthelon,
La société Accor et les directeurs du Sofitel Sphinx au Caire, Bruno Vinette et Guillaume Cherfis,
Philippe Barbieri, directeur d'Air France Égypte et Soudan,
Dominique Cosati, directeur de la société Efer,
Richard Chevet, de la société Hilti,
Quatr'a architectes associés,
Catherine Choffée, fidèle et compétence traductrice,
Vincent Lamy, indispensable collaborateur,
Mahmoud, guide, chauffeur et ami irremplaçable.

Table des figures

Table des matières

Ce livre comprend également un cahier « couleur » folioté de I à XVI

Aubin Imprimeur
LIGUGÉ, POITIERS

Imprimé en France
Achevé d'imprimer en août 2004
N° d'impression L 67288
Dépôt légal septembre 2004
ISBN 2-213-62229-9
35-14-2429-5/01